Publishing the future
from PKU

燕园筑版

北京大学出版融合
发展优秀人才培养
项目成果集（2022）

U0782274

主编　张久珍　李 派

人 民 邮 电 出 版 社

北 京

图书在版编目（CIP）数据

燕园筑版 : 北京大学出版融合发展优秀人才培养项目成果集 : 2022 / 张久珍，李派主编. -- 北京 : 人民邮电出版社，2024.6
ISBN 978-7-115-62622-6

Ⅰ. ①燕… Ⅱ. ①张… ②李… Ⅲ. ①出版业－产业融合－产业发展－人才培养－成果－汇编－中国 Ⅳ. ①G239.2

中国国家版本馆CIP数据核字(2023)第174709号

内 容 提 要

2022 年 4 月，中共中央宣传部印发《关于推动出版深度融合发展的实施意见》的通知；同年 9 月，国家新闻出版署在 2022 年度出版融合发展工程评选中，首次遴选出 50 名全国出版融合发展优秀人才进入培养计划。2022 年 10—11 月，首批入选培养计划的 50 名优秀人才及 10 名宣传思想文化青年英才代表在北京大学完成了第一阶段培养。

本书收录了学员的学习成果，共计 60 篇学术论文，论文包括融合发展方向的理论综述、业务实践、人才培养、经验总结等多个方面，涉及学术出版、主题出版、教育出版、期刊出版等多个方向。本论文集对于出版行业从事融合发展的人员和传统出版编辑都具有较高的参考借鉴意义，能给正处于传统出版向融合发展转型的出版单位带来一定的启示。

◆ 主　　编　张久珍　李　派
　　责任编辑　李海涛　刘　璇
　　责任印制　王　郁　焦志炜

◆ 人民邮电出版社出版发行　　北京市丰台区成寿寺路 11 号
　　邮编　100164　电子邮件　315@ptpress.com.cn
　　网址　https://www.ptpress.com.cn
　　固安县铭成印刷有限公司印刷

◆ 开本：787×1092　1/16
　　印张：21.5　　　　　　　　　2024 年 6 月第 1 版
　　字数：436 千字　　　　　　　2024 年 6 月河北第 1 次印刷

定价：79.80 元

读者服务热线：(010)81055256　印装质量热线：(010)81055316
反盗版热线：(010)81055315
广告经营许可证：京东市监广登字 20170147 号

共同的事业——对新时代出版人才培养的思考

2022 年 9 月，国务院学位委员会、教育部印发了《研究生教育学科专业目录（2022年）》，"出版"在《新文科建设宣言》的"新文科"建设背景下增列进入新版学科专业目录，可授予专业博士学位。2021 年 12 月，国家新闻出版署印发《出版业"十四五"时期发展规划》；2022 年 4 月，中共中央宣传部（以下简称"中宣部"）印发《关于推动出版深度融合发展的实施意见》；2022 年 7 月，首届全国出版学科共建工作会在北京大学召开，全国出版学科共建工作联络处同 5 所院校的出版学院/研究院一同揭牌亮相。"出版"迎来前所未有的跨越式发展良机，出版深度融合发展不仅为出版学科建设和出版业转型升级指明了目标，而且为新时代出版人才培养指引了方向。

党的十八大以来特别是新一轮党和国家机构改革以来，出版学科建设明显提质增速，出版工作面临的机遇与挑战并存。面对时代形势、国家需要、科技进步和人民需求，出版人才培养既刻不容缓又难度倍增。对于高校教学科研工作者而言，立德树人本就是一项需要秉持强大信念感的长期持久性工作；而出版人才培养因其自身的跨学科特质和时代要求的复合型素养，更加看重深度融合下的高层次综合性人才培育。与以往传统育人模式不同，新时代出版人才培养基于时代之需、理论之需和产业之需，亟待建立更为立体、多维、"订单式"的健全的人才培养体系。

从时代之需出发，需要直面出版工作正在面临和可能面临的重要战略问题。中宣部副部长张建春在首届全国出版学科共建工作会上的发言中提到："建强出版学科是巩固主流意识形态的迫切需要。建设具有强大凝聚力和引领力的社会主义意识形态，是新时代宣传思想工作战线必须担负起的战略任务。"培养一批立足古今中外时空坐标、放眼未来具有审时度势能力的战略型人才是时代大势所趋。战略型人才需要牢固树立马克思主义出版观，培养创新思维、管理能力和国际视野，具备较高的服务大局的能力和水平，在决定出版业发展走向的关键节点扮演重要角色；能够在与国际一流出版的比较和学习中对中国特色出版形成深刻的认识和思考。

从理论之需出发，需要直面理论研究普遍落后于产业发展的现状，我国出版业虽取得了长足发展，但仍然大而不强。随着新的科学技术和新的产业模式对出版业带来巨大冲击，以数字出版为代表的出版新业态异军突起。培养一批兼具世界格局和跨学科思维能力的专业学术型理论研究人才，是出版理论指导出版行业实践的现实所需。学术型人才需要深耕出版学科前沿，对出版学科的理论知识、研究范式、业务前瞻、行业发展有深入的研究，在具备扎实专业知识和技术技能的基础上通过参与国际会议、出国访学与交流等方式拓展研究视域。

从产业之需出发，需要直面当前出版业转型升级进程中对业务精、能力强的应用型人才的旺盛需求。出版业是典型的知识密集型、智力密集型行业，时时处处都需要高质量复合型优秀人才的涌入。培养一批具有跨专业知识体系，掌握图像处理、音视频剪辑、数据分析、数字编辑、数字运营等在内的全媒体编辑业务能力，真正懂技术、有创新意识的应用型人才是产业转型升级的结构之需。应用型人才要着重培养宽厚的理论基础和新兴的出版业技术，通过深度的社会实践和与业界同步的实操训练等校企合作协同育人模式，提升一线生产和管理的能力与优势，大幅提升和行业需求的匹配度。

从时代之需、理论之需、产业之需出发培养学术性、应用性和战略性兼备的高层次复合型人才，是新时代出版人才培养的一个思路，更是政产学研用齐心协力共谋出版深度融合发展的共同事业。新时代出版人才培养注定不是一项依靠单打独斗就能获得长足发展的工作，这不仅需要不同学科的"共通"，同时还需要不同行业领域的"共同"。

在全国出版繁荣东风吹起之时，中宣部出版局在北京大学信息管理系设立全国出版学科共建工作联络处，并指导成立北京大学出版研究院等五家出版研究院/学院，同时协调出版企业代表中国出版集团、行业协会代表中国出版协会、地方职能部门等共建，合作共赢、发挥合力，尊重出版学科天然属性的"共通"，挖掘政产学研用促进出版行业发展的"共同"。

新时代出版人才的培养工作不仅是一项育人育才的崇高工作，而且是一项关乎民族文化传承和社会主义文化强国建设的光荣而伟大的事业。这项事业需要像北京大学出版研究院这样的高等院校在履行育人本职工作的基础上，发挥灵活而多样的枢纽作用：一方面联动各方资源，发挥与学界、业界及政府职能部门的畅通合作优势，通过聘请业界导师、建设出版就业见习基地、为职能部门提供人才评价/遴选智库服务、与行业人员合作科研完成出版相关急难课题、与企业联合培养出版专业博士后等措施，建构全方位的育人体系；另一方面创新育人思路，加强出版相关专业的高考志愿填报宣讲，举办出版专业大学生创新创业创意大赛及研究生学术论坛，促进出版青年学者学术交流，助推共建高校优质出版生源互培共育，提升高校职后培训和行业人员"订单式"继续教育等社会服务意识……形成全时段、全流程的育人模式。

2022 年 10 月 31 日至 11 月 14 日，在国家新闻出版署的委托和大力支持下，北京大学出版融合发展优秀人才培养项目（集中学习阶段）在北京大学燕园校区顺利结项，全国出版融合发展优秀人才 50 人及宣传思想文化青年英才代表 10 人相聚北京大学（部分学员线上参与），完成了为期 15 天的高质高效专题培训。基于以上对于新时代出版人才培养的思考，北京大学出版研究院在前期充分调研的基础上设计"订单式"的模块教学课程，依托北京大学丰沃的学术土壤和健全的学科优势，充分发挥自身在教学科研和社会服务方面的蓬勃活力，成功组织了一期别开生面的出版人才培养项目。在15天的朝夕相处中，北京大学出版研究院同全体学员一同学习、一同思考，共议思路、共谋发展，不仅收获了知识和友谊，而且为出版融合发展事业打下了难能可贵的校企合作基础。

这本论文集不仅是各位学员学习成果的积淀，更是大家集思广益筑就出版未来的见证。在中宣部出版局的指导下、北京大学校领导和各兄弟单位的支持下、行业代表和业界导师的帮助下，北京大学出版融合发展优秀人才培养项目不仅获评"2022年度北京大学继续教育精品项目"，而且为出版行业人才的继续教育提供了可供参考的启示和可被借鉴的范式。

新时代出版人才的培养是我们共同的事业，出版融合发展的明天值得我们共同期待！

张久珍：北京大学信息管理系主任、教授

北京大学出版研究院院长

李派：北京大学信息管理系团委书记、综合办公室主任

北京大学出版融合发展优秀人才培养项目主管、班主任

目录 Contents

回归与超越——出版融合发展的国家治理新面向

于成龙　中国工商出版社有限公司

摘要： 在国家治理视域下，出版融合发展应更加关注在国家治理现代化推进过程中的支撑作用，让出版融合重新回归出版本体本位，立足以内容为中心的知识服务，重新审视科技的作用和地位，以技术创新超越简单融合，以科技赋能重塑出版深度融合创新，抓住互联网这个最大的传播时空变量，实现出版融合的持续健康发展，利用出版创新活力助力治国理政。

关键词： 出版融合；媒体融合；知识服务；国家治理现代化

发展社会主义先进文化、广泛凝聚人民精神力量，是国家治理体系和治理能力现代化的深厚支撑[1]。出版是文化的核心部分，是文化自信的拱心石，在国家治理体系和治理能力现代化中的作用不可或缺[2]。无论是在增强国家文化软实力和中华文化影响力方面，还是在助力国家治理体系和治理能力现代化方面，出版都起着至关重要的作用。

党的二十大报告、《中华人民共和国国民经济和社会发展第十四个五年规划和 2035 年远景目标纲要》，都为出版业的发展清晰描绘了文化强国、数字中国的发展愿景。在国家治理能力现代化的视域下，正确认知出版融合在国家治理现代化推进过程中的支撑作用，以出版深度融合创新发展服务大局、服务人民，利用出版创新活力将中国特色社会主义制度的显著优势转化为实际成效，都对出版业助力治国理政、定国安邦有着极为重要的现实意义。

一、从"媒体"到"出版"，国家治理视域下的出版融合演进路径

在人类社会形态变革与文明秩序重塑背景下，伴随着更加复杂多变的国内外形势和更加纷繁参差的传媒格局，媒体融合的作用在国家意志中日益强化。作为"党和国家传播治理现代化的重要抓手"之一的出版，也在党的意志、人民利益和民族文明的传播中，

扮演着更为重要的传播角色。基于国家治理能力现代化视域，"出版融合"在继"媒体融合"成为国家意志之后，正成为备受关注的媒介融合新领域。

党的十八大以来，习近平总书记高度重视出版人在出版理论、学术研究、文明风尚方面的倡导推动引领作用，先后多次对《大辞海》《中国大百科全书》《文史哲》出版团队和读者出版集团等出版队伍加以勉励。在习近平总书记对出版业的关注和指导下，遵循媒体融合的系列重要论述指引，出版融合发展也开展了积极的探索，创新路径也渐次清晰。

从"融合"的顶层设计来看，继 2014 年出台《关于推动传统媒体和新兴媒体融合发展的指导意见》之后，《关于推动传统出版和新兴出版融合发展的指导意见》也于 2015 年出台，新闻和出版行业分别开启了从数字化转型向融合发展迈进的进程。其后，习近平总书记多次围绕"巩固全党全国人民团结奋斗的共同思想基础"，对加快推进媒体深度融合发展做出了全面的战略部署。2022 年 4 月，中共中央宣传部《关于推动出版深度融合发展的实施意见》正式印发，成为首个专门就出版融合发展发布的政策文件。这个文件与国家新闻出版署自 2021 年起实施的出版融合发展工程互为支撑，和出版业"十四五"规划中的六大出版融合项目相呼应，为出版单位创新开展融合实践，探索新模式、新业态、新领域提供了行动指引。

在政策强力主导下，出版业已从信息化建设、数字化转型升级、数字出版到出版融合，从"相加"到"相融"，又从"相融"演进成"深融"。在媒体格局、舆论生态、传播技术变化不断提速的新时期，出版业的转型发展路径探析日渐清晰，"融合"已成为主旋律。

从国家治理逻辑来看，出版一直是我国意识形态的重要阵地。从党和政府出台的系列推进出版转型升级、融合发展的政策不难看出，推进出版融合的根本目的仍然在于"坚持党对出版工作的全面领导，弘扬和践行社会主义核心价值观，坚守中华文化立场，坚持把社会效益放在首位、实现社会效益和经济效益相统一"。党的十八大以来，关于出版工作的方向性、全局性、战略性的定位始终没有变。在 2018 年全国宣传思想工作会议的讲话中，习近平总书记强调必须做到"九个坚持"，其首要一点就是在宣传思想工作中必须坚持党对意识形态工作的领导权。只有始终坚持党对意识形态工作的领导权，把抓好意识形态领域工作作为顺利推进出版融合发展的根本保证和促进力量，才能在推进出版融合中更有针对性、实效性地实现传播力、引导力、影响力、公信力的提高。而沿着逻辑的链条从目的上溯到方法，最终的实现路径必然是旗帜鲜明地坚持党管宣传、党管意识形态，以人民为中心，以知识服务为目标来推进出版融合工作。

习近平总书记在推进媒体融合发展的纲领性文献《加快推动媒体融合发展 构建全媒体传播格局》中对于媒体融合发展的考量集中在 3 个方面：一是基于历史纵深的对中华传统文化的器重与依赖；二是基于全球视野的对国际传播竞争力的担忧与期待；三是

基于媒介现实变化的对互联网变量的看重与谋划。从基层磨砺成长，始终关心、关注新闻出版工作的经历和习惯让他对于新时期传播的"融合"的意识更为看重，将阵地拓展到了全领域、全时空。而只有始终坚持以人民为中心的发展理念，才能团结和动员更广大的群众，"形成网上网下同心圆，使全体人民在理想信念、价值理念、道德观念上紧紧团结在一起"[3]。

在这一进程中，理念的转变将变得更为重要：出版融合只有在秉持出版本体的基础上，借鉴全媒体建设的思路，拥抱"万物皆媒"的物联思维，进行更多场景化的融合探索，才能真正实现"融入"和"破圈"，在国家治理现代化进程中保有文化根基和文明教化力量。而此等转变的基础，更需要的是各出版机构管理者对于技术创新带来的业态变革有深度的体验和充分的感知。管理者要在出版基因中找寻并适度发掘媒体传播属性，以适应全媒体传播格局的建构。

因此，出版融合既要坚持对全人类文明的萃取和传承，促进人向着知识和道德进化，更要从维护国家政治安全、文化安全、意识形态安全方面来提供产品和服务。"举旗帜、聚民心、育新人、兴文化、展形象"的使命任务，"牢牢占据舆论引导、思想引领、文化传承、服务人民的传播制高点"的总体要求，以及"使互联网这个最大变量变成事业发展的最大增量"的具体突破点，都为推进融合发展工作的方法论增加了新的内涵。

二、回归出版本位，用以内容为中心的知识服务核心价值创新融合发展内涵

如今，哲学社会科学正经历百年来最深刻的变化，孕育着一场新的知识革命。在此进程中，作为"收录信息、整理知识、萃集文化、传承文明"的人类活动，出版同时担当着记录、推动和创造的多重职责，扮演着极其重要的角色。

从媒介变迁的历史来看，无论是"时间消灭空间"的原始印刷时代，还是"空间消灭时间""融合一体"的后互联网时代，传播技术导致的传播时空观的变化，使得传播的载体、方式和生态都发生了巨大的变化。而出版也在传播时空观的变迁中发生着与时俱进、层出不穷的变化。

融合出版产品和服务虽然改变了出版的样貌，但不论出版的载体、渠道及服务如何变化，出版业的内涵都不曾变化。出版工作本质上仍是知识服务，出版的核心价值是个人知识社会化、无序知识有序化[4]。出版融合的本质是出版内容资源的融合、出版业务流程的融合和出版产业的融合[5]。其根基还在于坚守出版的知识价值，在此基础上，才是"创新"和"质量"这两个中国出版业高质量发展的起点。

从产业发展来看，在时空极度压缩和扩张并存的当下，出版融合面临的挑战不言而喻：从传统的纸介质到"屏"介质，乃至最后演进到元宇宙的无介质，其生产、消费及

使用的逻辑也在发生着巨大的转变。用户既需要有高品质的知识产品供给，又需要能够实现在任何时候、任何地方、任何场景下享受出版物阅读的体验和愉悦。出版机构在推进融合发展中将不仅需要考虑内容生产的增量，还需要考虑在互联网新空间、新生态中如何解决平台、用户、场景、产品链、供应链以及价值链等问题。

因此，我国在推动出版融合向纵深发展的顶层设计和政策合力方面，鼓励出版业立足内容优势实现跨界融合，以开放的出版观推动打造新型"出版+"业态，实现数字出版与经济社会各领域相加相融。在实践中，各传统出版机构也积极探索用全媒体发展的理念来推进自身的融合发展，打通出版生态圈、媒体生态圈、社会生态圈三个生态圈层，破解传播时空观变迁带来的新挑战。

无论是大众出版、教育出版还是专业出版，目前在出版融合方向取得成绩的，大都是依托既有的内容资源、数据资源优势富集或壁垒建构，借助生产方式和传播方式提质提效，实现从产品生产商向知识服务商转型，最终实现产业化的跃迁。技术和管理在推进出版融合中所起到的作用，是将出版服务的属性进行全方位的延展和全领域的覆盖，实现内容产业的壮大。出版融合进化，将更多地体现为技术变革所带来的产品创新、服务创新、业态创新和生态创新，从而凸显出版融合的服务属性，而非单纯关注其产品属性。

回归到转型的原点，出版业推进出版融合的出发点和目标都应该是以增强内容生产供给能力、提升出版价值为核心的。在转型过程中，信息和知识所构成的内容资源以及专业出版机构所具备的内容生产加工优势是转型最重要的基础。出版融合的最终实现，必然要依托传统出版的内容资源和加工创造能力，以期在多模态产品形态长期并存的格局中谋求发展。

三、以技术创新超越简单融合，以科技赋能重塑出版深度融合创新

出版技术快速迭代，对出版机构而言既是挑战，也是重大机遇。无论是"万物皆媒"带来的媒体渠道泛在化，还是媒体内容生产智能化和数据化，抑或是媒体产品体验的沉浸式、人性化、精准化，在知识的传播与积累和文化的创造与传承中，都会对出版方式、传播生态乃至政治治理产生颠覆性的变革冲击。

技术何以赋能并驱动变革？在出版新产品、新模式、新业态持续发生变化的当下，重新审视科技在出版融合中的作用和地位，对于把握和展望出版融合发展趋势，推动出版融合持续健康发展有着极为重要的意义。

习近平总书记多次强调，要"运用信息革命成果""推动关键核心技术自主创新不断实现突破"，指出融合要"通过流程优化、平台再造，实现各种媒介资源、生产要素有效整合，实现信息内容、技术应用、平台终端、管理手段共融互通，催化融合质变，

放大一体效能"。在对媒体融合发展规律和趋势进行分析时，习近平总书记确定了五个媒体融合的"主攻方向"，阐述了五方面的关系：传统媒体与新兴媒体的关系，网络空间与现实空间的关系，舆论导向与技术应用的关系，不同属性平台之间的关系，管理与发展的关系[6]。这五方面的关系同样适用于对出版融合的考量。因此，我们需要重新审视科技的作用和地位，以技术创新超越简单融合，以科技赋能和管理提效重塑出版深度融合创新。

利用科技赋能提升生产效率和产品质量是出版业一直追求的目标，早在新闻出版业"十五"规划中就提出，"要在编、印、发、供等环节采用高科技手段""实现出版物编辑制作流程数字化，印制自动化，管理网络化，加快出版产业的信息化步伐"。其后，党和国家出台的各项推进出版业转型升级融合发展的文件中，科技支撑都是重头戏。及至当下，国家层面大力推进的出版院系校企共建、出版标准与科技应用示范单位打造、各类产学研实验室建设、各类出版智库建设，都是推动出版业技术研发和科技创新水平升级的有效手段。

但客观而言，与新闻业相比，出版业在追逐和悦纳新技术方面仍存在较大的差距。技术在出版业引发的颠覆性创新仍不多见。特别是近年来，在互联网技术和疫情的双重冲击下，出版业的赛道、选手甚至规则都发生了巨变。很多传统出版人已经没有办法成为竞争者、参与者和表演者了，"只能成为懵懂且战战兢兢的看客"[7]。这固然与出版业知识密集程度较高、行业发展惯性较大有一定关联，但更重要的是一些出版人对于技术的工具性认知不够到位。

在缺乏基础技术积累和长期投资理念支撑的情况下，原有的依靠国家大规模专项资金投入，开展大平台构建和数字化服务业务的模式已经很难为继。出版业在实现科技赋能方面的问题变得多元而复杂：在宏观层面包括如何进一步推进出版融合的基础设施建设、融合标准引领、核心技术研发、成果有效转化、人才队伍建设等一系列的关键性问题；在中观层面涉及出版业如何进一步思考推动融合质变构建新"出版+"的融合发展格局，如何以出版融合发展工程为抓手实现全行业转型升级等长期性问题；在微观层面涉及出版机构如何平衡长期投资与短期收入的绩效观，如何实现队伍的整体理念转型、技术转型和工作转型，如何切实打造新产品、新模式、新业态等挑战性问题。

在深度融合已成为主基调的当下，只有正视技术带来的压迫性变革动力，树立先进技术引领的理念，敢于拥抱技术变革，勇于抢抓技术红利，强化出版内容、产品、平台、渠道等全方位、全流程的深度融合创新，才能促进主流价值观和文明结晶的全空间全时间覆盖、全领域拓展，防范对于文化传播起着基础性作用的出版工作被边缘化、异化的风险，实现出版机构在新战场、主战场上守土有责，牢牢把握以人民为中心的出版导向，实现有效的精神文明服务和促进出版产业健康快速发展，在提升人民思想境界和增强人民精神力量中发挥更大作用。

参考文献

[1] 中共中央. 中共中央关于坚持和完善中国特色社会主义制度　推进国家治理体系和治理能力现代化若干重大问题的决定[N]. 人民日报. 2019-11-06（1）.

[2] 周蔚华，杨石华. 出版与国家治理体系和治理能力现代化[J]. 中国出版，2020（8）.

[3] 习近平. 加快推动媒体融合发展　构建全媒体传播格局[J]. 求是，2019（6）.

[4] 杜方伟，方卿. 从"相加""相融"到"深融"：出版融合发展战略历程与展望[J]. 出版广角，2022（5）.

[5] 李文. 论出版融合发展的前提、本质与路径[J]. 出版科学，2021，29（3）.

[6] 习近平. 加快推动媒体融合发展　构建全媒体传播格局[J]. 求是，2019（6）.

[7] 于殿利. 从融合出版到出版融合——数字传媒时代的出版新边界探析[J]. 出版发行研究，2022（4）.

"双减"政策下的教辅智能化升级

马宏　山西教育出版社有限责任公司

摘要："双减"政策的颁布对教育出版产生了全方位影响。"双减"政策指出，全面压减作业总量和时长，提高作业设计质量，发挥作业诊断、巩固、学情分析等功能，鼓励布置分层、弹性和个性化作业。

作业的变化对教辅出版提出了新的需求，教育类出版社要顺应"双减"的时代背景，积极应用新技术、新理念推动出版融合发展，利用人工智能、云计算、大数据等信息技术，结合出版社的教辅产品，共同打造智慧教辅新时代，为个性化教育的实施提供支持，真正为广大师生减负增效。

关键词："双减"政策；智慧教辅；分层作业；作业采集

2021 年 7 月，中共中央办公厅、国务院办公厅印发《关于进一步减轻义务教育阶段学生作业负担和校外培训负担的意见》（以下简称"双减"政策），引起了社会各界的广泛关注。"双减"政策指出，全面压减作业总量和时长，提高作业设计质量，发挥作业诊断、巩固、学情分析等功能，鼓励布置分层、弹性和个性化作业，坚决克服机械、无效作业，杜绝重复性、惩罚性作业[1]。

作业总量和时长的减少必然会对教辅出版产生影响。传统的教辅类图书以纸质形式为主，无法满足分层、弹性和个性化作业的需要。为此，教育类出版社需要重新思考未来的发展策略，深入了解市场业态，在"双减"政策下实现教辅出版的创新，利用人工智能、云计算、大数据等信息技术，最终实现从传统纸质教辅向数字化智能教辅的转变。

一、"双减"背景下教辅出版面临的挑战

1. 教辅类图书销售量下滑

2022 年 9 月，中共中央宣传部就党的十八大以来的教育改革发展成效举行新闻发布会。时任教育部基础教育司司长的吕玉刚介绍，"双减"政策落地一年多，校外培训机构

治理工作取得了重要进展，学科类校外培训机构数量大大压减，线下机构压减比例达到95.6%，线上机构压减比例达到87.1%[2]。"双减"政策对教育培训行业的打击是"致命"的，基础教育机构纷纷向职业教育、素质教育等业务领域拓展，以冲抵"双减"政策对学科类教育培训业务的影响。

以学校教辅类图书为主导的出版市场也受到了不小的冲击，学生作业时长和总量的减少，必然导致教辅类图书总量的下降。中国出版传媒商报报道，超过9成的书店相关负责人谈到教辅类图书在2022年春季开学季销售量相较2021年呈现下滑趋势。

2. 对图书质量提出新要求

"双减"政策对作业量和作业内容的削减和调整，将改变传统"大而全"的产品定位设计。通过新技术的加持，教辅类图书要满足的不仅是学生千篇一律的学习需求，而且要将个性化学习、分层教育嵌入产品中。唯有如此，教辅类图书才有可能符合"双减"政策提出的"全面压减作业总量和时长，减轻学生过重作业负担"要求。教育智能化趋势下，只有基于学生学习数据提高作业设计质量，实现作业诊断、学情分析以及资源精准推送、高效辅导等功能，让学生告别无效的题海模式，教辅类图书才能在合规的前提下更好地生长。

3. 竞争更加激烈

传统的教辅类图书无法满足"双减"政策要求的作业诊断、巩固、学情分析，布置分层、弹性和个性化作业的要求。如何通过数字化、智能化的方式精准、高效地为学生提供优质的智慧教辅，成为教辅市场各家发力的重点。传统出版社不仅要面临与民营出版公司的竞争，更要面临从在线培训机构转型的教育科技公司的竞争。

二、"双减"背景下教辅智能化升级的路径

吕玉刚在接受《人民教育》专访时强调，充分发挥信息技术在精准分析学情、个性化布置作业等方面的作用，为学生精准推送作业，提高针对性、有效性。传统教辅类图书由于无法实现数据采集、无法生成个性化作业、无法实现学情分析，所以无法满足"双减"政策的要求。传统教辅类图书要想实现向数字化智能教辅的转变，就要着力完成四个方面的工作。

1. 高质量题库建设

"双减"政策要求小学三至六年级书面作业平均完成时间不超过60分钟，初中书面作业平均完成时间不超过90分钟。全面压减学生作业总量和时长是基础，还有很关键的一点是确保减时减量不减质，这就要提高作业的效率。这就对教辅类图书提出了新的要求，即实现作业"千人千面"，精准设计不同的作业，精选作业内容，合理确定作业数量。因此，教辅类图书应配套高质量题库，实现图书和题库的联动。早在10年前就有教育类

出版社开始搭建题库，但由于题库和教辅的联动性没有很好地发挥出来，同时没有好的盈利模式，最终都无法实现良好的运营。"双减"政策提出的分层作业和个性化作业如果没有题库的支撑，肯定是无法实现的，因此构建本地化的题库将是教育类出版社不得不考虑的问题。教育类出版社可以依托自身近几年出版的教辅类图书内容，通过举办试题大赛等活动实现原始试题的积累，同时和当地有教研能力的名校合作，以内容置换的形式引入学校的校本题库。这样就可以搭建起一个适合当地使用的精准题库，实现作业的分层和精准化的推送，从而实现"千人千面"。

近几年，菁优网、学科网等题库类产品越来越受学校青睐，学校通过题库类产品可以实现智能组卷、自由挑题，还可以实现各类测试和个性化作业的布置。但题库海量的试题资源同时也给老师带来找题的烦恼，老师从海量的试题资源中找到适合本地学情的试题如同"大海捞针"。因此，教育类出版社可以充分利用教辅类图书在当地"一科一辅"占有率的优势，重点做好题库建设，一方面要把社里多年的存量教辅内容碎片化、数字化、标签化；另一方面要加强与当地名校的合作，把名校的内容资源充实到题库中。

2. 高效的数据采集

目前主要采用的数据采集方式有高速扫描仪、高拍仪、智能笔、手机拍照、墨水屏5 种。江西"智慧作业"是江西省教育厅组织建设，多家企业提供技术支持的智能化作业管理平台，能在不改变现有作业模式的前提下将大数据技术应用到学生日常纸质作业中，其数据采集主要采用高拍仪和点阵笔相结合的模式。智能笔是当前使用比较多的采集方式，其实现数据采集需要具备两个要素。其一是点阵笔能够实现边写边识别，作为数据采集的入口，将内容传输到电子终端；其二是在印刷教辅类图书时加入点阵码，纸上的点阵码相当于辅助性坐标，通过摄像头与点阵识别，在电子屏上还原出原始图像，调取点阵码关联的数据内容，构成空间对应的关系。高速扫描仪也是当前使用比较多的采集方式，教辅类图书在装订时可采用活页模式或者专门配套只有答题区域的智慧作业本，学生做完作业后将其撕下来，统一通过高速扫描仪进行数据采集。高速扫描仪是目前所有采集方式中准确率最高的，但这种方式存在改变教辅类图书排版样式和给老师增加采集工作量的问题，短期内难以全面铺开。

3. 从单一教辅向个性化教辅转变

"双减"政策要求全面压减作业总量和时长，鼓励布置分层、弹性和个性化作业。比如，基础薄弱的学生，可自主加强基础题练习；综合运用能力薄弱的学生，可自主加强综合题练习。学生按照自身水平分层、差异化做练习，从而提升作业的针对性、有效性。用传统的方式完整记录师生日常教学活动过程面临很多实践瓶颈，如果能够利用现代科技留下数字轨迹，将会为教育数字化转型提供非常好的助力。以往，同一个班学生的作业千篇一律，优生"吃不饱"，还会觉得浪费时间；学困生则会因为基础不牢而无从下笔。通过系统，老师可以分析各班级学情，为学生分层布置作业。学有余力的学生，可选择拔高难度的拓展训练，学困生则可针对基础知识进行巩固。

教辅评议时对印张、样式都有要求，同时教辅评议也不容许夹带教学辅助资料的链接网址、二维码等信息，因此普遍存在内容呈现形式单一、反馈性和互动性不强、个性化不足等局限，无法实现分层。教辅评议在不改变原来内容的前提下，可利用点阵笔、高速扫描仪、高拍仪等方式增加数据采集的功能，动态采集学生每日作业情况，即时生成每个学生专属的错题集，并通过大数据分析为学生推送分层作业和个性化作业。这样，单一的纸质教辅就变成了个性化的智慧教辅。

4. 多维学情分析

通过多维学情分析，老师可以进行学生知识点掌握情况统计分析、作业正确率统计分析。老师按照得分率将题目进行排序，对错误率较高的典型题目进行集中讲解，优先解决班级作业中的共性问题；对正确率较高的题目可以略讲或带过，让课堂讲评有的放矢。课前备课时，老师可以实时了解班级学情的分布情况及分布名单，随时调取原卷进行批注讲解；还可以先查看学生作业完成情况的相关数据，了解学生对知识的掌握情况，以此确定课堂教学起点，因势利导，进行针对性教学。

三、教辅智能化升级面临的问题

1. 智能化升级的动力不足

一方面，以教辅类图书出版为主体的教育类出版社虽受到影响，但并没有达到难以应对的程度，尽管数字化出版早已成为出版社的发展趋势，但很多出版社往往很难放弃原有的已经成形的系统化模式。陌生的数字化出版让一些出版社难以适应，只能继续维持现状。另一方面，教育管理部门对教辅评议夹带二维码信息的做法大多数持有反对意见，如果学生使用量最大的"一科一辅"不能加入信息技术的增值服务，受众群体将大大减少，针对学生的数字化产品仍面临无法收费的问题。

2. 缺乏专业的服务团队

一方面，近年来，教育信息化基础设施建设逐步得到夯实，学校的信息化教学设备基本上实现全覆盖，但"智慧作业"配套的点阵笔、高拍仪、高速扫描仪等硬件设备仍是短板，这必将增加学校的信息化硬件投入。另一方面，"智慧作业"会改变老师原有布置作业的习惯，必然会引起一些老师的反对。如果没有老师的高度配合，"智慧作业"就无法实现常态化使用，因此需要有完备的服务团队进校进行全流程服务，协助师生高效使用，以确保使用效果。

3. 盈利模式不清晰

一方面，教育管理部门要求学校在推广信息化教育的过程中应坚持学生自愿和非营利性原则，中小学教辅材料征订坚持"一科一辅"，严禁搭售任何其他的资料。2022 年山西省五部门联合下发通知，不得强制或暗示学生及家长购买指定的平板电脑、学习机、电子学生证、教育 App 等教学软硬件。另一方面，"智慧作业"相关的软件、题库等投入巨大，如果只作为教辅材料的增值服务，将难以形成成熟的盈利模式，产品的可持续性差。

四、结语

落实"双减"政策，就是要全面贯彻党的教育方针，落实立德树人根本任务，着眼建设高质量教育体系，构建教育良好生态，促进学生全面发展、健康成长；就是要坚持学生为本、回应关切，遵循教育规律，着眼学生身心健康成长，保障学生休息权利。

"双减"政策对教辅出版模式提出了新要求，智能技术的发展与应用为教辅的升级提供了新机遇。教育类出版社要顺应教育大变革的时代背景，积极应用新技术、新理念推动出版融合发展，利用人工智能、云计算、大数据等信息技术提升教辅设计质量，真正为广大师生减负增效[3]。

参考文献

[1] 中共中央办公厅. 关于进一步减轻义务教育阶段学生作业负担和校外培训负担的意见[EB/OL].（2021-07-24）. https://www.gov.cn/zhengce/2021-07-24/content_56271.

[2] 中共中央宣传部举行教育改革发展成效新闻发布会[EB/OL].（2022-09-09）. http://www.scio.gov.cn/xwfb/gwyxwbgsxwfbh/wqfbh_2284/22n_2285/49089/.

[3] 宋吉述. "双减"政策下教育出版发展思路[J]. 中国出版，2021（20）：14-18.

融合出版时代复合型编辑的能力要求刍议

马益新　商务印书馆有限公司

摘要：融合出版时代塑造了新的内容生产过程、应用场景、传播方式、用户交互方式等，这对编辑的能力和素养提出了新的要求。面对变革，传统编辑要在政治洞察、文字处理、选题判断、资源整合、融合设计、项目管理、营销协作 7 个方面加强能力培养，完成向复合型编辑的转型。

关键词：融合出版；复合型编辑；能力培养；传统编辑转型

自 2003 年以来，中央大力推动文化体制改革，要求加快文化产业发展，促进传统出版逐渐向数字化融合出版转型。国家新闻出版广电总局（现撤销）等部门也陆续下发了相关文件，阐明了文化产业转型方向、任务，明确了文化产业向规模化、集约化、专业化转型的目标。而近年来，5G、大数据、云计算、人工智能等新一代信息技术的迅速发展，智能手机等移动设备的普及，为这种转型提供了内在驱动力，并推动了各行各业加快数字化转型的步伐。在新思维、新平台和新技术的共同作用下，传统出版正在逐步完成内容生产、应用场景、传播方式和读者交互等层面的融合转变。

传统出版向融合出版的战略转型，对编辑的能力和素养提出了新的要求。在融合出版中，编辑的角色已经从"内容编辑者"转变为"产品生产者"，其工作模式也发生了相应的改变，从单一固定的职能逐渐转变为复合型的岗位职能[1]。解决编辑业务能力不足的问题，不仅是编辑个人面临的挑战，也成为企业的重要责任。笔者认为，面对融合出版的必然之路，传统编辑要建立多向思维——既要有内容思维，还要有数据思维、技术思维、渠道思维、服务思维，同时也要认识到自身能力和岗位要求的差距，积极培养相关能力，完成向复合型编辑的转型。

一、政治洞察能力

正确的政治导向是编辑的安身立命之本，无论从事何种形式的出版，编辑都必须牢牢树立这种大局意识。敏锐的政治洞察力、鉴别力是一名合格编辑必备的素养，对涉及党和国家领导人、党和国家路线方针或者重要历史事件，对涉及香港、台湾、宗教、疆域、地图等的内容，只有保持高度的政治敏锐性，才能避免在党性原则、政治立场和舆论导向上出问题。

在新形势下，加强对出版业相关法规和规范性文件的学习，提升政治素养对编辑来说尤其重要。要打好政治素养基础，首先要对党的先进理论，尤其是习近平新时代中国特色社会主义思想进行整体、系统的学习；其次要在无数次稿件的选择和打磨中培养敏感神经[2]。当书稿中出现政治性或敏感性内容，编辑应仔细推敲，反复过滤。例如，某部外向型词典原始稿件中有一些 "计划生育""企业补贴""防疫"等话题的用例，这些话题容易被国外媒体歪解，处理稿件时酌情变通，做到价值观的正向引导就显得非常必要。

编辑面对不同的选题，既要善于发现显性问题，也要善于发现隐蔽性问题，确保正确的政治方向、舆论导向和价值取向，始终牢固树立"红线意识"，严格遵守"三审三校"制度，这样才能肩负起传播主流意识形态、将舆论引向正途的责任，做好文化、知识的传播工作。

二、文字处理能力

文字处理能力是编辑的基础能力。传统书稿加工要求编辑对异形词、标点符号、数字用法等常用语言文字规范了然于胸，善于利用工具书等参考资料解决工作中不确定的问题。随着互联网的发展，信息传播速度更快，渠道更多，范围更广，新词新语、字母词、外语词越来越多。这类词语在文字处理时无法回避，而且出版对于这类词语的传播具有重要作用，因此，编辑对这类词语尽早加以规范是非常必要的[3]。这也对编辑的文字处理能力提出了更高的要求。面对层出不穷的网络语言，编辑更要牢牢树立规范意识，采取积极有效的措施，科学应对网络语言对现代汉语的冲击，辩证思考，做到合理取舍。

内容是出版企业的核心竞争力，把好内容质量关是关系企业生死存亡的大事。融合出版从业编辑不能丢失对内容质量的把控能力，而是要与时代同步，有意识地加强这方面的能力建设。

三、选题判断能力

数字出版是融合出版的重要组成部分，数字产品的内容服务和纸质出版是相辅相成的。将数字版作为纸质版的另外一种展现形式，还是将数字版作为纸质版的内容服务的延伸，抑或是对资源进行深度整合开发，需要编辑结合选题性质、用户习惯、投入产出等因素综合考虑。

首先，编辑要认真分析市场潜力、竞品、自身优势，三思而行，对融合出版的选题做出正确的发展方向预测和市场潜力评估。其次，编辑要论证项目可行性、资源落地能力、可能存在的风险等因素，对项目的建设周期和资源现状做出客观的分析，给出大致的可行性方案。最后，编辑要未雨绸缪，做好运营方向的规划——融合出版不同于传统纸质出版，尤其是数字内容上线之后，增值服务才刚刚开始，还需要投入大量精力去运营维护。是抛开运营包袱，走低成本的轻运营路线，还是追加资源，扩展内容，向平台化、用户生态发展，需要编辑在选题策划阶段做好判断。

一个好的选题能给出版企业带来巨大的市场潜力和无限活力，同样，一个坏的选题能让出版企业背上沉重的经济负担和运营压力；选题判断能力是复合型编辑不可或缺的重要能力。

四、资源整合能力

优秀的融合出版的选题通常会是长销品、畅销品，双效益俱佳。对数字产品而言，让产品保持新鲜，让用户留存，沉淀下来变成粉丝，需要不断推陈出新，用新内容、新功能来提升用户体验。

优秀的编辑应该具备相应的资源整合能力。第一，善于挖掘内容。众口难调，这就要求编辑掌握整合内容资源的能力，通过资源整合共享的方式调整配置，发掘优势[4]。比如从已经出版的资源和作者渠道中搜寻适合数字产品的匹配内容，平移到数字产品中来。第二，善于嫁接资源。采集或购置第三方成熟资源，特别是那些能黏着用户的互补资源，让产品在内容范围或呈现形式上有所创新。第三，善于利用渠道，将内容以数据服务的形式包装出来，借鸡生蛋，强化品牌服务，从应用形式上扩充产品使用入口。第四，善于利用整合新技术，结合内容特色适时进行产品迭代，让用户始终保持新鲜感，感受到产品的进步与成长。第五，善于运营用户，树立用户的主人翁意识，让用户参与产品设计、内容建设、运营推广，与产品一起成长。

五、融合设计能力

融合出版要求编辑准确把握内容的价值，充分了解产品特点，立体设计数字应用的生态，在概要设计阶段尽量考虑周全，使产品更具生命力。首先要融内容，根据用户的内容需求选择资源，设计内容组织形式；其次要融介质，设计多种介质配合使用的场景，将数字和纸质、线上和线下有效打通；再次要融用户，设计用户同步参与的场景，让产品在用户生态中活起来；最后要融服务，设计标准化服务，以内容服务接入其他产品，互相借力，实现效益最大化。

目前，以"纸、电、音、像、课"为典型的立体化产品几乎成为出版融合转型的标配[5]。编辑要结合已有的内容资源优势和用户的痛点来组织设计数字产品的形式，追求社会效益的同时做好投入产出之间的平衡。具体有哪些服务，哪些服务要收费、怎么收费，用户对产品的价格期望如何，等等，都需要编辑给出倾向性设计。对于大型融合项目，编辑不仅要将需求设计成功能，还要将内容设计成服务，对页面布局和交互进行更深层面的设计干预，落实产品原型，推进需求评审，辅助领导决策。

六、项目管理能力

传统出版从选题立项，到编辑加工、审稿校对、付型排版，再到印刷发行，属于线性流程。对数字出版而言，从纸质图书的电子数据开始，数字选题立项，产品设计，内容结构化标引，数字产品开发，产品测试，产品发布，依然是线性流程。

在融合出版中，如果这样执行流程，出版效率会大打折扣。项目执行中通常需要责任编辑以内容为纽带，设计接口标准来多头并进，以内容为核心组织框架，产品设计、数据、技术同时发力，多岗位协同作战。尤其是 EP 同步的项目，要求纸质版、数字版同时推出，编辑需要找出项目执行的关键路径，在有限的生产周期内协调各种资源，对外联络作者，解决内容生产中的疑难问题，对内协调团队，高效协同配合，落实产品整体的建设目标。具体项目执行中，编辑要跟踪项目进度，对项目执行中的风险和瓶颈始终做到心中有数。当出现进度滞后、数据标准失效、技术难以实现、需求偏移等问题时，编辑应及时组织讨论，分析并找出进度落后的原因，寻找解决途径或变通方法。

七、营销协作能力

融合出版时代，读者用户、营销阵地、传播方式均发生了变化，营销呈多元化趋势，传统营销、平台营销、社群营销、视频营销、众筹营销等各种营销策略并行不悖。融合出版要求编辑向产品经理转型，站在项目主管的角度看待整个产品，把这些营销理念、方式融入产品设计中，为营销提供场景支持。

编辑是内容产出的主导，更懂内容；营销人员是用户沟通的桥梁，更了解用户，产品落地、升级、迭代需要二者密切配合。在内容设计方面，编辑要多吸收营销人员的建议，将痛点、卖点融入产品；在运营方面，编辑要把产品的设计理念、核心内容、独特优势等信息传递给营销人员，辅助他们做好宣传和推广；在维护方面，编辑要跟营销人员双向沟通，帮助用户解决问题，根据反馈优化内容服务。营销工作是实现双效益的重要环节，编辑的协作参与不可或缺。

八、结语

适应融合出版变革，培养编辑的复合型能力不仅是出版企业岗位的要求，也是编辑职业发展的要求。传统编辑向复合型编辑转型，一方面要求出版企业提供空间和土壤，构建和谐、良好的工作环境，搭建高效的资源收集渠道和信息化平台，给予物质和精神上的鼓励，引导传统编辑积极参与融合出版项目研发，在实战中弥补不足，积累经验；另一方面要求编辑自身必须要适应融合出版的变革，找准定位，承认不足，有意识地自主学习，针对性地进行技能培训，结合工作应用，形成业务能力。

参考文献

[1] 王凤梅. 从图书编辑到产品经理：融合出版中编辑身份的转型探究[J]. 新闻研究导刊，2022（20）：251-253.

[2] 王舒. 新时代强化出版编辑政治素养刍议[J]. 出版广角，2021（7）：55-57.

[3] 王琪. 出版领域语言文字问题治理对策分析——基于《关于全面加强新时代语言文字工作的意见》的解析[J]. 科技与出版，2022（5）：154-160.

[4] 段鹏. 融合出版背景下编辑面临的挑战及其应对[J]. 媒体融合与传播，2021（5）：51-55.

[5] 徐强. 融合出版形势下科技编辑的挑战及"赋能"[J]. 新阅读，2021（12）：59-60.

参与地方数字经济建设 扩展出版融合外延——数字时代下地方出版集团出版融合路径浅析

王子敬 中原大地传媒股份有限公司

摘要：随着出版业融合发展的深度开展，各出版单位都在寻找符合自身特色的融合发展之路。地方出版集团是各省重点文化企业，本文以发挥国有文化企业信誉品牌背书优势、优质内容 IP 优势、产业链聚集优势、资金优势等为切入点，探索地方出版集团积极投入地方数字经济建设的出版融合新路径。

关键词：科技创新；数字经济；智慧教育；优质 IP

党的十八大以来，以习近平同志为核心的党中央高度重视媒体融合发展，就文化与科技融合做出了一系列重要决策和部署。《中华人民共和国国民经济和社会发展第十四个五年规划和 2035 年远景目标纲要》将"加快数字化发展 建设数字中国"写入其中，其中明确提出"实施文化产业数字化战略，加快发展新型文化企业、文化业态、文化消费模式，壮大数字创意、网络视听、数字出版、数字娱乐、线上演播等产业"，为出版业加快数字化转型升级指明了方向，成为推进出版业融合发展的根本方针。随后中共中央办公厅、国务院办公厅出台《关于推进实施国家文化数字化战略的意见》《"十四五"数字经济发展规划》等指导性文件，对出版产业科技赋能、数字赋能提出了明确的要求。在此大背景下，各地省委省政府也颁布了数字化转型、数字经济建设、文化数字化相关指导性文件，推进地方数字经济、数字化产业发展。在此背景下，地方出版集团作为各省重点文化企业，应发挥出版集团国有文化企业信誉品牌背书优势、优质内容 IP 优势、产业链聚集优势、资金优势等，积极投入地方数字经济建设，一方面扩展延伸出版主业产业链，尤其是融合出版的外延；另一方面通过参与具体项目补齐业务数字化的短板，为自身在数字化时代的良性发展奠定基础。

一、地方出版集团参与数字经济建设的重要意义

（一）彰显国有文化企业社会担当

地方出版集团作为省内重点文化企业，应在文化传播、教育服务等领域扮演重要的角色：通过参与数字经济建设，体现文化底蕴，在数字化时代下扛好文化强国的大旗，在主流互联网平台上发声，彰显文化企业的社会担当。

（二）解决数字化业务适应能力问题

地方出版集团作为传统国有文化企业，与新兴技术尤其是数字技术、互联网技术的融合度普遍较低。通过积极参与地方数字经济建设，与领先的技术公司、数字化企业共同推进项目，其能积累宝贵的数字项目经验和数字资产，丰富融合发展路径。

（三）解决聚集优质高端资源能力不足问题

出版产业发展到目前阶段，"二八效应"愈发明显，地方出版集团聚集优质高端资源愈发困难。通过参与地方重大数字化项目，联合地方人民政府、相关厅局聚集优质高端资源，能从源头解决出版融合问题。

二、地方出版集团参与数字经济建设的主要方向

地方出版集团应发挥国有文化企业内容 IP 优势、创意策划优势、教育服务优势、地面渠道优势等，积极参与与主业密切相关的产业建设。

（一）发挥教育服务优势，参与智慧教育服务相关项目

地方出版集团作为教材教辅印刷、发行单位，通过长年的高质量服务在教育行业赢得了良好的口碑，同时奠定了牢固的教育服务基础。随着"双减""课后延时服务"等一系列政策落地以及新高考全面铺开，"智慧教育"是教育发展的必由之路，各省教育行政部门也将智慧教育作为未来几年建设的头等大事。教育事关国家事权、关系到立德树人，所以在选择数字化转型合作企业时，教育行政部门需要慎之又慎。地方出版集团的国有文化企业背书以及多年的教育服务积累，使其在合作方面占有先天优势，通过与教育行政部门联手打造智慧教育服务平台，以数字化手段提升教育服务质量、提升教学精准度、减轻学生负担、优化传统纸质教育出版物，真正做到教育出版的融合发展。

（二）发挥内容 IP 优势，参与研学文旅相关项目

地方出版集团在地方优质文化发掘、传承、传播方面具有自身优势，并且形成了非常多的 IP 资源积累。随着地方文旅产业的不断兴起，传统旅游业也面临着升级改造，其中最重要的改造就是旅游的"软性改造"，即通过文化内涵吸引更多的游客。同样，研学旅行也不再是传统的"旅游"项目，需要有地方文化内容支撑其内涵，真正达到"学"的目的。地方出版集团应该发挥自身内容 IP 优势，在数字化研学文旅方面做文章，开发丰富数字内容资源、业务支撑平台和相关数字产品，全面对接"城市软装"项目、博物

馆数字化升级改造项目、公共文化服务项目等，全方位接入研学文旅大市场。

（三）发挥内容策划能力，参与数字创意相关项目

技术的发展日新月异，纵观与文化相关的技术创新，最终的落脚点还是"内容为王"，但是其更深层的含义是优质内容的创意表达和创新呈现。随着元宇宙概念兴起，地方出版集团结合现有 IP 资源，基于元宇宙体系、互动式沉浸体验技术开展数字创意项目开发，包括数字藏品、数字版权、AR/VR 产品、元宇宙产品等的开发，为内容资源创意表达探索新路径。

（四）发挥内容组织能力，参与数字资产相关产业

在传统经济时代，地方出版集团跨界参与地方经济建设的途径非常少。在数字经济时代，企业最重要的资源和资产是数据资源。地方出版集团应发挥内容组织能力，从数字版权登记、数字资源加工、数据资产行业应用等方面切入，深入行业进行深度研究和合作，为相关产业提供数字内容支持和技术支持，在专业出版方面做到深度融合。

三、地方出版集团参与数字经济建设的路径

地方出版集团作为国有文化企业，在数字经济建设过程中应彰显信誉品牌背书和产业链资源聚合能力，发挥资金、资源、渠道、人才等优势，在产业相关重点领域牵头聚集相关企业共同推进地方数字经济建设。

（一）发挥国有文化企业平台优势，搭建合作共赢产业生态

地方出版集团作为地方文化产业领军企业，应发挥引领带动作用，聚集产业相关的头部企业和具有较大成长空间的优质中小微企业，以创新可行的运作机制及多方位的产业生态服务平台为保障，搭建以出版为主导的产业相关要素契合、价值共生、融通赋能的产业协作平台，结合数字化业务相关企业在数字经济领域进行联合攻关，探寻可持续增长的新动能和新业务增长点，推动优质出版资源、编辑资源和技术资源等实现项目化运作和复合式发展，最终实现文化产业的规模效益和高质量发展。

（二）发挥投资平台优势，聚集优质项目和合作伙伴

地方出版集团应充分利用政府资金支持和各类优惠政策，积极承担与产业相关的国家以及省内重大科技攻关项目，增加研发投入，牵头成立种子基金、科创基金、产业基金等投资平台，吸引天使投资、私募股权投资等社会资本投资，通过资金优势吸引更多优质项目和优质合作伙伴，形成合作共赢的商业模式。

（三）发挥专家聚集作用，推动项目进展

地方出版集团在聚集专家资源方面有着天然的优势，在数字经济时代应加大行业专家智库建设力度，通过智库吸引来自高校、科研院所和高新技术企业的科研团队，将拥有的技术成果用于融合出版产品和产业布局中；同时通过智库赋能提升项目建设过程中

地方出版集团主导的相关项目的质量，并付出最大努力协同合作企业完成研发任务，实现创新主体之间价值共创、合作共赢。

四、中原出版传媒集团如何参与地方数字经济建设

为了更好地发挥中原出版传媒集团作为国有骨干文化企业的龙头作用，响应河南省委省政府关于"创新驱动、科教兴省、人才强省战略""数字化转型战略""文旅文创融合战略"等具体要求，探索打造河南省文化产业创新联合体，建设以价值共生为纽带的产业生态体系，努力实现产业链、创新链、供应链、要素链、制度链"五链"深度耦合，实现文化产业的规模效益和高质量发展，出版集团将以国家新闻出版广电总局"出版融合发展（郑州）重点实验室"、国家新闻出版署"数字出版应用智能部署重点实验室"两个重点实验室为资源聚集平台聚集国内高端资源，以创新可行的运作机制为保障，构建河南省文化产业创新联合体，探寻集团可持续增长的新动能和新业务增长点，推进集团创新出版进程。目前已启动及正在启动的重点项目包括河南智慧教育平台、智慧教辅服务平台、考试测评系统等智慧教育平台，课后延时服务平台和研学课程等研学服务平台，河南省著作权登记管理平台等数字创意基础平台，参与投资郑州数据交易中心有限公司等数字经济基础支撑平台，同时积极与数字产业头部企业华为技术有限公司、小鸟看看等公司进行深度合作，力争在数字经济时代下发挥企业优势，通过多维度数字产业相关项目建设推动融合出版进程，探索创新出版融合路径。

我国儿童有声读物分级现状浅谈

王凯　北京凯声文化传媒有限责任公司

摘要：有声读物应当下的碎片化阅读现象而生，尤其是儿童有声读物发展迅猛，市场潜力良好，更多的孩子从"用眼阅读"转向"用耳阅读"。在迅猛发展的过程中，国内儿童有声读物市场乱象丛生，因此家长对于儿童有声读物也提出了新的要求。面对这些具有挑战性的复杂的市场需求，内容创作者急需从儿童生理及心理需求等方面推动儿童有声读物的健康发展，儿童分级阅读也因此成为各大平台进一步发展的必然要求。

1994 年有声读物从美国传入国内，其收听途径从早期的电台广播发展到磁带、光碟。21 世纪进入信息时代后，数字阅读逐渐取代了部分纸质文本。有声阅读也随着时代的洪流快速发展，成为数字阅读的一个新的增长点。其中，儿童有声读物的占比逐年提高，引起了社会各界的关注。数据显示，2021 年中国有声读物用户市场规模超过 6 亿人次，预计 2023 年将远超 9 亿人次。随着三孩生育政策效应的凸显，在线音频平台已经开始了儿童音频赛道的新一轮竞速，各头部平台纷纷致力于开辟儿童音频垂直领域的市场，挖掘儿童音频市场的消费潜力。

作为儿童阅读重要的渠道之一，有声读物凭借其内容的丰富性以及收听的便捷化、碎片化，成为数字化阅读时代越来越多儿童和家长的选择，儿童有声读物分级的必要性也愈发凸显。对儿童有声读物进行分级，不仅便于学龄前儿童的家长根据孩子的年龄挑选合适的阅读文本，还能为小学、初中阶段具备一定选择权和鉴别力的儿童和青少年提供科学的图书选择依据。

一、我国儿童有声读物分级的现状

什么是儿童内容分级呢？儿童内容分级不是简单地对读物内容的分级，也不是简单地根据儿童认知发展做内容推荐，而是需要在了解儿童认知水平的基础上分析儿童的心理年龄、人格发展情况、精神成长情况，做出更好开展阅读的指导和建议。目前行业中通用的阅读标准体系主要有：发展性阅读评估分级体系（Developmental Reading Assessment Levels）、蓝思分级阅读测评体系（Lexile Framework）、指导性阅读分级体系（Guided Reading Levels）等。其中蓝思分级阅读测评体系为目前应用范围最广的。

为了帮助孩子学习母语，逐步提升阅读能力，欧美地区发达国家在 19 世纪便开始积极推动儿童内容分级阅读的做法。20 世纪 30 年代，美、英等国确立了阅读读本的分级标准；20 世纪 60 年代，日本开展研究和推广分级阅读的活动；20 世纪 90 年代，中国香港及台湾地区开始推广分级阅读。2011 年，国务院颁布《中国儿童发展纲要（2011—2020年）》，首次提出"推广面向儿童的图书分级制"要求，至此分级阅读正在成为全世界的阅读趋势。

从目前市场来看，我国儿童内容分级的发展可以总结为两个阶段。

一是以"阅读+出版"为模式，以少年儿童出版社为出版主体，研发分级阅读读物。

二是以凯叔讲故事、喜马拉雅等为代表，采用"阅读+科技"的模式，以科技公司为主体，进行儿童内容分级阅读互联网产品的应用探索。

笔者觉得儿童内容分级的难度是非常大的，在母语背景下，儿童分级阅读的难点很多，例如：分级标准如何建立、由谁建立，如何科学评测儿童的认知水平、心理年龄和阅读能力，如何界定不同年龄段的儿童应该达到的阅读水平。

二、对于有声读物的分级建议

由于市场上暂未有明确的分级标准，因此笔者根据内容创作心得开创了凯叔家的内容分级体系。凯叔家的内容分级体系是开放性的，内容创作的首要要求就是"孩子第一"。好的儿童内容能促进个体生命的蓬勃成长，尊重个体的多样性和差异，因此凯叔家对儿童内容的分级也有着自己的理解，笔者将其整理成下述文字材料，以供参考。

1. 婴幼年龄段（0—2 岁）

0—2 岁的婴幼儿被动接收信息，他们依赖养育者的陪伴和照顾，对外界输入的内容无条件接收（全盘吸收），无自主选择的能力及意识。儿童天生具有语音分辨能力，对新鲜的刺激会表现出特别的注意，喜欢音乐或其他有节奏的声音，身体会随着音乐节奏而律动。研究表明，婴幼儿的大脑从 1.5 岁开始发育，他们经常会表现得非常固执，神经系统发展迅速，到 2 岁时自我概念初步形成。而此时他们是没有长期记忆存在的，他们动作先于思想，走到哪里再想要做什么，随着自己的兴致到处乱跑，偶尔停下来研究自己喜欢的东西。此时也是家长帮助孩子建立"安全感"的关键时期，父母的抚触与亲昵能给其带来安全感、愉悦感，使婴幼儿更关注自己，以自我为中心。在语言发展方面，婴幼儿具备了语言习得能力，开始咿呀学语，语言表达呈现出"电报句"特点，语言发展依赖外界信息输入，能掌握基本的生活口语。

该阶段的孩子需要的是语言启蒙、感统发展促进、大脑发育促进、动作发展促进、认知启蒙、积极的心灵底色构建、健康、安全感、亲子依恋关系构建、安抚陪伴。因此内容创作者需要将儿童文学与心理学相结合，从认知、情绪情感及平台的独特性方面出发提升内容审美品位。

2. 幼儿园学段（3—5岁）

3—5岁的儿童自我意识逐渐增强，他们是满世界奔跑的精灵，活泼好动，喜欢做游戏，喜欢集体活动。他们开始进入物权意识敏感期、身份确认敏感期，有自己的喜恶偏好，喜欢被关注，经常求关注。这一年龄阶段的儿童与0—2岁的婴幼儿相比，自主意识增强，叛逆心渐长并出现了第一次叛逆。他们对听故事产生了主动需求，大多会要求父母讲睡前故事，语言功能也进入了飞跃期，词汇量飞速发展，表达欲强烈（语言发展关乎社会化能力发展）；3—5岁儿童的提问天性爆发，他们害怕黑暗、独处、体型较大的动物、想象中的怪兽、强盗、医生、自己的影子等。他们的记忆是无意识的、机械的、形象的，思维特征以形象思维为主，概括能力较弱，不易掌握抽象概念；想象力丰富，拥有强烈的好奇心和探索欲，这驱使其从被动学习转为主动学习，同时也掌握基本的生活自理能力，会自己简单操作电子终端设备。

总体来看，3—5岁是培养语言表达能力的关键时期，同时也是生活口语养成时期，父母需要培养孩子的安全意识、社交能力、自我控制能力及意志力，也就是凯叔家所谓的延迟满足，让孩子感受到生命的快乐与世界的美好。作为内容创作者，我们需要为该阶段的儿童提供基本社会规则、传统文化、艺术、科普百科、侦探故事等类型的内容，形式可以为儿歌、童话和绘本。

3. 小学一至三年级（6—9岁）

6—9岁的儿童具备了极强的模仿与观察能力，懂得倾听，能够开始独立阅读，可借助拼音自主阅读部分书籍，但注意力不集中，容易分心，容易受干扰。其形象思维出色，喜欢形象地描述事物，拥有天马行空的想象力，好奇心强烈。他们渴望获得赞许，对外界评价敏感；喜欢炫耀自己拥有的东西，喜欢与人交流；开始出现爱美心理，喜欢打扮，爱穿好看的衣服；害怕家庭异常、学习异动、环境变迁、意外事故、人际变动、自我变化、生病及身体损伤等。

从品类上，建议为该年龄段的儿童提供科普、侦探、奇幻、冒险、童话类的作品，内容可涉及风俗习惯、历史传记、科幻、地理、神话、安全教育等。希望通过有声读物，呵护童真，启迪智慧，鼓励前行，帮助他们成功走向社会。

4. 小学四至六年级（10—12岁）

10—12岁的儿童开始进入人格独立期，学业压力逐渐变大，人际关系以同伴关系为主，家庭关系影响逐渐减弱，性格逐渐形成。处于人格独立期的儿童容易较真，是社会规则、秩序的遵守者；他们开始有心事，有自己独立的小世界，开始出现"偶像崇拜"，有自己的兴趣爱好，社会活动增多，与同伴的互动更为紧密；对青少年流行文化开始有感知，开始有追星行为；在校园内喜欢结交小团体；崇拜有力量的英雄人物；有丰富的情感需求，渴望独立；他们具备独立思考能力，已经具备对知识的记忆能力及行为模仿能力，并可熟练使用多种电子终端设备。

总体来看，10—12 岁儿童需要的是尊重、自由、独立和周围人给予的力量；他们需要的是提升生活技能，培养学习能力和学习习惯，同时也需要培养自理能力、运动习惯和兴趣爱好，培养责任意识、合作意识和问题解决能力。因此，建议内容创作者为他们提供涉及学科知识、科普科技、地理历史、偶像故事、英雄故事、自我保护等内容的作品。

虽然各有声阅读平台建立了一定的分级标准，但目前还缺乏一个权威的有声读物分级标准，各平台往往出于自身需求设定分级，导致分级混乱，分级标准并不统一。针对以上问题，笔者提出 3 点参考建议：一是希望监管部门通过政策规范指导市场环境；二是通过多方协作设立科学的分级标准和体系；三是强化各大平台分级意识，严格执行分级标准并优化儿童阅读体验。

新时代出版融合发展的思考

王恒　河北冠林数字出版有限公司

摘要： 随着推动出版深度融合发展日益成为全社会的一个共识，融合出版战略应该在顶层机制设计、高质量内容建设、新技术模式应用、人才队伍建设等各方面积极构建立体化融合发展出版生态体系，推动形成多元化出版产业融合发展的出版新格局，为持续提升我国文化软实力，实现出版强国、文化强国做出应有的贡献。

关键词： 融合发展；出版融合；技术融合；人才培养

2022 年 4 月，中共中央宣传部印发了《关于推动出版深度融合发展的实施意见》，从战略谋划、内容建设、技术支撑、重点工程项目、人才队伍、保障体系等 6 个方面提出 20 项主要措施。该意见是中共中央宣传部首次就出版融合发展领域专门发布政策文件，是对新时代深入推进出版深度融合发展做出的全面安排，为出版单位探索融合发展新模式、新业态、新领域提供了行动指引，进一步指明了出版融合发展的方向。

当前，随着信息技术的迅猛发展，以 5G、人工智能、大数据、云计算、区块链、元宇宙等为代表的新兴技术正在快速地改变和影响传统出版业的生态，催生了一场前所未有的变革，对传统出版产业提出了挑战。出版融合日益成为出版业的发展方向，也给出版业的发展提供了空前机遇。出版单位将传统出版与新兴技术和管理创新融为一体，能够形成独具鲜明特色优势的新型出版形态，加快融合步伐、拓宽融合领域，不断创新完善内容载体、方法手段、业态形式、体制机制，实现出版业更高质量、更有效率、更可持续的融合发展。

一、充分认识融合发展的重要意义

出版融合发展是出版业贯彻落实党中央关于媒体融合发展战略部署的重要举措，是新形势下出版领域基础性、战略性的工作，是提升国家文化软实力的重要战略，事关整个出版行业转型升级，是实现出版业高质量发展的需要。在推进出版融合发展过程中，要切实贯彻新发展理念，以新发展理念为理论指导，促进出版业高质量发展。

随着信息社会的不断发展，传统出版和信息技术融合发展日益成为全社会的共识。构建全媒体出版格局，推动主力军进入主战场，出版单位要自觉承担起举旗帜、聚民心、育新人、兴文化、展形象的使命任务，不断提升出版业的传播力、引导力、影响力、公信力，在全媒体时代走出一条出版业可持续发展之路。在新一轮产业革命背景下，互联网、数据、平台应用等技术特征日益明显，融合发展已成为当下出版业的发展大趋势，必将使出版业迎来发展的新机遇。

二、加强融合发展顶层设计

出版融合发展是一个实施周期相对长，跨学科领域相当多，短期经济效益不明显的系统工程；也正因为如此，出版融合工作应该被列为单位"一把手工程"，推动搞好顶层设计，坚持市场导向、加强统筹管理和系统整体规划，建设较为完善的出版融合制度体系、人才培养体系、绩效考核体系，为融合发展战略规划的实施提供制度保障。

在产品运营方面，出版单位需要根据自身情况进行融合发展的组织架构和生产流程的再造；在人员方面，需要建立编辑、技术、运营等多岗位联合，开展多人协作的工作模式；在内容方面，要推进策划、研发、生产一体化。

三、建设高质量内容资源

融合发展的基础是内容，其本质是对内容及服务形态的升级与扩展。传统出版与融合出版之间不是完全的竞争关系，而是既有竞争又有融合。融合出版只是改变了内容的呈现方式、传播方式，其以内容服务为中心的本质并未改变。

出版业经过长期的发展，其内容建设在质量、权威性、版权等方面具有自身优势。在信息化时代，出版单位要坚持内容为王，发挥出版业内容资源优势，进一步优化出版融合发展的内容结构。

一是紧抓优势领域进行深度开发。找准所在地区、行业的优势领域，在提供优质内容和服务的同时，进行内容类型多元化，创新传播手段，加强专业合作，进一步保持在该领域的优势地位。

二是注重内容质量精品化。信息化时代内容的传播速度快，人们的生活节奏快，一些重复内容甚至是虚假内容过度占用了用户的时间。因此，出版单位在生产内容时要保留自身的优势，提升内容质量，走精品化路线，打造文化 IP，用精品内容锁定目标用户。

三是促进内容类型多元化。传统的内容资源主要为文字和图片类型，随着喜马拉雅、快手、抖音等音视频平台的快速崛起，音视频资源已成为传播主体。出版单位可利用已有内容资源，结合网络文化消费的特点制作音视频、交互动画等多媒体资源，通过与原有内容的融合，形成立体化的融合产品。

四是创新传播方式。现阶段出版融合发展已将传统的内容从单向输出转变为双向获取。不同于传统出版模式的编辑、校对、发行等流程，数字内容直接通过平台进行编辑发布。通过用户画像构建、大数据分析等技术手段进行内容碎片化投送，同一个内容可以编辑成不同的消息传播，以适应网络传播个性化、差异化的趋势。

四、利用新技术提质增效

出版融合发展过程中离不开与信息技术的融合。随着信息技术的发展，5G、人工智能、大数据、云计算、区块链等技术已经应用在出版领域，一维码、二维码更是广泛使用在纸质图书上，成为与新兴媒体沟通的桥梁，建立起与用户的双向连接，提高传统出版的融合性，促进传统出版精准发展，为传统出版转型和发展助力，进一步提高传统出版的出版效果。

一是加强前沿技术成果的应用探索。以大数据、数据分析、用户智能画像分析、5G移动应用服务、区块链版权保护、元宇宙等一系列前沿核心技术为创新点，赋能出版融合发展，为探索融合发展新模式、新业态、新领域夯实基础，为内容资源服务形态升级探索新路径。

二是加快新技术在出版业的应用。信息技术作为出版融合发展的支撑，是出版业转型升级的关键，为出版业发展提供了强有力的推进力。推进 VR、AR、区块链版权保护等技术在出版领域的使用，既可以满足用户个性化需求并提供交互式体验，又可以有效保护自身版权。

三是研究开发适合出版领域的标准。标准化是推动出版融合发展的根本手段，通过积累融合发展的实践经验并将其总结成标准化的行业技术标准，能够改善产品、技术和内容等方面的建设，从而增强市场竞争力和提升科技水平。

五、加强人才队伍建设

加强人才队伍建设是各个领域的基础，是实现出版融合发展的必要保障。出版单位既要深刻认识到复合型、创新型和全能型出版领军人才对融合发展的重要意义，也要正视传统出版在融合出版人才队伍建设方面存在的问题。一是现有的出版人才队伍不能适应融合出版的需要，传统编辑大多不具备产品研发、营销、运维等融合发展时代对人才的需求。二是缺少既熟悉出版又掌握互联网技术还了解产品运营的复合型人才，无法适应融合发展的需要。三是传统编辑和数字编辑还不能将融合出版的思维贯穿于从策划、研发到销售的出版全流程，互相不熟悉各自的流程和业务。

新时代急需复合型、创新型和全能型出版领军人才。出版业的高质量发展需要着眼长远，创新出版人才培养机制，各方合力，形成多维合理的培养体系。一是多元化人才培养。一方面通过全国高校专业设置，明确培养目标，创新培养模式，探索培养路径，提升人才培养质量，培养一批既懂传统出版也懂融合出版的适应出版转型现实需要的复合型人才；另一方面通过融合出版培训、岗位实践、轮岗换岗等方式，培养传统编辑融合发展的意识和互联网思维，同时数字编辑也要了解出版流程和业务，共同开展产品策划、研发等工作。二是科学化岗位设置。基于当前融合发展的趋势和特点，单靠出版单位的任何一个部门都是不可能完成的，因此需要做好顶层设计，各部门按照出版融合业务开展的实际情况设立相关的岗位。同时完善融合出版人才晋升制度，以制度方式推动融合出版人才的专业化。三是制定完善的激励奖励机制。科学有效的激励奖励机制是吸引、留住人才的关键，出版单位要敢于打破现有的薪酬管理制度，探索出版项目制运作模式，为承担任务、做出贡献的人员制定特殊的工资薪酬制度。同时要结合融合出版产品的特点全方位、多层次地设置考核指标，并制定科学合理的激励奖励机制。

最后，无论如何变化，出版业仍然是内容的传播者，我们要牢牢抓住出版融合发展的历史机遇，积极应对信息化带来的新挑战，跟上新技术的步伐，运用数字技术使传统出版与数字出版融合发展，不断做大做强，为提升我国文化软实力，实现出版强国、文化强国做出应有的贡献。

参考文献

[1] 中共中央宣传部. 关于推动出版深度融合发展的实施意见[EB/OL].（2022-04-24）. https://www.gov.cn/xinwen/2022-04/24/content_5686923.htm.

[2] 黄菲. 推动出版融合，促进出版高质量发展的思考[J]. 传播与版权，2022（04）: 81-83.

[3] 秦德继. 融合出版背景下的人才队伍建设浅析[J]. 出版参考，2019（06）: 62-64，67.

地方出版集团的融合发展之路

王惠　江苏凤凰出版传媒股份有限公司

摘要："十四五"时期，国家出台了一系列关于融合发展的政策，对出版高质量发展提出了更高的要求。以互联网技术为代表的创新力量正在一步步突破传统出版想象空间的极限，重塑出版产业的生态环境。在政策和技术的双力推动下，我国出版业正在实现"弯道超车"，由出版大国向出版强国迈进。在此背景下，规模化发展的地方出版集团，需要探索适合自身的融合发展之路。

关键词：地方出版集团；融合发展

"十三五"时期，我国数字出版产业蓬勃发展，已成为新时期推动出版业高质量发展的重要引擎。根据中国新闻出版研究院 2021 年 10 月发布的《2020—2021 中国数字出版产业年度报告》，2020 年我国数字出版产业全年收入超过万亿元，达到 11781.67 亿元。

"十四五"时期对出版高质量发展提出了更高的要求。《出版业"十四五"时期发展规划》提出要壮大数字出版产业，实施数字化战略，强化新一代信息技术支撑引领作用，引导出版单位深化认识、系统谋划，有效整合各种资源要素，创新出版业态、传播方式和运营模式，推进出版产业数字化和数字产业化，大力提升行业数字化数据化智能化水平，系统推进出版深度融合发展，壮大出版发展新引擎。2022 年 4 月，中共中央宣传部印发《关于推动出版深度融合发展的实施意见》，强调"加快推动出版深度融合发展，构建数字时代新型出版传播体系"。

同时，以互联网技术为代表的创新力量正在一步步突破传统出版想象空间的极限，重塑出版产业的生态环境。基于大数据技术的新兴出版一方面对传统出版的出版理念、内容分发、产品形态和阅读方式等方面形成了巨大冲击，另一方面对传统出版的资源与品牌的深度挖掘、生产方式的转型升级也提供了强劲的动能。

在政策和技术的双力推动下，我国出版业正在实现"弯道超车"，由出版大国向出版强国迈进。在此背景下，规模化发展的地方出版集团，需要分别在集团和出版社层面加强融合发展。

一、在集团层面加强创新、引领、统筹

1. 创新引领机制，通过前瞻性研究与实践，推动形成融合出版新模式

通过设立融合实验室、智库等融合发展研究机构，联合高校、科研机构、科技企业等共同开展融合发展战略研究，围绕出版融合发展的关键技术、行业发展趋势和重点课题展开集智攻关，从技术研发、管理体制、经营机制、生产方式、产品形态、人才培养着手，形成一批可复制、可推广的新技术、新成果、新业态、新模式，为传统出版和新兴出版融合发展提供决策支持、智力支撑和示范经验。

2. 创新管理机制，通过打造统分结合的管理模式，推动形成融合出版新体系

打造统分结合的管理模式，协调推进融合出版工作。在集团层面，成立"融合出版工作小组"，全面负责融合出版的指导协调等工作。基础性服务平台、重大融合出版项目由集团统筹，统一调拨人、财、物进行建设。设立专业数字公司的集团可以以专业数字公司为主体，牵头实施重大项目；各出版社结合自身内容，分别建设精品数字内容。此外，从集团层面，可设立"融合出版专项资金"，对重大项目、精品内容进行资助，制定评选标准和考核依据，根据考核情况予以相应资助，推动形成融合出版新体系。

3. 搭建总体内容平台、新媒体营销矩阵和自有大电商平台，集约内容整合、技术服务和市场销售

出版集团化的趋势说明集约化经营的优势，在单个出版社专业分工、图书品类较少的现状下，发挥集约化优势，搭建集团层面的数字平台能达到事半功倍的效果。搭建内容平台，建立中央厨房式的内容生产、存储、分发模式，以实现内容资源随调随用、互通互用和使用便利化，最终实现内容传播"一次创作、二次加工、三次创新、立体分发"的一体化出版模式。

互联网科技迅猛发展之下，传播渠道、媒体格局出现了革命性颠覆，基于移动互联网的新媒体强势崛起，逐渐成为传媒产业的主导力量。而随着用户消费习惯的改变，新媒体平台也逐渐成为用户消费图书内容、购买图书商品的重要渠道。从集团层面搭建新媒体营销矩阵，做好账号布局，积累私域流量，创新运营模式至关重要。

在互联网电商逐渐侵蚀出版利润空间的情况下，搭建自有大电商平台，与内容平台和新媒体营销矩阵打通，充分利用私域流程，形成销售转化，打造营销闭环，增强自主定价、议价能力，提升利润空间，可以确保出版业良性、健康发展。

4. 创新人才培养机制，通过新型人才队伍建设，推动形成融合出版新活力

创新融合出版人才培养机制，将人才培养工作与出版融合发展的新要求、集团融合发展的重点项目、集团人才建设的管理办法相结合，以跨单位协作、项目孵化、实务训

练、课题研究、经验分享、走出去等多种方式带动融合出版人才队伍建设，激发融合出版工作活力。

二、在出版社层面加强垂直、专业、系统

1. 转变观念才能将融合推向深入

不管是传统出版，还是新兴出版，都以内容为王。没有纸质出版的自然溢出，很难形成出版的升级和转型，也就很难形成融合出版。出版社在内容建设上有一定的优势，比如作者资源的积累、对内容的筛选和把握以及成熟的编辑团队等。在依托传统优势的基础上，出版社要转变观念，加强顶层设计，在整体规划、产品策划、项目管理等方面培养互联网思维、产品思维、知识服务思维。

2. 坚持专业化、垂直化、品牌化发展

专业性是出版社的立足之本，是出版社形成特色、塑造品牌的基础。对于包含多个专业出版社的出版集团而言，单个出版社的专业化、垂直化、品牌化发展得好，出版集团就更强。各社一方面应根据本社的专业所长，主动出击，关注社会热点，挖掘价值选题，进行产品策划；另一方面应对头部优质内容资源进行深度挖掘，孵化出精品 IP，并进行全方位、立体式开发。

3. 储备优质、充足、可转化的知识版权

出版业的核心资产是知识版权，知识版权数量的多寡、质量的高低、形态的丰富程度决定着出版社的发展潜力。因此，出版社要建立版权库，通过签订版权合同固定版权资产。除了储备知识版权外，对内容资源的版权保护也尤为重要。融合出版的内容建设与传统出版相比，往往在时间、人力以及资金投入方面都更大，因此对版权的保护也尤为重要。出版社可以通过区块链、数字身份证等新兴技术手段的运用，实现数字内容版权保护。

4. 加强新媒体营销、自营网店建设

江苏凤凰出版传媒集团与新榜研究院于 2021 年 7 月联合发布的《出版行业新媒体研究报告》显示，新媒体对图书营销的带动作用逐渐显现。对比开卷数据可以发现，整体零售图书市场码洋占有率排名前十的出版集团中，有 6 家新媒体影响力位列全国出版业新媒体跨平台总榜前十。

新媒体变化发展较快，不同的平台有不同的特点和不同的营销方式。出版社要根据自身的优势资源、受众特点，找准平台及账号定位，做好账号人设和内容创新。有条件的出版社可成立专门的新媒体营销部门，统筹建设社一级的新媒体账号矩阵，并根据不同平台的特点建设自营网店，实现社一级的营销闭环。

总体来说，在出版集团的融合发展方面，要通过融合实验室、智库等研究机构，加

强融合发展战略研究和产业引领；通过统分结合的管理模式，激发主体活力；通过专业化、垂直化、品牌化的内容建设思路和总体内容平台的建设，加大优质出版内容的供给和传播；通过新媒体营销矩阵、自有大电商的建设，探索新的营销模式、提升盈利能力。

参考文献

[1] 佘江涛. 走向未来的出版[M]. 2 版. 南京：南京大学出版社，2022.

[2] 中国数字出版产业年度报告课题组. 2020—2021 年中国数字出版年度发展报告（摘要）[J]. 出版发行研究，2021（11）：35-40.

[3] 曹月娟，黄楚新，郭海威. 转型升级与深度融合：2021 年中国出版融合发展[J]. 出版发行研究，2021（12）：19-25.

[4] 唐俊杰，李朝明. 出版业融合发展的现实思考和路径探索[N]. 光明日报，2022-07-20（6）.

[5] 凤凰出版传媒集团，新榜研究院. 出版行业新媒体研究报告[R]. 南京：凤凰出版传媒集团，2022.

学科刊群数字出版平台运营探索与实践
——以《中国激光》杂志社传播平台为例

邓迎　《中国激光》杂志社有限公司

摘要： 信息技术极大地推动了科技期刊出版变革，《中国激光》杂志社探索了全新的融合出版模式，以中国光学期刊网和 Researching 为代表的学科刊群出版传播平台，为中国光学期刊联盟的出版提供了扎实的基础服务设施，提升了光学期刊数字出版整体水平。

关键词： 专业学科刊群；数字出版；传播平台

笔者自 2010 年情报学（数字出版方向）专业毕业，即加入《中国激光》杂志社从事数字出版工作，为《中国激光》杂志社自主出版的刊群以及其负责运营的中国光学期刊联盟提供融合出版服务，重点是《中国激光》杂志社自主建设的刊群平台的建设与运营。下文从学科刊群数字出版平台运营探索与实践的角度总结相关要点。

广义上，数字出版平台运营是指与平台运作及营收相关的一切工作，包括平台上线前的目标定位、产品策划、技术研发、平台测试等，以及上线后的平台推广、更新维护、产品包装、数据分析、市场调研、盈利反馈、安全管理等[1]。

本文从《中国激光》杂志社 2004 年至今持续运营学科刊群数字出版平台的积累出发，综合自主性、实践性和实际效果等因素，选择平台上线后的基本运营手段——具体包括服务对象、团队建设、技术研发、平台迭代、内容的更新和维护、搜索引擎优化（Search Engine Optimization，SEO）、刊群服务、学科服务、组合运营等措施的运用，来分析研究学科刊群数字出版平台的运营实践和实际效果。

笔者单位《中国激光》杂志社完整构建从投审稿系统，到生产加工系统，再到传播交流平台的全流程数字出版体系[2]，自主建设运营中文出版平台——中国光学期刊网和英文出版平台——Researching[3-4]。中国光学期刊网于 2004 年 5 月上线运营，作为同期成立的中国光学期刊联盟的数字平台，2022 年升级至第 11 版，汇聚了 80 种光学及相关交叉学科领域的期刊，拥有 15 万名专业用户，日均访问量 30 万人次，日均下载量 5 万篇。2019 年，英文平台 Researching 首次以 CLP Publishing 的名称上线，2021 年发布第 2 版，是中国科技期刊卓越行动计划集群化试点支撑平台[5]，截至 2023 年 8 月，收录了 80 种期刊资源，吸引了 5 家国际出版商的 7 种优质期刊加盟。Researching 利用英文语言优势与国际平台开展广泛的合作交流与资源互通，逐步融入国际学术交流圈。

一、服务对象与学科服务

《中国激光》杂志社的出版平台立足光学专业学科领域，从期刊联盟、资源聚集到知识服务，形成良性循环，实现对光学从业人员的立体覆盖[6-7]。平台缘起 2004 年发起的中国光学期刊联盟，以数字的形式实施跨地域、跨主管主办的期刊聚合出版与传播。期刊加盟的标准包含学科强相关、资源自主性等，其中，学科强相关是首位，明确了平台的底层学科属性。在资源聚集方面，平台围绕光学学科，以期刊论文为主，进一步扩充了光学专家、论文数据、会议摘要、行业资讯等期刊外围全形式资源。

经过持续性积累，平台已基本汇集国内光学领域所有期刊数字资源，引入数据挖掘技术，兼顾知识服务的针对性、综合性与专业性，知识服务产品不断推陈出新。2013 年，中国光学期刊网首次推出作者合作关系图谱和科研领域交叉关系图谱；2016 年，为应对新媒体传播发展，将中国激光微信公众号扩展为中国激光微信矩阵，并不断拓展增加短视频和智能服务，形成光学新媒体服务；2022 年，在海量可扩展标记语言（eXtensible Markup Language，XML）碎片化资源积累的基础上，升级作者科研合作关系拓扑图谱（见图 1），推出系列研究领域发展年谱图和用户热点分布图。

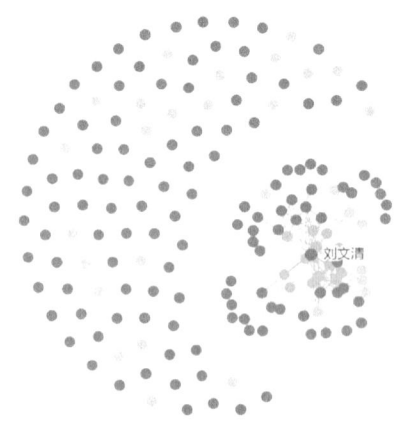

图 1　作者科研合作关系拓扑图谱
注：不同颜色的点代表合作者，线表示合作关联。

二、专业团队与平台迭代

纵观 IT 行业的发展历程，任何优秀的复杂的系统背后必定有一支专业的团队和一套标准的工作模式，因而，数字平台的长期运营离不开专业的团队和标准化的工作流程[8]。《中国激光》杂志社从 2002 年开始培育 IT 人才，2013 年成立新媒体部，细化分工，把专业的事交给专业的人。杂志社新媒体团队职责整体划分为顶层规划、中层把控、基层执行。规划层负责结合国家需求、行业趋势和杂志社发展，确定平台发展大方向，还会参与国家项目规划和行业标准制定。把控层将规划转为实施方案，制订并优化工作流程，根据技术发展和平台需求进行团队培训。执行层人员包括设计师、项目工程师、IT 工程师、需求分析师，其中项目工程师负责统筹各项目需求对接、设计对接和功能测试反馈，并跟进整体项目的进度与规划。更为重要的是，执行层在全面了解系统的基础上，加强了对新技术的学习、遴选和应用。

在各团队的分工与合作下，平台始终保证大框架的稳定性和整体性能的先进性，子系统和小模块小步走，融入新技术，实现频繁迭代升级，周期为半天到数周不等。典型模块是论文资源模块，论文出版模式包含预出版、优先出版、正式出版。预出版在早期无法实施投审稿系统、科云出版生产系统和出版平台自动对接时，实现方式是人工填写稿号，出版平台从投审稿系统自动读取显示论文的信息，但仅限稿件第一版本的题目、作者和摘要等信息，虽然第一版本稿件的基本信息修改比例高达 95%，但初期只是有所取舍；后期，科云出版生产系统引入 XML 技术，实现了对 Word 文件内容的读取和显示，预出版的流程升级为投审稿系统中论文的基本信息进入科云出版生产系统，在科云出版生产系统修改稿件文档并存取最新版本的稿件全文信息，向出版评估平台发布预出版论文全文，完成预出版论文的自动发布。

三、内容建设与科学传播

出版平台的内容以光学期刊文献为中心，囊括学科专家、科研数据、行业资讯等全范畴信息，内容资源的存取方式为符合 JATS（Journal Article Tag Suite）2.0 标准的全文 XML，更新频率为每日更新。目前《中国激光》杂志社平台已拥有学科专业主题词近 1000 万条，论文信息近 50 万条。

作为学科刊群平台，其定位是学科专业资源的权威发布与传播服务，为了最大范围提供资源，平台采取的主要措施包括以下两项。①对每项资源统一制定 SEO 方案。平台内容资源持续保持高频更新，实施热门关键词与长尾关键词搭配使用，使用户能够通过公共搜索引擎快速检索并获取相关资源。②开拓微信等社交媒体平台科学传播服务[9]。杂志社最早在 2013 年 8 月开通官方微信公众号，随后在特色细分领域，按照专业细分方向增设了爱光学、激光评论、科学文字社微信公众号，形成了光学新媒体服务矩阵。在内容建设上，光学新媒体力求创新，产自论文但不囿于论文，纳入视频、访谈、直播等新形式，做热点方向专辑或者专家个人专栏，在短视频发展潮流中开通了微信短视频和哔哩哔哩官方账号。光学新媒体已获得近 20 万名粉丝关注，年发文量超过 1000 篇，年访问量近 150 万次。

四、刊群数字出版服务

学科刊群数字出版平台自然离不开期刊数字出版服务，其在数据标准、数据挖掘、数字发行、网络访问数据等技术应用领域实行统一化管理，但不干涉各期刊出版模式与数字化形式，反而支持各刊特色化定制[10]。

平台刊群服务的标准化与特色化服务主要有 5 点。①论文数据资源统一。由平台制定数据标准，并统一加工、质检、发布、核验、对外平台互通。②数据挖掘统一。所有期刊享有平台数据挖掘服务。③数字发行统一。平台为刊群提供在线订刊功能，用户只需根据需要下单、在线支付、等待快递送刊上门，其购物灵活度媲美电商平台。加盟期刊中，有的期刊在平台上一年的销售额达到万元。④论文访问数据跟踪统一。平台在后台管理系统中，为刊群期刊单篇论文提供实时的摘要浏览量、PDF 全文下载量数据。⑤主页系统功能与页面内容个性化定制服务[11]。在平台上可选的期刊功能包括基本信息查看、投稿模板选择、往刊追溯、现刊发布、论文推荐等。各刊菜单名称及对应页根据期刊实际需求设置，期刊主页资讯由各刊自主发布与管理。

五、社会效益最大化

杂志社出版平台的资源服务以社会效益为首位，自 2004 年上线以来从未直接向用户要求支付费用[12]。平台拥有 300 多家高校、研究所机构用户，用户可根据 IP 地址域访问，平台能根据部分图书馆的要求，提供机构内访问详情数据的反馈。

平台的开放与合作还体现在与各搜索引擎、期刊数据库的数据互通。杂志社平台与百度学术搜索引擎、万方期刊元数据库、中国知网期刊全文库、中科院 CSCD 摘要数据库、Google Scholar 搜索引擎、Inspec 摘要数据库、CrossRef 数据库、Web of Science 均有资源交流合作，为光学学科期刊提供广泛交流圈，最大程度渗入科学研究应用场景。

参考文献

[1] 柯慧. 大学出版社的数字出版运营平台研究[D]. 武汉：武汉理工大学，2012.

[2] 徐雁龙. 科技期刊主管单位集中办刊的规划与思考[J]. 科技与出版，2018，286（10）：42-47.

[3] 中国光学期刊网[OL]. [2022-10-10].https://www.opticsjournal.net.

[4] Researching[OL]. [2022-10-10].https://www.researching.cn.

[5] 杨蕾. 专业集群模式在当前中国科技期刊发展阶段的历史使命探究[J]. 中国出版，2021，503（06）：3-9.

[6] 邓迎，郑继承，童菲，等. 中国光学期刊网数字出版服务探索与实践[J]. 中国科技期刊研究，2013，24（5）：951-954.

[7] 郑继承，邓迎，段家喜，等. IDEF0 模型在光学期刊集群数字出版平台建设运营中的分析[J]. 中国科技期刊研究，2013，24（1）：23-28.

[8] 杨蕾. 树立四个目标，争创三个一流——中国激光杂志社的办刊实践[J]. 中国科技期刊研究，2023，34（1）：112-117.

[9] WANG X, DENG Y, LV X, et al. The usage of WeChat to promote academic publishing in China: A case study on Chinese Laser Press [J]. Learned Publishing, 2020, 33(2): 187-91.

[10] 吕璇，邓迎，顾驾鸿，等. 中国科技期刊出版平台建设中的内容服务与功能分析[J]. 编辑学报，2021，33（2）：182-188.

[11] 朱俊刚，李洪丹，段家喜，等. 科技期刊如何加强网站资讯建设——以中国光学期刊网为例[J]. 中国科技期刊研究，2011，22（3）：398-401.

[12] 马沂，杨蕾，王晓峰. 培育世界一流杂志社的思考与实践——中国激光杂志社 10 年集群化发展回顾与展望[J]. 中国科技期刊研究，2020，31（10）：1210-1216.

数字出版的五要素分析*

龙正武　人教数字出版有限公司

摘要： 为推动数字出版产业高质量发展，文章从出版的定义、特点等出发，提出了数字出版的"五要素"，即内容、形式、体验、数据、服务，指出内容在数字出版中仍然处于核心地位，不管是哪种内容生产方式，内容的质量决定了数字出版的质量；形式与内容是密不可分的，数字出版的形式能够影响内容产生的实效；体验是决定用户是否会长时间使用产品的关键；数据是改进数字出版产品的力量；所有的数字出版手段，其终极目标都是为用户提供更好的服务。

关键词： 出版；数字出版；内容；形式；体验；数据；服务

出版的全称是"出版活动"，是对作品进行选择、编辑、复制，向公众传播的专业活动。[1]更进一步，出版是对数据、信息、知识、作品等内容进行选择、加工等编校处理并适当编码后，将其与特定载体相结合，制作生产媒介产品（出版物），向公众发行、传播的建制化人类活动。[2]"建制化"意指出版活动不是个人即兴行为，而是有组织、有规范、有序的人类社会活动。基于此，出版的核心本质可以理解为：通过一定的载体正式地、公开地传递信息、知识和思想。"正式"与"公开"强调出版是一种有组织的、具有正式性和权威性的人类社会活动。

传播学巨匠、著名思想家麦克卢汉（Marshall McLuhan）认为，媒介是人体和心灵的技术延伸，一切技术都是媒介，但媒介在延伸人体、赋予人体力量的同时，也会"截除"人体，从而对人类的活动等产生关键性影响。[3]出版活动在生产媒介产品即出版物时，需要将信息、知识和思想附着在一定的载体上，因而相关的技术在出版活动中扮演着至关重要的角色，技术的革新也推动着出版的变迁。从活字印刷术的发明、机械印刷术的出现到计算机的广泛应用、互联网特别是移动互联网的蓬勃发展，技术在推动出版快速发展的同时也改变着出版的形态。近年来，数字技术的广泛应用已经极大地改变了人们的生活和工作方式，出版活动的数字化转型已经成为大势所趋。数字出版利用数字

---

* 基金项目：中国教育学会教育科研专项课题"深度学习导向的数字教材开发研究"（编号 2020JYX013420ZB）。

技术进行内容编辑加工并通过网络传播数字内容产品，这一新兴出版模式已经越来越普及。不过，如同抄写出版、印刷出版、电子出版均为不同发展阶段的出版形态一样，数字出版将成为今后出版发展的新形态。[2]信息技术与内容产业的高度融合推动了数字内容产业的诞生和发展，数字出版作为信息技术与传统出版高度融合的出版形态，则是数字内容产业的重要组成部分。

万安伦等提出出版"三元素"说，认为载体、符号、技术是出版的三元素。出版主体通过出版技术，使出版符号有规律、有逻辑地呈现在出版载体上，构成了出版活动。为了推动数字出版产业高质量发展，需要提升数字出版编辑对出版载体轻量化、虚拟化的理解，对出版符号多层级、多维度的认知，对出版技术高精尖、智能化的学习。[4]数字出版是以出版流程的数字化为前提，以内容交互为核心，内容生产过程具有开放性、互文性等特点，交付方式多元化，表达方式场景化，以实现用户的可理解输入为目标的一种出版形态。[5]本研究综合考虑数字技术的优势，将内容、形式、体验、数据、服务视为数字出版的五个要素进行分析（见图 1）。

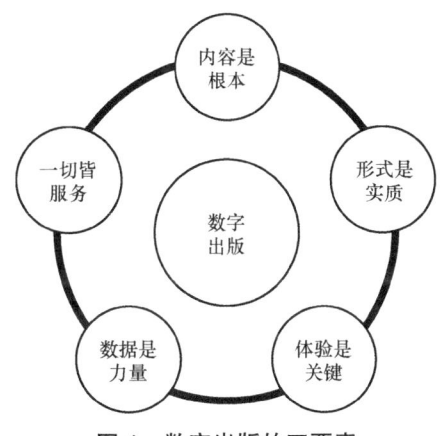

图 1　数字出版的五要素

一、内容是根本

系统性地记录、生产和传播知识是出版行为的本质[6]，出版是通过内容来体现价值的，因此才有"内容为王"一说。无论出版处于何种发展阶段，也无论最终的出版产品是具有实体物质载体的报纸、期刊、图书、音像制品、电子出版物还是通过网络传播的数字内容产品，从出版的本质属性来看，出版物承载的信息、知识与思想是出版的核心，技术手段本质上都是为内容服务的，数字出版当然也不例外。内容在所有类型的出版中都应该处于根本性的地位，离开了内容，出版就成了无源之水、无本之木。换句话说，如果没有好的内容，再先进的技术也不能实现出版所承载的传递信息、知识与思想的目的。"互联网＋"时代是海量信息的时代，但品牌出版社依然是出版质量、信誉、品位的重要保证，品牌价值依然在发挥重要作用。[7]品牌价值之所以仍然能够发挥作用，是因为品牌出版社在内容建设上的精益求精，有助于广大读者精准、高效地找到最优质的内容，避免他们在海量信息中耗费精力进行筛选和试错。

传统出版社的内容生产属于专业生产内容（Professional Generated Content，PGC）；移动互联网、社交平台等的普及，使得用户生产内容（User Generated Content，UGC）得到了井喷式发展。近年来，随着人工智能技术的广泛应用，人工智能生产内容（Artificial Intelligence Generated Content，AIGC）也悄然兴起，如施普林格已经使用 AIGC 生成了三本书[8]，百度百家号为了加速内容创作智能化而打出了 AIGC 组合拳[9]，美国人工智能研究公司 OpenAI 研发的聊天机器人程序 ChatGPT（Chat Generative Pre-trained Transformer），不但能够通过理解和学习人类的语言，像人类一样聊天交流，还能根据使用者的指令撰写文案、翻译文本、编写代码，甚至完成学术论文的撰写。但是，追求流量、追求流行度的 UGC 将导致知识的低质化和庸俗化，会破坏传统出版业对知识的严肃态度，因此出版业不应以满足大众"即刻"的信息饥渴为存在依据，也不应对知识信息的低质化视而不见。[6]作为同样具有正式性、权威性的数字出版，始终应将内容作为出版的起点，在借助技术手段协助生成内容的同时，现阶段还是应该坚持专业生产内容，通过便捷的渠道把优质的专业内容和知识传递给消费者。

2022 年 4 月中共中央宣传部印发《关于推动出版深度融合发展的实施意见》（简称《意见》），强调应"强化出版融合发展内容建设"，并指出要"扩大优质内容供给""创新内容呈现传播方式""打造重点领域精品内容"，都说明了内容在出版活动中的核心地位。

二、形式是实质

技术与内容的深度融合，是数字出版的重要特征之一。形式是实质，指的是内容的呈现形式也是内容实质性的部分，是同内容分不开的。以电影拍摄为例，面对同样的人物或景物，使用仰角与俯角拍摄出的画面，往往会产生截然不同的效果。因此，从某种意义上说，形式便是内容，而内容也就是形式。[10]出版物内容的呈现形式同样会极大地影响其内容的传播效果。对于数字出版来说，形式是实质具有两个层面的意义。一是同样的内容，借助不同的载体，生成的出版产品形态不同，使用场景不同，产生的效果也不一样。比如，同样一本小说，可以印制为纸质图书，也可以制作成静态电子书，还可以开发成有声图书，或者加上动画制作成可互动的多媒体出版物，阅读效果自然不同，受众也会基于自身的习惯和偏好，选择其中某一种或多种特定的形式。二是借助数字化的手段，通过控制内容信息的呈现方式、先后顺序，影响内容带给受众的感受，带来不同的媒介效果。比如纸质图书可以用图文的形式引导读者进行思考，但读者是否真的会采纳作者的建议往往是个未知数。而数字出版能够在一定程度上突破纸质出版的局限性。比如，作者在某本纸质图书中写道"把书搁下来，自己想一想"，但读者是否会采纳作者的建议，那就是个未知数了。如果是具有交互功能的数字出版产品，就可以采用倒计时等工具"强制"读者进行思考，还可以设置提示，引导读者一步步深入思考。数字出版的这种互动功能在教育出版领域应用前景广泛。

正是由于数字出版产品的形式对内容传播的重要意义，《意见》强调要"创新内容呈现传播方式"，要更加注重利用新型传播手段，加强全媒体运营推广，提高优质数字出版内容的到达率、阅读率和影响力。

三、体验是关键

随着新技术的发展，信息传播速度不断提高，传播活动变得直接而迫切，一步步抢占受众判断信息相关性、可靠性和真实性的时间。[11]在社会运行持续加速的背景下，"浅尝辄止"已经成为一种普遍的生活状态[12]，加之现在人们可选择的产品与服务越来越多，对于数字出版产品而言，如果不能给用户带来良好的体验，就会迅速失去吸引力。

互联网思维的核心要义是用户至上，数字出版产品要做好用户研究，并在洞悉用户需求的基础上，结合用户画像，分析用户使用场景，提供良好的使用体验。体验是关键，意味着交互设计在成功的数字出版产品设计中处于核心地位，正因为如此，现在社会上已经有了交互设计师这一职业。交互设计师的主要任务就是使产品的体验变得越来越好，优秀交互设计师的职业技能分为思维、眼界、手段、精神四个部分。思维包括产品思维、用户思维、逻辑思维、视觉思维、开发思维，眼界意味着要有一定的专业知识、行业案例的积累，手段指的是需要掌握一些原型工具和设计软件，精神意味着要有同理心和探索欲。[13]

四、数据是力量

随着统计学科和计算机学科的发展，人们收集数据和分析数据的能力正在变得越来越强大。数据挖掘即从大量的、不完全的、模糊的、随机的、实际应用的数据中提取潜在有用的信息和知识，可帮助决策者找寻规律，预测趋势，防范疏漏。[14]数据的价值和能够发挥的潜能得到了日益广泛的认可。2021年9月，《中华人民共和国数据安全法》的实施，进一步提升了大家对数据作为资产等的认识。

数字出版产品通过网络传播触达一线用户，这意味着通过平台资源与产品的使用数据，可以分析数字出版产品是否达到了预期的目的、是否存在改进的空间、哪些方面有待加强，还可以以此对用户及其行为进行分析，在了解用户偏好的基础上进行精准推送和服务。

容易被人们忽视的是，考虑到人们的从众心理，在借助数据提高产品和服务质量的同时，也会造成数字出版领域的马太效应，即强者愈强、弱者愈弱。当出版企业投入数据技术，会使用大量数据，也会产生更多数据。出版企业应善于利用数据的力量，增强数字出版产品的竞争力。

五、一切皆服务

从读者的角度来看，出版的目的实质上是为了满足读者的需求，所以出版本身可以看成是一种服务活动。不过，传统出版的周期较长，生产者与消费者之间的沟通不够顺畅、便捷，因此出版的服务性并不明显。相较而言，数字出版的服务性更为突显。一方面，数字出版拉近了生产者与消费者之间的距离，打破了两者之间交流与沟通的障碍。另一方面，技术的指数级增长显著提升了消费者的期望[15]，消费者希望能够实现超出文字阅读之外的更加丰富的功能，比如如今的电子书用户可以依据内容寻找与自己持有相似或相反观点的人进行交流，或者加入相关的讨论组等，以满足阅读社交的需求。因此，数字出版的一切活动都应该围绕给用户提供更好的服务来进行。事实上，改变呈现方式，本质上也是为了给用户提供更好的服务。

多家在世界出版业中处于领先地位的出版集团，都已经将自己定位为知识信息服务提供商，意图完成从内容提供商到"内容＋服务"提供商的转变。例如，美国霍顿·米夫林·哈考特公司（Houghton Mifflin Harcourt Corp.）正在从传统内容生产提供商转型为学习解决方案提供商[16]，而以客户为中心、为客户提供全方位的服务正是后者的目标；英国培生集团认为，在知识经济的背景下，他们所提供的教育产品和服务，应帮助客户不限年龄和地点进行终身学习，因此他们为学校提供了一系列教学解决方案，还帮助高校规划混合型课程[17]。对于数字出版，服务是出版活动一开始就应该考虑的问题。

六、结语

现阶段，出版深度融合发展面临的主要矛盾是如何构建让数字出版高质量发展的数字出版生产关系框架，要从业务组织形式、成果分配机制、考核评价体系等方面探索建立不同于传统书报刊业务的数字出版生产关系模式。[18]企业在借助数字化赋能时，其关键是为用户提升现有价值和创造新价值，如成本价值——降低用户获得内容的时间成本、费用成本；体验价值——给用户创造更好的体验，为用户提供定制化产品，提升其获得感；平台价值——通过数据收集为用户提供更多的服务，通过连接给用户创造交流的平台，激发用户的主观能动性；等等。[19]不管是新型出版机构还是传统出版企业，要进行数字化转型，都要充分重视数字出版的五要素：内容、形式、体验、数据、服务，并基于它们的特点，借助最新技术手段，为用户提供更加实用、高效的数字出版产品，以真正实现数字出版的持续高质量发展。

参考文献

[1] 编辑出版学名词审定委员会. 编辑与出版学名词（2022）[M]. 北京：科学出版社，2022：5.

[2] 徐丽芳，陈铭．媒介融合与出版进路[J]．出版发行研究，2020（12）：20-30.

[3] 麦克卢汉．理解媒介——论人的延伸（55 周年增订本）[M]．何道宽，译．南京：译林出版社，2019：3.

[4] 万安伦，张小凡．载体·符号·技术：加强数字出版编辑对出版"三元素"的认知[J]．数字出版研究，2022（1）：11-16.

[5] 赵宏源．数字出版的重新定义与发展趋势[J]．出版与印刷，2020（3）：38-41.

[6] 常江，朱思垒．架构、生态与普惠：一个数字出版的阐释框架[J]．现代出版，2022（1）：30-38.

[7] 聂震宁．"互联网＋"时代的出版人才思维[J]．现代出版，2017（4）：7-11.

[8] 中国经济网．不仅能写新闻，AI 已经开始出书了[EB/OL]．(2022-07-20)[2022-10-17]．https://baijiahao.baidu.com/s? id=1738827796516972508&wfr=spider&for=pc.

[9] 澎湃．AIGC 赋能，创作者扶持，百度百家号全面升级平台能力 [EB/OL]．（2022-09-26）[2022-10-17]．https: //m.thepaper.cn/baijiahao_20061168.

[10] 贾内梯．认识电影[M]．焦雄屏，译．杭州：浙江文艺出版社，2021：5.

[11] 斯特林．媒介即生活[M]．王家全，崔元磊，张祎，译．翟江虹，王安丽，改编．北京：中国人民大学出版社，2014：6.

[12] 哈桑．注意力分散时代：高速网络经济中的阅读、书写与政治[M]．张宁，译．上海：复旦大学出版社，2021：5.

[13] Wing ST（寇敬）．交互思维：详解交互设计师技能树[M]．北京：电子工业出版社，2019：4.

[14] 朱晓明，宋炳颖，倪英子，等．数字时代的十大商业趋势[M]．上海：上海交通大学出版社，2014：12.

[15] 奥布莱恩，郭晓，梅森．数字化转型：企业破局的 34 个锦囊[M]．刘传湘，张岳，曹志强，译．北京：机械工业出版社，2021：2.

[16] 徐丽芳，姚依蕾．美国中小学数字教育出版产品与服务研究——以 HMH 公司为例[J]．出版参考，2021（1）：19-24.

[17] 徐丽芳，王心雨，张慧．国外教育出版数字化发展对我国的启示——以培生集团为例[J]．出版广角，2019（1）：11-15，32.

[18] 李弘．中国数字出版产业发展历程回顾与融合路径探析（2011—2020）[J]．数字出版研究，2022（1）：53-61.

[19] 韦德，劳克斯，麦考利，等．全数字化赋能——迎击颠覆者的竞争战略[M]，瑞士洛桑管理发展学院，译．北京：中信出版社，2019：1.

（原文首发于《出版与印刷》2023 年第 1 期）

农业科技融合出版服务乡村振兴战略的简要策略分析

任玉晶　　中国农业科学技术出版社有限公司

摘要： 党的二十大报告指出，要"全面推进乡村振兴""坚持农业农村优先发展，巩固拓展脱贫攻坚成果，加快建设农业强国，扎实推动乡村产业、人才、文化、生态、组织振兴"。经验和事实都表明，知识、信息、文化都可以成为乡村振兴过程中的一种生产要素，知识服务可以全方位促进乡村的各个方面振兴。本文首先分析了乡村振兴参与主体的知识、信息和文化需求，并指出当前的知识产品、知识服务都没有起到应有的作用。最后，笔者从融合出版、知识服务乡村的角度出发，提出加快优质数字内容建设、开发融合出版产品以及促成流动三方面具体的策略。

关键词： 乡村振兴；融合；知识服务

党的十九大报告提出要实施乡村振兴战略，并提出产业兴旺、生态宜居、乡风文明、治理有效、生活富裕的总要求。党的二十大报告指出，要"全面推进乡村振兴""坚持农业农村优先发展……加快建设农业强国，扎实推动乡村产业、人才、文化、生态、组织振兴"。

骆永民等[1]已经证明文化建设可以促进农民增收，也有学界、业界同人阐述了农家书屋对促进乡村振兴的积极正向作用[2-3]。本文分析的融合出版更侧重于知识服务的概念，即让知识、信息、文化成为一种生产要素，深度融入乡村振兴战略的各个环节、各种场景。

一、乡村振兴对知识、信息、文化的需求分析

农业农村部部长唐仁健在《求是》发表的署名文章指出，乡村振兴是解决好发展不平衡不充分问题的重点难点问题，是构建新发展的潜力后劲，是应对内外各种风险挑战的基础支撑。乡村振兴战略实施会伴随乡村居民、基层管理人员、涉农企业等各类主体

（以下称"参与主体"）认知、能力素质、文明认知水平的不断提高，这个过程中会有大量的知识信息需求，具体有以下几方面。

1. 乡村振兴相关政策

党的十九大以来，党中央、国务院、有关部委、各地出台了大量与乡村振兴有关的政策，这些政策往往针对乡村振兴过程中面临的问题而出台，对乡村振兴的发展方向具有指导性。因此，了解政策要求是乡村振兴战略实施主体的最基本的信息需求。

2. 产业振兴相关内容

乡村要振兴，农民要富裕，产业振兴是基础。农村首先要依托独特资源优势，发展壮大富民兴村产业。产业振兴相关的内容也是主要需求所在。首先是农业农村发展形势，主要为管理部门公布的统计数据。其次为农业生产新技术、新方法、新品种、新工具以及最新的市场信息，这是乡村振兴相关人员的主要知识信息需求。具体包括粮食作物、蔬菜、果树、经济作物、中草药等在内的 60 余种作物的种植技术、投入品信息、生产工具使用维护知识、农产品市场供需信息，以及猪、牛、羊、鸡、鸭、鹅等 10 余种动物的养殖技术、饲料信息、疫病防控方法、市场供需信息；水域面积较大的乡村地区还需要水产养殖相关技术、投入品信息和市场供需信息。最后是乡村振兴经验和案例。笔者调研发现，多数地区乡村振兴是以建制村为单位开展的。据统计，我国约有 69 万个建制村，有时空间上相隔很远的建制村之间在资源禀赋、产业结构等方面都非常类似，一个村的成功经验对很多情况类似的村具有参考意义。

3. 儿童、青少年教育内容

孩子是家庭的希望，乡村教育资源的稀缺是乡村振兴人才流失的一大原因。要想让乡村产业兴旺，首先需要让人才留在乡村。儿童、青少年能在乡村接受良好的教育，在很大程度上可以促进人才返乡、留村。因此，做好这些群体的教育内容服务，对于乡村振兴也是非常必要的。

4. 养生相关内容

老年人是乡村振兴过程中另一个必须要关注的群体。笔者在市场调研中发现，老年人虽然每天都会花很多时间在智能手机上，却很少能接触到正确的知识信息，这导致多数老年人虽然物质生活并不贫乏，但却成为社会负面情绪的聚集地。当前乡村居民中老年人的占比又比较高，因此引导老年人注重身体保养和心理健康的内容也是乡村振兴战略实施过程中所必需的。

5. 文化陶冶的内容

农民不仅要富口袋，更要富脑袋。乡风文明是乡村振兴的紧迫任务，与乡风、家风、民风相关的弘扬社会主义核心价值观，传承农村优秀传统文化的优质文艺作品是乡村居民急需的精神食粮。这主要包括优秀的大众阅读内容，尤其是弘扬传统文化的通俗文学作品、影视剧、短视频等。

二、乡村振兴知识信息服务现状

1. 农业科学类图书出版不能满足乡村人口对知识信息的需求

2020 年[4]，农业科学类图书新出版 2833 种，重印 2083 种，总印数 1534 万册（张）。新出版农业科学类图书占新出版图书总数的 1.33%，属于历史较高位（见图 1）。2020 年第七次全国人口普查数据显示，截至 2020 年 11 月 1 日，我国仍有 5.1 亿人居住于乡村，没有完全脱离乡村的农业户籍人口有 6.5 亿人。即使以 5.1 亿乡村人口计算，人均占有新书仅为 0.3 本。由于纸质图书阅读不便等因素，实际情况要远低于这个数字。显然，仅仅依靠图书不能满足乡村振兴战略实施对知识信息的需要。

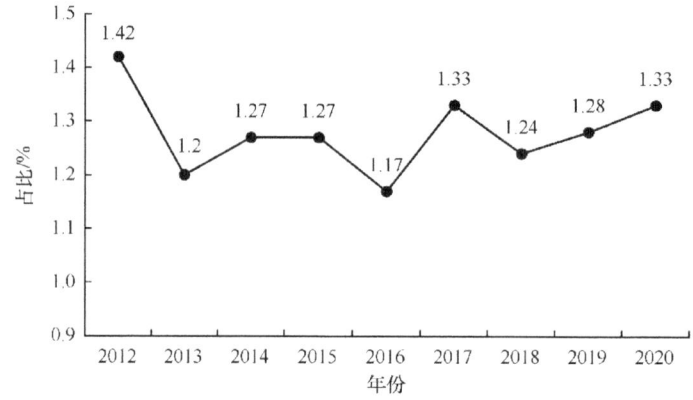

图 1　2012—2020 年新出版农业科学类图书占新出版图书总数的比例

实际上，已有多位同行注意到这一问题，杨庆先等[5]2016 年就发现农业科技类图书因农民群体阅读意识弱和不能满足读者需求而导致发行量持续走低。

2. 低质量的短视频占据了乡村人口大量本该用于学习提升的时间

此外，随着移动互联网的普及、农村 4G 信号覆盖率的提升和短视频产业的快速发展，手机占据了乡村人口的绝大部分空余时间。乡村人口普遍文化水平低、年龄大，对于图文阅读、游戏等的兴趣度较低，短视频占据了其大部分的碎片化在网时间。而短视频内容的质量参差不齐，大量低质量的内容充斥各大平台，其中许多观看量、传播范围都很大。

3. 优质数字内容没有流向乡村

数字出版或者知识服务业务发展到今天，已经有很多优质数字内容在为相关群体提供服务，在用户职业技能提升、人文素养培育等方面起到很大的作用。但是，由于经济效益等种种原因，这些优质数字内容大都没有流向乡村，没有惠及乡村振兴参与主体。

三、融合出版服务乡村振兴战略实施的策略分析

（一）顺应乡村居民的阅读习惯，加快优质数字内容建设

1. 做好乡村振兴相关选题策划

一是出版社深入乡村振兴一线寻找选题。一般而言，编辑的文化水平、学历都比较高，如果不能经常深入一线了解目标读者面临的问题，不了解运用知识的场景，不进入读者的话语体系，就很难了解读者的真实知识信息需求。例如，经过走访调查，我们发现很多地方的农业生产者已经不是传统意义上的农民了，而是对基础的农业知识有一定了解的相对专业的新型农民，这些群体往往需要能立竿见影地解决实际问题的知识。二是深入分析乡村人口的在网行为，筛选优质选题。手机占据了乡村人口的大部分闲暇时间，是因为其承载的内容吸引了读者，或者说内容满足了读者的需求。那么通过分析具体数据，了解读者的需求信息，再根据这些需求做选题，我们就可以获得较好的选题。三是密切关注农业领域新政策和新成果，引导读者主动了解政策变化和掌握新的科技知识，提高生产效率和收入水平。

2. 生产乡村振兴相关优质作品

一是尽可能让专业内容通俗易懂。如农业科技、法律法制等内容往往不易理解，为让读者更容易理解，组稿时需组织力量对专业内容进行二次加工。二是尽可能增强内容趣味性。部分理论性较强的内容读来较为枯燥，针对这一类内容要注意增强作品趣味性，如视频拍摄之前进行脚本改写，图文编辑之时适当增加一些"梗"，等等。三是尽可能降低内容生产成本和销售价格，让作品能够流向经费相对较少的地区。

3. 建立出版社之间的合作机制

乡村振兴相关的内容种类丰富，单个内容提供商很难满足这些需求，更何况还要考虑承载内容的产品形式多样，以便满足不同的阅读场景。另外，对于某一个知识服务商来讲，乡村市场的利润往往是微不足道的，因此没有足够的动力去经营。如果有涉农内容的出版社之间能成立"乡村振兴知识服务联盟"，建立内容互通共享的机制，就可以在很大程度上解决上述两个问题，而且还可以降低流通成本、扩大利润空间，增加出版社服务乡村振兴的动力。

（二）开发丰富多样的融合出版产品，满足各种场景下的知识信息需求

融合出版包含了出版与信息技术的深度融合，即充分利用数字内容和已有的互联网技术或者工具，设计产品或服务方案来满足读者的知识信息需求。例如，针对专业技能培训这种场景，通过直播平台、在线会议软件等开展线上培训的效果远好于线下面授。针对乡村儿童、青少年群体，建设班级图书馆或者将内容与老师的教学工具相结合就能获得更好的效果。针对老年人群体，微信群和短视频则是更加容易被接受的方式。总之，读者群体的特征决定了在乡村振兴领域，融合出版产品比纸质图书更能满足读者的知识

信息需求。

（三）促成优质数字内容和产品向农村流动

1．加大对农家书屋（数字农家书屋）的投入

研制农家书屋（数字农家书屋）的建设标准，确保农家书屋采购的内容能为乡村振兴参与主体所需要，能对乡村振兴战略实施起到应有的作用。创新产品形态，使农家书屋采购的内容能真正影响乡村振兴参与主体。

2．引导优质知识服务商主动推向乡村市场

一是建议相关主管部门在政策上鼓励优质数字内容提供商进入乡村市场，以村为单位建设农家书屋，定时开展活动（阅读推广、视频播放、有奖竞猜等），鼓励各村根据自己的情况提出内容需求，建设定制化的阅读室。二是设立考核机制，根据情况对已采购的内容进行考核，对于利用程度较低的产品，在下一年采购时予以淘汰。

参考文献

[1] 骆永民，项福正．乡村振兴背景下文化建设与农民增收——以农家书屋工程为例[J]．财贸研究，2022（8）：48-62．

[2] 王莉红．农家书屋助力乡村振兴的发展路径[J]．图书馆学刊，2022（7）：42-45．

[3] 烟雨彤，韦东增．农家书屋助力乡村文化振兴的路径研究[J]．经济研究导刊，2022（22）：33-35．

[4] 佚名．2020年全国新闻出版业基本情况[J]．新疆新闻出版广电，2022（2）：10．

[5] 杨庆先，漆雁斌，曹正勇．农业科技推广与农业科技类图书出版发行的互动融合探析[J]．出版发行研究，2016（8）：50-52．

从应用角度浅谈出版社的融合发展路径

刘利　清华大学出版社有限公司

摘要： 本文分别从服务于出版社核心产品、服务于出版社核心业务、服务于出版社的人才培养、支撑与保障4个角度，浅谈传统出版到新兴出版的融合发展实施路径并介绍清华大学出版社的实施案例。

关键词： 融合发展；纸数融合；数字出版；全版权运营

2022年10月，习近平总书记在党的二十大报告中指出"高质量发展是全面建设社会主义现代化国家的首要任务"，把高质量发展摆在了更突出的位置。出版业作为党的文化事业、文化产业的重要组成部分，要始终坚持思想文化领域的高质量发展。2021年12月，国家新闻出版署印发的《出版业"十四五"时期发展规划》指出，要"以推动出版业高质量发展为主题"，并"壮大数字出版产业""系统推进出版深度融合发展"。2022年4月，《关于推动出版深度融合发展的实施意见》中提出了传统出版与新兴出版"融为一体、合而为一"等新提法，提出了强化出版融合发展内容建设、充分发挥技术支撑作用、建强出版融合发展人才队伍等新措施，明确指出了出版社的融合发展战略绝不是与传统图书业务割裂，而是融合发展、互补共赢。出版社的融合发展是充分利用信息技术，以数据为关键要素，以价值释放为核心，以技术、数据赋能为主线，对产业链上下游的全要素数字化升级、转型和再造的过程。

出版社都有组、编、审、校、印、营、发的标准化流程，并依此设置了专门岗位和专职人员。这一模式适合大批量的纸书出版业务。当下出版业已从印本时代逐渐步入网络时代，原有的纸书标准化流程对新的出版产品形态和出版内容分发模式来说，并不完全适用。同时，出版业还面对着很多变量。比如知识的表现形式、用户的学习方式、内容的存储介质、知识的传播方式等均发生了变化，AI等新技术的发展也在影响着内容的生产与分发方式。为了应对这些变化，出版社也在转型发展，但出版社的定位还是不变的，其依然是优质内容的生产者和传播者。例如，清华大学出版社（以下简称清华社或我社）建社的初衷是满足教学需要，促进教学发展。在多年的出版实践中，其"传播先进文化，推动社会进步"的出版宗旨并未改变。

清华社数字分社承担我社的音像制品、电子出版物等数字产品的策划、制作工作，是社内融合出版转型探索的重要阵地，并以此为中心带动全社整体融合出版业务的发展，为实现我社从传统的单一产品提供商逐渐向产品提供商、内容提供商和服务提供商三位一体转变而努力探索。在具体业务上，数字分社主要服务于出版社核心产品、服务于出版社核心业务，并承担新产品的开发和新模式的探索。本文从核心产品、核心业务、人才培养、支撑与保障 4 个角度浅谈传统出版社融合发展路径的设计并给出实际案例加以阐述。

一、服务于出版社核心产品

现阶段出版社的核心产品还是纸质出版物，因此以数字技术赋能纸书的纸数融合和以纸书为基础的产品形态多样化是出版社核心产品升级的最佳选项。编辑、发行人员熟悉新形态产品的特点、功能和运营模式后，即可开展去中心化的全版权策划与运营工作。

1. 纸数融合

纸数融合指根据纸质出版物的需要在书中添加数字内容作为辅助说明（类似纸书配光盘，只不过载体从光盘变成了网络），本质上数字内容是从属于纸质出版物的，因其不成体系一般不适合单独变现。图书作为标准化程度很高的商品，其定价存在天花板，因此数字资源的开发需严格控制成本，尤其是 AR 类资源的开发要综合考虑图书销量和复用的可能性。

纸数融合需要网络平台的支撑，出版社自建或选用已有平台应考虑自身的产品定位。一般来说，这类平台应有存放并便捷呈现数字资源、生成与管理二维码、会集用户等功能。

以清华社的实践为例：经过长期的探索与总结，目前我社可提供"书+资源""书+课程""书+专有平台"3 种纸数融合解决方案。其中"书+资源"即运用自研平台文泉云盘提供服务的纸数融合方案。根据清华社纸书产品构成，我们在支持多种数字资源的基础上还添加了在线测试、教师专属资源等功能，包括为教师提供配套的教学小工具等服务。2021 年我社已有各类纸数融合新形态图书 5000 余种，一书一码防盗版刮刮卡年印制量逾 1000 万张。清华社的纸数融合方案还被多家出版社采用。

2. 以纸书为基础的全版权运营

出版社拥有大量版权周期内的纸质出版物，而且在和作者签订的出版合同中一般也会约定出版社拥有其他产品形态的改编权和传播发行权。从市场化运营的角度来看，这是非常优质的资源，出版社应尽早利用优质纸书开发衍生产品与服务，开展全版权运营。

目前出版行业内基于纸书的衍生产品开发主要有 3 种实施路径：直接授权给互联网公司开发，以作者团队为主协助作者开发，培养编辑自行开发。各家出版社深耕的领域有所不同，前两种路径可快速验证适合出版社的产品形态和选题范围。但从出版社长远发展看，出版社培养编辑自行开发纸书的衍生产品与服务是最理想的方式。

以纸书为基础的全版权运营也需要出版社有针对性地制定考核标准，制定相关业务的工作量核定办法，解决编辑的后顾之忧；开展数字出版业务交流会，为编辑自我学习、参加培训创作条件，提升编辑综合素质；积极开拓销售渠道并配备专职的版权授权和运营人员，管控新形态产品的生产和发行全流程。同时图书作为面向精准用户的引流入口，可引导用户体验其他产品形态。

以清华社的实践为例：我社于 2018 年引进 DK 公司出版的两本图书。根据市场调研结果，图书多数是由学生家长为孩子购买的。但从众多用户反馈的情况看，很多家长对于知识的分解并不专业，不擅长根据孩子的学习规律去指导孩子，很难给孩子把知识点讲透，因此家长对图书配套相应数字教学资源的需求非常旺盛。针对家长的需要，2021年清华社专门引入了这两本图书的动画改编权。"DK 图解数学/科学动画课程"以纸书内容为蓝本，以提高学习效果、发展学生核心素养为目标，由清华附中骨干教师撰写动画脚本，将数学/科学知识与具体生活场景相融合，充分发挥图像在数学/科学学习中的作用，将抽象的概念具象化，并采用生动有特色的动画形象和充满趣味性的方式讲知识，将纸书与动画相结合，激发学生对数学/科学的学习热情。在看动画的过程中，学生能轻松掌握数学/科学的基本概念，培养数学兴趣和科学思维，为小学和中学阶段的数学/科学学习打下良好基础。

在销售方面，我们通过书后二维码引流到自有平台、多平台分发数字产品、"大 V"带货"书+数字产品"等多种方式，取得了较好的销售成绩。

3. 去中心化的全版权策划与运营

去中心化的全版权策划与运营,要求编辑根据选题去策划产品形态和内容分发形式。编辑在规划大型选题时，如果选题策划案里包含了多种形态的内容展现和立体化传播方式，无疑对作者团队更有吸引力。

以清华社的实践为例：2019 年国家出版基金资助项目"智能制造系列丛书及知识库"，从规划之初就确定了"新形态图书+知识服务平台"的展现形式。"智能制造知识服务平台"是以"智能制造系列丛书"为基础，以图书的知识体系为核心，围绕专家组构建的知识图谱建设的智能制造全领域多形式的知识库。我们规划了动态知识图谱、机器人问答、技术趋势、专家人才、清华智造大讲堂、发展报告、人才培养方案、数据集、竞赛等 23 个功能模块，充分利用 AI 技术更全面、多方位地展示智能制造领域知识成果并提供知识服务。

二、服务于出版社核心业务

传统出版社的核心业务包括编辑、审校、印刷和发行 4 个阶段的各项业务，这是基于纸书出版流程而设计的。在融合发展过程中，出版社需要围绕出版的主业，利用信息技术对出版全链条、各环节升级改造，不能把数字化业务和传统业务割裂。下面仅就出版信息化和数字化改造、营销推广模式升级、渠道建设和转型等方面做简要说明，其他如印数优化、库存优化、商品分销等有大量优秀案例可供参考，本文不赘述。

1. 出版信息化和数字化改造

出版社内一般会搭建办公自动化系统、人事系统、财务系统等为行政业务提供支撑，编务系统、编纂系统为出版流程提供支撑，印务系统为产品生产提供支撑，发行系统、分销系统、物流系统、按需印刷系统为销售业务提供支撑，社官网、图书信息库等为经销商、用户提供产品信息服务。但社内同一线路不同业务之间系统分设，资源无法共享，容易形成信息孤岛，无法保证产品从过程数据到产品数据的顺利流动。此外，随着新技术的不断发展，新的业务系统往往无法在旧的系统上共享与应用。面对数字复合出版流程的需要，以上很多系统都需要做适配化改造。

以清华社的实践为例：在出版信息化工作与数字化改造的基础上，我社规划建设了统一的用户中心、资源中心和权限中心，沉淀用户数据、积累全媒体资源、总体把控用户访问资源的权限；同时也做好用户权限管理，保证相关业务人员能查到有用的数据又不泄露核心数据；以此为基础，将社内多个系统的状态和数据连接起来，实现互联互通，为全社系统的运行维护提供数据基础，未来还要具备对外大规模输出数字产品的能力。

2. 营销推广模式升级

上述出版信息化、数字化改造的工作量非常庞大，需要各部门核心骨干深度介入，可先从服务于纸书的营销工作上开始改造。从营销工作的角度看，基础需求可概括为用户信息、产品信息和使用信息，出版社应考虑如何把这 3 类信息集成到一起。

一是用户信息。传统的图书赊销模式不利于出版社积累用户信息、绘制用户图谱，但借助互联网，出版社可通过增值服务的方式获得用户描述，从而提供更有针对性的服务。

二是产品信息。出版社未来的产品形态有很多，可先考虑传统图书。图书作为标准化的产品，其描述字段非常多，且根据不同的用途会产生不一样的字段项。比如零售宣传、教材挑选、图书馆查重采购 3 个应用场景中，所需字段项的差距很大，出版社可通过自建平台或找数据中台服务商去解决不同场景的需求。

三是使用信息。把用户和产品进行关联相对较难，但越精准的用户画像越有利于营销推广工作，出版社有了用户的积累后即可考虑利用新技术进行探索。

以清华社的实践为例：清华社自建了图书中心，图书出版后上传图书资源包即可自动识别到相应的字段项。图书中心后台为各分社开通了部分字段项的修改权限，如图书获奖信息、配套资源详情、书评、微信稿等字段。这样从图书发稿到出版后各部门协同进行数据加工，保证了产品描述字段项的最优化。图书详细数据可为社内平台提供纸书和电子书的基础数据，也可为第三方平台和服务商提供数据对接服务，从而节省大量人力和时间。

在教材营销方面，经过认证的教师用户可方便地按书名、新形态、出版日期、配套资源等字段项筛选教材，营销平台还提供线上试读、获取样书和课件资源等在线服务。出版社的院校代表可根据教材申请记录回访调研教材选用意向。这样用户信息、产品信息、使用信息就汇总到社内统一的平台上，再根据线上线下教材营销的需求开发相应的功能，便于相关人员开展教材营销工作。后续可把其他形态的产品和服务在平台上呈现，通过智能算法做精准推荐。

3. 渠道建设与转型

在推动出版深度融合发展进程的同时，出版社的渠道建设与转型也是必不可少的，其执行的难处主要体现在渠道的筛选与管理层面。

出版社可结合本社特点，构建线上线下融合的渠道营销体系。首先，出版社可通过精细化研究分析现有消费者情况、明确消费者需求，利用新媒体营销特点，通过多平台推广和精准社群营销相结合的策略来提高出版社内容、品牌的曝光度，实现销售和分销转化。其次，线下也应积极引导书商开展新形态产品业务，并借助其影响力，提升用户对出版社新形态产品的接受程度。再次，出版社还可以吸纳教育软件产品供应商、集成商等优质渠道成为合作伙伴，推动建立长效交流协作机制，探索适合的合作方式，在较短时间内实现销售转化。最后，出版社还可根据不同种类渠道的特点，通过渠道细分、差异化管理协调渠道间关系，规避渠道风险，增强不同类型渠道在各自领域的竞争力，选择更适合出版社业务发展的渠道合作伙伴，力争实现多渠道优势互补，提升销售转化。

三、服务于出版社的人才培养

传统出版社的核心岗位是编辑和营销；随着出版社身份的转变，出版社的经营思路也逐渐由纯线下转为线上线下混合式发展，内容开发与传播也应从传统的产品思维转换为用户思维。

出版社在融合发展阶段需要培养以下人才：产品策划人员，对应传统出版的策划编辑，需要深厚的专业知识积累，擅于分析用户需求；产品制作人员，对应传统出版的加工编辑和出版部人员，需要较强的理解力并熟悉各种多媒体制作加工技术；项目管理人员，类似传统出版大型选题的总负责人，需要具有一定的组织管理与协调能力，有足够丰富的知识储备，既能与策划人员沟通也能和技术人员沟通；平台规划及技术应用人员，对应传统出版的信息中心人员，需要熟悉系统架构、出版全流程和新技术的应用案例等；新媒体与社群运营人员，很多出版社都有专职的新媒体人员，但大多还没有专职的社群运营人员，此处可多借鉴互联网公司的运营模式。

出版行业的核心岗位需要人才有大量经验和资源的积累，人力资源部门可联合业务部门充分利用互联网构建社内便于查询的培训资源、优秀案例库等，帮助新员工快速成长，并使老员工及时了解新产品新模式。

以清华社的实践为例：清华社数字分社的核心岗位分为产品和营销两大类，产品岗位序列分为加工编辑、课程编辑、产品经理和项目经理，营销岗位序列分为营销内务、营销助理和营销经理。在人才建设的过程中，我们深刻体会到"人才引进与人才内培两手抓，两手都要硬"的重要性，通过建立人才梯队，从制度上保障人才上升通道畅通，最大限度确保融合出版业务深入开展和推进。

我社还通过新员工培训、数字出版沙龙、线上小程序自学等方式开展社内融合发展培训，加快推动全社融合业务发展。

四、支撑与保障

出版社的融合发展离不开政策、制度、人才、资金的支撑与保障。

在制度保证上，出版社的融合发展必须是一把手工程才能确保全社统筹和整体规划，保证相关工作的顺利开展。在一把手工程的基础上，可以由某个部门或某个团队先带头试点，但一定要保证全社人员都能了解相关工作并形成能复制成功案例的机制。

每家出版社的规模、出版领域、发行渠道都不一样，只有找准本社的定位才能通过顶层设计制定融合发展的战略目标、业务方向、主要工作和具体措施等。在顶层规划的体制保障下，出版社还要不断推进内容创新、技术创新、人才创新、机制创新，保证出版融合向纵深发展。

以清华社的实践为例：清华社"十四五"规划中设有专门的融合发展模块，提出了"国内领先，国际有影响"的数字出版战略目标，"全领域战略、融合出版战略、持续创新战略、生态链战略和品牌战略"五大发展战略，"出版信息化、数字教育、数字阅读、数字学术、电子音像与网络出版"五大业务方向，以及10项主要任务及重点平台建设，保证数字出版与纸质出版互补、互动，共同推动并引领清华社核心业务的转型、提升与融合发展，保障融合出版业务的有序推进。

五、结语

出版社经过多年的发展沉淀了大量的优秀出版物，积累了海量优秀作者、多种营销发行渠道，汇聚了专业的编校人员和内容加工规范等，这些都构成了出版社的核心竞争力。面对当前的各种变量，出版社应明确自身定位，确定清晰的融合发展目标，充分利用新技术开发多样化产品和服务，充分利用项目实践"干中学，干中练"，推动新型、复合型出版人才的培养。

综上，所谓融合发展的"高质量"，对出版社而言即目标的高质量、过程的高质量和结果的高质量。出版社应以高质量发展目标为指引，在已有业务的基础上，从框架搭建、内容开发、用户运营、渠道建设、人才培养等方面，一步一个脚印，扎实推进过程的高质量，最终也必将获得高质量的发展结果，实现出版融合业务质的有效提升和量的合理增长。

参考文献

[1] 庄红权，刘利，薛帅. 科技图书融合出版路径探索[J]. 出版广角，2021（20）：63-65.

[2] 庄红权，刘利，刘杨. 新兴领域教材研究与实践探索[J]. 科技与出版，2021，40（11）：94-97.

[3] 王志刚. 创新驱动教育出版深度融合发展[J]. 科技与出版，2022，41（5）：35-39.

[4] 张新新. 智能出版：现代出版技术原理与应用[M]. 北京：人民出版社，2021.

融媒体时代出版融合发展路径探索

刘德昌　新疆电子音像出版社

摘要： 融媒体时代的大背景，促进了文化产品形态向着媒介融合、跨媒体的多元化发展。多元的展现形式和传播方式，使经过提炼的知识点高效传播，因知识点直观且兼具趣味性，用户更易掌握，也更易产生黏性。但要维系好用户就需要更多优质内容的不断产出，并通过数据分析等技术手段实现精准送达。可以说是技术驱动了内容传播的多元化发展，出版社的先天优势就是专业的编辑队伍、内容储备、自身品牌，这虽然给出版社带来了机遇，但同样也是挑战。

关键词： 融媒体时代；转变；出版融合发展

一、融媒体时代给出版业带来的转变

随着科技的进步，各种新技术也趋于成熟，从 AR、VR、MR，到可穿戴设备感知交互；从人工智能、数字孪生、区块链、Web3.0，到今天各种前沿技术聚集融合而成的新风口"元宇宙"，科技带来的改变使信息技术融入人们生活的方方面面，智能化移动设备近乎成为人们的体外器官。智能手机的普及使融媒体兼具趣味性的知识服务高效传播，人们获取知识更加便捷，也使出版业和媒体间的边界越来越模糊。在融媒体时代的背景下，出版社的出版模式也在随着用户需求的变化发生着转变，主要表现为身份的转变、营销模式的转变。

1. 身份的转变

数字出版到来之前，由于载体的限制，电子音像、纸媒、期刊等传统出版物把受众划分为观众、听众、读者。编辑选择内容通过传统媒介向受众传播，受众群体只能被动接受已经编排好的信息内容。因为传统媒介和播放设备的限制，传统出版物的传播方式相对固定，出版物的消费和传播都是单向的，无论从知识点还是获取的便捷性上都不能很好地满足受众群体的需求。而在融媒体时代，移动互联网及多媒体技术可以很好地改变这一情况，受众群体获取知识点更加便捷且有更多的选择，不再受时间、空间等限制，受众从被动获取变为主动选择，并能使自身个性化的需求得到满足。融媒体使受众转变为用户。出版社要快速适应这一转变，增强服务意识，满足用户的个性化需求，走好融合发展之路，提升出版物的传播效果。

2. 营销模式的转变

传统出版物的营销主要是通过新华书店、民营企业、出版社电商平台的发行渠道，一般以整版或全套的方式进行销售，用户如果被相关信息内容吸引，就不得不购买整版或全套的出版物，这就造成了一定的受众资源浪费。随着融媒体时代的到来，用户获取有效知识点的方式变得高效和便捷，智能终端使知识付费变得随时随地都可以发生。融媒体的知识服务营销模式加速了传统出版物受众的流失，这迫使出版社加快数字化转型升级，转变营销模式。

二、出版社在融媒体时代所面临的机遇和挑战

融媒体是将传统的电视、广播、报纸、杂志、图书、电子音像制品等传统媒体与公众号、短视频等新媒体相互整合，充分发挥其传播价值的一种运营模式，能够实现多种媒体相互融合、取长补短、发挥价值。

融媒体时代的到来给出版社带来了机遇，但更多的是挑战。融媒体是将传播媒介进行融合，并实现跨媒体、立体式的传播，以满足不同用户的个性化需求。因此，出版社也可以与其他媒体联动，这样做对出版物传播的渠道和效果都有很大的促进作用，从而更好地吸引用户，拓宽自己的行业边界，能对整个行业的发展起到更好的带动作用。但融媒体时代的出版社也存在着一些问题，如版权问题、安全问题、产业链不成熟、原创作品变少等，同时融媒体还会给传统出版物带来极大的冲击。传统出版物的受众群体只能被动地接受信息内容，相比之下，新媒体的不断迭代和传播方式改变了受众群体的被动状态，同时也能满足用户的个性化需求。在这种情况下，传统出版物的受众群体大规模流失，给传统出版行业带来严重的影响。因此，出版社只有主动创新，适应新媒体迭代速度，在出版融合发展方面不断探索，才能有效拓宽行业边界，促进出版物传播效果的提升，推动出版社良性发展。

三、融媒体时代出版融合发展路径探索

新技术、新的传播方式在融媒体时代高速迭代，形成了新的传播生态，出版业态也随之发生变化。出版与媒体之间的界限越来越模糊，出版融合发展成为一种不可避免的潮流。出版融合发展不是谁取代谁，而应是相互融合、取长补短，不仅仅是传统出版物与新技术的融合，还要向产、学、研的方向发展，与技术企业、学校、运营商等相关行业以不同的方式进行融合，形成出版融合发展的新生态。出版社只有改变思维方式，认

真谋划，科学规划，依托专业的编辑团队和内容优势，找准出版融合发展的方向，加强专业型、应用型人才的培养，深耕优质内容，打造优质的出版品牌，才能在出版融合发展中找到转机，走好新的出版之路。

1. 强化品牌优势，构建多元化内容信息渠道

传统出版社有自身的品牌优势和积淀多年的内容资源，有着优质的作者团队和专业的编辑队伍，这为出版社的内容产出打下了坚实的基础。而传统出版物受融媒体冲击，市场份额锐减。传统出版物若想在激烈的市场竞争中站稳脚跟，就必须认真谋划，稳步推进转型升级，用好自身的优势，用好线上的发行渠道，将传统出版品牌转化为优质的线上知识服务品牌，建立属于自己的融合发展模式。出版社可以通过数字化阅读平台（PC端、移动端、电视端）、公众号、微博、纸电融合等形式进行信息内容的传播以及用户偏好的数据采集，这种传播形式及采集数据信息的方式，能够使出版物有效贴近用户的需求，提升出版产品的质量，有利于促进出版业多元发展生态的形成，有利于出版融合的健康发展。

2. 改变思维方式，创新出版形式

国家新闻出版署原署长柳斌杰指出，出版业要改变什么？要改变我们的思维方式，使我们的思想跟上时代。在整个出版生态链中，传统出版社要依托互联网思维，立足品牌优势；要突出一个"融"字，达成"你中有我，我中有你"的整体化运作模式；要从单一纸质书出版转型为电子书、有声书、视频、动漫、微电影、影视等多种媒体呈现形式，带动整个生产流程、管理模式随之而变。除面向作者、书店、读者之外，出版社要与网络运营商、新媒体平台、技术服务商等进行生态融合对接，在融通中实现内容运营增值[1]。

出版社要认真领会"融"字的含义，在"融"字上谋篇布局，优化传播方式，创新出版形式，以满足用户需求；要积极探索与运营商、技术商、学校等进行融合发展的新生态；要大力培养专业型、应用型出版人才；要用好互联网信息技术、多媒体制作工具，将传统出版物与电子书、音频、视频、动漫、AR、VR、H5互动页面等做有效融合，以新的出版形式提升信息内容的传播水平和市场占有率。通过融媒体出版产品的形式进行相关内容的传播，可以有效提升内容质量并降低用户获取信息的成本，同时还不会受到时间与空间的约束限制。用户通过检索就能得到自己需要的知识服务，并且还能对相关的出版物和内容信息进行评价互动。这不仅能够促进出版社改变传播方式和不断提升内容质量，也有利于出版行业的发展。

3. 加强内容变现，构建多元化内容增值形式

融媒体传播的背景下，信息内容的传递不再受时间、空间的限制，但面对海量的信息内容，用户只能自行筛选、甄别，这会消耗大量的时间和精力。因此，出版社应该做好用户的兴趣偏好采集、分析工作，同时提升碎片化内容的质量，精准地推送知识服务，让用户愿意为所需的知识服务付费。出版社也要根据用户需求不断优化服务质量，提升

变现能力。

出版社应该在营销模式的探索上求新求变，将新媒体与传统出版物有机融合，通过优化传播方式以及集趣味、知识性于一体的线上线下活动拉动传统出版物的销售，并通过线上的知识服务实现增值。出版社还可以将服务融入出版物中，在信息内容传播的过程中充分考虑内容传播与服务并存的发展方向，比如"内容+专家服务""内容+生活服务""内容+政务服务"等。这种新型的内容传播方式不仅能够有效满足人们对相关知识点及信息内容的需求，还能为用户提供个性化的定制服务，从而构建多元化内容增值形式，有利于出版融合的健康发展。

四、结语

融媒体的发展驱动了出版融合发展。出版社应当构建多元化的发展模式，不断提升出版产品的质量以及传播效果，拓宽产业边界，创新产品形态，建立新的营销模式，以适应当前出版业态的巨大转变和日益激烈的市场竞争。同时，出版社应立足自身优势，用好长期积淀的出版品牌，着力培养既了解出版专业知识，又掌握新兴数字技术的专业型、应用型出版人才，做好融合出版物选题开发，构建多元化内容增值形式，提供个性化的定制服务，增强知识服务的变现能力。只有这样，出版社才能有效提升融合出版物的市场价值，实现更好的发展。

参考文献

[1] 陈奎良. 融媒体时代，传统出版如何创新发展[N]. 中华读书报，2020-04-08（06）.

出版融合背景下"读者·终身学习"创新发展研究*

刘磊　读者出版集团有限公司

摘要： 全社会都在大力倡导终身学习，引导并助力全民阅读，培养阅读兴趣，营造全民阅读浓厚氛围，提高国民综合素养，建设全民终身学习的学习型社会、学习型大国，服务高质量发展和共同富裕。读者出版集团以品牌为牵引、以内容为核心、以科技为重要支撑，走出"读者+科技+终身学习"的创新发展之路，强化"终身学习服务提供商"的角色和定位，构建了"读者·新语文"融媒体学习服务平台。本文以问题为导向，以成果为依托，强化内容建设、人才培养，开展终身学习关键技术研究和产业模式研究。

关键词： 出版融合；终身学习；读者·新语文；智能化

党的二十大报告提出建设全民终身学习的学习型社会、学习型大国。"终身学习"不仅是一种学习理念，更是一种积极的生活方式。阅读和写作是开展终身学习的重要能力，读者出版集团拥有优质的内容资源。几十年来，读者人致力于精选文章、连接作者和生产内容，通过阅读与写作对几代中国人的精神成长产生了影响。在融合发展的探索中，读者人开展了出版融合、文化传播、阅读服务领域新技术研发与应用，培育政、产、学、研、用相结合的"读者+"产业模式，构建以新技术为支撑的知识服务新生态："读者+新业态"，推动传统出版与数字出版融合发展；"读者+新阅读"，引领阅读生活新方式，助力书香社会建设；"读者+新文创"，将科技创意与传统文化相结合；"读者+新教育"，推动中小学课后阅读课堂建设；"读者+新文旅"，打造优质文旅产品，开展智慧旅游。推动"读者+科技+终身学习"的创新发展之路，让"读者"品牌插上数智化的翅膀。不断强化"终身学习服务提供商"的角色和定位，增强服务意识，用阅读和写作来汇聚内容，触达并服务用户。构建集团的终身学习服务业态，深化"点·线·端+终身学习"的融合发展方案。

---

* 基金项目：本文由 2022 年甘肃省科技重大专项项目"面向终身学习的数字化智能体技术研究与应用"（项目编号：22ZD6GA029）资助。

一、"读者·新语文"——"读者·终身学习"的启航

为了响应国家全面推进全民终身学习的号召，2018 年，"读者·新语文"融媒体平台（以下简称"读者·新语文"）应运而生。"读者·新语文"是读者出版集团产业转型升级的重要一步。

1. 平台的构建

"读者·新语文"集结了众多全国教育领域的专家、名师以及优秀作者、专业编辑，整合了中小学阅读与写作领域的优质内容，是国内有影响力的学习服务平台。为提升用户的阅读与写作能力，读者出版集团打造以"听故事、读故事、讲故事、写故事"为主线的课程体系，研发自有版权的课程书系，构建"品牌+课程+培训"三位一体的特许加盟模式；充分利用数字化技术拓展在线应用场景，搭建名师课程发布、在线学习辅导、线下知识讲堂、媒体融合传播的智能化学习服务平台（见图 1）和功能多样、形式丰富的小程序矩阵，形成线上线下融合互动的知识服务供给体系；将"读者"品牌旗下的优质内容资源音频化、视频化、微课化，让学习更生动、更有趣、更高效、更便捷，实现"可看、可听、可思、可玩"的立体化阅读学习。"读者·新语文"让专家和名师成为知识服务的明星，让优秀作者和专业编辑指导孩子提升阅读和写作能力，利用丰富的优质内容资源，为学校、教师和学生提供一条完整的学习服务链。

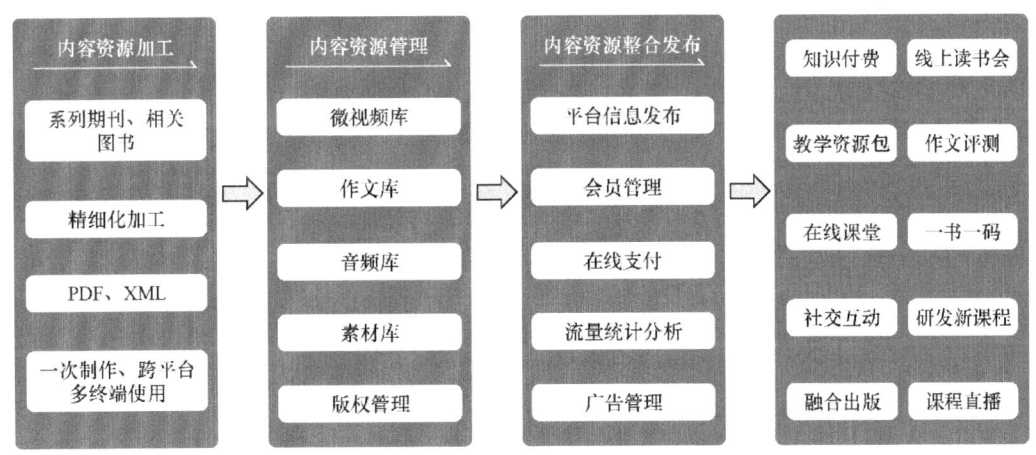

图 1 "读者·新语文"融媒体平台功能结构

运营渠道方面，"读者·新语文"将数字出版与传统出版有机结合，使线上营销渠道与传统线下发行渠道强力互推，积极实践真正意义上的"融媒体出版"。多维度积累用户数据，形成精准的用户画像，实现用户数据智能化分析和资源的精准化推荐。不断挖掘用户需求，以用户问题为导向升级课程内容，实现内容资源、出版资源、作者资源和用户资源的优化配置。同时有针对性地进行课程、教材销售，开展精准营销，持续产生收益。

服务模式方面，"读者·新语文"专注建立集内容研发、平台开发、线上线下运营、

品牌加盟于一体的服务模式。建立以"音视频课程+阅读写作教材+作文素材库"为主体的内容研发体系，为项目长期运营发展和稳定盈利提供坚实的内容基础，实现已有内容、作家资源的多次开发与多次销售，产生长尾效应。

2. 内容及服务

"读者·新语文"从专业性、系统性、层级性、延展性、趣味性等方面，开展学习内容及写作能力提升教材的策划及编写，联合教育专家打造"专业阅读+专业写作+专业发展"共同体。首创多模态识读语文学习系统，从知识技能评级、定制书单阅读、音视频精讲、读写任务纸填写、伴读机器人泛读、言语产品生成 6 个方面形成闭环系统（见图2），能够紧扣"故事"核心开发形式多样、生动有趣的学习方法，打造能力分级体系，提升"人文素养+基础知识+方法技巧培养"的三大底层学习能力。

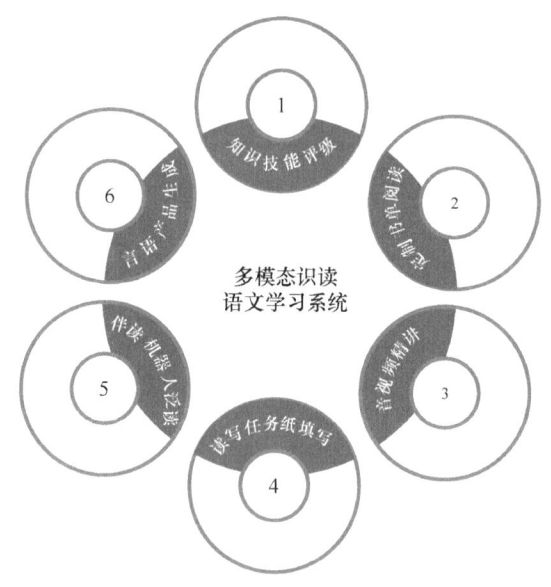

1. 专业分级体系，涵盖小学阶段必须掌握的语文基础知识、技能

2. 精选书目，精准匹配孩子阅读能力，让孩子完成有效的自主阅读

3. 名师精讲，搭配实用写作知识体系

4. 读写能力点逐个训练，内化技能

5. 伴读模式，广泛阅读经典内容，浸润式语文学习

6. 学习成果线上反馈，线下发表，形成完整作品（文字、语言）

图2 多模态识读语文学习系统

内容建设方面，"读者·新语文"专注阅读与写作能力提升的新理念，关注读写能力对个人成长的新影响，借助科技创新的力量实现个性化读写教育的新尝试，利用数字化技术实现阅读与写作跨时空传播的新方法，着力培养"故事思维"能力的新思想。

多模态识读语文学习系统现已累计制作 4500 余集音视频系列课程,形成语文基础知识建构、阅读与写作指导、人文通识教育、应试提分技巧四大体系。其中,《魔法作文课:家长不焦虑的作文课》《读者·新语文:小学语文高分 400 讲》已在知识付费平台喜马拉雅上线,累计播放量超过 60 万次。开发《魔法作文三级教材》《整本书阅读读写教材》《语文基础知识小书包》《国学经典识记、诵读读本》《"沉浸式"戏剧体验及语文素养提升特色课程》等线下教材,系统性地帮助用户自主学习。

基于"读者·新语文"融媒体平台发布的阅读私教"长尾巴月读社"阅读盒如图 3 所示,按照用户年龄分为浅草、小荷、轻舟 3 个阶段。阅读盒内置"读者·新语文"阅读课程,打造 365 天浸入式、场景化、智能化学习体验。推荐 12 本中小学生阅读经典图书及延伸阅读推荐书单,引导探究式深度主题阅读;超 240 页探究式互动阅读任务纸,辅助孩子达成阅读成果;超 30 件主题配套阅读周边道具,让孩子能边阅读边互动。"月读"经典图书精准配套了超 280 集线上精读课,通过私教式解读引领孩子读通、读懂、读透。

图 3　长尾巴月读社

"读者·新语文"入选国家新闻出版署 2020 年"数字出版精品遴选推荐计划"、中共中央宣传部 2021 年"百佳数字出版精品项目",在第十二届新闻出版业互联网发展大会上获得"优秀数字教育平台"、第十届中国数字出版博览会上获得"优秀品牌"等荣誉。

二、相关平台现状及问题

近年来，各种数字化平台层出不穷，为我们的生活及学习带来了极大的便利。这些平台中既有各类数字化学习平台，也有网络直播、短视频、社交网络等新型数字化平台。

1. 各类数字化学习平台

随着国家推进数字化建设，各类数字化学习平台为用户提供了系统化、专业化的海量优质学习资源。这些学习平台的运营模式已逐渐完善，为用户提供高价值、易获取、可参与的学习资源成为其服务目标，但是各类数字化学习平台还存在以下问题。

（1）智能化水平低，技术落后。

现有的学习平台使用的技术老旧，数字智能化程度低，用户使用体验不佳，不能实现供需精准匹配。目前各平台尚未利用大数据技术全面收集和存储用户的学习行为数据，无法分析用户的学习行为和偏好，为用户提供个性化的学习推送，课程资源建设仍然依靠主观分析，从而形成平台提供资源和用户需求脱节的现象。

（2）资源建设方式单一，利用率低，缺乏吸引力。

当前多数数字化学习平台的内容资源从表面上看丰富多样，但资源建设整体缺乏协调性，系统化学习与碎片化学习的融合度不够。资源建设方式以平台统一构建为主，方式相对单一、封闭，导致平台的资源更新率及利用率较低。

（3）提供的学习方式单一，学习交互性不足。

现有数字化学习平台以满足个人自主学习需求、实现视频资源独立播放为主，学习方式设计单一，缺乏协作学习、混合学习等其他学习方式。此外，用户在学习过程中无法得到有效的支持服务和学习交互，没有专业的课程教师进行在线指导答疑，缺少有效的互动更容易加重用户的孤独感，影响其学习的积极性。

2. 新型数字化平台

人工智能与大数据技术快速发展，各类网络直播、短视频、社交网络等新型数字化平台不断出现，为我们获取信息带来了极大的便利，也成为获取知识的一种新方法、新途径。这些新型数字化平台上的内容娱乐化、信息碎片化，在不知不觉中占据人们大部分的时间，其中的迎合性内容麻醉了人们的心灵，存在的一系列问题也日渐暴露出来。

（1）对网络媒介的依赖让人们无暇学习。社交网络、短视频等具有片段性、表演性、互动性的特点，通过偶发或即兴的表演截取某些瞬间，供处于碎片时间的浏览者用"刷屏"的方式来获取。通过感官刺激，吸引人不断刷新再刷新，使人们沉迷于碎片化的娱乐中，沉溺于短视频所带来的愉悦感奖励，让人欲罢不能。这减少了现实社会中人与人的互动，造成了网络"社牛"、现实"社恐"的双面状态，使用者极有可能养成孤独自闭的社会性格，从而产生网络媒介的依存症。

（2）网络内容的泛娱乐化逐渐侵蚀人们的精神家园，消费主义思潮对主流价值观造成影响。虽然社交网络、短视频平台承载了海量的信息，但其"草根文化"的特点致使内容良莠不齐，部分内容靠丑化、低俗、歪曲等吸引受众的关注获得浏览量，不良信息沉渣泛起。人们对网络内容的真伪、优劣难以辨别，导致提高了做出正确价值判断的成本。此外，这类新型数字化平台的商业形式中充斥着大量的消费信息，标榜消费至上的消费主义思潮，鼓励消费信贷和分期付款，弥漫着物质至上的不良氛围。在这样的环境中，人们被动地接受广告和推送的内容，容易形成畸形的价值观，被资本所裹挟。

（3）内容的个性化推荐导致"信息茧房"的形成。社交网络、短视频平台都在全方位对用户数据进行采集，通过大数据算法分析来精准推送用户感兴趣的内容，这在一定程度上加剧了"信息茧房"的形成。"信息茧房"限制了人们在网络上获取知识的深度和广度，加剧了网络群体的极化。长期处于"信息茧房"的人容易视野狭窄、盲信盲从，进而滋生诸多社会问题。

三、研究与发展

针对文化企业在数字经济产业发展中存在的问题，研究数字文化产业链构建方法及机制。针对用户行为特征及需求辨识不足的问题，研究基于多模态数据的全息用户画像生成技术。针对学习资源分散无序、优质学习资源匮乏的问题，研究海量异构知识资源多粒度切分、组配与管理技术。针对以往学习效率低、缺乏个性引导的问题，研究自适应教学与学习路径规划、跨媒体智能推荐等个性化学习技术。针对服务模式单一、机制落后、大众学习投入时间少等问题，研究面向终身学习的协同服务模式与机制。针对学习效能低下及特殊群体信息系统交互困难等问题，研究多场景跨媒体个性化学习及智能交互技术。

围绕网络化、数字化、个性化、终身化构建终身学习个性化服务场景，创新个性化终身学习的服务模式和机制。研究终身学习关键技术及理论，研发数字化智能服务平台，在数字世界为学习者构建陪伴终身的个性化"数字教师"，助推终身学习体系的完善。实现人人皆学、处处能学、时时可学，推动学习型社会的建立。

读者出版集团积极参与国家级和省部级重点项目建设，"面向终身学习的人工智能体技术研究及应用"项目（项目编号22ZD6GA029）已获批2022年甘肃省科技重大专项，项目总体思路如图4所示。该项目的成功申报正是基于集团以品牌为牵引、以内容为核心、以科技为重要支撑的发展理念，通过产业创新、模式创新及科技创新，不断总结和优化"读者·终身学习"方案，促进知识服务生态系统升级，推动出版深度融合发展，打造多层次、多领域、多维度的创新发展格局。

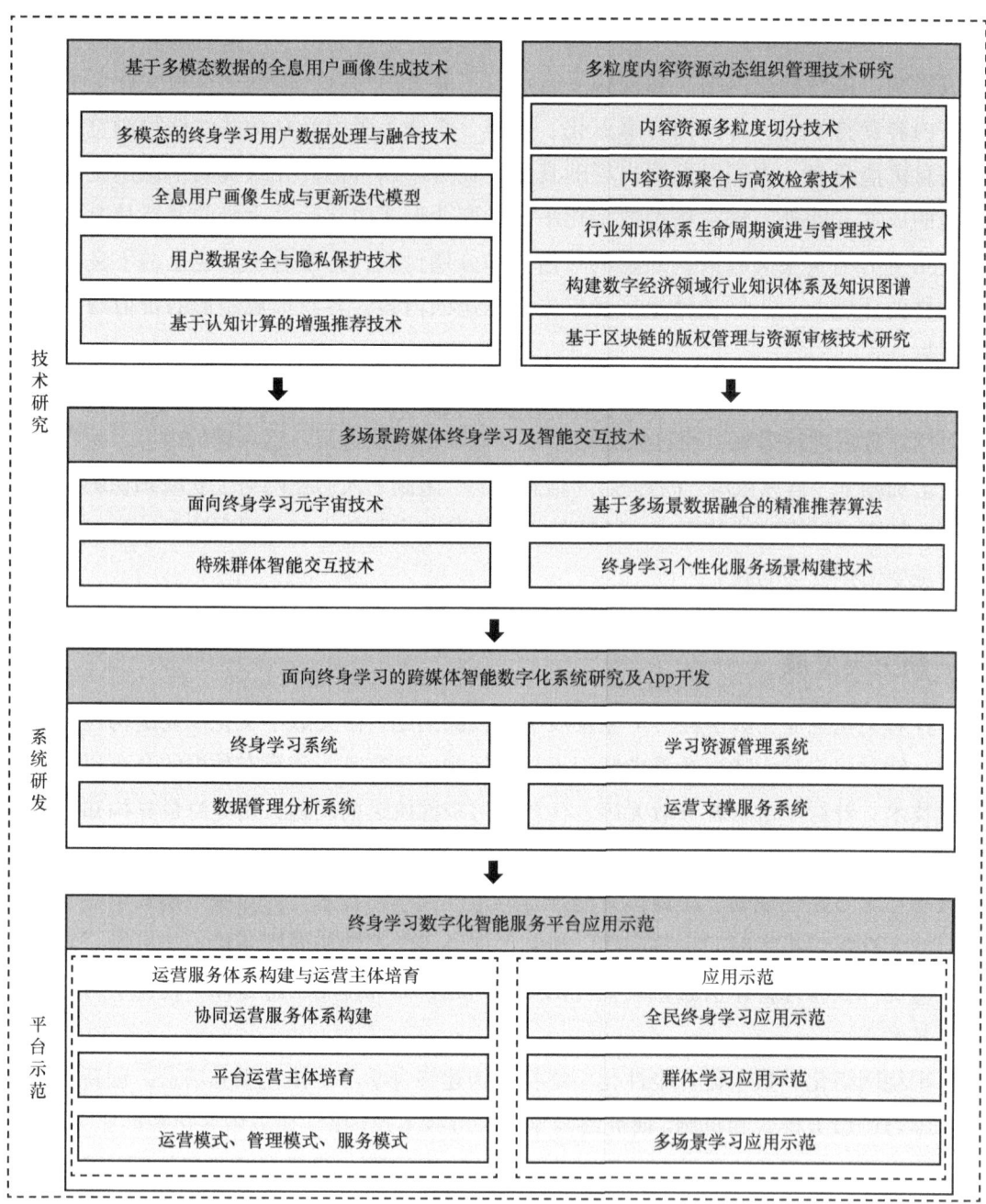

图 4 项目总体思路

我们身处伟大的新时代。2019 年 8 月 21 日，习近平总书记到读者出版集团视察，听取读者人的汇报，勉励读者人要为建设书香社会和学习型社会做出更多努力。"读者·终身学习"方案是对习近平总书记重要指示精神的积极响应和行动落实，助力建设全民终身学习的学习型社会。我们只有始终保持对学习的热情，让学习成为一种生活习惯，用知识武装头脑，筑牢为祖国建设、为人民服务的能力，才能站立在时代的潮头。

参考文献

[1] 钱小龙，范佳敏，蔡琦. 面向全民终身学习的慕课发展潜力、挑战与对策[J]. 成人教育，2022（1）：58-64.

[2] 马永强，王廷鹏. 媒体融合背景下"读者"品牌的价值扩散与服务延伸——以"读者小站"与"读者·新语文"创新发展为例[J]. 新阅读，2022（12）：11-14.

[3] 施秀萍. 为文化强国建设贡献"读者"力量[N]. 甘肃日报，2022-05-23（4）.

[4] 穆卫军，毛燕梅. 终身学习理念下我国学历继续教育高质量发展策略[J]. 继续教育研究，2022（7）：1-6.

[5] 张慧萍，侯怀银. "终身学习"解析[J]. 继续教育，2022（9）：88-95.

[6] 马伟楠，李佳，王伟刚. 建设服务全民终身学习教育体系探索[J]. 教育与职业，2022（10）：107-111.

[7] 王志昭. 短视频对青少年的利弊影响及治理[J]. 新闻爱好者，2019（11）：60-62.

Web3.0 与未来出版

缪立进　　刘鲲翔　　机械工业出版社有限公司

摘要：Web3.0 具有公平、隐私、民主、开放等特点。基于 Web3.0 的未来出版形态模型包括基础硬件层、自主可控的 Web3.0 通用底座、出版行业 Web3.0 基础设施层、出版行业应用层和协作出版层五个部分，旨在赋能出版行业从底层解决 Web2.0 时代在内容创作降本增效、数据安全保障、版权确权保护、权益精准分配、跨机构互信协同、前沿技术应用和智能化监管等方面所面临的一系列问题，实现高质量、可持续的出版融合发展。模型的实现在基础设施、理念与体制机制、人才队伍建设等方面仍存在一些关键性问题有待解决。

关键词：Web3.0；出版融合发展；未来出版；数字出版

从 20 世纪 90 年代初至今，互联网经历了从以静态网为主的 Web1.0 时代到以社交和 UGC 为特点的 Web2.0 时代，实现了高速繁荣发展。但随着 Web2.0 时代互联网寡头的形成，一些弊端逐渐凸显出来，例如，用户对数字身份、个人数据和算法缺乏自主权，平台垄断影响创新、共享和分配公平，中心化模式造成数据安全问题日益突出等，这些弊端逐渐成为制约互联网发展的瓶颈。随着区块链、人工智能、5G/6G 等新兴技术的日趋成熟，人们对以用户为中心的 Web3.0 互联网生态的构想描绘也越来越清晰，Web3.0 逐渐成为摆脱 Web2.0 时代所面临困境的主要研究方向[1]。出版行业的发展过程可以说是互联网发展的一个行业缩影，受到了互联网发展的深刻影响。随着出版融合发展的不断深入，目前出版行业同样也面临着内容创作亟须降本增效、营销销售过于依赖互联网平台、内容数据安全缺乏保障、盗版问题依旧存在、收益分配机制不完善、缺乏跨机构协作、前沿技术应用成本过高、管理部门监管难度增大等一系列 Web2.0 带来的问题[2]。而 Web3.0 去中心化、公平、可信、高效、开放的特点则对解决上述行业问题有很高的契合度。

一、Web3.0：概念与特征

Web2.0 的根本问题在于平台的中心化。平台掌握在谁手上，数据的控制权就掌握在谁手上。但数据的所有权应该是属于用户的。控制权是技术层面的，所有权是法律层面的，当所有者和控制者不一致的时候，出现问题是必然的。针对 Web2.0 的弊端，2006年前后 Web 的发明人 Tim Berners-Lee 爵士提出了"语义网"的概念，也就是最初 Web3.0的概念，意图通过实现全网资源的语义关联来消解中心化带来的弊端。在此基础上，以太坊联合创办人和 Polkadot 创始人 Gavin Wood 博士在 2014 年提出了全新的 Web3.0设想，他的理念是：Web3.0 是为让互联网去中心化、可验证、更安全而发起的一组广泛的运动和协议，Web3.0 的愿景是实现无服务器、去中心化的互联网，即用户掌握自己身份、数据和命运的互联网。如果说 Web 1.0 为"可读"（Read），Web 2.0 为"可读 + 可写"（Read + Write），Web3.0 则是"可读 + 可写 + 可拥有"（Read + Write + Own）[3]。Web3.0 主要具有以下四个特点。

第一，公平——去中心化的网络结构。Web3.0 借助区块链技术构建分散的数据网络，一方面解决了中心平台存储数据容易丢失和被篡改的问题；另一方面更重要的是使个人真正拥有了个人数据（如个人的健康数据、出行数据、消费数据等）的使用权，使出售或交换自己的数据成为可能，不再放弃数据隐私而依赖第三方平台来管理数据。借助区块链技术，可以在去中心化协议上构建应用程序，这样就不会被困在互联网的一座座"大平台孤岛"上[4-5]。

第二，隐私——自主管理身份（Self-Sovereign Identity，SSI）。Web3.0 时代，用户在全网只有一套基于区块链通证的自主管理的身份认证系统，可以用来登录使用任何新的应用程序而无须注册。账户关联了用户的所有个人数据和信用信息，不会因放弃使用一个平台或应用而被注销。账户信息具有很高的安全性和隐私性，除了用户本人不可被任何个人和机构篡改[6]。

第三，民主——基于 DAO 的协同工作模式。Web3.0 时代，大多数工作将基于去中心化自治组织（Decentralized Autonomous Organization，DAO）的模式来完成。DAO 是基于区块链核心思想，由达成相同共识的群体自发产生的共创、共建、共治、共享的组织形态，是一种将组织的管理和运营规则以智能合约的形式编码在区块链上，从而在没有集中控制或第三方干预的情况下自主运行的组织形式，具有自主交互、去中心化控制、复杂多样、智能化自动化等特点。与传统的商业组织不同，DAO 不受现实物理世界的空间限制，管理不再是层级制而是社区自治，其演化过程由事件或目标驱动，快速形成、传播且高度互动，并伴随着目标的消失而自动解散。基于 DAO 的组织内部的共识和信任更易达成，可以最大限度地降低组织的信任成本、沟通成本、交易成本和管理成本[7]。

第四，开放——更加透明、高效、可信的互联网经济模式。Web3.0 中的数据将不再属于某个平台或公司，任何人只要获得数据所属用户的授权，都可以获取和使用数据并创造价值，互联网平台的影响力将大大被削弱。网络中的协议、程序接口、数据格式都基于统一互信的标准，不同设备和平台之间有很高的开放性和互操作性。任何人想要加入某个组织、从事某项活动，只要满足公开透明的相关合约要求即可；用户创作作品的授权与确权、定价与分配、传播与消费将更加公正透明，用户将拥有更多的自主权。联入网络的人、设备和平台基于 Web3.0 体系信任背书都可在零信任的状态下顺畅、高效地交互和协同。因此，Web3.0 将创造新业务模式和新市场，打破平台垄断，推动广泛的、自下而上的创新，构建更加开放、透明、可信的互联网经济模式[5-6]。

二、基于 Web3.0 的未来出版形态模型

根据以上对 Web3.0 的设计理念和主要特征的描述不难推断出，理论上，Web3.0 很大程度上可以帮助出版行业从底层解决目前发展所面临的问题。因此，对于 Web3.0 生态下未来出版形态的研究和思考，不仅是互联网数字经济模式快速演化倒逼的结果，也对出版行业完成从数字化向智能化的产业转型升级有着重大的意义。这里抛砖引玉，大胆提出一个初步构想的 Web3.0 时代的出版形态模型，模型的整体架构分为基础硬件层、自主可控 Web3.0 通用底座、出版行业 Web3.0 基础设施层、出版行业应用层和协作出版层五个部分。模型的初步架构如图 1 所示。

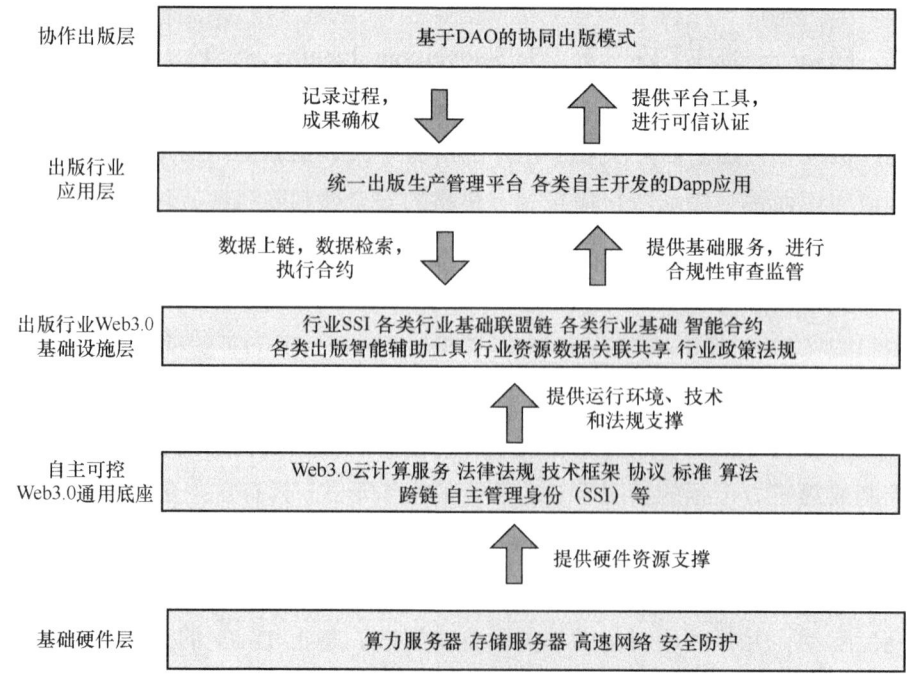

图 1　基于 Web3.0 的未来出版形态模型

1. 基础硬件层

与 Web2.0 时代的基础硬件层相同，互联网数据中心（Internet Data Center，IDC）提供的算力服务器、存储服务器和高速网络，为整个 Web3.0 生态提供算力、存储和网络通信等基础资源支撑，由国家统一规划建设或由大型运营商承建。

2. 自主可控 Web3.0 通用底座

由国家统一规划建设的自主可控的 Web3.0 通用基础设施底座，与基于公链的国际 Web3.0 网络既有联系，又做适当隔离，主要为各行业基于 Web3.0 开展应用提供运行环境、技术和法律法规的支撑保障。它包括以下几个部分。

Web3.0 云计算服务：主要为各行业创建行业联盟链、分布式存储、智能合约、以太坊虚拟机等 Web3.0 核心要素提供云服务。

相关法律法规：根据我国国情和互联网产业发展需要制定的、与 Web3.0 生态相关的法律法规，以规范产业发展。

基础技术框架、协议、标准、算法：开发拥有自主知识产权的 Web3.0 相关基础通用的技术框架、协议、标准和算法。一方面，通过开源公开的方式为各行业发展 Web3.0 应用提供基础软件技术支撑；另一方面，通过协议、标准和算法的开发，使相关法律法规以协议、标准和算法的形式落地。

跨链机制：不同区块链之间互相访问、交互的机制，是 Web3.0 各系统实现互操作、价值在不同链中流通的关键。

自主管理身份：每个人在 Web3.0 全网中只有一个独立的身份账户，凭借此账户只要满足一定的要求就可以访问任何站点和应用而无须重复注册，此账户不依托任何第三方平台，用户对自己的账户信息拥有全部的管理权。

3. 出版行业 Web3.0 基础设施层

在 Web3.0 通用底座的基础上，针对出版行业的特点和需求建设出版行业专有的 Web3.0 基础设施的集合，为行业各方开发前端各具特色的 Web3.0 应用提供全局性的基础服务，降低开发运营成本，同时也便于行业统一监管，该部分应由行业管理部门牵头组织开发建设，主要包括以下几个部分。

出版行业 SSI：基于全网 SSI 机制，对出版行业中的机构（出版机构、印刷厂、排版厂、技术公司等）和从业个人（作者、传统编辑、数字编辑、校对员、开发人员等）在行业范围内赋予唯一的行业账户，用以访问行业内所有 Web3.0 的站点和应用。账户信息中除了机构和个人的基础信息，还可以包括资质、职称、研究方向、相关作品等行业信息。

出版行业相关政策法规：行业管理部门制定的出版行业与 Web3.0 相关的政策法规，例如版权上链登记、非同质化通证（Non Fungible Token，NFT）发行、新型数字业务纳税等相关政策规定[1]。

各类出版行业基础联盟链：以联盟链的形式为出版行业提供全局性的基础关键信息上链管理，例如出版物出版流程信息管理链、出版物版权登记链、出版机构和出版人员信息登记链、出版物版权交易链等。

各类出版行业基础智能合约：例如图书稿酬分配合约、各种类型数字资源收入分配合约、出版物三审三校合规性合约等，是行业政策法规落地的主要手段。

各类出版智能辅助工具：在 Web3.0 分布式账本、共识算法、智能合约技术体系基础上，充分融合云计算、5G/6G、大数据、虚拟现实、人工智能（尤其是大模型技术）等先进技术开发的针对各类出版物各环节的智能出版辅助工具集合，例如智能辅助编写工具、智能审校工具、智能翻译工具、智能标引标注工具、3D 虚拟场景自动生成工具等，可以以接口、插件等云服务的方式提供前端应用调用。一方面，帮助作者和出版机构突破技术瓶颈，降低新技术应用门槛和成本，集中力量专注于优质内容创作；另一方面，也是监管政策法规落地的具体场景。这类应用可引导技术实力较强的科技公司开发，按需付费使用，具有很广阔的想象空间。

行业资源数据关联共享：充分发挥 Web3.0 智能语义网的优势，利用人工智能、语义计算等技术，为全出版行业的各类数字资源赋予唯一的标识并自动建立语义关联，同时通过不同专业领域统一的知识体系进行整合，实现不同出版机构间的资源互相透明、可见可查、可互相有偿调用，从而在面对出版行业外的竞争对手时形成资源规模优势，提高市场竞争力。

4. 出版行业应用层

该层是出版行业具体各类 Web3.0 前端业务应用实现的部分。具体实现方式是以基础设施层提供的服务、工具和运行环境为基础，严格按照基础设施层落地的政策法规的要求开发各类去中心化应用（Decentralized Application，Dapp），也有人称为"分布式应用"。Dapp 是基于 Web3.0 分布式底层平台开发的，其运行不依赖于中心服务器和数据库，具有安全性更高、用户自主性更强的特点。该层的各类应用可调用基础设施层提供的各类服务和工具，产生的重要数据记录在基础设施层的联盟链上，开发的智能合约也依托于基础设施层来运行，并可从联盟链检索相关数据，也可根据需要部署新的应用专有的联盟链。主要分为以下两类应用。

统一出版生产管理平台：出版行业管理部门牵头开发的、基于 Web3.0 生态的、统一的出版物出版生产管理平台。将经过可信认证的作者、出版机构、外协公司（印刷厂、排版员、技术公司）、发行方、政府行业管理部门等各方通过上文提到的 SSI 账户统一到一个大平台（或者说是不同子平台通过 Web3.0 生态实现联通）进行出版生产工作，流程数据全部上链记录，可以大幅减少沟通成本、文件数据流转成本，降低产生差错的概率。同时可将各类监管的政策法规、智能辅助工具嵌入其中，从而大大提高政策法规监管落地的效果、效率和精准性，也可提高整个出版流程的效率[8]。

各方自主开发的各类 Dapp 应用：由出版机构、技术公司等行业各方根据自身发展规划、内容资源特点和市场需求开发的各类 Dapp 应用，包括各类在线课程平台、知识服务平台、电子书发布平台、NFT 出版平台、虚拟仿真平台、数据统计分析平台、社群营销平台等。这类 Dapp 应用虽定位不同、功能不同，但都基于出版行业 Web3.0 基础设施层来建设，遵循行业相关政策法规，接受行业监管[9]。

5. 协作出版层——基于 DAO 的出版协作模式

Web3.0 时代出版的协作方式将发生颠覆性的改变，基于 DAO 的出版协同工作模式或许将成为主要的出版工作方式，行业基础设施层的基础设施、应用层的统一出版生产管理平台和各类 Dapp 应用则为这种协同工作模式提供了运行的基础环境和工具。在 DAO 的协作模式下，出版机构的边界将逐渐模糊，甚至目前以出版机构为核心的、中心化的出版模式也有可能被打破[4,10]。

Web3.0 时代，由于每个人都有一个独立 SSI 账户，账户信息包含个人的兴趣、专长及相关的证书（NFT），且可自主控制向全网或特定对象公开的信息，因此，无论出版一部图书、制作一门课程、建模一个虚拟场景，还是开发一个数据库，都可以基于兴趣和专长以自由开放的方式在 Web3.0 网络上迅速找到合适的合作伙伴，并形成一个 DAO 出版组织开展工作。DAO 出版组织没有传统出版机构层级化的组织结构和复杂的决策审核流程，参与者平等自愿，可自由、自主交流、交互，有明确的目标和分工。DAO 出版组织中的作者、编辑、策划人员、开发人员、推广人员等各个角色的权利（著作权、出版权、收益分配权等）和责任都在组织形成时以平等自愿的方式约定，并以智能合约的方式记录和自动执行；DAO 组织的运行规则、对其运行及成果出版物合规合法性监管审查也是以智能合约的方式体现和自动执行的。出版项目完成时，DAO 组织也随之解散，但其运行过程的记录将保存在区块链中。

基于 DAO 的协作出版模式或许是 Web3.0 给出版行业带来的最大的变革。传统出版模式中的出版计划制定、选题策划、选题评估、合同签订、质量检查、推广发行、稿酬分配等众多环节或是发生巨大变化，或是彻底消失。出版机构的职能定位也逐步从自上而下的中心化出版活动的组织者，演变为更多为 DAO 出版组织提供服务、工具、平台及保障其去中心化的出版工作正常合规运行的服务者[10]。

三、Web3.0 赋能未来出版发展

基于 Web3.0 的未来出版形态模型，将会给未来出版行业发展的以下几个方面带来质的提升。

1. 出版效率将大大提高

Web3.0 生态下，无论是统一出版生产管理平台、行业 SSI 统一认证体系、基于 DAO

的出版协作新模式，还是众多智能的出版辅助工具和智能合约，都将大大简化出版流程，加快出版文件和数据的流转速度，减少人工工作量，最大限度地降低组织的信任成本、沟通成本、交易成本和管理成本，从而提高整个出版行业的工作效率，有利于从业者将更多时间和精力投入到内容的创作中去。

2. 提供完善的内容数据安全保障机制

基于 Web3.0 区块链分布式存储和加密机制，无论出版的是数字内容资源还是相关数据，都不再依托于单一的第三方平台存放，而是加密后分布存放在多个节点上，不易丢失，也不会被第三方平台泄露。

3. 盗版问题将大为改善

未来在 Web3.0 网络中，所有数字内容作品通过任何渠道、任何终端传播发布，都必须能够确权，无法确权的作品可以被全网"一键下架"，从而大大改善盗版问题。

4. 内容创作者和出版者权益得到充分保障

在 Web3.0 时代，作为内容产品分发销售渠道的互联网电商平台的影响力将大大降低，不再对数据进行垄断，算法规则完全透明，完全按照供需匹配度进行产品检索结果的呈现和推荐，同时能够对拆分后的内容资源进行细粒度的版权管理，将所有内容分发传播渠道产生的交易记录全部上链记录并不可篡改，并通过智能合约进行自动化的收益分配，因此可最大限度地保障内容创作者和出版者的利益[11]。

由于数据将完全由创造数据的用户掌控，因此上游的出版机构就可以通过用户授权的方式获取用户基本信息和行为画像数据，从而能够直接为用户提供精准的、定制化的内容服务。

5. 跨出版机构协作将成为可能

有序 Web3.0 出版形态模型对内容资源具有强大的智能确权、溯源、收入分配能力和自动建立内容资源间语义关联的能力，这就使不同出版机构可以基于 DAO 的协作模式，将相同领域的内容资源进行整合销售，或者协作规划开发同一领域新的内容产品以形成合力，从而具备更强的市场竞争力。

6. 先进技术应用门槛进一步降低

Web3.0 的基础底座平台和出版行业的 Web3.0 基础设施层提供了功能强大、类型丰富、方便好用的先进技术工具，这就使传统出版机构尤其是几乎没有技术能力的中小出版机构也能够方便深入地使用人工智能、大数据、区块链等先进技术。特别是 Web3.0 可促使生成式大模型、数字孪生、虚拟现实技术在出版领域广泛应用，使用户能够享受沉浸式的阅读体验，向元宇宙阅读理想世界更近一步[12-13]。

7. 监管工作将更加智能化和人性化

Web3.0 生态下出版全行业的内容数据、生产数据、运营数据等将不再分散于各机构和平台，而是在行业基础设施层的联盟区块链中统一存储且不可篡改，数据和算法更加透明公开，更便于管理部门监管审查，出现问题后的溯源也更加快速；统一出版生产管理平台的使用，也使整个出版生产流程更加规范化、标准化；基于行业 SSI 统一身份认证体系，管理部门可以对行业机构和从业人员的准入资格更加快捷地审核；此外，管理部门还可通过智能合约和智能辅助工具将政策法规实施落地，使其自动执行生效，最大限度地事前预防。

四、仍需解决的关键性问题

要实现以上对未来出版形态的构想，仍然有很多关键性的问题需要解决。有些需要依托整个互联网开源生态发展来解决，有些需要从国家层面整体规划和布局，有些则需要依靠出版行业内的管理部门、技术公司、出版企业共同努力来实现。这些问题主要体现在三个方面。

1. 基础设施的建设

Web3.0 最重要的核心思想就是分布式和去中心化，因此很多 Web2.0 时代依托于互联网巨头建立起来的、中心化的互联网生态需要重新构建。在一些西方国家，分布式存储、可信节点间高速通信等底层的核心技术突破和技术框架、服务、协议、标准等基础技术体系建设将主要依靠国际化开源社区来完成，但对于我国来说，需要在开源的基础上，在国家层面规划建立自主可控的公共 Web3.0 底座，主要内容包括 IDC、分布式存储、自主可控的区块链云平台（可建立国内的公链和联盟链），以及符合我国法律法规要求、满足我国互联网发展需要的基础合约、协议、标准、政策等。

对于出版行业来说，需要在国家建立的 Web3.0 底座之上，集中力量建立针对出版行业 Web3.0 的一系列行业配套基础设施。例如，组织开发统一出版平台，使作者、编辑、出版机构和管理部门都在一个统一平台上协同工作；组织建设各类行业管理联盟链，包括出版物版权登记链、出版机构和个人资质认证链等；组织制定相关行业政策规定并以合约、算法的形式落地，如稿酬分配合约等；组织开发基于 Web3.0 的统一基础智能出版辅助工具，如辅助内容创作工具、内容合规智能审校工具等。技术公司和出版机构则在国家和行业的公共基础设施基础上结合自己的需求开发各类 Web3.0 应用。

2. 理念和体制机制的转变

首先，与出版行业相关的互联网平台方的理念要转变。在 Web3.0 时代，要树立数据和内容使用权属于用户、作者和出版方的理念，平台方自身的核心价值是提供功能服务，使用数据和内容要获得授权，产生的收益要公平分配给作出贡献的各方；同时，平台运营的规则、算法要公开透明，经得起各方的审查。

其次，管理部门的理念和职能要转变。一方面，要守住监管的底线，制定宽严相济的监管政策，利用智能合约、人工智能等新兴技术提高监管的精细化程度和效率（例如对 DAO 组织的监管），在激发行业活力的同时避免系统性风险；另一方面，要做好 Web3.0 时代互联网公司让渡出来的空白领域的补位工作，集中力量组织做好出版行业基础设施建设的相关工作，充分发挥服务支撑和引导作用。

最后，出版机构和从业人员的理念要转变。一是要积极拥抱新的行业和技术变革，通过不断学习跟上时代变革的步伐；二是要打破出版工作相对封闭的状态，在安全可信的前提下积极上链、上云，在 Web3.0 的生态中采用更加开放高效的工作模式，积极试点内容和数据在行业内统筹共建、有偿共享的协作方式，促进行业繁荣健康发展；三是积极向下游终端拓展，充分利用之前互联网平台垄断的各类高价值数据，树立数据驱动的理念，为终端读者提供精准、定制化的沉浸式内容服务。

同时，随着理念的转变，无论是与出版行业相关的互联网公司、管理部门还是出版企业，都要同时做好相应的体制机制的转变。

3. 对人才队伍建设提出更高的要求

未来基于 Web3.0 的新型出版形态对出版融合人才的要求将会更高。未来的编辑不仅要有深厚的专业知识背景和扎实的出版业务知识，还要深刻理解 Web3.0 生态下出版活动新的底层运作机制，熟悉相关的技术、协议、算法、合约、工具和运营模式，并能灵活应用相关要素开展出版工作。因此，从现在开始就要跟随互联网发展的步伐，循序渐进开展相关专业人才的培养工作。

五、结语

可以预见，随着相关技术不断成熟，未来 Web3.0 将会给互联网带来革命性的变化，也会对出版行业产生不小的影响。本文提出的基于 Web3.0 的未来出版形态模型这一构想，从技术架构、运作模式、协作方式、行业应用、政府监管等多个角度阐述了在 Web3.0 时代出版业如何适应和借助 Web3.0 的特征和优势解决目前面临的各类问题，构建一个繁荣健康的新生态。对于出版行业来说，元宇宙或许还远，NFT 的热潮暂时退去，但对基于 Web3.0 的未来出版形态的研究具有重要的现实意义，是一个值得长期关注和探索的问题[12-13]。本模型虽尚不成熟，但随着技术的发展、研究的深入和关注度的增加，其设计理念和实现方法都将会不断完善和创新，从而为出版行业跨入 Web3.0 的新时代做好充分的准备。

参考文献

[1] 姜莉. "Web3.0" 时代数字版权保护与知识资源共享模式创新研究[J]. 图书馆工作与研究，2022（8）：63-69.

[2] 许洁，秦璟文. NFT 出版物的价值生产机制研究[J]. 数字出版研究，2022，1（1）：76-83.

[3] 黄一凡. Web1.0 到 Web3.0 互联网媒介演进特征探究[J]. 数字通信世界，2023（2）：33-35.

[4] 谢湖伟，宋金超，简子奇. 可供性视角下 NFT 对数字出版的型构[J]. 出版科学，2023，31（1）：26-34.

[5] 唐俊. 对媒介进化论的再认识：基于感知和权力的双重维度：兼论 Web3.0 媒介的平权结构[J]. 新闻界，2023（1）：47-56.

[6] 姚前. Web3.0：渐行渐近的新一代互联网[J]. 中国金融，2022（6）：14-17.

[7] 钱聪，覃周亚，杨海平. NFT 在数字出版业应用的动力机制研究[J]. 科技与出版，2022（8）：64-71.

[8] 徐智，刘宴君. 元宇宙视野下 NFT 对数字出版的提升与重塑[J]. 中国出版，2022（13）：34-38.

[9] 李琳，张冰清. 元宇宙出版发展现状与展望[J]. 中国出版，2023（8）：39-42.

[10] 李骐辛，于春生. 面向元宇宙的 NFT 数字出版发展策略研究[J]. 出版广角，2022（18）：33-37.

[11] 姚叶，任文璐. NFT 数字作品交易信息网络传播权规制路径的证成与完善[J]. 新闻界，2023（5）：61-69.

[12] 方卿. 元宇宙与出版[J]. 出版科学，2022，30（5）：1，43.

[13] 武晓耕. 元宇宙视角下的学术出版发展趋势[J]. 出版科学，2022，30（3）：22-29.

（原文首发于《数字出版研究》2023 年第 3 期）

以不息为体，以日新为道——融合出版这些年

朱亮亮　中国人民大学出版社有限公司

摘要：随着互联网、移动互联网和数字技术深入发展并广泛应用到人们生活的方方面面，新型的出版消费需求越来越旺盛，传统出版企业发现以及顺应社会发展趋势和读者需求变化，主动作为，策划出版高质量的新型出版产品来满足人民群众新型的文化消费需求。目前，新的出版业态快速发展壮大，传统出版与新兴出版加速融合，带来了很多可喜的变化，推动了出版企业向新型文化企业的优化升级。

关键词：融合出版；用户理念；创新

21 世纪以来，互联网、移动互联网和数字技术深入发展，并广泛应用到人们生活的方方面面，人们获取知识信息的习惯也随之变化，新型的出版消费模式不断涌现，新的出版业态快速发展壮大。2014 年，中共中央办公厅、国务院办公厅印发《关于推动传统媒体和新兴媒体融合发展的指导意见》，提出"推动传统媒体和新兴媒体在内容、渠道、平台、经营、管理等方面深度融合"。2015 年，根据《关于推动传统媒体和新兴媒体融合发展的指导意见》，结合出版业实际情况，国家新闻出版广电总局、财政部联合印发了《关于推动传统出版和新兴出版融合发展的指导意见》，切实推动传统出版和新兴出版在内容、渠道、平台、经营、管理等方面深度融合，实现出版内容、技术应用、平台终端、人才队伍的共享融通，形成一体化的组织结构、传播体系和管理机制。

这些政策的出台和执行，深刻影响和引导推动了出版融合发展。笔者在出版企业负责融合出版业务多年，躬身入局，深刻感受到这些年融合出版的一些变化。

一、数字版权不是问题

数字版权（信息网络传播权）是个新生事物，加之产品形式和盈利模式等未来发展不确定的因素，长期以来，作者和出版企业对其的认识普遍比较模糊，也就不重视相关权益在出版合同中的约定，事实上造成了很多出版企业虽有纸质书出版权但无数字版权

的现象。笔者刚负责相关业务的时候，就对本社（即中国人民大学出版社，简称人大出版社）2004 年之后的 5689 份原始图书出版合同进行了多次整理核查，梳理清楚了原始图书出版合同相关版权约定记录，并对合同中的不规范内容进行了纠正，建立了准确便捷的数字版权查询平台以及数字稿酬系统，保障了数字版权的合法可依可用，提出并推动了《毛泽东传》等本社重点品牌书和外版图书的数字版权签订及续签工作。

这些现在看来都是很基础的工作，当时却是要花大量时间去梳理和沟通协调的。而且对于出版企业来说，版权问题的解决是全社层面的联合协作行为，需要由社领导统一部署，总编室和数字出版相关部门牵头，各编辑部门配合沟通联系作者/版权方逐步规范解决，并且要做大量版权和商业收益等解释工作。不久前，在一个私人聚会上，笔者听某民乐大师谈起自己作品的数字版权情况和产品平台计划等，真真切切感受到数字版权完成了从认知模糊到明确规范的过程，一时间恍如隔世。

二、纸电融合成为标配

电子书业务刚刚兴起的时候，习惯了传统纸书业务模式和渠道的编辑部门，对这项新业务大都是持怀疑态度的，担心这项业务会影响到纸书的销量等。数字出版部门不但需要开放务实、锐意进取，积极与市场化的各种新兴渠道合作，还要通过精细化运营控制好风险，积极与编辑部门沟通联系，充分做好适合数字产品渠道的选题出版规划和各类营销宣传活动安排，做好纸书、电子书互动营销，用实际的营销效果和销售收入来打消大家的疑虑。现在看来，纸电融合早已经成为各社的标配，纸书和电子书等渠道的复合营销良性互动，已经是图书营销的常规选择。

三、用户理念深入人心

出版业有一句著名的话："一切为了读者。"笔者从事书店工作的时候，心中秉持的理念是"为读者找好书，为好书找读者"，出版企业一直都是作者、版权与读者之间的链接者。但在传统出版的方式下，一切都在混沌和模糊中自觉或不自觉地进行。数字时代的来临既是挑战又是机遇，它使更准确的读者需求把握、更紧密的连接以及优质内容产品的高质量生产和高效传播拥有了更多可能，使用户理念深入人心，编辑、复制和发行都开始通过互联网紧密连接用户，更直接地面对用户，无论是产品生产、营销传播还是渠道流通等都更加扁平化。

四、体制机制创新引领

这些年，融合出版已成为行业共识，在政策和市场的双重影响下，传统出版企业积极适应出版融合发展要求，主动探索出版企业内部组织结构的再造，逐步建立适应市场竞争和一体化发展的内部运行机制，从设立专门的融合出版部门到成立独立从事融合业务的公司主体，以及将融合业务融入传统出版部门业务中，做出了大量有益的探索实践，积累了一批示范企业案例。

人大出版社多年来坚持"深耕主业、多元开拓、融合发展"的经营战略，于 2012年成立北京人大数字科技有限公司（以下简称人大数字），专注探索传统出版与新兴出版的融合发展，在数字学术、数字教育等多个领域都形成了高质量内容和先进技术深度融合的出版融合产品。近年来，该公司被认定为国家高新技术企业以及中关村国家自主创新示范区高新技术企业，获得自主研发的软件著作权 38 项，并通过了 ISO 9001 质量管理体系认证。人大数字出版融合业务发展至今，通过市场化运营系列数据库产品、芸窗系列数字教材、电子书、技术研发等主营业务，走出了一条符合自身特色的全媒体、多业态、综合实力突出的新发展之路。通过整合出版社丰富的内容资源和对外合作的优质版权资源，人大数字形成了涵盖数字教育、数字学术和数字阅读的完整业务体系。

人大出版社以系列数据库产品为代表的融合出版产品荣获第七届中华优秀出版物奖音像电子游戏出版物提名奖，并连续 3 次入选"数字出版精品遴选推荐计划"，收获 5项国家级奖项荣誉及数十项行业级奖项荣誉。截至目前，人大出版社在海内外共有包括高校及公共图书馆在内的近 700 家数据库用户，其系列数据库产品得到了专家学者们的充分肯定，并取得了良好的市场反馈。《中国思想文化传承融合发展实践及路径研究——以中国思想与文化名家数据库为例》与《"人大芸窗"智慧教育打造融合出版生态，全方面建构数字化教育解决方案》两个案例入选"2020 年度全国新闻出版深度融合发展创新案例"。系列数据库产品的建设案例被全国新闻出版标准化技术委员会选入国家知识服务典型案例结集出版，奠定了人大出版社知识服务生态体系的基础。芸窗系列数字教材通过大数据与人工智能技术将传统教材和多种形式的数字内容有机结合，构建起一个覆盖经济、工商、政管等公共课程及高校文科本科主要课程教学的数字化资源体系，能够提供全流程教学综合服务，服务高校数字化教学改革，全面提升高校人文社科课程教学质量；上线至今，已有 500 多所高校使用，覆盖全国 100 多万名付费用户；在数字阅读领域依托中国人民大学及人大出版社丰富的优质教育资源、出版资源和智力资源，开启"纸、电、声、课"四位一体业态。

五、人才队伍成长锻炼

在传统出版与新兴出版融合发展的过程中，出版业清醒地认识到，融合出版首先要从人做起，不管多么广阔的市场、先进的模式和理念方法，最终还是要通过人来实现，通过人的思想和能力处理新形势下出现的各种操作问题。"十三五"期间，以内容建设为根本，以先进技术为支撑，以重点项目的实施为产业融合的抓手，出版业形成了一批具有融合示范效应的重点项目，通过市场化项目的策划运营，人才队伍建设也得到了加强。

2010 年以来，人大出版社已有 14 个项目入选国家新闻出版广电总局改革发展项目库，成为中国最重要的高校教材和学术著作数字出版基地之一。在进行融合出版业务之初，人大出版社提出和实践了全版权经纪、新出版形态，以版权规范为前提实现资源数字化、管理系统化、内容产品化、运营灵活化，规划和构建了出版社和人大数字的基本业务架构和团队，建立健全绩效考核体系，在激烈的市场竞争中摸爬滚打，形成了一支熟悉技术发展、懂内容、具有经营意识、学习能力强的专业化融合出版团队。

2022 年 4 月，中共中央宣传部印发了《关于推动出版深度融合发展的实施意见》，对未来一段时期出版深度融合发展做出了全面部署，从战略谋划、内容建设、技术支撑、重点工程项目、人才队伍、保障体系等 6 个方面提出 20 项主要措施，推动出版业高质量发展。从"转型升级"到"融合发展"再到"深度融合"，出版业的未来之路越来越清晰。

"明者因时而变，知者随事而制"，出版人要坚持创新，保持开放的心态，勇于拥抱变化；"以不息为体，以日新为道"，以满足人民日益增长的美好生活需要为根本目的，策划高质量的新型出版产品来满足人民群众新型的文化消费需求，通过理念更新和业务实践实现能力的全方位进化，加快发展新型文化业态、文化消费模式，推动出版企业转型升级为新型文化企业。

关于融合出版发展的思考

许旺甦　福建教育出版社有限责任公司

摘要：融合出版，最关键的应该是融合内部出版流程生产要素的组织方式，编辑最大的价值应该是工匠+经纪的结合。要开放式地接受和拥抱各种技术变革，借助各项媒介技术实现全媒体内容的出版增值服务，给读者和用户带来不一样的阅读消费体验。要树立一体化发展的思维理念，以理念创新、思维更新引领内容、技术、业态、模式、管理、人才等的全方位创新。

关键词：融合出版；转变角色；技术驱动；增值服务

一、看得见的未来，激发想象力

《2020—2021 中国数字出版产业年度报告》显示，2020 年，我国数字出版产业整体收入规模超过万亿元。笔者所在福建省发布的《福建省做大做强做优数字经济行动计划（2022—2025 年）》提出，到 2025 年，全省数字经济增加值超过 4 万亿元。

市场足够大，支撑多维想象力。周边的各种产值和规划的远景目标都很美好，然而在业内资深出版人眼中，数字出版仍然是"外热内冷"：上述数据可能绝大多数是互联网企业贡献的，且游戏、动漫行业居多。打一折后的数据，是否是传统出版企业参与的真实数据？

二、融合，交互的发展

融合出版，关键区分是主动"拥抱"，还是被动接纳。

融合出版以内容为核心要素，通过各种创作、生产手段，给受众提供更多元化、更个性化的服务，内容丰富多彩，包罗万象，带来了全新的文化体验。实际上，这是对出版生产技术、互联网技术以及智能技术交互发展的一种状态的描述，发展带来了生产方式、产品形态、阅读服务方式等的迭代变化。个人认为，只要我们提供了内容的增值服务，都可以理解为融合出版。

互联网和信息技术的更新带来了内容的消费升级，消费品不单纯地局限于纸质出版物，多彩杂陈的网络文学、音视频、动漫、游戏、剧本杀、知识付费、教育信息化平台等，通过多平台多介质的开放式传播，悄然引起了内容受众的消费习惯、付费意愿的变化。我们应该主动接纳这种演变造就的趋势，做好内容的增值服务。眼下，电信运营商、互联网企业乃至 IT 企业，都在抢滩数字出版的一角阵地。且不说 BAT（指百度、阿里巴巴、腾讯），像苹果、小米、掌阅、当当……都有数字出版产品和平台。一个明显的趋势是，在数字化浪潮的推动下，原本严格区分的行业边界，变得越来越模糊，内容提供商、技术提供商和渠道运营商之间的融合程度越来越深。

传统出版业加大转型融合步伐，网络文学、数字教育、知识服务、有声读物等领域呈现出良好的发展势头。出版社的纸质出版物成为知识付费的内容脚本，以音视频的形态予以增值变现，如樊登读书会、意公子、十点读书等均以文字解读和音视频讲解的形式满足了部分受众的内容需求；符合教育机构运营需求，提供信息化建设等运维增值服务，如集团的"海峡产教融合服务平台"；出版物成为文创、影视剧、网剧等的改编底本，以 IP 孵化运营实现增值变现，如福建少年儿童出版社的《拇指班长》IP 项目；出版物成为数字教育运营的基础资源，由此研发提供在线学习、测评等平台增值服务，如基于福建教育出版社的"小学英语"系列教材研发的闽教学习服务平台……

目前，福建省内的传统出版社还是被融合方，而不是融合的驱动力与驱动方。消费升级推动了内容创作、生产、分发、消费等模式的创新，作为传统出版机构的编辑，必须围绕内容生产最终还是满足受众日益增长的文化需求，用精心策划和精良制作的内容产品实现增值服务的兑现。

三、融合出版赋予编辑的角色转换

新编辑进入出版社，先熟悉出版的整个流程，重视技能培训应用，然后就进入一本又一本图书和项目的策划、编辑、出版、发行、营销等环节。相对于跨界融合出版的"冒险"探索，这个循环中的亮点和兴奋点"乏味"了不少。

笔者从进入出版社工作开始，先后负责编辑教辅、地方教材、人文社科类图书等，后又参与音视频、动漫、游戏、在线教育项目等的出版制作，在这些经历中逐渐有一些接触融合出版的机会。从相遇、相识、相知到主动拥抱，这些项目都是相辅相成，甚至有的放矢的。所以，笔者认为编辑未来更应该是产品经理。

融合出版，最关键的应该是融合内部出版流程生产要素的组织方式，即传统出版的内容生产在不断地被调整、被修改、被创新。通过内容和技术的融合，最终实现出版业态的升级、出版机构的守正创新、产业的转型。按这样的发展思路，编辑最大的价值应该是工匠+经纪的结合。

四、工匠+经纪的产品经理

未来，编辑可能不仅仅只是服务作者，负责对接选题和图书出版营销发行，而很可能成为规划、包装作者的经纪人，甚至成为一个项目乃至同类项目的产品经理。

笔者谈谈对编辑模糊、专职、进化为产品经理的看法。数字时代，新技术、新业态迭变发展，读者随时读、随时听、随时看成为常态。曾经的卷帙浩繁、汗牛充栋早已化作一段段消息、一条条链接、一段段音视频。这些数据其实就应该是我们所需要的，真正的商业机会一定得通过你对用户行为与心理的数据的分析来寻找。这种分析并不是简单地看数据，而是要结合数据观察用户，比如他在什么情况下做决策，影响消费行为的因素有哪些……我们只有对用户深层次的维度进行观察与分析，才能预测一些商业机会。数字经济时代是个高度以用户为中心的时代，内容产品的生产和服务的提供本身，就需要始终契合用户的需求，解决用户的问题。所以，产品即人品，产品即体验，产品即品牌，营销和品牌变成了产品生产的一部分，产品价值观就是最好的营销和品牌。到这个阶段，产品经理需要有很强的内部协调沟通能力、较高的营销和品牌素养，才有可能重塑目前出版企业的组织架构和生产流程。因此，这里的关键因子是人。

（一）守住初心，才能担好使命

融合出版既有经济属性，更有文化属性和意识形态属性。发展融合出版，社会效益始终是第一位的。融合出版从业者只有守住初心，才能担好使命，必须牢牢把握、长期坚持发展中国特色社会主义文化，建设社会主义文化强国的正确方向，始终坚持中国特色社会主义文化发展道路，培育和践行社会主义核心价值观，增强文化自信，实现文化内容的创造性转化、创新性发展，服务于建设社会主义文化强国和提升国家文化软实力的重要战略目标，使之与现实文化需求相融通，确保出版深度融合发展始终沿着正确方向前进；要着眼长远发展，树立正确的义利观，坚决防止资本优先逻辑侵蚀社会效益优先原则，努力守护融合出版的一方净土。

在从业过程中，我们得时刻深思融合出版的责任与担当，这不仅仅是国家政策层面的引导，也是文化生产者、传播者责任意识的觉醒。我们不仅要有高度的政治责任感和时代使命感，对出版行业怀有由衷的热情和情怀，还要有对产品执着和较真的态度，落实党的二十大报告部署的重点任务，以研发出适应市场需求的好内容产品为宗旨。在这个过程中，我们要建立健全内部管理制度，坚持线上线下一个标准原则，建立规范、完善的内容发布流程、常态化审查和特殊情况的工作预案；针对融合出版产品所涉及的图片、音视频、文字内容、链接内容等严格实行编辑审核—主任审核—总编辑审核的三级内容审核机制，把坚持正确政治方向和出版导向贯穿到融合出版的各环节、全过程，始终当好正确导向的坚守者、时代精神的弘扬者、文化创新的担当者。

（二）实现项目诉求的沟通能力

坦诚地说，在现有的机构管理考核机制下，我想做的和能做的比例可能为 7：3。因为考核制度的存在，绕不过去的试错成本，我们得为项目变现、机构的投入负责。毕竟，机构的法人最终是要买单的。

好的沟通能力是建立在坚定的价值观、人生观基础上，以重要性为核心、逻辑推理能力为工具，努力让沟通内容获得外部认可，以实现自己的目的为根本目标的一种能力。风口来了，你就要有不破不立的决心，做好详细的项目计划书，有理有据地说服社长，描绘项目的"愿景"（最好社会效益和经济效益俱佳），以求得支持。

每个项目需量力而行，争取良好的开端。首先，必须在社内营造融合出版的创新氛围，改变思维，逐渐模糊编辑与产品经理的界限，从做书到做产品，让大家适应优胜劣汰的互联网内容市场，研发出适应市场需求的内容产品。这几年的经历让我深刻地体会到，全社上下从领导班子成员到中层及各部门同事，必须逐渐统一：明确需求，战略先行，整体布局，全员参与，创新思维，转变角色，灵活应对，允许试错，夯实基础，坚持特色，打造层次分明的转型升级路径。特别涉及跟传统业务部门的交互时，需要说服社长出面不厌其烦地协调，包括人员的调配、资源的整合、业务的推进等。从编辑自身到社领导，都要有客观清醒的认识：融合出版短期内极有可能是因地制宜的业务板块，甚至是"入不敷出"的吃钱买卖，因此要有满足业务发展的必要资金投入，且新业务一定时期内很难通过市场化运营来达到良性循环，要做好面对质疑和困难的准备。转型期间，如果缺乏对业务前景的预判，没有足够的资金保障和长期稳定发展的人才队伍，项目极有可能半途而废。

（三）既爱玩，又很顽

推动出版深度融合发展，必须坚持以技术驱动，提升效能，既壮大传统出版业，又做大做优新业态。融合出版要结合时代发展的要求，担负起时代的重任，守正创新，用新技术给内容增加高附加值，为传统文化注入新活力，推动出版工作提质增效、由大变强。

据笔者了解，这几年各社陆续开始专招数字出版编辑。以前，各社的大多数数字出版编辑是由社内编辑转型而来。只有对数字产品敏感，对新技术好奇，可整合社内相关资源、协调各部门生产能力、联络外部技术与销售平台的策划编辑，才能承担转型压力继而推进实施数字出版项目。一个好的编辑需要有很强的学习能力，能迅速掌握相关项目的商业操作；也需要有良好的专注力和谈判力，更需要有核心竞争力（筛选信息、优化信息和传播信息三者合一）。

爱玩是编辑去思考、去探索内容产品的基本要求。融合出版项目多属创新性、开拓性业务，从项目管理执行的角度出发，编辑首先要对自身出版社传统资源进行必要的评估定位，敏锐地感知外部市场的发展变化，策划组织产品内容；其次清楚地认识生产过程中所需要的技术支撑方式，组织技术方实现功能需求，挖掘已有内容产品的研发价值或另辟蹊径地创造数字内容产品；然后协调落实内容产品上线运营，保证数字内容产品的质量，实现数字内容产品价值的最大化，争取良好的社会和经济效益。数字出版编辑应该不断学习思考，勇敢地挑战已有的出版流程，尝试内容的各种呈现形式。技术是内容的基础，内容产品和内容产业的颠覆性创新来自技术的创造性应用，因此，我们要开放式地接受和拥抱各种技术变革，借助各项媒介技术实现全媒体内容的出版增值服务，给读者和用户带来不一样的阅读消费体验。

融合出版最终要推动机构变革，主动适应时代发展需求，并提供合适的平台促使员工转型。将融合出版作为顶层设计来推动，能形成较为完善的出版融合项目实施制度体系、人才培养体系、绩效考核体系，为融合发展战略规划的实施提供制度保障。

顽强地坚持"类创业"，哪怕迟迟未出效益。在数字出版编辑的考核上，笔者认为，融合出版项目本身没有成熟的模式可供复制，编辑在汹涌的互联网浪潮中只能是心怀敬畏地求知探索。在成功上岸前，建议根据各社实际情况，在考核上对编辑"网开一面"。比如，在相关行政管理部门的项目申报、社内内容资源数字化上给予特殊倾斜和扶持奖励，兼顾项目创新性、项目完成情况、数字产品完成度和工作量、市场品牌度与经济效益、社会效益，参考传统业务核心编辑薪酬予以平衡匹配，在社内营造较为宽松的"类创业"生长环境，鼓励数字出版编辑勇于试错并最终脱颖而出，维持长期稳定的创新能力和较高的工作热情。

（四）翻家底，开放式合作，探索内容增值服务的变现方式

不能总是口口声声说"要重视内容研发"，因为原创内容的创新越来越难，同质化越来越严重。编辑要心无旁骛地翻家底，挖掘和整理社内已出版的资源，对有价值的资源进行重新开发和内容整合，将自身业务板块与可利用的资源相结合，深入挖掘创新。刚开始尝试时，应该优先选择容易成功、能出效益的相对较小的项目。没有一种模式适用于所有出版机构的转型升级，已有内容资源和出版专业范围是先天发展的因，贸然上线新平台或者推行全产业链的出版变革，在短期内只能得到吃不到的果。

放下业绩考核的包袱，各社的内容资源各具特色，受众和市场分布都有差异，转型升级路径必定各有不同。数字出版机构近年来发展迅猛，甚至相关企业、项目融资利好不断；但从运营效果来看，尽管规模逐年扩大，赢利情况却不尽如人意，甚至可以说还在净投入阶段。

（1）有多少干粮，做多少事。不盲目，不激进，先做好内容，注重对自身多年积累的优质资源进行梳理研发，夯实基础资源，充分地论证融合出版项目，创造性地开发内容产品，重构与再造增值服务产品，做好区域性、细分领域的内容生产商，逐步培养一批传统编辑成为适应互联网内容产品研发与运营的产品经理。

（2）内容消费需求的升级促进内容产品的融合跨界。我们必须满足受众不断升级的内容消费需求，不管是线上的还是线下的，始终做到以用户为中心，以创造用户价值为纲。做什么产品？线上还是线下？怎么定价？怎么生产？团队怎么组建？前期资金从哪儿来？这些都是很重要的问题，但我们首先要思考的是内容产品的消费者是谁，他们在哪里，谁最可能买单。在这个过程中，数字出版编辑作为中介，提供的内容增值服务是沟通创作者和受众两类客户。在这种模式下，内容增值服务通过产品经理创造性的服务得以实现。

目前，受众普遍接受的是通过智能终端设备来满足听音频、刷视频、追网文、看动漫、玩游戏等文娱教育消费需求，我们本质上是在卖内容和服务。只有根据需求研发在线教育产品、音视频内容、网络文学作品、动漫作品、游戏等融合产品，提供增值服务，才能实现较高的内容附加值。

（3）从"小摊贩"到"大卖场"的质变，用"内容+服务"延展产品的生命周期。内容产品的电商平台、自媒体矩阵、知识付费平台、数字教育平台，以及以 BAT 为代表的互联网巨头，正在挟"内容""用户""政策"等以令内容提供商，因此我们必须开启"全民客服"模式，通过自上而下的交互服务引导遭遇着技术与思维"排挤"的编辑们，戴上产品经理的帽子，从个体单一的数字内容产品研发运营开始，拼市场，逐渐了解掌握市场的真正需求，完善产品体系，极大地提升受众消费内容产品的体验感，开放式地做好内容生态链的因子，积极拥抱目标受众，逐步规划相关平台研发，整合同类优质数字产品，借助云平台和大数据支撑，根据内容资源的特点满足各类受众的精准化、个性化需求，从而形成具有自身特色的内容增值服务整体解决方案和运营服务体系。

五、你就是我，我就是你

融合发展关键在"融为一体、合而为一"；要尽快从"相加"阶段迈向"相融"阶段，从"你是你，我是我"变成"你中有我，我中有你"，进而变成"你就是我，我就是你"。"融为一体、合而为一"，关键就在这个"一"字，这是传统出版与数字出版融合的最终目标，也是推进数字出版发展的基本要求。当前，传统出版与数字出版"合而不融"的问题仍然十分突出，许多传统出版单位仍然存在较强的惯性思维和路径依赖，由于理念上的落后、技术上的劣势、应用上的短板，其内容资源上的优势还没有充分发挥出来。面向新阶段，传统出版与数字出版必须朝着一体化的方向发展，在深度融合上动真格、出实招、见成效，打好产业数字化的基础，未来才有机会实现数字产业化的愿景。要树立一体化发展的思维理念，以理念创新、思维更新引领内容、技术、业态、模式、管理、人才等的全方位创新，真正形成"你就是我，我就是你"的共识。

文化数字化战略下出版深度融合发展路径探究

吴雷　崔璐　武亚苹　时代新媒体出版社有限责任公司

摘要： 国家文化数字化战略是实现建成文化强国远景目标的必然要求，为推动我国文化产业数字化建设指明了方向。作为文化强国的主要阵地，出版业应抓住这一战略机遇积极推动融合发展。文章立足于国家文化数字化战略的远景目标和重点任务，从内容、产品、服务和治理四个维度分析了出版融合发展的现状与问题，提出了推动出版深度融合发展的四条实现路径，以期为出版业高质量发展提供参考。

关键词： 文化数字化；出版深度融合；数字出版

2022 年 5 月，中共中央办公厅、国务院办公厅印发《关于推进实施国家文化数字化战略的意见》（以下简称"《意见》"），首次提出实施"国家文化数字化战略"，文件明确指出了国家文化数字化的发展内容，并从总体要求、重点任务、保障措施和组织实施等方面对国家文化数字化的发展作出总体规划[1]。一方面，文化数字化战略是实现建成文化强国远景目标的必然要求；另一方面，文化产业数字化是文化数字化战略的重要组成部分，也是出版机构数字化转型的必由之路。新时代的出版机构，承担着推动出版深度融合发展，构建数字时代新型出版传播体系，增强国家文化软实力，传承和弘扬我国优秀传统文化的使命。本文在解析《意见》的基础上，结合中宣部《关于推动出版深度融合发展的实施意见》的相关要求，进一步厘清新时代出版机构深度融合发展的实现路径，以期加快出版机构的全面数字化转型、智能升级和融合发展，为助力国家文化数字化战略提供参考。

一、融入文化数字化战略的必要性分析

2022 年 4 月，中宣部印发的《关于推动出版深度融合发展的实施意见》提出，到"十四五"时期末，出版业深度融合发展取得明显成效，新兴出版与传统出版深度融合体制机制更加健全、新型出版传播体系更加完善等，为融合发展设定了目标[2]。而国家文化

数字化战略的发布，又对出版深度融合发展起到了推动作用，将指引出版机构借力前沿数字技术、增强出版融合功能、破除模式壁垒，以解决出版融合在内容、模式、业态方面的现实困境，激发出版融合动力。

1. 有利于进一步推动出版内容精品化建设

作为人类文明、历史沿革、社会记忆的重要保存介质，出版物担负着传承人类文明、传播文化知识的重要历史使命。新时代，出版机构肩负着有效巩固数字时代出版发展主阵地的使命。《关于推动出版深度融合发展的实施意见》提到，要把握数字化、网络化、智能化方向，坚持内容为王，优化出版融合发展内容结构等，并提出了破解当下制约数字出版内容建设的思路、路径和具体举措。出版机构融入文化数字化战略，有利于加快数字出版内容资源的优化配置，快速找准精品优质内容建设方向，推动数字出版精品内容资源的建设和持续供给，保障数字出版产业持续健康发展。

2. 有利于进一步推动出版产品生产方式转变

随着我国产业数字化转型的阔步前进，新兴数字技术催生新型文化业态，推动出版生产方式的革新，促进融合出版产业的创新发展。《关于推动出版深度融合发展的实施意见》提到，要充分发挥技术支撑作用，创新内容呈现和传播方式，打造数字出版内容精品。然而，如何利用数字技术改进内容产品生产方式，整合出精品内容资源，并使这些内容资源能够重复利用，不断地实现聚合聚能，进而在市场上增值升值，是出版机构面临的一项挑战，也是出版机构推动融合出版深度发展的现实需求。融入国家文化数字化战略而形成的出版数字化产品，将更好地满足全媒体融合时代用户对数字精品内容、服务的多元化、多场景化、多层次获取需求。

3. 有利于进一步推动出版产业高质量发展

信息技术的发展使得我国数字出版的产值连创新高，《2020—2021 中国数字出版产业年度报告》显示，2020 年度我国数字出版产业整体收入达到 11781.67 亿元[3]。作为出版机构，增强对新兴市场、业态的感知力和适应力，强化对产业形态、产品呈现形式和服务方式的深度研究，拓展产品的需求适配性、消费引导力，是需要直面的挑战。《关于推动出版深度融合发展的实施意见》提到，要充分把握数字时代各类群体的阅读需要，持续推出能够为读者所接受、适合网络传播的优质数字出版产品和服务，达到推动出版机构做大做强的目的。出版机构只有不断借助先进技术，推出新型产品形态，提供更加多元的用户体验，才能获得市场的认可。融入文化数字化战略，充分融合 5G、大数据、人工智能等技术开发文化数字化的衍生品，形成线上线下一体化、在线在场相结合的数字化文化新体验，必将拓展更多的新型数字化文化消费场景，推动出版业与数字经济深度融合发展。

二、融入文化数字化战略的重点任务

国家文化数字化战略的任务部署，从内容、产品、服务、治理四个维度对出版机构转型升级提出了要求，也为出版的深度融合发展指明了重点任务。

1. 内容升级，推动出版资源数据化

《意见》提出，利用文化领域数字化成果整合文化资源数据，关联形成中华文化数据库，为出版机构将文化资源转化为生产要素提供了现实指引。内容是出版业的核心，文化数字化在出版融合的背景下首先体现为出版内容数字化。近年来，出版业在数字化、网络化方面取得了大跨步的发展，电子书、有声读物、视频、多媒体等多元形式的出版物在生活中已经很常见，出版业也积累了大量的数字资源。但这些数字资源大多是内容形式上的变化，内容之间缺少内涵上的关联，资源大多呈零散状态，一定程度上导致出版业内相关内容资源之间的割裂与重复。

在此背景下，出版融入文化数字化战略的首要任务便是对出版内容进行供给侧结构性改革，将文化资源转化为生产要素。首先，出版机构可将数字文化资源按照一定标准关联并构建中华文化数据库，将文化资源转化为生产要素，进而实现零散资源的彼此链接，形成完整的文化知识链。其次，出版机构可接入国家文化专网，在文化数据服务平台开设"数据超市"，依法开展文化资源的数据交易，探索数字化转型升级的新方向。最后，出版机构可将文化资源数据采集、加工、挖掘与数据服务纳入经常性工作，将知识的关联数据转化为可溯源、可量化、可交易的资产。

2. 产品升级，改造出版生产新方式

《意见》在加快文化产业数字化布局方面，鼓励文化机构应用数字化手段创新表现形态、丰富数字内容，加强供需调配和精准对接，实现数字内容需求的实时感知、分析和预测。以读者为中心是图书营销的核心思想，出版业的转型升级亦要围绕读者展开。随着互联网、移动互联网的发展，传统被动静态的读者逐渐转变为互动动态的用户，用户在网络传播中逐步分众化、差异化，形成不同群体的新型阅读需求。如何利用新技术赋能出版业，解决大部分出版社内容"叫好不叫座"的现状，是出版业转型升级中需要思考的问题。

在此背景下，出版机构应着力改造传统的图书生产流程，打造融合纸质出版与数字出版的数字化文化生产线。推动出版产业链数字化，整理分析图书在生产交易过程中产生的数据信息，可掌握不同群体的阅读需求，从而使读者需求转变为图书策划、编辑、发行的直接动能，推动出版机构从定量出版向按需出版转型，打造贴近读者、适合网络传播的数字出版产品与服务。同时，应围绕用户的行为习惯，挖掘满足出版融合的各项适配技术，促进数字出版多角度、多介质延伸，创新出版物呈现方式，增强用户各项体验，在保障社会效益的前提下满足市场需求。

3. 服务升级，创新出版消费新模式

《意见》提出发展数字化文化消费新场景，加强内容供给、用户体验，促进新型文化消费，打造在线在场数字化文化新体验。出版的本质是生产知识和传播知识。传统出版服务通常与书报刊等实体产品紧密联系，形成"书报刊—信息"的服务模式；信息时代以来，出版通过提供图书数据库、专题资源数据库等无形产品来实现知识服务，服务载体开始摆脱实体，"数据—知识"服务模式兴起；随着以元宇宙为代表的 Web3.0 概念出现，扩展现实、全息呈现、数字孪生等新一代信息技术打破了阅读、学习的时空限制，沉浸式阅读、场景式学习成为用户降低学习成本、提高学习效率的优先选择，"数据—知识—场景"服务模式成为创新文化内容消费模式的重要方向。

《意见》对图书馆、文化馆、新时代文明实践中心、农家书屋等公共文化机构的数字化服务升级提出了明确要求，在此背景下，出版社可充分发挥出版社文化资源丰富的优势，对接公共文化机构的数字文化服务需求，深层次开发出版资源，打造知识课程、沉浸式阅读空间、数字文创产品等新型文化消费产品，通过线上线下一体化、在线在场相结合的形式巩固和扩大中华文化数字化创新成果的展示空间，发展新的数字文化消费模式。

4. 治理升级，推动出版管理现代化

《意见》提出夯实文化数字化基础设施，鼓励文化机构改造提升传统动能，提升文化机构的数字化管理能力。出版社经历了多年的数字出版转型过程，已初步实现了出版机构的信息化、数字化、流程化。但在数字化进程中也存在不少问题，如资源配置不够均衡、数据运用不够充分、数字化建设尚处于起步阶段等，这种对资源和数据信息的落后治理方式无法满足未来深度融合发展需求。

在此背景下，出版业可借助政策东风，全面推进出版数字化改革，将数字技术推广到数据采集、存储、加工、交易、分发、呈现等环节，实现出版流程的数字化，推动出版转型升级。出版机构内部应着手建立出版数据的共建共享机制，提升资源利用效率，释放出版活力。地方出版社可以出版集团为单位，规范管理、科学治理所属出版社的资源内容，打破传统出版社之间的信息壁垒，形成出版数据省域/区域中心。

三、融入文化数字化战略的实现路径

立足出版融合发展的现状，结合国家文化数字化战略的政策指引，可以进一步帮助我们谋划出版深度融合发展的实施路径。

1. 注重出版资源深度开发，助力中华文化数据库建设

第一，加大文化专题资源建设。出版社在图书出版过程中，已经聚集了大量的优秀内容。但受限于图书出版的特点，在应对互联网用户的阅读需求时，往往存在数量不足、

系统性不够等问题。因此，出版社应在坚持传统出版优势方向的基础上，选准发力点，集中力量、持续投入做好专业内容的深度开发，逐步构建具有特色的专业资源库，创建融合出版的精品项目和优质平台。这与《关于推动出版深度融合发展的实施意见》中关于内容建设的要求也是相一致的。中央级出版社在专业资源库开发上具有先发优势，如中华书局在古籍数字化领域开发的籍合网，包括"中华经典古籍库""海外中医古籍库"等 18 个资源库，已初具规模。地方出版社近年来也围绕地域优势开发了特色资源库，如贵州出版集团的"本草风物志·中草药数据库""非遗云村寨"等。

第二，加快出版资源常态化采集。出版社应高度重视出版物数字版本的存储和管理，将出版资源常态化采集作为融合出版的基础性工作。国家新闻出版署于 2022 年 1 月发布了《国家新闻出版署关于做好出版物数字版样本缴送工作的通知》，对数字版样本的文件类型、命名规则、加工标准提出了明确要求。出版社应根据这一要求，建立出版物的采集管理制度，对书刊、音像制品、电子出版物的数字资源及版权信息，进行数字化采集、规范化加工、结构化存储，实现对本社出版物的常态化管理。同时，出版社应着力开展对存量资源的数字化采集工作，特别是对具有利用价值的存量资源还需同步考虑版权续期工作，以丰富出版资源供给，增加出版社的资产数量。2021 年的全国政协会议上，中国新闻出版研究院魏玉山院长提交了建设"新中国出版物数字资源总库"的提案，建议由国家新闻出版署牵头建设出版物数字资源总库，旨在解决出版物数字化版本的保存与共享问题，为全国出版领域的关联数据库建设提供基础。

第三，加强出版资源数据化解构。出版社应开展对数字化内容的解构和关联，为实现文化大数据的关联与互通打下基础。为在文化数字化体系下进一步发挥出版资源的价值，出版社亟须将"大粒度"的图书资源转化为"小粒度"的数据资源，实现从图书出版向数据出版的转变。出版社可以应用语义分析、知识处理等技术，对文化类图文音视等数字化资源进行内容拆分，提取出具有历史传承价值的中华文化元素、符号和标识，构建能够支持知识迭代的出版知识图谱，形成具有关联价值的数据资源集合，以便接入国家文化专网的"数据超市"[4]。如中国数字文化集团在国家文化专网底层关联系统里面，已解构了 3.7 万余条文化资源数据，形成了 270 余个资源数据集[5]；国家图书馆出版社对已有"中国古籍图典数据库"进行解构，首批将在全国文化大数据交易中心上线 3 万余条数据[6]。

2. 推进数字出版技术赋能，升级出版生产呈现方式

第一，丰富出版内容的呈现形态。在 5G 等信息技术催化下，多元化的数字阅读消费需求得到了巨大释放，以音频、视频等形式呈现的数字内容带给用户更加丰富立体的阅读体验，必将成为互联网消费的主要内容。出版社应当加大多媒体资源策划力度，立足传统图书内容，按照音视频内容的创作规律和不同应用场景来进行艺术再创造，开发有声读物、视频课程等富媒体产品[7]。随着元宇宙概念的兴起，出版社还需要重点关注以 VR/AR/MR 为代表的沉浸式媒体内容开发。编辑可以通过 VR/AR/MR 技术的应用在元宇宙的平行空间中搭建图书中所描述的"真实"场景，甚至对人物、环境等一比一精细还原，让读者产生接近于"真实"的感官感受，帮助读者更加直观地理解图书内容。

第二，升级出版内容供给方式。传统出版的策划，一般是基于策划人经验和同类产品的市场反馈，缺乏对出版社读者用户的行为获取与数据分析。这就要求出版社在分发数字内容的同时，能够基于数据分析实现对内容需求的实时感知、分析和预测，从而按需生产内容。首先，要开展用户行为分析，即通过用户访问记录分析，以及对用户阅读行为、特征与购买记录等数据的分析，挖掘、捕捉读者的阅读兴趣和爱好，实现选题内容和流程创新，进而实现出版内容从通用化服务向个性化服务的转变。其次，要开展资源反馈分析，即建立用户对出版资源的评价反馈机制，通过显性反馈与隐性反馈的结合，对资源的购买量、用户评分、访问次数等信息进行统计分析，及时掌握用户对出版资源的满意度[8]。

3. 拓展出版产品服务模式，创新数字内容消费场景

第一，创建文化知识服务场景。国家文化数字化战略提出要增强公共文化机构数字内容的供给能力，这将为出版社的数字内容销售带来新的机遇。随着越来越多公共文化机构"新基建"落地使用，国家及各级地方公共文化云平台逐步成为人民群众获得文化内容的新场所[9]。据统计，"国家公共文化云"2017 年上线，截至 2022 年 5 月，累计访问量达9.96 亿人次[10]。线上用户流量入口一直是出版社融合发展的短板。文化数字化战略背景下，出版社应关注图书馆、文化馆、农家书屋等公共文化机构的数字文化资源建设需求，力争以专题资源库形式在各级公共文化服务平台上开设栏目。这种模式可利用公共文化平台这一天然的流量池，解决融合出版存在的建设容易运营难问题，而且线上知识服务模式也将有效补充文化机构的数字资源供给，更好地助力公共文化服务质量提升。

第二，创建沉浸式文化体验场景。随着移动设备、智能终端、传感和定位等技术的发展和联动，场景式服务在各行各业中愈加受到重视。融合出版向深度发展，需要出版社积极拓展传统图书服务的边界，借助新理念和新技术拓宽图书的文化内容服务场景，实现内容产品的增值。出版社应探索将图书内容以三维形式呈现的途径，依托虚拟现实、增强现实、数字孪生、全息影像等现代先进装备与技术，创新呈现中华文化数字化成果。结合新时代文明实践中心、学校、场馆、书店、农家书屋等文化教育场所的数字化需求，打造线上与线下服务相结合的沉浸式阅读学习空间、交流共享空间和文化体验空间，让新型阅读体验能够进校园、进场馆、进社区[11]。比如，国家行政学院音像出版社与技术公司合作推出的智慧党建空间解决方案，针对数字内容资源，配备了 VR 眼镜、广告机、交互触摸屏等硬件设备，为党政机关提供现场感受红色教育的机会，已在国内多个地区实现了销售。

第三，创建文化创意消费场景。出版社拥有大量反映文化内涵的出版物，这些出版

物除了具有知识传承价值，往往还具有文化收藏价值。文化数字化背景下，数字藏品的出现为出版业的融合发展提供了一条值得探索的道路。出版社应抓住数字藏品发展的机遇，依托出版物中的文化素材开发数字藏品，做好实体出版物的融合，借助"实体出版物+数字藏品+私域引流"的闭环模式，形成线下线上关联的营销方式。

4. 提升数字出版管理水平，支撑出版机构转型升级

第一，完善数字出版生产线建设。数字化背景下，出版社融合发展需要强有力的"数字底座"支撑。《意见》中提出的文化机构转型升级，最主要的工作是要建立数字文化生产线，对出版内容开展数据解构、重构，这就需要建立一套集采集、整理、标注、关联、解构、交易、重构、呈现于一体的出版支撑系统，全面支撑出版业向智能化、网络化、数字化转型。一方面，通过该系统加大出版资源数字化转化的力度，如对出版资源进行数字化采集、可视化展示、知识化管理、智能化服务，可以有效促进出版资源的数字化保存、智能化传播、保护性开发等。另一方面，通过该系统可以促进出版数据和资源的重组再造、数字出版新业态创新培育、数字内容消费多元场景构建，不断拓展出版产业发展的新领域[12]。

第二，推进出版数据共享体系建设。出版集团、出版社内部应根据国家文化大数据体系要求建立标准统一、共享互通的数据资源管理中心，为各类数据的存储、传播和共享利用提供安全、稳定、可控的基础支撑。一是要整合好内部数据。出版机构在开展数字化业务的过程中，大多建立了数字出版平台、信息管理系统等，但各系统的资源、数据标准并不统一，形成了一座座"数据孤岛"。因此，要实现数据规范管理，为具有共性业务需求的资源、数据制定统一的存储标准。二是要形成共享机制，即通过建设数据中台，将出版流程中各类有用的资源、数据抽取出来，封装形成公共数据层，统一向各类业务系统开放访问接口。这样做可有效解决业务系统之间的割裂问题，在消除"数据孤岛"的同时，提升数据的复用能力。

四、结语

国家文化数字化战略的出台，为加快推进出版深度融合发展提供了崭新机遇，开辟了广阔空间。当前，我国出版业的融合发展还存在数字资源规模不大、技术应用不够成熟、盈利能力尚待提升、基础设施尚需完善等问题，但随着文化数字化战略的深入实施，必将为上述问题的解决提供强有力的政策支撑，融合出版将迎来更大的发展空间。在此背景下，出版业需要找准自身在国家数字文化战略中的使命和定位，进一步加强基础设施建设，强化内容供给能力，升级文化生产方式，创建数字化体验新场景，为推动我国文化数字化产业建设贡献力量。

参考文献

[1] 中共中央办公厅、国务院办公厅. 关于推进实施国家文化数字化战略的意见[EB/OL]. （2022-05-22）[2022-08-18]. http://www.gov.cn/zhengce/2022/05/22/content_5691759.htm.

[2] 中共中央宣传部. 关于推动出版深度融合发展的实施意见[EB/OL].（2022-04-24）[2022-08-18]. https://www.nppa.gov.cn/nppa/contents/279/103878.shtml.

[3] 张立，王飚，李广宇. 2020—2021 中国数字出版产业年度报告[M]. 北京：中国书籍出版社，2021.

[4] 方卿，王一鸣. 论出版的知识服务属性与出版转型路径[J]. 出版科学，2020（1）：22-29.

[5] 周广明. 中国数字文化集团文化资源数字化和文化大数据体系建设实践[J].中国文化馆，2022（1）：98-103.

[6] 全国文化大数据交易中心首批数据进场，国家图书馆出版社拟进场数据三万余条，实现古籍数字化资源的汇聚流转[EB/OL].（2022-8-25）[2022-08-25]. https://www.szcaee.cn/home/news/content/n_id/3688/s_id/23.html.

[7] 宋吉述，朱璐.深度融合与业态创新：关于"十四五"期间出版融合发展的思考[J]. 科技与出版，2021（1）：53-64.

[8] 戴柏清，秦顺. 国家文化数字化战略下档案馆发展向度与实践路径[J]. 北京档案，2022（8）：16-20.

[9] 贾旭东. 国家文化数字化战略的内在逻辑与实施路径分析[J]. 出版广角，2022（10）：57-61.

[10] 白雪华. 依托公共文化云落实国家文化数字化战略[J]. 中国图书馆学报，2022（4）：10-14.

[11] 秦顺. 转向与进路：国家文化数字化战略中的图书馆使命[J]. 图书馆论坛，2022（9）：35-43.

[12] 刘永坚，吴婷，白立华，等."新基建"背景下我国出版业未来发展趋势分析[J].传媒，2021（9）：78-80，82.

（原文首发于《出版广角》2022 年第 16 期）

关于地方出版集团推动出版融合工作的思路和建议

宋凯　　辽宁出版集团有限公司

摘要： 在肩负文化领域社会职责和企业经营的双重要求下，地方出版集团也在积极地进行转型升级。对比中央部委出版社等单体类出版单位，地方出版集团的特点是拥有多家出版企业和文化产业单位，在区域内拥有较强的文化影响力和较广的审核类资源的发行渠道。地方出版集团根据市场需要可以开展更加多元化的业务，其出版融合工作重点可以围绕 3 个方面进行，分别是针对共性的数字出版软件需求做自有平台，紧随新媒体流量红利做市场发行，联合头部企业做 IP 版权运营。

关键词： 融合发展；数字出版；私域流量；电子商务；版权运营

出版行业在互联网时代陆续出现过"技改升级""数字出版""出版融合" 3 个阶段性工作主题，其根本原因是互联网技术发展造成读者用户获取信息和知识的方式正在转变，因此出版行业的所有工作依旧应围绕读者用户展开。不管是"升级""数字"还是"融合"，出版行业的数字转型可以说只有一个目标，即实现对读者用户的心智占领。紧紧围绕这个目标，并且以实现这个目标为指引，才可以完成出版行业的社会责任和经营任务。

在政策上，国家针对出版融合工作提出明确的方向和指导。2022 年，中共中央办公厅、国务院办公厅印发《"十四五"文化发展规划》，提出"迎接新一轮科技革命浪潮，推动发展质量变革、效率变革、动力变革，文化是重要领域，必须加快推进文化和科技深度融合，更好地以先进适用技术建设社会主义先进文化，重塑文化生产传播方式，抢占文化创新发展的制高点"。中共中央宣传部印发的《关于推动出版深度融合发展的实施意见》提出战略谋划、内容建设、技术支撑、重点工程项目、人才队伍、保障体系六个方面的具体工作指导。国家新闻出版署印发的《出版业"十四五"时期发展规划》中第四部分"壮大数字出版产业"中提出"着力推出一批数字出版精品""大力发展数字出版新业态""做大做强新型数字出版企业""健全完善数字出版科技创新体系"的明确要求。

在肩负文化领域社会职责和企业经营的双重要求下，地方出版集团也在积极地进行转型升级，以适应互联网时代的文化领域消费需求变化。如浙江博库的在线电商渠道开拓、江苏凤凰学科网的在线教育、江西出版集团的 RFID（Radio Frequency Identification，射频识别）技术创新、武汉数传集团的 RAYS 图书增值服务和辽宁出版集团北方国家版权交易中心的版权运营等。

对比中央部委出版社等单体类出版单位，地方出版集团的特点是拥有多家出版企业和文化产业单位，在区域内拥有较强的文化影响力和较广的审核类资源的发行渠道。针对地方出版集团的特点，结合自身工作实际，建议地方出版集团的出版融合工作重点可以围绕三个方面进行（不含企业信息化部分），分别是针对共性的数字出版软件需求做自有平台，紧随新媒体流量红利做市场发行，联合头部企业做 IP 版权运营。

需要注意的是，出版融合工作属于创新和开拓型业务，要充分认识该工作的困难性和重要性，一方面存在着转型融合阻力、新业务未达预期、新团队能力不足等现实问题；另一方面又要认识到在我国新时代高质量发展过程中，出版融合给传统出版单位带来的产品结构升级、市场渠道优化和服务能力提升的重要性，是出版行业能够在互联网时代存续和发展的"船票"。

地方出版集团在开展具体的出版融合项目之前，首先应针对自身情况做出战略规划。出版融合的战略规划应更多聚焦"目标"，即"我们要达到什么样子"。从出版融合的创新需求和所属的互联网市场来看，出版融合的战略规划中应明确用户流量、产品创新和收入利润三个目标体系。在战略规划设计中，应充分研究行业情况、自身存量和投入预算，根据时间维度设定阶段性子目标。

（1）用户流量可以更细地区分为自有流量和第三方流量（价值不同），目标是最大范围地覆盖和沉淀读者用户。互联网时代的市场运营中，用户流量、活跃度、转化率都是核心指标，是所有出版融合的基础性条件。在转型初期，自有流量可以首先突破垄断性资源和优势专业的读者用户群。第三方流量则更多聚焦头部平台，需要在集团层面整体布局。

（2）产品创新的导向是"一个创意、多种产品"，以实现出版内容的多种产品转化变现，改变传统出版产品结构，更好服务读者用户的同时推动企业开拓创新。出版企业应明确区分传统业务产品和新型业务产品，建立产品创新目录进行重点投入和指标考核。

（3）收入利润是按照出版企业经营目标实现出版融合可持续发展的务实要求。收入利润应贯穿整个目标体系，并且是验证产品、平台、项目是否"成功"的唯一客观标准。在实践上，建议成立独立核算、专职专精的数字出版公司，实现公司化运营、项目制投入。

以上 3 个目标体系应综合考虑，按照不同的发展阶段进行调整。在实施初期，产品创新所占比例应较高；在中期，用户流量占据重要位置；在后期转化阶段，则增加收入利润目标。这也是按照互联网平台"培育阶段、巩固阶段、转化阶段"的客观规律制定的。战略规划的另外一个作用则是与集团各个层面达成一致，包括资金投入、资源整合、指标考核等各个方面，并可以统一集团下属各单位思想，持续推动具体工作落地。

（1）在"针对共性的数字出版软件需求做自有平台"方面，可以有效解决集团下属各出版企业重复建设、内容资源体系化不足、缺少技术研发和市场运营投入等问题；并且通过自有平台建设，还可以有效汇聚和沉淀内部的内容资源。自有平台也是"融合中台"，是推动模式创新和产品创新在内部复制的有效抓手（管理机制方面）。

自有平台的建设实施建议分为三个阶段，第一阶段应完成"出版融合的工具箱"，即满足集团各企业发布数字产品、提供增值服务、引流读者用户等软件功能需求；第二阶段是实现"产品创新的主阵地"，围绕互联网社交、大数据沉淀和分析下的新服务、线上线下融合业务等；第三阶段是进一步发展成为"文化服务的新生态"，为全国读者用户提供数字出版增值服务。之所以建议分为 3 个阶段，是因为资金投入、团队培养和市场验证的需求，是符合互联网平台发展基本规律的。在明确自有平台建设的必要性后，从战略规划上看，每家出版企业都应建设自有平台，理性地制定以上 3 个阶段的发展目标。互联网平台依旧遵循"二八法则"，即建设的自有平台最终会有也仅有一两个进入第三阶段并做大做强。

具体实施建议如下。第一步，充分调研集团各企业出版资源情况、渠道/用户情况、软件应用情况。需要注意的是，集团各企业可能已经拥有不止一个自建或合作的数字出版平台，这时候应坚持集约化原则，分情况制定方案，既可以采用链接的方式，也可以重新开发。第二步，按照出版分类的大众阅读、在线教育、专业知识服务 3 个方面，设计平台架构和实施方案。大众阅读的功能设计突出多媒体、社交化，吸引读者用户进行私域流量沉淀，通过平台充分链接读者、作者和编辑；在线教育突出教材教辅的增值服务，数据分析下的创新产品开发，在"双减"政策下可以转型为流量运营、活动运营等；专业知识服务的软件功能可以高度复用，主要是碎片化内容的加工整理，要根据资源情况和市场调研情况，选择本企业优势专业方向进行投入建设。第三步，在软件开发和后续升级中建议组建一支复合型的技术团队，团队既要懂数字出版产品，也要能进行软件技术开发。平台建设可以采用联合开发模式，比如联合专业技术公司、高等院校信息学院等，由自有技术团队完成数据库设计、软件流程规划、核心/通用组件开发，其他工作由联合技术团队完成。在软件开发和后续升级过程中，还有一项重点工作是完成资源的汇集整理，既包括内容资源的数字化，也包括专家/学者/教师的入驻等。第四步，全面推动市场运营。新平台的用户流量指标和经营指标同等重要，初始阶段更应该关注内容资源和用户流量，新平台的运营应按照前面所说的 3 个阶段合理设置指标。平台运营的收入模式主要是产品收入、广告收入、版权输出和活动组织。

（2）在"紧随新媒体流量红利做市场发行"方面，我们应该清醒地认识到目前的流量主要集中在互联网头部平台，自有平台应"小而精"（这并不意味着自有平台的投资性价比低，从企业战略规划层面看反而是最高的）。做好新媒体渠道运营是出版企业在市场图书发行中的重点工作，同时也是优化提升企业运营能力的有效抓手。地方出版集团可以组建专业运营团队，集约化地为下属各出版企业提供新媒体运营服务，通过广泛对接全网数字化营销资源，实现各企业市场运营增量。专业运营团队要分别做好传统电商、直播电商、O2O（Online to Offline，线上线下一体化）电商运营 3 个方面的工作，尤其要在私域流量运营上找增量（出版生产转型出版服务）。

传统电商即当当、京东、天猫等平台，可围绕分销渠道（包括博库、文轩、人天、三新等渠道）开展深度运营，让自有产品链接高效分发；聚焦第三方自营电商店铺运营，打响旗舰店的网络品牌，转化更多电商平台流量。出版企业现阶段可以重点开拓京东一盘货、拼多多平台、天猫分销业务，做出传统电商的新增量。

直播电商即利用短视频平台，出版企业要鼓励编辑、作者和市场人员积极参与各大短视频平台的直播、短视频制作等，聚焦重点书、畅销书、知名作者提升 IP 热度；可以同步开展以供应链为核心的多业态直播电商，以头部品牌产品丰富直播间内容。

O2O 电商指地方出版集团的发行板块，以私域流量运营为核心，将分散运营的微信公众号、微信支付、小程序商城、社群、企业微信、腾讯视频号等做集成开发运营，全面开展 O2O 电商业务，与重点合作伙伴开展线上线下分销、自营和代理运营，实现销售闭环并带动运营增量。聚焦私域流量运营，要把第三方电商平台、自有电商平台以及其他渠道的流量资源充分利用起来，通过积极开展市场促销，实现会员客单价、转化率、连带率、复购率的持续提升，同时推动广告、电商、游戏等变现模式。

出版企业应当不断迭代升级运营绩效激励机制，它是推动运营端转型的必要条件，与指标体系具有不同的作用。激励机制要紧随市场进行细化升级，服务市场开拓的目标。

（3）在"联合头部企业做 IP 版权运营"方面，是转变出版编辑单一纸书出版运营角色，提升为作者创意内容的全版权运营经纪人。目前已有较多此类版权运营公司，因此出现了畅销书作者将纸质图书交给出版社出版，而将作品的电子书、有声书版权授权给其他公司的情况。这种情况进一步导致了出版企业难以获取优质选题，因此建议将 IP 全版权运营作为一项重点工作来抓。

多媒体数字内容的全网分发，建议组建一支专业运营团队，增强地方出版集团对于多媒体数字内容产品的第三方渠道运营能力。在具体实施上，首先要解决版权问题和利益分配问题，这两个问题是制约此项工作的关键。地方出版集团可以直接抽调各企业负责数字版权运营的编辑作为"种子团队"，组建集团层面专业团队/独立公司。集团在数字版权上予以各出版企业资金支持和奖励，并建立倾斜性的利润分配机制。在数字版权运营上，刚开始以培育组建团队、积累资源和渠道为主，同时可以加强集团内部的案例分享和编辑的运营培训，版权资源方面要同时开拓外部资源。

　　专业运营团队要梳理集团各企业的内容资源，根据市场需求和版权情况，按照不同分类体系设计 IP 开发方案，将网络游戏、数字动漫、数字出版、数字学习、移动内容、数字视听、其他网络服务、内容软件等主要数字内容开发手段产品化和服务化，与视频平台、游戏平台、新兴业态等各大头部企业进行全媒介合作，实现优质版权的品牌推广、众筹出版、粉丝运营等增值服务。各企业可以开展跨行业合作，探索与互联网、教育、文旅、医疗、文体用品、收藏品等相关产业资源的互动营销，积极与有广告客户资源的新媒体公司、文创企业、渠道公司合作，将版权资源最大化运营，形成强有力的"大 IP"开发，逐渐由内容提供商向内容服务商转变。

　　以上是地方出版集团出版融合发展工作的 3 个重点方向。最后，地方出版集团可以积极争取各方面"文化+科技"专项项目，在数字经济政策引导下，科技局、文旅局、发改委等也会发布"文化+科技""文化+服务""文化+产业"等多领域项目。提前建立集团项目库，依据发展目标和实际情况规划项目方案，建立规范、专业的项目评审机制，储备一定数量的融合项目，是地方出版集团获取政府各方面项目的有效手段。

跳出传统出版思维看法律出版融合
——法律类出版社视角下的出版融合

宋斌　人民法院出版社有限公司

摘要：本文基于法律类出版社视角，探讨了出版融合的问题，在传统出版的基础上重新定义出版，强调内容中心化、分发去中心化、知识和数据关系、传播介质多样化、市场拓展有侧重等关键点，探索新的出版模式和业态。笔者认为，内容中心化是出版融合的关键，出版单位需要通过对内容的价值判断和引导，对内容的专业化加工和编排，对内容价值的融合传播来增强自身的存在意义。同时，出版融合的交互核心也应该是中心化交互，以实现真正的内容交流和增值价值。本文强调了知识和数据相互依存的重要性，在知识分发上，提出了在中国法律特色的"法信大纲"作为知识体系的底层上，开展去中心化的多样态主动推送和分发，在整合多层知识和数据维度、注释海量数据、开发高度相关的知识库来指导数据使用方面进行了创新。笔者还认为，出版融合的最终产品应该能够拥有触发知识内容的可能性，而不受特定形式或媒介的限制。随着法律类出版融合的知识数据后端和中台平台系统日趋成熟，各类产品和项目自然在面向不同用户的前端终端产品上蓬勃发展。最后笔者对法律类出版社在出版融合业务拓展领域的工作提出了一些思考和建议，强调平衡资源和能力边界，仔细考虑其核心竞争力和盲目扩张存在的潜在风险。

关键词：出版融合；内容中心化；分发去中心化；知识和数据关系；传播介质多样化；市场拓展；法信大纲；终端产品；核心竞争力；风险评估

谈出版，尤其是出版融合，首先要明确出版、出版权的定义。目前《著作权法》等法律法规，最高人民法院和最高人民检察院的司法解释以及行业部门规章中，均未见到对出版权的明确界定。现今学界通说解释，出版权指出版单位通过与作者订立合同，在预定的期限或地域内，获得出版作者作品的一种专有权利。这个出版单位可以是出版社、报刊，也可以是广播电台、电视台、互联网企业等。从通说解释中看出版权，似乎只是一个单向传播，但它实际上没有否定开展信息交互流动的可能性。一些出版单位仅仅加上一个表示有共同活动的集体组织含义的"社"字后，就把自己局限在了图书、杂志、报纸的单向信息传递发布领域。对出版权定义，就下意识地去参考借鉴《著作权法》第十条中对广播权的规定，这使出版权成了面向公众单向广播的权利，将出版和强调交互的互联网信息交流割裂开来。

很多学者强调要重新定义出版，赋予其更多的外延，其实还是没有跳出固有的思维定式。关于这种思维定式下的出版劣势的讨论有很多，总体集中在信息滞后性、形式单一性、传播单向性上。出版融合要想避免以上劣势，首先就要跳出传统思维看待出版。对于下一步如何改变，各种成功的做法、经验很多，笔者基于所在的法律类出版社的出版融合特点，围绕内容中心化、分发去中心化、知识和数据关系、传播介质多样化、市场拓展有侧重等关键点浅谈出版融合发展的路径。

一、内容中心化的进一步加强

现在出版领域很多人谈出版融合，总是绕不开谈去中心化，然而具体哪些领域去中心化，怎么去中心化，针对性研究却不足。笔者认为针对内容领域，不仅不能去中心化，而且还要进一步加强和完善。

没有内容的中心化，出版单位对内容的价值判断和引导，对内容的专业化加工和编排，对内容价值的融合传播就没有了意义，出版单位也没有了存在的意义。出版融合对内容中心化的强调并不是排斥交互的存在，而是更加热烈地拥抱交互。目前有学者认为出版融合的部分业务类型与传统的广播、电视基本相同，其实是只看到了外在表达形式，没有看到内容信息的传递方式已经告别从上到下的单向灌输模式，整体转变为平等主体之间的意识交流；没有看到平等互动在内容传递过程中带给读者或用户的，真正"用户至上"的角色转变。

当然这里的关键不在于是否具备交互；互联网时代下，交互是必须有的，出版融合的交互核心也应该是中心化交互；交互的内容失去了中心，失去了组织，就形不成真正有效的内容交流和增值价值产生。在出版融合内容的交互中，通过解读、阐述，对内容的深度化了解可以是图文视频各种形式，渠道可以是在出版社组织管理下的企业微信群、论坛、视频号、读书分享会、线下交流会等。即使是读者用户之间的交互，也应该是有组织、有引导的交互，否则无中心化交互就成了即时通信交互工具，这应该是类通信权。

在现代文明社会中，法律最能够体现社会经济基础及其决定的上层建筑特点，具有鲜明的阶级性，是整个国家政治、经济、文化生活意识形态高度提炼后的合法化表达，是整个国家意识形态的核心。全面依法治国，就是坚持和加强党对社会各个方面的全面领导。法律行业的知识内容如果离开了中心化的传播和交互模式，就有可能会被曲解、误判，乃至故意诋毁我国的政治、经济、文化制度，在社会中形成巨大负向影响的思想和行为扰动，对于国家的长治久安、和谐稳定造成不可估量的伤害。这也正是笔者所在出版社在知识内容方面一直坚持中心化思维的原因，也是坚持一定要做，而且还必须做到国内领先，不仅传播，更要占领交互解读的中心的出发点。

二、分发去中心化的进一步强化

内容分发的去中心化，或者说应用终端的去中心化，是知识内容更多到达用户，被用户欣赏、喜爱、分享、交流的必然要求，是行业内出版社更好服务行业的必由之路。一些行业出版社往往基于自身特点，将已有图书版权资源或数字版权资源进行归集分类，以数据库检索的形式面向用户，对用户使用需求的满足局限在可查可看上。然而实际生产生活中，往往用户都不知道或者不清楚自身的痛点，只有当知识内容在合适的场景中出现时，用户才恍然大悟——之前困扰其许久，影响其效率和质量的问题，原来可以通过知识内容的准确匹配推送，得到有效解决。因此出版社就需要将原有的海量知识内容碎片化后，定向地分发到用户可能需要的场景中，使用户知晓产品、使用产品，而不必主动地去网站或 App 查询浏览。

人民法院出版社（以下简称"法院社"）通过建立以中国特色社会主义法律体系为骨干核心的深层次知识体系，完成以司法审判为中心的法律知识和数据底层梳理，建立起了独有的 17.2 万个知识节点、35 万权威知识元的"法信大纲"知识体系和持续更新完善的 200 亿字知识数据源，为知识内容提供了底层的梳理和推送的基础。法院社同时利用数据维度分析，将传统的用户主动阅读查找的知识获取模式，转变为利用业务节点专业判断、文本深度识别分析和智能推送算法等信息技术手段，无缝对接实际办公业务需求，在不同业务场景和业务节点中智能化推送业务办公所需要的对应知识内容，提供精准化知识单元的模式，使专业知识内容从用户主动阅读查找变为业务场景和业务节点中的被动碎片化推送。

随着开放共享"法信大纲"知识数据中台的 5 种核心资源、12 类核心应用程序接口，目前"法信大纲"已为各类诉讼服务、调解、庭审、量刑、执行系统提供底层法律知识和数据的智能化调取服务。一些重要应用场景还创新性地实现了电子卷宗系统深度嵌入对接，突破性地提供电子卷宗系统深度自动化智能应用。目前"法信大纲"核心业务平台已有月均 700 多万次查阅量、月均 400 多万次调用量。

三、知识和数据密不可分、缺一不可

出版单位基于行业属性，更多占有的是知识内容；然而在大数据时代，想要在竞争激烈的市场上获得足够的竞争力，仅有知识内容是远远不够的。想方设法在法律允许范围之内获取更多的数据资源，才能为知识内容的高效应用提供基础条件；经过梳理后的数据不仅可以形成新的知识，还能够与原有的知识内容做高度关联，从而更好地指导数据运用。否则单从知识内容层面去从事出版融合，没有大数据支撑，就难以形成相对领先、难以替代的骨干核心产品。

法院社在"法信 1.0"基础上，通过自研以及与国内多家顶尖技术厂商外研合作，创新性地将司法裁判事实、法律知识、法律争议等多层知识与数据维度体系相融合，对司法大数据标注了 15.3 万案件维度，建立起了法律知识与司法大数据深度结合的知识数据中台体系，不仅可实现对上亿份数据的深度智能分析，还可对涉法内容进行智能化判断解析。经过持续不断的升级完善和进一步智能化、中台化的转型，"法信 2.0"平台已经能够从各种法律文本、电子卷宗中自动提取识别案情特征，为用户智能匹配类案、法条、观点。用户除了在筛选案情特征环节需要手动调整之外，其他环节都不用进行人工操作，这大大提高了用户获取知识的效率。

四、终端产品，不拘形式，百花齐放

出版融合最终终端产品，一定是知识内容可以抵达的所有可能性，不应有具体形式、媒介的束缚。用户喜闻乐见的、生产生活需要的，都是我们知识内容出版融合的落地场景。

法院社逐步建设完善自身知识数据后台体系和中台体系后，在面向不同用户的前台终端产品端，各种产品类型和项目建设也就自然枝繁叶茂，开花结果。不仅有核心法律知识数字化服务中的法律知识服务平台运营、法律数字产品研发、法律知识项目定制化开发服务、法律专业软硬件集成销售，还有图书的融合出版、将数字化资源编辑成书、书中小程序跳转回知识服务平台，同时还大量辅助传统出版开展图书的融合出版。近两年来，法院社还利用海量知识加工案例资源，在动漫、影视、短视频方面发力。其中由法院社牵头联合出品的电视剧《底线》在国内掀起了收视狂潮，片中所编故事大都来自出版融合的案例和实地调研。在电视剧中，我们还反向植入了我社出版的多种类型出版融合产品，形成了非常好的传播效应。

2021 年，笔者也利用我社出版融合的平台案例知识内容，参与国内第一次电视剧剧本创投活动，作品从 500 多份剧本中脱颖而出，成为平遥国际电影展剧集创投项目的 5 个获奖作品之一。

五、市场拓展，有所为，有所不为

出版融合迈入快车道后，面临着新形势、新发展，尤其是新诱惑，让人经常困苦的不仅是该干什么，而更多是该不干什么。尤其是在业务产品进入相对成熟期、市场回报呈高速增长时期，各种商业机会和合作伙伴纷纷找上门来，此时在市场拓展中克制自己盲目开展多业态经营、盲目进入业务相关度不高领域、盲目接单子冲收入的"有所不为"

的难度，远远大于"有所为"。蛋糕放在那里，忍住不吃也不眼红，需要更大的勇气和毅力。坚持有所为，有所不为，才能更好地集中精力，补强完善核心内部。

在法院社出版融合建设高峰期，信息化项目总共 46 个，平均两个人一个项目。一些项目虽然回款、利润相对可观，但难以复建复用，成了一次性工程，投入得不到长效回报或者投入较大，完全包不住团队工资总额；一些项目虽然看似潜力巨大，但是业务领域相对陌生，已有的管理理念、模式和经验可能难以奏效；一些项目短期收益可观，但有可能会损害合作伙伴利益，丧失商业道义。

经过认真复盘，法院社出版融合团队商定了有所为的范围，确定以政法系统和政府国企客户为首要服务目标，将政法系统作为基本盘，立足自身把知识服务产品市场做透；将政府企业作为增量盘，广泛与第三方合作，共同进行市场拓展。同时也明确了有所不为的市场边界，确定了重建设重运维的 IT 或 OA 平台不为，技术方法论和商业模式不成熟的人工智能产品不为，非依托自身核心法律知识服务能力的项目不为这 3 个不为原则。在上面有所为的范围和有所不为的原则下，团队迅速调整方向停掉一批合作，砍掉一些项目，将张开的五指重新握紧，回到自己最擅长的领域，巩固主业和核心。

六、结语

以上只是笔者在出版融合发展中的一些心得，当然工作中也有一定的困扰。其中最大的就是目前出版单位的工资总额制度是否能够支持大量创新、资本密集投入的需要，以便深入参与互联网竞争。在出版融合领域，传统意义上的出版权，实际上在互联网传播阶段已经没有了"垄断"优势。对于缺少高水平互联网人才的出版单位而言，是否继续按传统制度进行工资总额管理，需要尽快研究论证、调整优化，让出版融合领域能够真正招兵买马、扩充队伍，在粮草充足的情况下去冲锋陷阵。

以内容为依托，以技术为支撑，驱动出版融合发展
——三秦出版社出版融合发展典型案例分析

张军亮　陕西三秦出版社有限责任公司

摘要：在"互联网+"和大数据时代背景下，出版融合发展是出版社走向现代化、实现产业形态高级化的必由之路，是实现出版产业转型与素质升级的重要途径。数字出版和传统出版在这种大环境下只有互相促进、相互影响，并借助互联网、大数据、云计算等先进技术手段，才能获得更为广阔的发展空间。

关键词：互联网；大数据；数字出版；出版融合

随着《出版业"十四五"时期发展规划》和《关于推动出版深度融合发展的实施意见》的印发，出版深度融合成为传统出版单位"十四五"时期实现高质量发展的重要突破口。本文以三秦出版社出版融合发展典型案例为依据，阐述了地方专业出版社出版融合发展的一些做法。

三秦出版社成立于 1985 年，是西北地区唯一的文史古籍方志类专业出版社。建社以来始终结合陕西独特的地域文化，在古籍整理、文物考古、地方史志，以及中华优秀传统文化等方面取得了较大成绩，先后被国家新闻出版署、国家人事部等部门授予"良好出版社""全国新闻出版系统先进单位"等荣誉称号；在国家新闻出版广电总局开展的全国出版社综合实力测评中，位列文史古籍类全国第八名；在陕西省文化产业"十百千"工程认定中被认定为高成长型文化企业，2020 年 12 月被陕西省科学技术厅、中共陕西省委宣传部评为"陕西省文化和科技融合示范基地"，2022 年被中共陕西省委宣传部评为"陕西省版权示范单位"。

30 多年来，三秦出版社始终坚持正确的出版导向和精品出版战略，以弘扬中华优秀传统文化为己任，坚持守正创新，大力实施精品战略，出版了一大批社会效益和经济效益俱佳的好书：《陕西金文集成》《中国蜀道》双双获得第四届中国出版政府奖，《芮国金玉选粹》《诚斋诗集笺证》均荣获中华优秀出版物图书奖提名奖，《中国梦——千年回想》

荣获陕西省第十三届精神文明建设"五个一工程"奖；推出了《诗经》《楚辞》《关学经典集成》《国学大书院》等一系列质量效益俱佳的精品力作，在社会上取得了较大影响。

在"互联网+"和大数据时代背景下，三秦出版社充分认识到出版融合发展是出版社走向现代化、实现产业形态高级化的必由之路，是实现出版产业转型与素质升级的重要途径。数字出版和传统出版在这种大环境下只有互相促进、相互影响，才能获得更为广阔的发展空间，二者的融合发展已经成为当今社会的一种必然趋势和必然要求，出版融合发展的意义影响深远。

三秦出版社以《丝绸之路中国段文化遗产研究》《陕西金文集成》《影像丝路》《唐墓壁画全集·陕西卷》等优质内容资源为依托，不断探索出版融合发展新路径，结合5G、虚拟现实、大数据、三维建模动画、地理信息系统等先进技术，先后实施开发了丝路文化交互平台、青铜文化资源服务平台、5G丝路数字文化服务平台、基于5G技术的唐文化数字产业项目等多个数字出版项目，逐渐走出了一条精品出版带动数字化转型升级的出版融合创新发展道路。其中，青铜文化资源服务平台于2021年1月正式运营，受到了业界的高度关注，是三秦出版社"以内容为依托，以技术为支撑，驱动出版融合发展"的代表之作。

陕西省是中国古代文明发祥地之一，也是全国出土文物最多的地方之一，特别是关中地区作为西周王朝所在地，是当时政治、经济和文化的中心地区。陕西在青铜器研究方面可谓拥有得天独厚的条件，陆续出土的西周青铜重器一次次震惊寰宇。更为重要的是，这些西周青铜器及其铭文每次都能够给予世人诸多意外的收获，对于我们研究西周时期政治、文化、军事、宗教观念等有着重要的史料价值。其出版的《陕西金文集成》是国内目前收录陕西出土有铭青铜器资料最多、最全的图书，该书先后荣获第四届中国出版政府奖的图书奖、2016年度全国文化遗产十佳图书、2016年度优秀古籍图书奖一等奖。

青铜文化资源服务平台项目凭借"互联网+"的创新模式，充分运用大数据、云计算、人工智能等新技术，以《陕西金文集成》的内容资源为依托，深入挖掘陕西丰富的青铜器资源，在原有青铜器资料数字化处理的基础上，针对每个器物的出土情况、历史背景、社会价值，通过专家的研究成果，借助动漫、游戏、VR/AR等技术，以通俗易懂的多媒体形式全面展示青铜器所蕴含的历史、艺术和科学价值，揭示文物背后的故事，让文物"活起来"。

青铜文化资源服务平台的建立将是青铜器研究和运用领域的一项创举，具有非常重要的意义。它所收录的金文是迄今为止陕西乃至全国出土的青铜器铭文最新最全的第一手资料，通过数字化加工将金文拓片、器物图像照片及铭文照片同时收录，并进行对比显示，这种全新的呈现形式是历来金文著录所难以企及的。平台收录的各类资料都可以任意浏览和自由检索，检索到的文字资料、金文拓片或者器物图像均可复制另存、打印输出，操作简单，使用方便。

近年来，数字技术、网络技术迅猛发展，互联网成为思想文化传播的新载体，催生了新的文化形态。在政府大力倡导"互联网+"的大背景下，传统出版社有必要借助互联网、大数据、云计算等先进技术手段，推动出版融合向纵深发展。同时必须在融合中保持和发挥出版的核心优势，即优质的内容资源、过硬的内容审核能力，以及坚定的文化责任感、使命感。在融合中推动出版的全面创新，需要理念创新、技术创新、编辑创新，建立数据思维、用户思维、产品思维，把握好重点融合型项目与传统出版业务板块之间的关系，形成以内容创新为动能、平台扩张为载体的融合发展新格局。

习近平总书记来陕西考察时强调："一个博物院就是一所大学校。要把凝结着中华民族传统文化的文物保护好、管理好，同时加强研究和利用，让历史说话，让文物说话，在传承祖先的成就和光荣、增强民族自尊和自信的同时，谨记历史的挫折和教训，以少走弯路、更好前进。"青铜文化资源服务平台的顺利建成及运营正是对习近平总书记讲话精神的实际践行。

青铜文化资源服务平台项目的实施，是三秦出版社构建数字时代新型出版传播体系及数字化转型升级的"里程碑"作品。项目不但对陕西丰富的青铜器文物资源进行数字化处理，还深入挖掘了文物资源所蕴含的文化内涵和时代价值，让文物"活起来"，发挥了文物在坚定文化自信、培育弘扬社会主义核心价值观、构建中华优秀传统文化传承体系中的独特作用，具有深远的历史意义和伟大的时代价值。同时，该项目满足了党中央提出要加快推动媒体融合发展，使主流媒体具有强大传播力、引导力、影响力、公信力的要求；也满足了人民群众多样化、多层次、多方面的精神文化需求。项目推出了以"何尊"等一批具有较高知名度的文物 IP 为基础开发的文创产品，为拓展博物馆教育及推动文旅融合起到了独有的作用。

总之，传统出版与数字技术融合发展是出版社生存发展、做大做强的必由之路。想要融合发展真正成功，横向上需要出版社之间知识共建、共享、打破壁垒共同获利；纵向上也需要出版社与技术公司深度合作，制定统一的行业规范及标准。同时也需要出版社与高校、科研机构深度合作，通过开展创新培训、举办交流活动等方式助力出版人才队伍的高质量发展。推进出版深度融合发展，是新时代出版业面临的重要而紧迫的战略任务。出版融合发展只有进行时，没有完成时。历史从不眷顾因循守旧、满足现状者，我们必须勇于创新、埋头苦干、主动作为，有效破解发展中的难题。只有坚持目标导向和问题导向相结合，采取有针对性的综合举措，才能开创出版深度融合发展的新局面，才能开辟出版事业发展的新天地。

参考文献

[1] 国家新闻出版署关于印发《出版业"十四五"时期发展规划》的通知.

[2] 中共中央宣传部印发《关于推动出版深度融合发展的实施意见》的通知.

[3] 王飚，毛文思. 出版强国建设背景下数字出版高质量发展前沿——"十四五"时期数字出版发展重点解析[J]. 中国出版，2022.

[4] 李弘. 对我国数字出版产业专业人才队伍建设的思考[J]. 出版广角，2021（20）：41-43.

[5] 张新新，刘一燃. 编辑数字素养与技能体系的建构：基于出版深度融合发展战略的思考[J]. 中国编辑，2022（6）：7.

出版融合发展下教育出版的发展探析
——以融合出版教材建设为例

张程程　北京文华在线信息技术有限公司

摘要： 国家新闻出版署印发《出版业"十四五"时期发展规划》，从做强做优主题出版、打造新时代出版精品、壮大数字出版产业等方面提出重点任务并列出重大工程，对推动规划落地实施提出工作要求。笔者结合融合出版经验阐述在融合出版领域中的问题、发展和展望。

关键词： 融合出版；数字出版；教育出版

2021 年 12 月，国家新闻出版署印发《出版业"十四五"时期发展规划》（以下简称《规划》），明确出版业"十四五"时期发展的指导思想、基本原则、主要目标、重点任务、保障措施等，描绘了出版业发展蓝图和工作方向。《规划》从壮大数字出版产业、加强出版公共服务体系建设、健全现代出版市场体系等 9 个方面提出 39 项重点任务，列出 46 项重大工程，并对推动《规划》落地实施提出工作要求。"十四五"时期，是我国全面建成小康社会、实现第一个百年奋斗目标之后，乘势而上开启全面建设社会主义现代化国家新征程、向第二个百年奋斗目标进军的第一个五年。出版工作是党的宣传思想文化工作的重要组成部分，是促进文化繁荣兴盛、建设社会主义文化强国的重要力量。进入新发展阶段，出版工作迫切需要更好发挥服务大局、统一思想、凝聚力量的重要作用，进一步巩固壮大主流思想舆论；迫切需要提升内容建设水平和服务供给能力，更好以精品奉献人民；迫切需要积极适应新一轮科技革命和产业变革趋势，深化改革创新，转化增长动能，更好抢占数字时代出版发展制高点；迫切需要用好国内国际两个市场两种资源，增强走出去实效，讲好中国故事，传播好中国声音。

一、出版融合发展的背景

数字技术是重要的先进生产力，是出版融合发展中有力的技术支撑，是助力出版融合发展的强大动力。行业前沿的人工智能、5G、区块链等影响未来的核心技术，将带动社会各个层面的革新，深刻地"改变人们的生活方式、交流方式和阅读习惯"。新兴技术带来的是更多元化、多重交错的传播生态系统。因此，教材出版要构建以内容建设为根本、先进技术为支撑、创新管理为保障的新型教材融合出版体系，开发更多突出思想引领、彰显主流价值、富有文化内涵、产生广泛影响的内容资源，提高内容的优质率。这就要求出版编辑快速适应新技术革新的理念并进行思维转型和理念提升，深入采集新技术成果，研究、分析成果数据并加以利用。

二、融合出版教材的现状——教育出版中的融合出版物

在技术发展背景下，媒体形式越来越多，融合出版打破了原有的界限，能够更好地通过富媒体形式（如视频、音频、图片、AR、VR 等形式）传播内容。新闻出版产业要求从业人员具备较高的政治素养、学术修养、专业修养、创新思维修养，能熟练掌握与运用新技术、新手段、新方法。在教育出版领域，国家部委出版社（高等教育出版社、人民教育出版社等）、大学出版社（北京师范大学出版社、清华大学出版社等）以及地方教育出版社等出版机构，在技术更迭中不断开发适合数字时代教学需求的教材教辅产品，使得数字教育产品日益丰富。

教材的融合出版转型以策划选题和内容建设为基础，通过思想意识的转换和技术水平的提升、应用服务，打造教材融合出版的整体模型，在满足读者阅读需求的基础上提供多元化、全方位的优质内容输出体系。从融合出版的形态来看，各图书出版社、音像出版社、互联网出版单位有新形态教材、立体化教材、有声读物、数字教材等不同的种类，过程中多以二维码、数字证书或纸质书的融合为主。下文以融合出版物、融合出版教材为例进行阐述。

笔者结合多年的融合出版经验，介绍融合出版的发展背景、基本模型、实践发展，并阐述对融合出版的展望。

1. 融合出版是响应"互联网+"教育改革的产物

随着信息技术的发展，MOOC（Massive Open Online Courses，大型开放式网络课程）、SPOC（Small Private Online Courses，小规模限制性在线课程）、MPOC（Massive Private Online Courses，大规模限制性在线课程）逐渐进入国内教育技术应用领域。《教育信息化十年发展规划（2011—2020 年）》等文件相继对信息技术与教育的融合、学生自主学习能力、资源共享与管理、教育管理机制及教育体系改革等提出要求及期望。

《教育信息化十年发展规划（2011—2020 年）》明确指出，"推进信息技术与教学融合。建设智能化教学环境，提供优质数字教育资源和软件工具，利用信息技术开展启发式、探究式、讨论式、参与式教学，鼓励发展性评价""培养学生信息化环境下的学习能力""鼓励学生利用信息手段主动学习、自主学习、合作学习"。这对信息技术与教学融合提出了新要求，也对教材的出版提出了新挑战。

2. 融合出版适应信息化教学的需求

教材的融合出版是应混合式学习的兴起与发展而产生的，教材不仅要具备优质的内

容，还要注重实用功能及工具属性。因此，教育出版要加强顶层设计、优化激励机制、积极转型发展，提升教育教学资源的研发、制作、分发、运用。此外，还应重点强化内容资源优势，加强数字教材的整体设计，合理编排内容并选择恰当的呈现方式，打造线上线下多样化教学场景，适应从数字阅读习惯养成到智慧学习的发展。

数字出版从页面保真性，到媒体型、到平台智慧型的发展，适应着数字阅读到智慧学习的发展，平台化智慧型数字教材将教育内容、学习工具与教学服务紧密结合，建立起一对一的数字化个人学习环境，借助平台系统，采集用户信息并跟踪用户使用评价，为用户提供个性化内容服务，从而使教材显现智慧特征（见图1）。

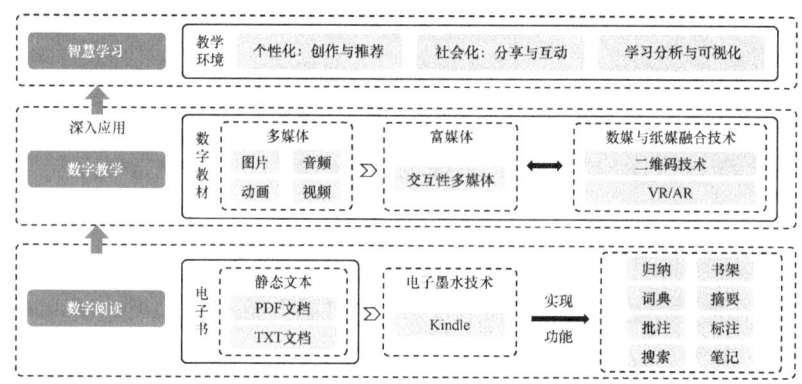

图 1　数字阅读到智慧学习的发展

笔者经过多年实践，从内容层、素材层、资源层、产品层、管理层、应用层等六个层次进行融合出版的系统化设计，解决传统教材出版面临的具体问题：例如传统纸质形态不能更好地适应个性化教学的需求；纸质教材无法及时更新，不能适应多学科思维融合、产业技术与学科理论融合，不能及时融入新技术、新工艺、新规范；缺乏基于教材内容的混合式教学的途径与抓手，教材的应用难以适应新的教学模式与方法；缺乏真正有效的手段重视和保护作者的知识产权。因此，笔者从上述六个层次对融合出版教材进行了系统化设计，形成了教材融合出版模型（见图2），期待解决上述问题。

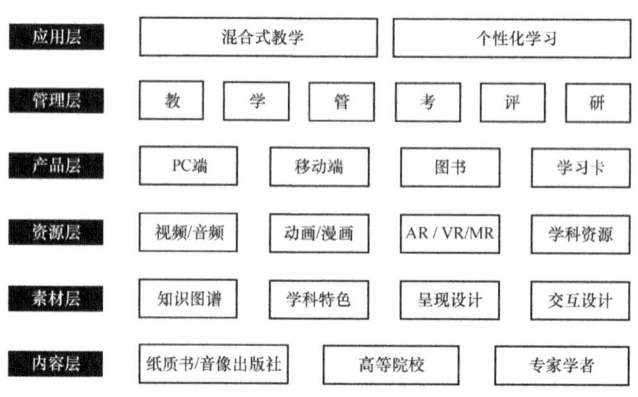

图 2　教材融合出版模型

3. 出版形态的转变，在保障内容质量的基础上提高内容的可读性、易用性

融合出版教材依据教学内容和教学活动的组织，采用合适的设计，将教学内容开发为视频、音频、动画、图文、游戏、小程序、AR、VR、模拟实操、习题等数字化资源，并一键发布在移动端、PC 端等多种介质，同时基于具备"教、学、管、考、评、研"功能的教学云平台，共同进行融合出版教材的策划、编辑、资源开发、审核、运营，以提高内容的可读性和易用性。

融合出版教材具有"一体多态"的特征，是根据教学内容的分析、初始教学活动的设计、学习者所处的学习环境，通过创新技术、媒体技术及教育技术对多种介质进行的有机融合，能够使学习者产生多感官联动的学习体验，使学习效果最优化。因此，立体化教材能够在数字资源建设中转化成数字课程，进行数字课程出版；能够沿用出版机构教材征订模式，便于教学应用；能够基于 PC 端、移动端教学资源和混合式教学平台（见图 3），提供的课堂教学效果远远好于单纯网络课程；一书一码，一生一号，书生绑定，在保护版权的同时能够较好地记录学习活动，形成学习档案，师生都能够及时直观地了解教学进程和教学效果。结合高校的一流课程、职业院校在线精品课程、专业教学资源库建设，在资源数字化的过程中采用标准化方式出版融合教材，各类颗粒化资源和交互活动以二维码的形式融入师生的互动之中，学习者用手机扫二维码即可完成整个学习环节。

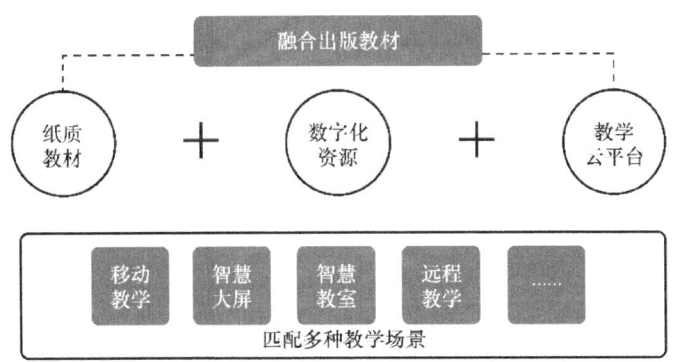

图 3　融合出版教材匹配教学场景

4. 融合出版物适应信息化教学的发展

通过教材内容的富媒体转化，原本的纸质教材将更新为含有丰富的视频、音频、动画、AR、VR、MR（Mixed Reality，混合现实）等各类资源，使得原有的文本材料更为丰富和立体化。教师结合新型语音识别技术、大数据分析等技术进行分组作业、角色扮演、口语测评、作业互评、讨论、问卷测量等教学活动，将原纸质教材改造为融合多种媒体技术、教学设计思路和工具的融合出版教材。因此，融合出版物具有以下特点，能充分适应信息化教学改革的需求（见图 4）。

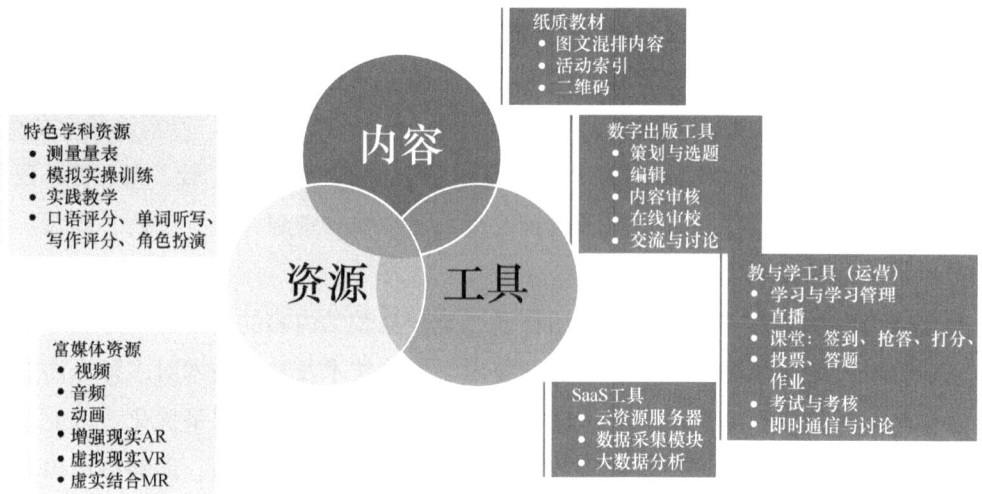

图 4 融合出版教材模型

富媒体、交互式：匹配教学需求，丰富的富媒体资源和针对学科提供的资源内容将融合到教材之中。不同学科结合学习并针对部分学科提供专有资源模块，如英语教学中的角色扮演、口语评分，工科专业的 OBE（Outcomes Based Education，基于学习产出的教育模式）工程认证等特色模块。教材采用立体交互设计，通过人机交互技术支持师生交互和生生交互，以及学习者与学习内容交互（见表 1 和图 5）。

表 1 学科特色资源

序号	类别	特色学科资源
1	职业规划、心理健康等	测量量表，例如霍兰德职业兴趣测量、MBTI 性格测试、职业价值观测试、实践管理测试、威廉斯创造力倾向测量表、自我和谐量表、学习动力测量等
2	计算机软件等	模拟实操
3	思想政治理论课	实践教学
4	英语等	口语评分、单词听写、写作评分、角色扮演

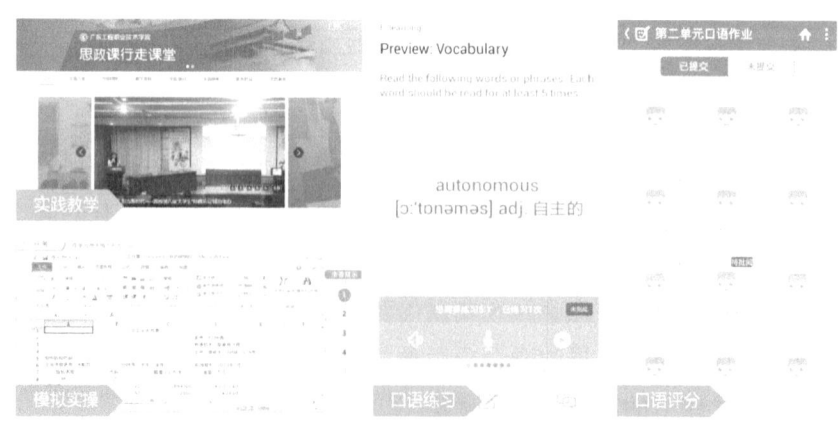

图 5 部分学科特色资源示例

活页式、个性化：教材作为一课之本，是依据课程标准和教学大纲编写而成，系统反映学科知识、借以实现教学目标的内容载体，是高校师生教与学的根本依据。高校教师在融合出版教材的基础上，结合学习者分析和教学目标，分析教材中的教学内容，可以在教学内容基础上进行选择、补充、删减，以针对不同层级学习者需求动态调整内容，自主呈现教学内容，满足个性化教学需求。

更新快、前瞻性：融合出版教材能够解决传统纸质出版更新周期长的问题，能够适应学科前沿发展，实现即时审核、即时更新和发布，使学生无缝链接最新学科进展或行业资源变动。

全场景、随时学：融合出版教材适用于不同的教学场景，既能够满足学生在线自主学习的需求，也能满足智慧教室等环境的混合式教学，亦可以满足时空分离的远程教学，适用于泛在学习的移动教学。

过程轨迹、持续改进：师生在教材使用过程中的行为数据将全程留存，方便进行学习分析、过程性评价，以学习档案袋方式存储教学信息。同时，过程中产生的数据可用于教学分析，作为教学改进的依据，实时或持续迭代更新，持续改进。

5. 融合出版平台支撑教学运营

融合出版平台要支持教材的选题策划、数字编辑（含资源制作）、在线审校、上线发布、运营、教学实施、交流与讨论等流程（见图 6）。

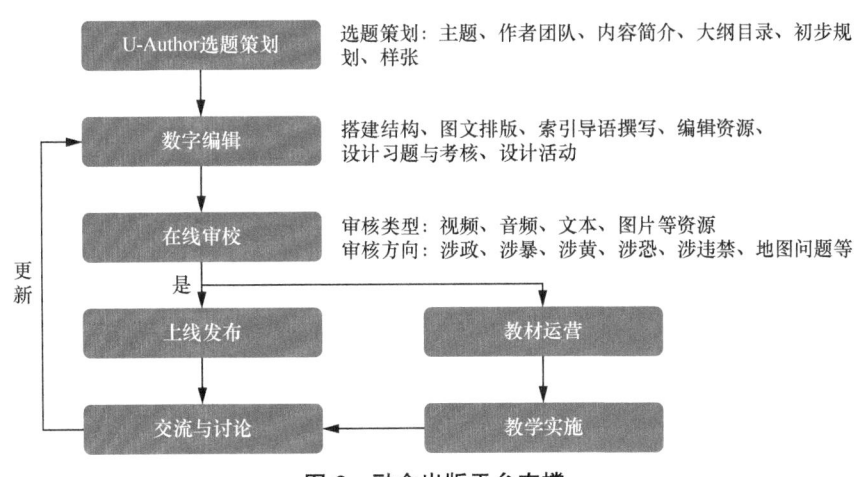

图 6　融合出版平台支撑

三、融合出版要适应新时代的发展

新时代以来，出版融合发展进入快车道，以网络服务、数字出版、数字创意策划、游戏动漫、移动应用、音视频制作、网络直播等为主的新媒体、新业态迅速增长。出版单位也需要逐步适应融合出版发展的要求，培养融合出版人才，加快出版业的转型发展。

在融合出版的过程中，出版单位需要在自身具有优势的领域精耕细作，打磨自身的拳头产品，明确自身的定位，确定自己的发展目标，注重内容质量，加强与细分领域读者交流的同时保持对细分市场的前瞻性，不能一味满足读者的需求，要达到引领知识传播、引领正能量传播的目的。

1. 坚持"内容为王"，实现主题内容和精品内容的输出

在传播的实践中，内容生产永远处于整个出版产业链和价值链的中上游位置，掌握了内容优势地位的出版单位，往往能够凭借优质内容在竞争中立于不败之地。融合出版工作要秉承传统出版"内容为王"的主旨，用心打磨作品，用主题内容和精品内容打动读者，形成良性的发展之路。融合出版需要数字编辑能够对内容把关，在价值观、主流思想和科学观的引领方面发挥应有的作用。数字编辑也可以整合全媒体平台的优势资源，探索新型合作模式；学会换位思考，增强服务意识，尽量提供更多的内容呈现传播方式。

2. 内容导向正确，质量优秀

出版业承担着"举旗帜、聚民心、育新人、兴文化、展形象"的使命任务，现阶段融合出版物的差错率明显高于纸质出版物，影响了融合出版物的整体质量。出版单位应加强融合出版物质量管控意识，从上至下统一思想，充分认识质量管控的重要性，避免甚至杜绝产出不合规范、质量低下的融合出版物。加强教育出版的质量建设，是实施精品化战略的重要保证。主题内容和精品内容需要质量上乘且传播的主旨突出，要坚持价值和效果导向，要适应时代的舆论生态与传播形态，提升内容传播的深度与广度；不仅要适应党和国家的工作大局，也要符合人民群众对精神文化生活的期待，更重要的是能为国家各领域文献数据库的完善提供更多的内容支撑。

3. 培养融合出版的数字化人才

依靠人才支撑的图书出版的转型必然离不开人才，融合出版对于专业人才的素质提出了更高的要求。2022 年 4 月，中共中央宣传部印发的《关于推动出版深度融合发展的实施意见》（以下简称《实施意见》）对新时代深入推进出版深度融合发展作出全面安排。人才是促进出版深度融合发展的重要保障，《实施意见》从"夯实人才培养基础""强化高层次人才培养激励""发挥企业人才建设主体作用"三个方面，对出版融合背景下如何"建强出版融合发展人才队伍"作出明确指导。所以，培养融合出版的数字化人才至关重要。

四、结语

大力发展融合出版新业态，推动数字技术赋能出版全产业链条，补足补强出版业数字化转型薄弱环节，进一步催生传统出版与数字业务相融合的新型出版业态。推动数字出版与经济社会各领域相加相融，构建附加值高、功能多样的新型"出版+"业态。新媒体和传统媒体的融合，实现了出版活动由传统模式向融合模式的转变，编辑方式也更

加多元化。在出版融合背景下，各个出版单位针对融合出版，应采取有效的应对策略和工作措施，以提高出版工作的效率和水平，实现出版业的健康发展。

参考文献

[1] 国家新闻出版署. 出版业"十四五"时期发展规划[EB/OL].（2021-12）https: //www.nppa. gov.cn/nppa/contents/279/102953.shtml.

[2] 中共中央宣传部. 关于推动出版深度融合发展的实施意见[EB/OL].（2022-04-24）[2022-07-20]. http: //wwwnppagov.cn/nppacontents/279/103878shtml.

[3] 教育部. 教育信息化十年发展规划（2011—2020 年）[EB/OL].（2012-3-12）http: //www. moe.gov.cn/srcsite/A16/s3342/201203/t20120313_133322.html.

[4] 习近平在全国宣传思想工作会议上强调:举旗帜聚民心育新人兴文化展形象 更好完成新形势下宣传思想工作使命任务[EB/OL].（2018-8-22）http: //news.cnr.cn/native/gd/20180822/t20180822_524339333.shtml.

[5] 以精品教材推动教育出版高质量发展[EB/OL].（2021-10-13）[2022-04-13]. http: //www.issxwcbj.gov.cn/art/2021/10/13/art_35_71544.html.

[6] 曾艳，刘敏，刘迪昱. 融合发展时代数字教材出版探析[EB/OL].（2022-10）[2022-04-17]. https: //www.fx361.cc/page/2022/1104/10736753.shtml.

[7] 高贵武，刘娟. "内容依旧为王":融合背景下的媒体发展之道[J]. 电视研究，2015（4）: 27-30.

[8] 刘家益. 全业务链视角下图书出版与短视频融合发展路径探析[J/OL]科技与出版. https: //doior/10.16510/icnkikivcb20221012.017

[9] 张立园. 媒介融合视域下出版产业链的转型升级[J]. 中国编辑，2022（4）: 67-71.

[10] 郑辉灿. 媒介融合视域下数字出版的现状与发展策略——以厦门发展为例[J]. 厦门科技，2021（6）: 31-34.

[11] 李文娟. 浅议出版深度融合背景下数字出版人才的激励保障措施[J]. 科技与出版，2022，41（9）: 38-42.

出版融合发展——两深入、两延展、一联通

张磊　中国铁道出版社有限公司

摘要： 随着出版融合发展的不断推进，出版行业在各个方面都进行了融合发展的探索，也取得了较大进步。各出版单位根据自己的优势、切入点、发展重点的不同，在出版资源建设、数字产品研发、数字营销渠道拓展、数字出版流程构建、相关标准制定等方面做了不同程度的实践与建设。但随着出版进入深度融合发展阶段，仍有很多新的开拓性工作需要我们不断去探索。本文站在专业出版社的角度，在出版深度融合发展的实施方面，结合笔者的出版融合发展工作经验，提出几点具体的思路，总结来说就是"两深入、两延展、一联通"。

关键词： 融合出版；深度融合；出版资源建设；流程延展；数据联通

近年来，在国家政策、资金的支持与激励下，随着出版融合发展的不断推进，出版行业在各个方面都进行了融合发展的探索，也取得了较大进步。各出版单位根据自己的优势、切入点、发展重点的不同，在出版资源建设、数字产品研发、数字营销渠道拓展、数字出版流程构建、相关标准制定等方面做了不同程度的实践与建设。比较成熟且直观的建设成果如下。

（1）图书增值服务。在数字时代，数字内容资源极为丰富。传统出版利用丰富、多样的数字资源拓展、补充了图书的内容资源，提升了纸质图书的使用价值，为读者提供了增值的阅读服务，例如图书配套的课件、学习视频、动画等内容资源。这种增值服务在生产制作上比传统的书配盘形式更加灵活、便利，因此应用范围也更加广泛。读者通过输入网址、扫码等方式就可以方便地获取各类数字资源。

（2）数字内容产品研发。应用数字技术，一方面将纸质图书转变为电子书，形成线上线下相结合的产品搭配，扩展了阅读场景，初步满足了读者的数字阅读需求；另一方面，结合应用场景，深挖内容特性，充分利用数字技术策划制作不同类型的数字内容产品，以更生动、直观的方式展示、表达知识内容，更进一步满足了读者在数字环境下的内容消费需求，例如多媒体、可交互、三维、AR/VR、智能的数字内容产品。进一步深

化、扩展，打造相应的出版内容服务产品，如各类图书库、专题内容数据库、培训学习系统、知识服务平台等。通过提供这些出版内容服务产品，深化了传统出版活动，多方位满足了读者在数字、网络环境下的内容应用需求。

（3）出版系统/平台建设。出版行业在出版生产方面逐步建立起相关系统和平台，服务于融合出版的管理与生产。例如：出版资源管理类平台，更好地组织、管理了数字出版资源；数字内容产品生产系统、知识生产服务平台等，服务了数字内容产品的生产、管理以及应用；复合出版平台的搭建，进一步融合了传统与数字出版生产过程；线上营销渠道，通过自建营销系统或采用成熟的社会电商平台，使出版产品的营销更加方便、快捷；定制的阅读终端，加强了出版物的版权保护，也利于形成图书库类产品。在某些专业方向上，各出版单位也根据应用需求研发了专用的数字出版系统或平台。这些系统和平台的建设，极大地改变了出版的生产管理流程，使各出版单位在做好传统出版的同时，逐步形成出版融合发展的良好局面。

从数字出版转型到出版融合发展，除了上述显性的建设成果，出版行业在这个过程中也培养、锻炼了大量的数字出版人才，探索并制定了一系列的相关标准、规范，孵化了一批数字出版技术服务商。所有这一切支撑、推动了出版融合发展，使其不断向着深度前行。

出版融合发展虽然取得明显成效，但是也应该看到其发展过程中的不足与挑战，主要体现在以下几个方面。

（1）数字出版的经济效益在不断增长，但与传统出版相比还不够显著。

（2）数字技术应用还需继续深化，传统出版与数字出版在生产方面的融合程度还不够。例如，相对通用、规范、典型的数字（融合）生产平台还未大范围运用，还处在"百家争鸣"的阶段。

（3）思想观念还需继续革新转变。纸质出版产品依然是各出版单位的主要营业收入来源，且在一定时期内仍将保持这一趋势。如果以短期结果为导向来思考问题，就会引起一种错觉，觉得融合出版搞不搞影响不大，从而思想会趋于保守，容易造成创新动力不足。

为进一步贯彻落实习近平总书记关于推动媒体融合发展的重要论述，立足新发展阶段、贯彻新发展理念、构建新发展格局，着眼文化强国、出版强国，推动出版深度融合发展，实现高质量发展，我们需要夯实发展成果，并不断解决发展中的问题。本文站在专业出版社的角度，结合笔者的出版融合发展工作经验，在出版深度融合发展的具体工作实施方面提出几点思考，总结来说就是"两深入、两延展、一联通"。

一、出版资源策划生产及组织管理的深入融合

在现有融合发展的基础上，在出版单位内部，从出版资源的策划生产、组织管理两个方面继续深化、深入融合，实现出版资源的价值增长。

1. 出版资源策划生产的深入融合

传统出版主要是纸质图书的策划生产，数字出版实现图书与数字产品生产的并行，融合出版则在一定程度上实现图书与数字产品生产的融合。在深度融合发展阶段，出版单位需要在内容策划生产方面进一步深入融合。

首先，在内容策划组稿时必须同步考虑数字产品的策划制作[1]，这需要编辑转变和提升在数字产品策划方面的能力，或者实现传统编辑与数字编辑的融洽配合。整体的策划有利于前期不同形态内容的创作、组稿，以及人员、技术等的配合准备。其次，编辑生产时内容的组织单位粒度需要更细化，在编辑加工时使内容一方面利于直接的图书生产，另一方面利于读者提取知识，提供知识服务[2]；或者将这些内容中适合在数字环境中使用和传播的部分，以其他可视化方式组织成数字产品，如视频、课件、动画等。最后，在出版生产流程中要实现各生产系统和平台的协调，使不同形态产品的制作更易统筹实施，以提高效率、节省成本。

通过这方面的深入融合，出版单位能真正做到一次策划组稿，同源内容、多形态内容产品的协调生产，实现增量出版资源的价值放大与增长。

2. 出版资源组织管理的深入融合

通过资源管理系统/平台的建设，基本实现数字出版资源库的建设，如图书库、图片库、视频库、碎片内容库，甚至知识库。在这些工作的基础上，需要更进一步对出版资源进行深度组织管理，即构建资源库、资源个体的联系，优化内容组织管理方式，使内容资源管理实现从个体到整体的融合。

借鉴知识图谱相关理念，从分类体系、专业词库、内容标引等方面着手，通过多种分类体系，从不同维度实现资源归属与区域限定，反映资源临近性关联；通过专业词库锚定关联节点，利用词间关系建立关联链路；通过内容标引进行人为干预，弥补前两方面资源关联上存在的不足，在一定程度上形成资源关联性、体系性的整体逻辑。在此基础上，发掘资源在传统图书组织结构外新的组织、应用集合或形态，挖掘出新的数字内容产品或服务，实现存量资源的价值增长。

二、突破出版流程边界，向内容创作及内容消费两端延展

从内容的策划、组稿/投稿，到编辑加工、印刷，再到出版产品的发行、销售，出版才完成一个流程周期。在这个周期中，出版社与两端的衔接工作应该进一步延展、加强，即与作者的创作、读者的消费行为进行拓展融合。这种融合在数字环境下既产生了需求，也创造了合适的条件。

1. 内容创作端的延展

出版单位始终围绕出版资源来开展工作，保证优质、充足的出版资源进入出版社是

重点工作之一。

在数字出版环境下，出版产品的形式多样，出版资源的组织、表达方式也不再局限于图书的组织形态。因此，从组稿的广度来说，在数字环境下需要进一步灵活拓展组/投稿的类型，不仅是传统的图书，还应该逐步扩展微资源（如知识点、图片、短视频等）、库资源（如各类专业的内容数据库、资料库等）[3]。利用这些丰富的资源形式，出版单位能更便利地生产不同类型的数字产品/服务。另外，从组稿的深度来说，应该将出版单位建立的数字出版平台、数字资源等延伸到作者的内容创作过程中，为作者创作提供便利条件。例如，创作素材、参考资料的服务，利用市场数据、用户需求数据等为作者的创作方向、内容框架甚至细节等方面提供建议、引导、约束，同时编辑的相关工作也可以提前开始，以提供相关服务。

这些工作在传统出版中或多或少已有开展，但有了相应的数字出版平台、数字出版资源库等条件后，这些工作可以实施得更细化、深入和全面。内容创作端的延展可以更大程度地便利作者创作、协助作者创作、引导和激发作者创作，以达到获取更优质出版资源的目的。

2. 内容消费端的延展

内容的消费可简单概括为："出版产品—读者"，即读者的内容自消费场景；"出版产品—教师、教室—读者"，即教育、培训过程中的内容消费场景。

内容自消费场景的市场，在出版融合发展过程中，出版单位通过不同形式的出版产品，如纸质、数字、网络、移动形式的终端产品，已经较好地满足了读者在不同应用环境下的内容消费需求，并获得了相应的市场效益；后续只需要继续紧盯读者需求，生产优秀内容产品，合理应用新技术，就可不断满足读者需求。

在教育、培训的内容消费场景中，出版流程[4]随着出版产品的销售而结束。但在数字出版环境下，我们不能将出版产品销售作为流程的结束，而应该打破该边界，将出版产品向后端延伸，与教师、教室进行深入融合，使该场景变为"出版产品—教师、教室—读者"，即出版产品不再局限于作为内容的载体，而是将其延伸到内容消费的过程中，并承载内容消费过程中的其他要素。这样就进一步拓展了出版市场的空间，可获取新的市场效益。在数字出版环境下，网络解决了教室问题，数字产品可以融合教师教授，相应的系统/平台也可一定程度地满足教学、答疑、学习反馈、互动等教学过程中的功能需要。目前已经建立的内容学习平台、培训考试系统、在线课堂等在这些方面都取得了很不错的效果。对于出版单位来说，应该要在这个方面继续深入进行拓展建设，扩大市场，进一步增加经济效益规模。

三、全过程对接，实现出版数据全联通

图书产品数据及销售数据一直是辅助图书策划、生产的重要数据，但出版活动中还

有其他相关重要数据也可以辅助出版生产过程，如稿件数据、作者数据、内容生产数据、内容资源数据、用户数据、内容消费过程数据等。随着出版融合发展中不同数字出版平台的建设，这些数据在各系统中变得相对可得、易得。出版过程中全面的数据总结、分析能更好地支撑出版生产的决策[5]。要实现这个目标，至少需要在以下几个方面继续深入建设。

（1）数据联通。将数字出版各系统/平台联通，将各业务数据汇集成出版数据池，如投/组稿系统、作者管理系统、生产及管理平台、内容资源管理平台、营销平台、数字产品及服务系统等。将各业务流数据汇集在一起，为数据挖掘、分析提供基础。

（2）业务模型建立。根据出版各业务的需要建立起相应业务分析、评价模型，如出版产品评价、销售评价、用户需求满足评价等。

（3）大数据技术应用。依托出版全流程数据，出版业务分析、评价模型，充分利用大数据管理、分析技术实现出版数据的深度挖掘，以提供更加深入、精准的辅助决策信息，为图书策划、生产、销售、使用提供更好的支撑服务。

四、结语

以上是对出版深度融合发展具体实施层面的几点思考。长远来说，还有很多新的发展、开拓性工作需要我们不断去探索，或者说不断更新、完善。从出版深度融合发展大的层面来考虑，我们仍需要政策、制度的保障，制定具体的激励、奖励措施，积极转变思想观念，大力开展数字出版人才的培养，充分利用数字技术做好出版融合发展各环节的相关工作。出版融合发展是实现出版高质量发展的必然过程，有广阔的发展空间。相信通过各出版单位和所有出版融合发展人的共同努力、开拓，必将迎来出版融合发展更美好的未来。

参考文献

[1] 赵一，常志红. 人邮社融合出版的实践与经验[J]. 出版参考，2022（05）：50-52.

[2] 于娜，宋秀全. 场景时代下出版企业知识服务模式探索与实践[J]. 科技与出版，2021（06）：69-72.

[3] 张磊. 融合发展中专业出版资源建设的探索[J]. 新闻研究导刊，2020，11（21）：215-216.

[4] 于殿利. 从融合出版到出版融合——数字传媒时代的出版新边界探析[J]. 出版发行研究，2022（04）：5-15.

[5] 何军民. 大数据思维与出版高质量发展的路径选择[J]. 出版科学，2018，26（05）：82-86.

试论出版融合发展人才培养方向、模式、机制

李海涛　人民邮电出版社有限公司

摘要： 本文立足于当前我国出版行业融合发展人才培养，聚焦对融合发展从业人员个体的培养，从培养的方向、模式、机制三个方面进行分别论述，以期为行业人才培养提供可参考和借鉴的思路。

关键词： 融合发展；人才培养；培养方向；培养模式；培养机制

当前全球数字经济蓬勃发展，数字技术与各种传统行业的融合越来越深入，数字经济在我国经济发展中起到的作用也越来越大。出版行业近些年更是在传统出版与新兴出版深度融合的背景下，走出一条集传统纸质出版物、新兴电子出版物、在线多媒体出版物等多种形式于一身的全新发展道路。随着出版融合发展由探索走向成熟，由尝试变成常态，传统出版单位对融合发展人才的需求也从人数上由少量变大量，从能力上由模糊变清晰，从类型上由单一变多样。国家层面，2022 年 4 月，中共中央宣传部印发《关于推动出版深度融合发展的实施意见》，意见分六大方面，其中"建强出版融合发展人才队伍"作为重要的一个方面被重点描述；9 月，国家新闻出版署公布了 2022 年度出版融合发展工程入选名单，本次新增了出版融合发展优秀人才遴选培养计划。同时，《中华人民共和国职业分类大典（2022 年版）》也首次将"数字出版编辑"列为一类职业。这些足以看出国家以及行业主管部门对出版融合发展人才的高度重视。本文聚焦当前我国出版行业融合发展人才培养微观层面，从融合发展人才个体出发，尝试从人才培养的方向、模式、机制三个方面进行论述，以期为行业人才培养提供借鉴和参考。

一、出版融合发展人才培养方向

近些年，绝大部分出版单位均新设置或由以前相关部门通过职能转变成立了数字出版部或融合发展部等业务部门，有的出版单位还在业务探索成熟之后单独成立公司专门从事出版融合发展相关业务。但不论是以哪种形式开展融合发展业务，人员构成无外乎

通过三个途径组成：传统出版人才中"转"，新入职人员中"培"，社会成熟人才中"引"。而出版单位在探索融合发展业务初期普遍存在一人多"岗"、一人多"职"等情况。尤其是中小型出版单位更是如此，在人员投入较少的情况下，无法满足专人专岗的需求，只能一个人既做编辑，又做运营，还要负责规划。随着近几年各出版单位对融合发展的高度重视，从事融合发展业务的人员数量都有较大幅度的增长，专人专岗，每个人都按照各自擅长的方向成长成为必然选择。因此，各出版单位在培养相关人才过程中也应该因人而异，因材施教。经过调研梳理，以及与传统出版业务岗位对比，笔者认为目前融合发展人才培养主要集中在以下三个方面。

（一）数字编辑

数字编辑，是指利用计算机、通信、网络等数字技术手段，将文字、图像、音频等作品进行选题策划、稿件资料组织、编辑加工整理、校对审核把关、运营维护发布的工作。从数字编辑的定义来看，该岗位涵盖的工作内容很多，甚至可以说包括当前数字出版物从策划到制作、再到运营维护的产品全生命周期。笔者认为，该定义涵盖比较全的原因是将数字出版相关内容都包括其中，以便于从事与数字出版有关的各项工作都可以通过数字编辑找到"归宿"。然而在各出版单位开展相关业务的过程中，数字编辑主要指狭义上的"编辑"，即与传统图书的策划编辑相对应，主要负责数字产品的策划、组织、把关，对产品质量、市场需求负责，是业务开展过程中的发起者、产品生产过程中的把关者、产品落地过程中的核心责任者。因此，数字编辑的核心关键能力主要包括产品的策划能力、内容质量的把关能力、与其他岗位如运营人员的沟通协调能力。数字编辑所需要具备的几个关键能力与传统图书编辑从大方向上并没有太大区别，甚至是高度雷同。但事实上，数字产品在单个产品体量、生命周期、制作过程、所需要使用的技术等多个方面与传统纸质图书均有较大区别，甚至是不同的数字产品之间也存在较大差距，因此对于数字编辑的人才培养既要参考传统策划编辑的培养方式，又要高度重视两者之间的区别。笔者建议出版单位除了培养新人以外，还可以在传统图书编辑中将有意愿、有想法、有基础的人转型为数字编辑。

（二）产品运营人才

数字出版产品在产品形态、产品交付、产品服务、产品迭代等方面均与传统纸质图书有着本质区别，尤其是纸质图书的"售出即结束"的短链条、与用户弱连接模式在数字产品时代被彻底颠覆。绝大部分数字产品以在线的形式为用户提供服务，可以说从售出之前的推广，到售出之后的维护，再到产品升级的再售出或再服务，运营工作贯穿始终。因此数字产品运营岗是当前所有出版单位融合发展业务部门的必设岗位，甚至在很多单位这一岗位人数占比在 80%以上（含运营与营销）。数字产品运营人员需要在充分了解产品特点和适用对象的基础上，具备很强的传统媒体、新兴媒体推广运营能力，以产品落地为目的的用户引流、留存、转化、复购能力，以及同数字编辑保持充分、良性沟通，为前端产品策划提供准确的市场和用户反馈的能力。目前大部分出版单位在数字产品运营人才培养方面，主要以引进为主，培养为辅，主要是从互联网、教育培训等行业引进成熟人才。

（三）领军人才

俗话说，"火车跑得快全靠车头带"。当前大部分出版单位融合发展业务除了以"一把手工程"形式由主要领导或分管领导负责以外，具体进行业务开展的责任人都是数字出版部门主任。可以说数字出版部门主任的能力水平对出版单位融合发展业务开展效果有着至关重要的影响。笔者认为，数字出版部门主任除了具备一个部门负责人应该具有的管理能力以外，还应该具备以下几方面的素养。第一，对传统出版有深刻认识和理解。我国出版单位所开展的融合发展业务绝大部分与传统出版密不可分，有些甚至是与传统出版合为一体，或通过新兴出版赋能传统出版，或通过传统出版为新兴出版提供内容资源、专家队伍、用户流量。这也是出版单位能够开展新兴业务探索的最大优势。因此，只有深刻理解传统出版价值，并能够灵活运用出版规律做事，才能将新兴出版和融合发展业务做好。第二，对新兴出版有正确判断和把握。近些年各出版单位对新兴出版的探索呈现出"八仙过海，各显神通"的局面。很多与出版有关甚至无关的探索蜂拥而至，有些是因为有项目资金支持而开展，有些是因为看见其他单位取得成功而模仿，有些是因为一项新技术出现想抢占先机而盲目投入。所有类似探索如果不能在做好充分调研、详细论证、小心求证的基础上进行，失败的概率远高于成功，而所有这些基础性工作都需要数字出版部门主任能够做出正确判断，对上提供真实准确的信息，对下指明正确可行的方向。第三，对发展前景有必胜信心和决心。出版融合发展是行业发展的未来已经成为普遍共识，但因为目前在绝大部分出版单位内部，融合发展业务不论从人员占比、收入占比，还是从业人员收入待遇分配等方面，均与传统出版存在差距，因此从业人员容易出现信心不足、悲观绝望情绪。如果业务牵头人员不能通过多种途径为相关人员建立必胜的信心和决心，所在单位的融合发展业务部门就会慢慢沦为边缘部门，而不会成为前景部门。综上，一个数字出版部门主任只有具备以上三种素养，才能带好队伍、做好业务，成为出版单位的融合发展领军人才。

数字编辑、产品运营人才、领军人才是出版单位开展融合发展业务必不可少的三种重要人才和关键岗位，当然很多单位在业务开展过程中还有诸如技术开发、拍摄录制、后期制作、客户服务等不同岗位设置，但这些工作要么可以通过服务外包，要么在业务链条中不属于关键核心岗位，因此本文不再过多论述。

二、出版融合发展人才培养模式

本文聚焦当前我国出版行业融合发展人才培养微观层面，从融合发展人才培养个体出发，主要论述如何通过不同方式方法对个人进行培养，使其从初入行业的"小白"，到成熟稳重的骨干，再到能够独当一面的核心。鉴于出版融合发展已经在行业内探索多年，绝大部分出版单位均已经取得一定效果和成绩，有独立的公司或部门开展相关业务，因此为了探讨人才培养模式，这里将各单位开展的业务从成熟度上分成三类：第一类是已经步入正轨，有固定流程，在投入产出、考核体系方面都已经形成的成熟业务模式，如较多出版单位所开展的电子书、有声书业务，以及已经完成前期开发和积累的数据库业务等；第二类是已经完成前期调研和分析论证，单位内部达成共识并确定按计划开展的稳定项目；第三类是提出初步想法或计划，明确了方向，但具体市场调研、实施方案、后期计划都还有待完善的创新项目。因此，按照人的成熟度，尤其是融合发展业务能力成熟度的不同，分别通过三种业务对人进行培养和锻炼，是符合当前人才培养需求的有效模式。

（一）成熟业务培养新人融合发展基础能力

作为刚刚从事融合发展的"小白"，不论是入职的新人还是由传统出版岗位调动过来的人员，都需要从思维上、工作方式上尽快融入，从能力上尽快成长。这种情况下选择成熟的电子书、数据库等业务进行全流程锻炼非常有必要，尤其是由传统出版岗位来到融合发展业务岗位的人员，更需要通过成熟业务锻炼，主要原因是融合发展业务与传统图书业务有较大的思维区别，如对产品的认识、对用户的认识、对服务的认识、对业务全流程的认识与互联网思维更加接近，而且融合发展业务中每个人参与的环节都相对更多。与传统图书的编、印、发相对独立的配合模式相比，数字产品各个环节的人员配合度要求更高、时效性更强。因此，通过成熟业务培养新人有两点好处：第一，业务相对成熟，不会走偏，并且能迅速按照既有模式开展工作，既能发挥新人执行力强的优势，又能熟悉业务逻辑，积累经验，提升能力和对产品、用户、服务的理解力；第二，通过成熟业务的锻炼，能够发现新人的特长特点，为后续成长和培养提供基础和方向。

（二）稳定项目培养员工融合发展综合能力

如前文所述，稳定项目是已经完成前期调研和论证，单位内部达成共识，确定要实施的项目。这类项目的特点是方向明确、团队内部没有异议，但因为还未正式实施，或者还处于实施过程中，既具有很强的可执行性和计划性，又存在很多不确定性、可优化性，所以对执行人员的综合能力有一定的要求。负责项目推进的人员不但能够严格按照项目规划实施落地，也能够通过项目实施过程中遇到的问题，如市场环境变化、技术条件变化、竞争对手变化等及时进行总结，并提出调整方案，经过再论证达成新的共识并继续推进。通过此类项目锻炼和培养融合发展人才的综合能力效果非常显著，主要表现在：第一，工作内容相对综合，需要充分发挥主观能动性，而不是机械地执行领导指令；第二，需要具有很强的执行能力，按照计划严格推进落实项目规划，协调项目参与各方为最终结果努力；第三，需要具有很强的独立思考和分析问题、解决问题的能力，项目中存在的不明确的问题以及执行过程中发现需要调整的部分，都需要执行者能够主动思考，联系实际，提出最优解决方案。因此，通过稳定项目锻炼人，通过锻炼过程发现人，是一个融合发展业务团队形成人才建设良好梯队的有效途径。

（三）创新项目培养骨干融合发展开拓能力

融合发展业务虽然在很多出版单位已经形成了一定规模，取得了一定的成效，但相对传统出版业务，还处于业务探索期，或者业务发展初期，很多工作内容和业务方向还没有完全形成和固定，因此具有创新和开拓能力的人才极其缺乏。如何在工作中培养出这类人才也是摆在很多出版单位面前的重要课题。笔者认为，从成熟业务和稳定项目中发现表现优秀、具有创新潜质的人员，并提供足够的发展空间，或个人自己或带领团队进行新项目的探索，从项目方向选定、市场调研、项目规划、项目实施以及过程中的试错调整，均应给予最大限度的支持，以培养骨干成员的创新发展能力。这种模式不仅能够实现人才的成长，而且也能为业务发展寻找新的方向和增长点，从而使单位整体业务实现正循环。当前，融合发展不论从方向上，还是业务类型选择上都给出版单位提供了足够的空间，充分发挥自身优势，紧密结合市场特点，有效利用技术手段，通过大胆尝试、小心求证的思路开拓新领域、新项目是相关业务骨干人员的努力方向。

三、出版融合发展人才培养机制

人才培养机制既是一个业务开展中的实际问题，又是一个理论问题。不同行业、不同单位在人才培养上都有与实际结合紧密的人才培养机制。本文聚焦传统出版单位开展融合发展业务这一业务方向，以及发展初期、还未形成普遍共识、发展方向千差万别等业务特点，通过以下三个方面进行论述。

（一）拒绝揠苗助长，给够培养时间

与传统图书编辑从参加工作到成长为一个成熟编辑需要三到五年的时间相比，当前很多单位对融合发展从业人员的成长都存在急于求成的现状。一方面迫于业务增长的巨大压力，另一方面认为融合发展人员所从事的工作有别于传统图书编辑，需要进行各种基本能力培训。实际上恰恰相反，业务增长要求越高，越需要将新人培养成为未来的骨干人员，而不是机械地执行领导命令的流程人员。因为融合发展业务的来源首先是单位内部传统出版的优势领域、内容、产品，因此，融合发展从业人员不但要熟悉和了解传统出版的工作机制，还要掌握较多传统出版人员具备的各项能力，如策划能力、把关能力等，更要能够从传统出版领域中发现优势，从而为融合发展业务提供支持和帮助。即便是从其他领域引进的成熟人才，也要首先熟悉传统出版的相关内容，否则会出现"水土不服"，优秀人才"人挪死"的现象。所以，不论是刚从院校毕业走上工作岗位的新人，还是从传统出版岗位或其他行业引入的成熟人才，都要给够培养时间，拒绝揠苗助长。

（二）切忌分门别类，给足成长空间

本文第一部分所述融合发展人才培养方向中提到的数字编辑和产品运营人才等，只是将当前所从事融合发展业务的人员进行了大致方向性的分类，而实际工作中，大部分单位融合发展业务领域都存在多种岗位，如数字产品策划编辑、加工编辑、技术编辑，产品运营、产品营销、新媒体营销等。而所有这些不同岗位之间的工作又具有高度的融合度，甚至是需要无缝、无时间差对接，才能保障业务的顺利开展。因此，在培养人的过程中，要给足成长空间，切忌分门别类，一开始就把每个人的岗位定死，最好能够经过多岗位历练，让每个人充分熟悉业务的全流程情况。这样不但能够通过不同岗位的锻炼和表现发现不同人的特长特点，还能够促进不同岗位之间的配合默契度，从而在整体上提升团队竞争力。

（三）鼓励探索尝鲜，给多创新"意间"

创新是目前各行各业谋发展的主要手段，对于成长时间还不够长的出版融合发展业务更是如此。传统出版的选题策划开始就是创新的开始和应用，如今已经发展到高度成熟的阶段，而融合发展是整个行业实现更大发展的创新手段，具体到融合发展业务更需要足够多和广的创新思路才能打开局面，实现传统出版的产业延伸以及跨界发展。创新的来源主要是从事具体业务的人员，尤其是能够深刻理解传统出版与新兴出版关系、能够充分掌握市场规律、能够灵活运用新的技术手段的核心骨干人员，因此在人才培养过程中，一定要给予核心骨干人员足够多的创新"意间"，充分发挥每个人的创新思维、鼓励探索尝鲜。比如通过不以对错评价的试点项目，让过程和结果去决定新思路新想法，充分利用试错、改错的机制，培养可能有较好发展前景的新项目。

四、结语

融合发展是出版行业转型升级的巨大动力，也是出版产业实现向更广阔的空间延伸、向更多行业跨界的有效手段，如何培养出更多融合发展的人才是推动发展的关键所在。人才培养需要行业主管部门、企业单位、高等院校和科研院所等多方的共同努力，更需要目前从事融合发展工作的所有人员自身通过学习不断提升能力，站在行业发展的高度，将融合发展与出版高质量发展紧密结合起来，用实际行动为行业发展贡献自己的一份力量，做一个行业创新发展的参与者、开拓者，直至引领者。

（原文首发于《出版参考》2022年11月刊）

创新融合是挺拔主业的必经之路
——以中文传媒融合出版发展为例

杨欢　中文天地出版传媒集团股份有限公司

摘要： 在习近平总书记关于媒体融合发展的重要论述指导下，政策部署引导着出版业探索创新模式，融合发展向纵向深入，发展路径愈发清晰。出版业融合发展的规模不断扩大，产品种类和服务功能进一步增多和强化，行业转型模式更加多元，越来越多主题突出、质量上乘的出版融合精品丰富着人民群众的精神文化生活。传统出版传媒企业要坚持守正创新、双效统一的原则，选准路径，勇于开拓，才能走出一条创新融合的发展之路。

关键词： 融合；数字；创新；出版

一、出版融合发展的背景

（一）政策支持

党的十八大以来，在习近平总书记关于媒体融合发展的重要论述指导下，政策部署引导着出版业探索创新模式，融合发展向纵向深入，发展路径愈发清晰。2015 年，国家新闻出版广电总局、财政部联合印发《关于推动传统出版和新兴出版融合发展的指导意见》，助力出版业加速转型，加快推进融合发展。2016 年，国家新闻出版广电总局、工业和信息化部联合印发《网络出版服务管理规定》，为数字出版工作提供重要保障。2022 年，中共中央宣传部首次就出版融合发展领域专门印发政策文件《关于推动出版深度融合发展的实施意见》，为出版融合发展提供了切实指引和实践路径。

（二）行业规模

近年来，我国出版业融合发展的规模不断扩大，产品种类和服务功能进一步增多和强化，行业转型模式更加多元，越来越多主题突出、质量上乘的出版融合精品丰富着人民群众的精神文化生活。

10 年来，中文天地出版传媒集团（以下简称中文传媒）立足于产品思维，精准定位，以读者为核心，创造消费预期，引领阅读需求，坚持鼓励原创、支持原创，持续打造具有原创核心品牌、独特标识和自主知识产权的系列出版物。中文传媒积极探索由内容产品生产商向文化产品与文化服务运营商转型，加快出版融合发展，产业结构、产品结构有效优化；持续布局数字出版、融合发展等新兴业态，推进传统出版业态转型升级，加速向"一业为主、多元兴业"的复合业态转型。目前，公司主营业务已升级为传统出版与物联网技术应用、教育服务、互联网游戏、数字出版和投融资等新兴业务融合发展的多元业态，形成了"传统核心主业、新兴科技业态、资本创新经营"三足鼎立的利润格局。

二、创新推动融合高质量发展

（一）内容创新，打造数字产品矩阵

中文传媒旗下出版社在各听书平台开通官方频道，上线拥有自主知识产权的高品质有声书，有声读物初具规模。其中，《中国共产党怎样解决贫困问题》《新时代中国特色社会主义的世界意义》入选中国音像与数字出版协会评选的全国十佳数字阅读作品，《中国文化 ABC：山水与建筑》《瓷行天下》《"少年与自然"生态博物课堂·植物篇 100 讲》《讲给孩子的医学科普知识》《未来讲堂——古诗词名家诵读与鉴赏》等有声书入选全国有声读物精品出版工程。《大中华寻宝记》融合出版项目、"瓷上世界"文化走出去融合发展与传播平台、"耳语精灵"有声平台等入选国家新闻出版署数字出版精品遴选推荐计划。《不一样的卡梅拉》有声作品全网播放量达 1.45 亿次。《大中华寻宝记》动画片在央视少儿频道首播后，多日位列全国同时段动漫节目收视率第一名。

中文传媒的自研游戏业务遍及欧美、中东、东南亚等地，搭建的游戏等文化产品发行渠道覆盖全球 150 多个国家和地区，旗下游戏产品《列王的纷争》《帝国战争》等广受热评。其中，《列王的纷争》入选"中国原创游戏精品出版工程""中国十大最受海外欢迎游戏"，荣获第四届中国出版政府奖和第六届中华优秀出版物奖，游戏的文学改编权授权海外出版 8 种英文版图书。

（二）平台创新，建设新型出版传播平台

为切实推动中文传媒拓展业务新赛道，培育新的经济增长点，实现转型升级、可持续发展，中文传媒用 3～5 年的时间重点打造"赣鄱书云"数据库项目。该项目聚焦数字出版、在线教育、出版大数据和出版物联网等新兴出版业务，提供数据基础和技术底座，为各出版社数字化建设和运营赋能。

"智慧有声党建"平台以党建工作有声化赋能为抓手，融合"主题出版+党建学习+互联网技术"，按照党建标准化规范化打造，以"四史"学习教育内容为主，设置了党政有声、红色空间、党员读物、全民阅读、榜样故事等多个内容板块，是线上有声读

物的一次有益创新。经过两年多实践，项目已在南昌市总工会等 30 余个党建空间与扶贫站点建成落地。

（三）模式创新，构建新媒体营销模式

逐渐成熟的直播带货模式给传统图书行业带来巨大的冲击，同时也带来了新的机遇和挑战。中文传媒从摸索式全员直播和短视频营销切入，旨在让编辑适应新兴媒体下的营销模式，强化营销意识，为实施自有主播培育、形成日常视频体系打下基础；进而通过对用户数据的沉淀，打通各类媒介端口，为读者提供更全面的阅读服务。

2019 年以来，中文传媒旗下出版社陆续开始将网络直播纳入自己的营销体系，全面布局新媒体渠道。在原有渠道产生变化的情况下，新渠道也出现价格和销售折扣的巨大变化。超级畅销书《不一样的卡梅拉》在传统电商渠道的销售数据一度呈下滑趋势，但出版社通过公众号开团，短视频、直播矩阵同步推广销售的多重功效，不仅及时遏制了销量下滑的颓势，还拉高了折扣，为出版社赢得更大的利润空间。

（四）业态创新，拓展传统出版产业链

中文传媒秉承拉长作品价值链，实行全媒体覆盖，深度挖掘 IP 资源，积极推动文化企业转型升级的经营理念，通过图书产品矩阵、影视、游戏、电子书、动态漫画、有声音频书、动态视频、知识付费课程等丰富多元的形式，实现优质内容的开发再造与融合出版；通过 IP 化运营，充分发挥品牌优势，深度挖掘 IP 内涵，扩大授权范围，延长产业链，延伸价值链，逐渐实现定制图书、周边产品、文旅产业等领域的开发。

《大中华寻宝记》融合出版及 IP 运营项目，通过图书、动画片、有声书、视频内容的同步建设，以微信公众号、游戏小程序为纽带，实现线上线下的同步营销。同时以营销活动赋能品牌提升，以全民阅读推广为依托，以"中华寻宝大会"公益活动服务于读者，把"大中华寻宝记"打造成为具有全国影响力、导向正确、内容优质、创新突出、双效俱佳的融合出版及 IP 运营精品示范项目。该项目入选全国首批数字出版精品遴选推荐计划、"百佳数字出版精品项目献礼建党百年专栏"、"全国新闻出版深度融合发展创新案例"，具有一定的示范作用。

（五）教育创新，探索教育出版新路径

中文传媒始终以提高教学和学习效果，发展学生核心素养为目标，利用互联网、数字媒体、大数据等技术手段，大力推动数字教育项目开发。2020 年以来，中文传媒充分利用储备的数字化内容，推出"停课不停学"系列产品，先后向"赣教云"平台、"学习强国"和"国家中小学智慧教育平台"推送在线教育产品，表现出激活下沉用户、接受市场检验、考验产品运营和增强用户服务的能力。

"明思 e 学""赣教学习"等数字教育在线产品将互联网、视觉成像和大数据等技术应用到学生日常纸质作业中，通过高拍仪、点阵笔、移动终端等动态采集学生过程性数据，经 AI 自动切题和数据分析，将作业固化的内容碎片化并重新组织，即时生成专属错题本、配套的名师错题微课等个性化学习资源和学情分析报告，构建以学习者为中心的学业评价体系，帮助教育管理者进行科学决策，最终达到因材施教、提升教学质量的目的。"点亮课堂"智慧教育云平台、智慧校园、数字教辅等教育信息化解决方案，围绕国家"双减"政策下的作业减负提质增效，中文传媒自主研发了智慧作业高质量作业设计平台，并基于数字教辅积极探索"互联网+教辅服务平台"的数字出版创新模式，打造了教育信息化全流程产品体系。智慧作业高质量作业设计平台作为江西省智慧作业生态圈的核心，帮助全省 8 万余名教师参与录课；平台上线的 50 万余道习题及 60 万余个微课视频，让全省 1000 万名师生受益，为落实"双减"作业管理提供强有力的帮助。

三、出版融合发展的启示

一是坚持一体化发展方向，以融合出版项目为抓手，策划打造一批宣传阐释习近平新时代中国特色社会主义思想、展示新时代伟大成就、弘扬中华优秀文化、彰显时代精神风貌、促进经济社会发展、服务高水平学术研究、引导青少年健康成长等方面的精品项目。

二是深入推进传统出版与数字出版的融合，打造重点领域内容精品。在提升数字产品质量、创新知识产品服务类型、打造分众化产品等方面做深做实，避免浅层的单一的运作模式，进行深层次多元开发、立体运营的 IP 化运作，从而获得很好的收益。

三是在合作中求发展，探索融合出版工作新路径。与互联网企业合作是出版社数字化转型的可行之路，出版社在合作中要积极参与数字产品的开发，将内容优势和数字技术融合，开发出读者喜爱的数字产品；同时，通过合作培养一批专业的数字技术人才，加速传统出版数字化转型进程。

从目前出版传媒创新融合发展的实践看，传统出版传媒企业要坚持守正创新、双效统一的原则，选准路径，勇于开拓，才能走出一条创新融合的发展之路。

参考文献

[1] 李弘. 中国数字出版产业发展历程回顾与融合路径探析（2011—2020）[J]. 数字出版研究，2022（01）：53-60.

[2] 李苑. 数字出版：融合发展 蒸蒸日上[N]. 光明日报，2022-10-11（01）.

[3] 佘江涛. 融合出版是一条长长的光谱[EB/OL]. [2022-11-11].

以出版融合发展推动航天科学技术普及
——以中国航天科普融媒体平台为例

杨洁　中国宇航出版有限责任公司

摘要：作为一家航天专业出版机构，中国宇航出版有限责任公司积极探索出版融合发展路径，发挥自身优势，融合多种媒体形式，创作了众多优质航天科普内容，打造了"中国航天科普"品牌，建设了中国航天科普融媒体平台，勇于承担起新时代所赋予的普及航天知识、传播航天文化、弘扬航天精神的使命。

关键词：出版融合；航天科普；融媒体平台

2016 年，习近平总书记在全国科技创新大会上指出，"科技创新、科学普及是实现创新发展的两翼，要把科学普及放在与科技创新同等重要的位置"。出版机构基于其丰富的内容资源和作者资源，以及贴近读者的优势，在科普工作中有着得天独厚的优势。作为一家具有 40 多年历史的航天专业出版机构，中国宇航出版有限责任公司（以下简称宇航出版公司）始终以普及航天知识、传播航天文化、弘扬航天精神为己任，出版了以"中国载人航天科普丛书"为代表的一系列经典航天科普读物。随着近年来出版业态、传播方式和运营模式不断发生变化，宇航出版公司在新闻出版主管单位的支持下，开启了数字时代出版融合发展的探索和布局，创办的中国航天科普融媒体平台成为公众了解航天的一个窗口。

一、开展航天科普工作的重要性和必要性

科学素质是公民素质的重要组成部分，公民科学素质水平是决定国家整体素质的重要指标。近年来，我国下大力气提高全民科学素质。2020 年，我国具备科学素质的公民比例为 10.56%，首次达到了世界公认的创新型国家公民具备科学素质的比例。国务院印发的《全民科学素质行动规划纲要（2021—2035 年）》为我国下一阶段的全民科学素质提升提出了新的目标：2025 年，我国公民具备科学素质的比例超过 15%；2035 年，城

乡、区域科学素质发展差距显著缩小，为进入创新型国家前列奠定坚实社会基础。为了实现这一目标，需要各地区、各部门及各行业共同努力。

习近平总书记指出，"探索浩瀚宇宙，发展航天事业，建设航天强国，是我们不懈追求的航天梦"。近年来，中国航天在北斗组网、火星探测、月球探测、载人航天等重大工程中取得了辉煌的成就，在若干重要领域跻身世界先进行列，因此，普及航天这一多学科交叉的系统工程中蕴含的丰富的科学知识，对于激发公民的爱国热情，提高公民的科学素质，尤其是在青少年心中种下一个航天梦具有重要的意义。

二、出版融合发展，建设中国航天科普融媒体平台

1. 打造航天科普品牌，建设航天科普平台

自 2012 年以来，从出版转型升级到传统出版与新兴出版融合发展，再到出版融合发展，宇航出版公司充分发挥航天专业优势，坚持探索以航天科技为文化强国注入强大精神力的道路。中国航天科普融媒体平台创建于 2016 年，是宇航出版公司通过传统出版与新兴出版深度融合、传统媒体与新兴媒体深度融合，创作优质科普内容，打造"中国航天科普"品牌，建设的面向社会大众的航天科普平台。

中国航天科普融媒体平台的第一个传播渠道是 2016 年首个中国航天日上线的中国航天科普网；同年，开通了微信公众号；之后，在广大航天爱好者的见证下，扩展了学习强国号、微博号、头条号等 8 个传播渠道。平台以为建设航天强国做好文化传播，讲好航天故事，让公众了解航天、热爱航天、支持国家的航天战略为使命，累计创作、生产原创科普内容超千个，组织活动近 50 场，全网粉丝数超 40 万，全网阅读量超亿次。

航天代表了人类对空间和宇宙的探索活动，既有趣味性，又蕴含了丰富的科学知识，但公众对于航天的了解非常有限，对于航天的印象往往是"高冷"的。因此，如何创作出既有意思又有温度的航天科普作品，是运营团队一直在探索的问题。团队在创作航天科普作品时会不断探寻受众感兴趣的主题；同时避免使用过于专业的语言，尽可能把抽象的问题形象化；还会应用受众比较喜欢的短视频、漫画等形式创作多种形式的科普内容。平台采用品牌化、专题化运营方法，与其他媒体平台、学会、科技馆合作，融合多种传播方式，注重传播节奏的把控，在航天科普垂直领域产生了较大的影响力。中国航天科普融媒体平台入选了国家新闻出版署 2020 年度数字出版精品遴选推荐计划。

2. 与传统媒体联动，点燃青少年的航天梦

2021 年，在建党百年之际，中国航天科普融媒体平台联合辽宁《新少年》杂志，用为期一年的时间创作了"献礼建党百年——中国航天科技成就巡礼"系列科普作品，为青少年讲述中国航天科技取得的成果。2022 年恰逢中国载人航天工程立项 30 周年，两家媒体继续推出"太空课堂——给青少年的系列载人航天科普漫画"专栏，以漫画的形式为青少年讲述中国空间站有趣的科学知识。作为一个新媒体平台，中国航天科普融媒

体平台通过与《新少年》这一传统媒体的联动，拉近了与青少年的距离，以形式多样的航天科普内容激发了青少年的好奇心与求知欲，点燃了他们追求星辰大海的梦想。

3. 与学会联合，共建航天科普基地

2020年，宇航出版公司与中国宇航学会联合申报入选了首批科普中国共建基地。在基地的建设过程中，宇航出版公司将自身在航天科普内容创作方面的优势与科普中国在全国范围内的影响力以及中国宇航学会的专家优势、专业优势相结合，创作了多种形式的科普作品，举办了院士专家进校园等特色活动。其中，"航天科普你问我答"品牌活动的影响力最为显著。该活动在日常的科普工作中不断地和用户互动，让用户提出有关航天的新、奇、特的问题，再邀请相关领域的航天专家进行解答。"航天科普你问我答"活动不仅拉近了用户和航天专家的距离，而且让中国航天科普融媒体平台团队了解了用户感兴趣的话题，使得创作出来的科普作品更加"接地气"。

三、挖掘航天工程与精神文化内涵，创作优质航天科普内容

1. 多种媒体融合，普及航天科技成就

从2020年开始，中国航天捷报频传，以火星探测为代表的多个重大工程取得圆满成功，公众对太空探索的热情高涨。中国航天科普融媒体平台结合这些热点，打造了"北斗在哪里？""你好，月球""出发去火星""来了，中国空间站"等系列科普专题。其中，针对我国首次月球采样返回任务创作了"你好，月球"系列科普专题，按照发射任务的不同阶段制定了新媒体传播的预热期、发射期、着陆采样期、对接转移期、返回期、着陆期，把握传播的最佳时机，推出图文、漫画、动画、专家讲座等不同形式的内容。该系列中很多话题都来自和网友的互动，多个作品登上了微博的知识频道日榜，入选了中国科学技术协会主办的"典赞·2021科普中国"活动年度网络科普作品提名名单。

2. 讲好航天故事，传播航天精神与航天文化

航天事业发展60多年来，不仅涌现出一大批科技成果，还孕育了"两弹一星"精神、载人航天精神、探月精神、新时代北斗精神，这些精神是民族精神、时代精神与航天实践相结合的产物，彰显了社会主义核心价值体系。讲好航天故事，弘扬航天文化，传播航天精神可以更好地构筑中国精神、中国价值、中国力量，为人民提供精神指引。

女性航天工作者是航天事业中重要的群体，也是航天精神的重要来源，为了发现航天领域各岗位上默默奋斗的女性，向社会大众展示航天女性的形象，中国航天科普融媒体平台连续两年在"三八"国际妇女节发起"航天她力量"网络寻找活动，邀请女性航天工作者讲述自己的故事，据此制作的"航天她力量"系列短片彰显了女性航天工作者睿智、自信、自强的精神风貌。中国航天科普融媒体平台在微博发起话题"航天她力量"后，多个航天垂直领域账号发布了相关内容并进行互动，在网络上形成了热议。

3. 航天科研成果科普化，数字月球亮相首届全民阅读大会

随着嫦娥五号探测器完成我国首次地外天体采样返回任务，中国探月工程"绕、落、回"三步走圆满收官。中国探月工程不仅为我国深空探测奠定了基础，还取得了丰硕的科学成果。宇航出版公司将中国探月工程取得的科学成果与科普相结合，自主研发了数字月球科普展项，让公众可以在体验月球奥秘的同时，以互动的形式获取航天科普知识。数字月球互动性突出，形式新颖，在贵州科技馆航天特色馆等科普场馆落地。2022 年 4月 24 日，恰逢第七个"中国航天日"，数字月球亮相首届全民阅读大会数字阅读成果展，以海量而严谨的月球科学信息、兼具科技感与艺术感的展现方式获得了好评。

四、结语

目前，我国已经开启了全面建设航天强国的新征程，中国航天事业正在为建设社会主义现代化强国、推动人类和平与发展的崇高事业做出积极贡献。宇航出版公司将继续发挥中国航天科普融媒体平台的作用，秉承出版融合发展的理念，深入挖掘航天事业中的科学技术、文化和精神内涵，持续创作公众喜闻乐见的科普作品，通过航天科普工作提升公众的科学素质。

出版融合发展的实践与思考——以中南大学出版社有色金属出版分社为例

汪凡云　中南大学出版社有限责任公司

摘要： 高校出版社是我国出版业的一支重要力量。在出版融合时代，高校出版社需抓住机遇，顺应出版融合发展大趋势，推动转型升级和高质量发展。本文以中南大学出版社融合出版试点——有色金属出版分社实践为例，介绍其关于出版融合发展的实践与思考，以期提供借鉴与参考。

关键词： 出版融合发展；实践；思考；有色金属出版分社

一、引言

为深入学习贯彻习近平总书记关于媒体融合发展的重要论述，按照《中华人民共和国国民经济和社会发展第十四个五年规划和2035年远景目标纲要》有关部署[1]，根据《出版业"十四五"时期发展规划》有关安排[2]，围绕加快推动出版深度融合发展，构建数字时代新型出版传播体系，坚持系统推进与示范引领相结合的总体思路，中共中央宣传部于2022年4月印发了《关于推动出版深度融合发展的实施意见》[3]，从战略谋划、内容建设、技术支撑、重点工程项目、人才队伍、保障体系等6个方面提出20项主要措施，对未来一个时期出版融合发展的目标、方向、路径、措施等作出了全面部署，提出了明确要求。

高校出版社是我国出版业的一支重要力量。在出版融合时代，高校出版社需抓住机遇，顺应出版融合发展大趋势，推动转型升级和高质量发展。中南大学出版社在出版融合发展方面开展了有益的探索，成立了融合出版试点部门——有色金属出版分社，整合出版社有色金属品牌优势和数字出版相关职能，以有色金属学科为主要切入点，从内容、渠道、平台、经营和管理等方面深度融合，积极推进全社数字出版转型升级与融合发展。

二、工作实践

有色金属出版分社全力打造有色金属全媒体出版平台（见图1），服务于有色金属出版的全流程。其以有色金属图书稿件、期刊稿件、行业会议、行业资讯、培训材料、培训课件、专家文章等涵盖有色金属领域的知识为数据入口；以网络交换平台、系统软件平台、基础资源加工平台、有色金属在线、博客论坛为手段；通过规范化的收集、录入、编辑、加工标引、提交、重组、聚合分类等手段，形成中国有色金属知识库、用户产生数据及使用习惯库、行业会议库、行业资讯库、培训知识库等资源集合。以此为依托，利用数字、移动互联网、数据挖掘、知识发现技术等技术进行支撑，通过全媒体产品的设计、开发和发布，形成传统媒体产品和新兴媒体产品融合发展的全媒体产品。其架构图见图1。

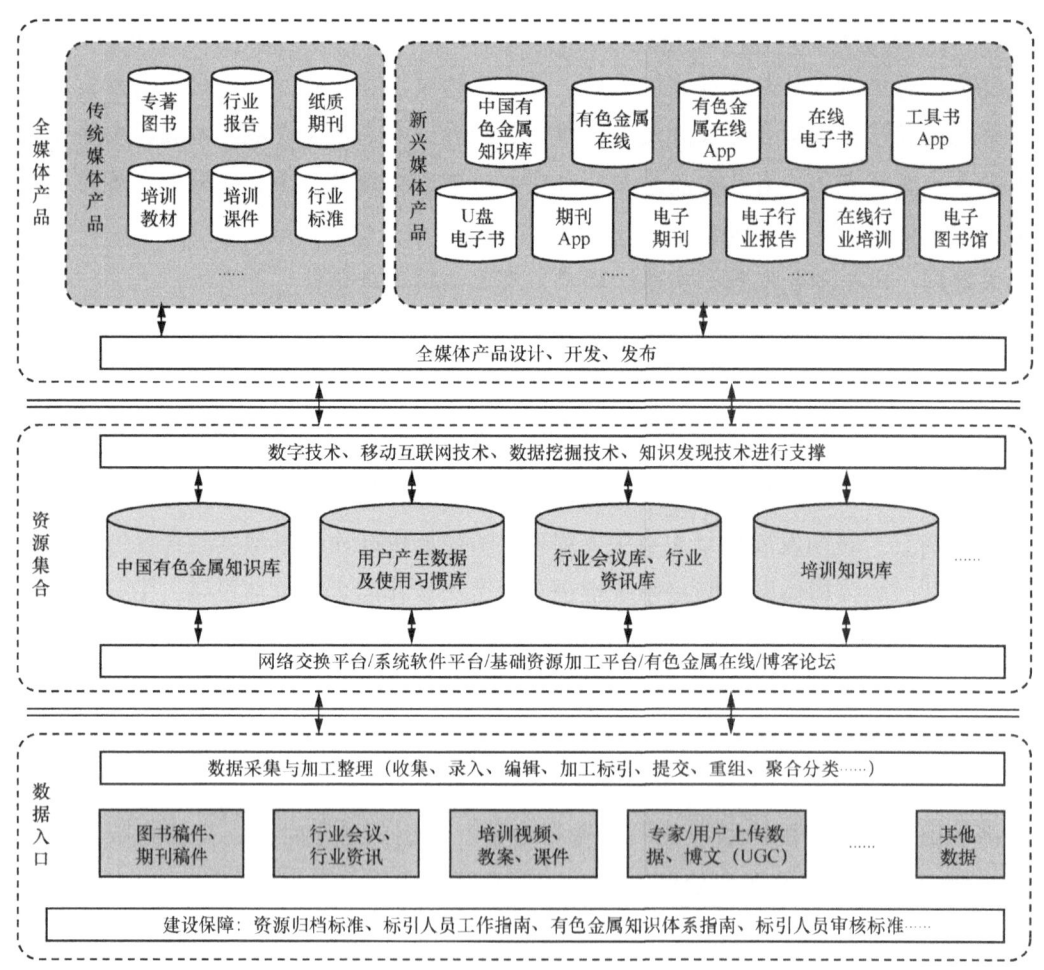

图 1　有色金属全媒体出版平台架构图

（一）研发复合数字出版平台

出版社数字出版团队利用技术优势自主研发了复合数字出版平台，对出版社现有的有色金属图书、期刊出版过程进行数字化出版流程再造，制定了《编辑标引图书工作指南》《标引编辑绩效考核标准》《排版员考核标准》等相关标准，保证了数字化加工、碎片化处理、专业标引的合理化和规范化。在数字化加工过程中，组织了一批拥有有色金属学科背景的博士、硕士对资源进行标引，确保数据的专业性；建立标引、加工、入库环节的三次审核机制，保证内容的准确性。

平台的主要功能是通过对出版资源的专业多维度标引及深度数字化加工，挖掘知识内容的脉络及组织结构，并通过相应技术手段制作出跨媒体、跨平台的多层次产品形式。复合数字出版平台是出版社数字出版工作的基础，保证了出版社数字出版工作的顺利进行。

（二）建设有色金属行业唯一的中国有色金属知识库

有色金属出版分社依托中南大学构建的完整和高水平的有色金属学科链，出版了大量有色金属图书并多次获国家大奖，出版了代表行业最高水准的有色金属期刊。在对本社资源特点详细分析的基础上，规划建设了中国有色金属知识库。它是由具有专业知识背景的编辑对出版资源进行二维（即字面维度和知识体系维度）标引，通过我社自主研发的复合数字出版平台进行深度数字化加工，将其加工成一个个知识点，实现有色金属专业知识的内聚与外延，从而打造的具有知识网络结构的高质量专业知识库。

同时，有色金属出版分社自主研发搜索引擎技术，为用户提供强大的检索功能。与传统知识检索引擎仅能进行文字检索相比，中国有色金属知识库的用户不仅能够检索标题、关键词、全文、作者等项目，而且还能进行知识点检索、图检索、表格检索、公式检索等。用户可以快速定位所需，非常满足用户的检索需求。

中国有色金属知识库获得了"中国出版政府奖"、"湖南省出版政府奖"（两次）、"中国有色金属优秀出版物奖"、"湖湘优秀出版物奖"等一系列荣誉，得到了各级行政部门和有色金属行业的一致认可。

（三）建立有色金属科技知识服务门户网站

有色金属出版分社自主建设"有色金属在线"知识服务平台，其核心是依托中国有色金属知识库搭建的内容投送和电子商务平台。平台通过在线方式为行业用户提供各种知识服务及产品，主要包括有色通搜索引擎、有色金属论文在线、有色金属资讯、学术会议、行业最新资讯、行业交流、有色金属书城、科技图书馆、电子书、数据库等，是国内唯一一个面向有色金属行业人员提供科技知识服务的专业网站。

（四）有色金属期刊移动应用集群

有色金属出版分社紧跟移动互联网浪潮，自主开发移动应用客户端，目前已成功研发《中国有色金属学报》《中国有色金属学报（英文版）》《中南大学学报（自然科学版）》《中南大学学报（英文版）》苹果 App 客户端，并发布到苹果公司的应用商店，面向全球用户提供免费下载服务。用户通过移动平台能够随时随地查看期刊文献，浏览期刊最新内容并使用文献检索等功能。有色金属期刊移动应用集群获得了第二届湖南省出版政府奖网络出版物奖。

（五）"扫码通"数字出版平台

"扫码通"数字出版平台（简称"扫码通"）是为实现增强出版而打造的一款服务于图书和期刊内容生产、发布的平台。其通过纸质出版物中的二维码提供相应的富媒体资源与服务，从而提高纸质出版物的生命力与市场竞争力。该平台目前持续稳定生产运营，已经为出版社图书、期刊提供全面服务。出版社依托该平台目前已出版 350 余种增强出版图书，奠定了"湖南高校特色课程优质资源共享联盟"的扎实基础。其在战"疫"期间发挥重要作用，多本战"疫"图书通过该平台以电子书、有声书和视频书的形式实现在线出版。该平台获得了第五届湖湘优秀出版物奖数字出版物奖和第三届湖南省出版政府奖。

（六）策划图书出版产品

在图书出版方面，有色金属出版分社积极拓展融合出版业务，充分依托中南大学的学科优势和人才优势，紧密结合有色金属学科及行业特点，以学术为本，注重出版特色和品牌建设，利用新的技术手段积极、及时组织出版和传播有色金属前沿领域的重大理论和创新技术成果。

"有色金属理论与技术前沿丛书"《精细冶金》《有色金属炉窑设计手册》《采矿手册》"有色金属理论与技术前沿丛书（第二批）"《重有色金属冶金生产技术与管理手册 锌卷》等先后获得国家出版基金重大项目资助。《精细冶金》获得了第五届中国出版政府奖图书奖提名奖。

有色金属出版分社策划出版教育部地矿学科和材料学科两个教学指导委员会的规划教材共 100 余种，完整涵盖有色金属的地学、采矿、选矿、冶金、材料等各个学科专业。

有色金属出版分社汇聚国际前沿的有色金属学科研究成果，形成了标志性成果，为国家技术发明、科技创新提供了重要支撑，充分体现了出版人的责任担当。

（七）合作与运营

有色金属出版分社通过出版融合发展促进传统业务的增长，同时融合产品中国有色金属知识库也已经在全国 10 多所图书馆销售并开通使用。据统计，分社 2021 年营业收入较 2020 年增长超 15%，增势明显。中国有色金属知识库系列知识产权完成资产评估相关工作，共 12 项知识产权评估价值为 1200 余万元，其中 5 项用于出版社增资扩股有科期刊出版（北京）有限公司，占股 29%，其余部分以项目经费的形式返还。分社依托有科期刊出版（北京）有限公司共同完成中国科技期刊卓越行动计划集群试点项目，积极探索"协会+科研机构+高校"的融合发展方向。

三、总结与思考

有色金属出版分社的出版融合发展已初现成果，先后获批并执行国家出版基金资助项目 5 项，各级文化产业发展专项资金资助项目 6 项，国家新闻出版改革发展项目库入库项目 2 项。这主要得益于以下几个方面。

一是依托学校特色学科，整合相关资源。

中南大学是国家首批进入世界"双一流"建设名单的高校之一。其中，中南大学的一流学科建设包括材料科学与工程、冶金工程、矿业工程 3 个有色金属学科，是国内唯一一所有色金属专业特色如此鲜明的高校，拥有世界上最完备的有色金属地、采、选、冶、材及先进制造学科链。在软科公布的 2022 世界一流学科排名中，中南大学矿业工程专业排名世界第一，冶金工程排名世界第三[4]。有色金属出版分社充分依托中南大学构建的完整高水平的有色金属学科链，以及有色金属学科 12 位院士领衔的高水平专家队伍，并汇集我国有色金属行业知名专家学者组成的作者队伍，所有出版工作紧密围绕此进行。即实现了使出版社深层次参与高校的"双一流"建设，直接服务高校优势学科的同时又发挥了学校学科优势，达到获取优质内容资源的目的。

二是深度融合，流程再造。

有色金属出版分社推动了出版社优质内容资源与数字技术优势的结合，集传统编辑与技术骨干于一体，实现了传统出版与新兴出版在内容、渠道、平台、经营、管理方面的深度融合。分社成员包含技术人员、核心研发人员、综合运营人员、数字出版编辑、融合出版编辑、产品经理以及数字加工人员等。出版团队年龄结构合理，职能分工明确，既有业务能手、技术骨干，又有策划运营、产品经理。分社出版业务实现了全流程覆盖，在有色金属领域初步实现了数字化出版流程再造，初步实现了一次制作、多次发布、整体运营。

三是体制机制创新，提高活力和工作效率。

成立单独的分社，并对其实行较灵活的考核与激励制度，在整体考核中明确融合发展相关指标；同时拿出每年收入的一定比例作为研发经费，促进良性发展；为分社成员设计科学的分配体系与职业晋升体系，尽量争取灵活的薪酬福利管理制度，切实履行绩效考核和项目激励，提升成员工作获得感和幸福感。通过这一系列措施，人员的主观能动性得以调动，活力和工作效率得到提高。

作为中南大学出版社的融合出版试点部门，有色金属出版分社牢牢坚持正确的政治方向，严格把控出版质量，积极对接行业需求，在内容与技术上勇于创新，取得了一系列社会效益与经济效益并重、社会效益尤为突出的专业成果，赢得了有色金属行业与出版行业的高度认同。通过在试点过程中进行数字化出版流程再造、对数字资源进行合理加工与管理、研发数字产品并形成销售，同时对数字出版业务开展有效的监督与管理，出版社实现了从传统出版向数字出版的全面转型，促进了自身的融合发展。

参考文献

[1] 中华人民共和国国民经济和社会发展第十四个五年规划和 2035 年远景目标纲要 [M]. 北京：人民出版社，2021.

[2] 国家新闻出版署. 出版业"十四五"时期发展规划 [EB/OL]. https：//www.nppa.gov.cn/nppa/contents/279/102953.shtml.

[3] 中共中央宣传部印发《关于推动出版深度融合发展的实施意见》的通知 [EB/OL]. https：//www.nppa.gov.cn/nppa/contents/279/103878.shtml.

[4] 世界一流学科排名[EB/OL]. https：//www.shanghairanking.cn/rankings/gras/2022.

专业出版社出版融合发展实践与经验
——以中国建筑出版传媒有限公司为例

汪智　中国建筑出版传媒有限公司

摘要： 建工社自2007年成立数字出版中心以来，从数字资源收集加工、数字出版平台开发建设、数字产品纸数融合，到数字子公司成立发展，走过了艰辛的探索之路，本文通过对这些年建工社融合发展相关实践和经验的梳理，总结了专业科技出版融合发展的实施路径。

关键词： 数字出版；融合发展；实施路径；转型探索

出版是出版工作者对图书、报刊、电子、网络、音像等载体所承载的内容进行编辑、印刷、复制以及发行的整体过程，出版承载着知识和文化传播的属性。随着互联网及移动互联网的迅猛发展，出版传播的载体正在不断地发生变化，人们获取知识的途径和方式越来越依赖于线上。面对当下新媒体的日益发展，传统出版和数字出版的深度融合是必然，也是出版机构面临的挑战。

本人所在单位中国建筑出版传媒有限公司（以下简称建工社）2007年成立数字出版中心，以数字资源的收集、加工、整理为基础，开始数字出版及融合发展的探索；2017年，由数字出版中心剥离出数字业务成立数字子公司建知（北京）数字传媒有限公司（以下简称建知公司），利用自身科技类图书垂直行业的优势资源，不断延伸数字出版及融合发展的业务探索。自2012年至今，共申报国家新闻出版改革发展项目库（现国家文化产业发展项目库）入库项目10个，国家财政专项资金项目15个，获得资助资金总金额12068万元，这些项目的建设和运营，坚持平台建设与产品成果并重，为建工社数字出版转型升级和融合发展打下了平台、技术、资源、人才、营销等各方面的良好基础，并逐步拓展开发成体系的专业内容知识资源产品和垂直服务平台，数字子公司建知公司2021年全年销售收入达到了9962万元，2022年全年销售收入近8000万元。总结建工社这些年在融合发展中积累的经验，梳理出探索深度融合发展的实施路径经验如下。

一、做好融合发展整体规划，促进融合发展和服务延伸

（一）明确融合发展整体架构

融合发展的推进，顶层设计至关重要。建工社围绕自身"十三五""十四五"发展规划纲要，制定了"十三五""十四五"融合发展子规划。围绕"一体两翼"的布局，以建工社为主体，建知公司、建设发展研究院为两翼，结合建工社出版融合发展重点实验室、出版业科技与标准重点实验室，依托出版融合对外服务平台，以 ERP 系统、大数据等内部平台等为支撑，构建了符合自身内容优势的专业知识库及知识服务平台，满足了不同专业应用方向需求，拓展服务的延伸，建立了"168N"的架构促进传统出版和数字出版的深度融合。围绕 1 个以"中国建筑出版在线"为品牌的综合数字出版平台，通过"基于 CNONIX 标准的 ERP 系统升级改造及客户端开发工程""建筑领域行业级数字内容运营平台""基于 ISLI 与 CNONIX 标准构建建筑业大数据整合分析应用平台""POD 按需印刷系统""智能编校排系统""网店一体化营销体系"6 个底层技术支撑，"建筑施工资源库""建筑结构岩土库""中国装饰装修 O2O 商务平台""工程建设标准知识资源库""建筑设计专业知识资源库""建造师全程知识服务""中国建筑教育数字化知识服务""中国传统建筑文化服务平台"8 个专业知识库集群及知识服务平台在内容供给侧持续发力，面向建设行业领域策划开发 N 个成熟数字产品（见图 1）。

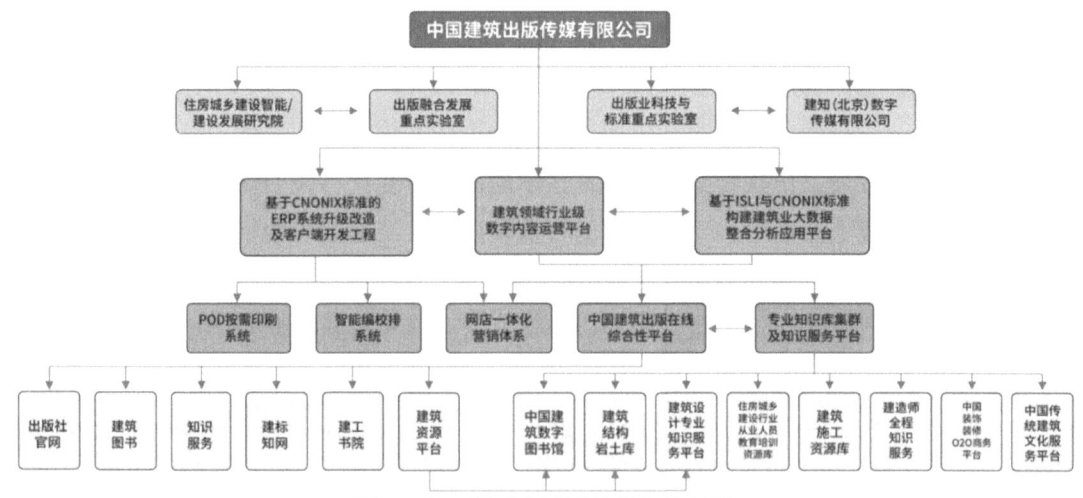

图 1　建工社融合发展整体架构设计

（二）明确融合发展基础平台框架

融合发展的基础必须要靠坚实的技术平台来支撑实现。建工社这些年在平台建设上也走过不少弯路，初期在缺少技术人员和研发能力的情况下，各个数字项目的建设开发都以招投标方式由不同技术公司和不同项目团队合作的方式开展，使得平台多以烟囱式建设方式，形成一座座孤岛，每个平台后续的运维与运营难度也不断增加。建工社在成立建知公司后，通过组建自主技术团队，统筹推进中台建设，按照"资源统一、用户统

一、产品管理统一、电子商务统一"的目标，从数字加工、资源管理、资源发布与运营、移动应用等方面明确了数字化转型基础平台框架（见图2），在出版融合发展基础设施和线上业务平台之间提供统一的运营管理，不断拓展完善用户管理、电子商务、数字内容处理、资源搜索、财务管理、日志统计、系统消息、积分服务、知识社区、系统设置、在线直播、继续教育、知识体系、机构服务等相关功能，为前台产品迭代提供了有力支撑，为后台运维与运营提供了有力保障。

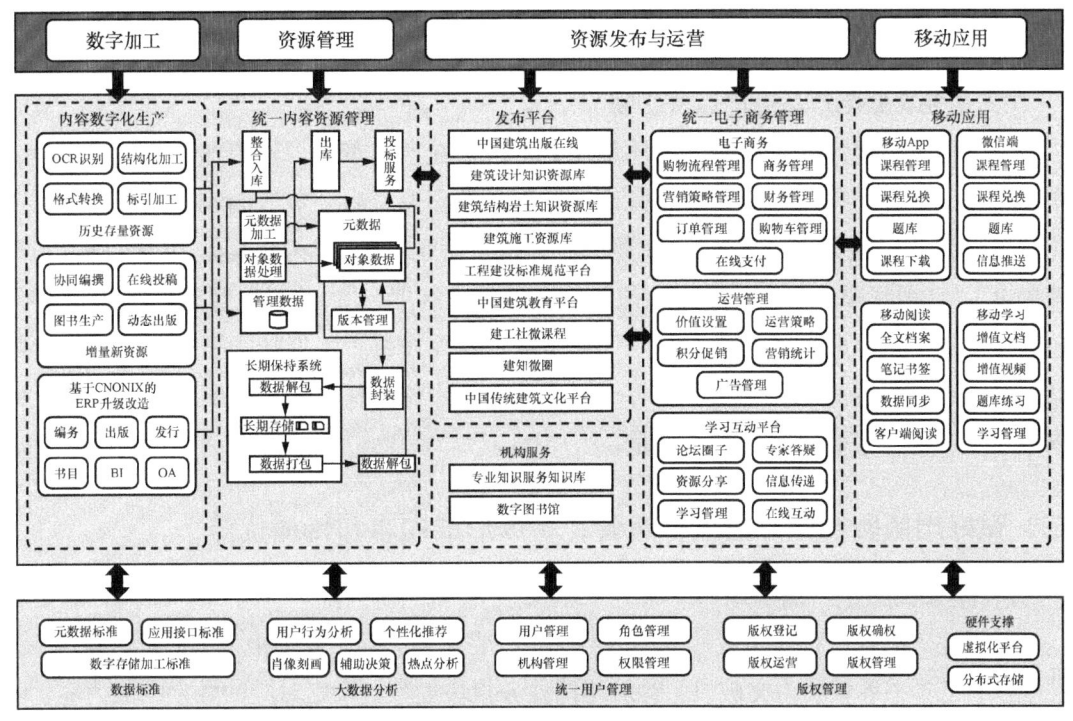

图2　建工社基础平台框架

二、建立健全制度机制，保障融合出版顺利推进

（一）强化组织领导，形成集中高效的决策协调机制

建工社通过建立出版融合项目领导小组决策制度，丰富和完善了出版融合发展管理机制。出版融合领导小组组长由社长亲自挂帅，一把手决策推动融合发展更顺畅、更高效，融合项目领导小组下设领导小组办公室及各个实施工作小组，抓细抓实各个数字项目的建设工作，配套出台了"数字出版重大项目管理办法""数字出版项目团队管理办法""数字出版项目效益考核分配办法""重大项目财务管理办法"等，用制度压实各方责任。在融合出版业务方面加强引导，通过树立和奖励先进典型，鼓励全员参与数字出版和融合发展工作，促进全员融合发展观念的转变，实现全面融合发展和转型升级。

（二）建立人才保障机制

建工社近些年加大人才培养和引进力度，通过培训、岗位锻炼等方式，培养了一批有实战能力的数字出版复合人才；在内容、技术、资本、经营、管理等方面，不断优化出版融合发展人才结构；通过成立全资子公司建知公司，建立子公司"财务管理办法""职工薪酬管理办法""协议工资制职工薪酬管理办法""宿舍费用报销管理办法""补充医疗保险管理办法""年度优秀员工评选办法"等相关制度吸引人才，创新选才用人机制，建立与出版融合发展要求相适应的人才管理体系。建工社建知公司 2017 年成立以来已陆续引进 40 余人，涵盖了专业数字编辑人员、技术研发人员、新媒体运营人员、演播室技术人员等，夯实了数字公司发展的人才基础，逐步打造了一支熟悉新技术、精通出版业务、了解项目运营的人才队伍。

（三）完善数字产品生产运营机制

为了保障数字产品生产运营的质量，建知公司在产品策划、资源加工、技术开发、质量审核、产品入库及上线、版权管理、运营、销售及售后环节，制定"内容资源数字化加工流程及管理制度""全媒体演播中心网络直播管理办法""新媒体内容审核发布管理制度""音视频课程制作加工审核流程及品控管理制度""软件开发管理指南""软件外包管理办法"等系列制度，形成数字产品全流程操作规范，不但加强了全品种资源库数据的完善和科学的管理，也落实了每个业务流程的岗位责任，严格遵照"三审一测"的审核机制，确保了数字产品的高质量。

三、做好出版融合产品建设和运营，持续形成内容和传播优势

（一）拓宽数字产品领域

依托建工社垂直行业领域的刚需内容优势，建知公司以执业资格考试、建筑教育、标准规范、工具书等板块为突破口，针对不同业务板块类型，策划对应的数字产品内容。围绕执业资格考试的特点，开发有针对性的考前知识服务录播直播课程；围绕建筑教育教材，开发有针对性的 MOOC、SPOC 课程，教材配套课件；围绕标准规范板块，开发标准条文结构化检索，标准配套视音频讲解课程；围绕工具书的特点，开发建筑设计案例库。从专业数字内容的策划设计—制作—上线发布—运营销售探索出一套成熟的数字产品建设模式，逐步完善每个环节工作，将成熟模式复制，建立起围绕相关主题内容的完整产品矩阵，并拓展至中国传统建筑文化、BIM 技术、绿色建筑、装配式建筑、房地产、建筑节能、乡村振兴等方向的数字产品，促进数字产品服务内容延伸至各板块、各领域。

（二）推进在线产品建设

2012 年，建工社申请了第一个文化产业专项发展资金项目"中国建筑全媒体资源库与信息服务平台"，推出以"中国建筑出版在线"为品牌的数字出版门户平台，"中国建筑出版在线"成功入围国家新闻出版署 2019 年度数字出版精品遴选推荐计划。面向特定用户人群，陆续建设推出"建工社微课程""i 土木""i 施工""中国工程建设标准知识服务网""建知微圈""中国建筑数字图书馆""建工书院""注册建造师继续教育网络平

台""建知云服务"等细分业务子平台，从 PC 端到 H5、微信小程序、App 全终端覆盖，其中"建工社微课程"微信公众号已有粉丝 350 万人，为一/二级建造师、一级造价工程师、注册安全工程师提供专业优质的数字内容服务，每年视音频课程生产量超过 2000 小时，在线题库累计超 10 万道习题，在线数字产品使用点击超亿次，主要在线产品每两年进行技术迭代保证持续的服务和支撑。

（三）大力发展电子书

建工社在遵循"资源不离社"的原则下，电子书业务开展一直较为保守，只针对亚马逊、可知两个平台进行了部分电子书的业务合作，随着亚马逊在国内电子书业务的关停，目前仅与可知平台有部分电子书授权合作。建工社的专业电子书更多是在自有平台进行销售，分为个人用户和机构用户两种渠道，个人用户主要通过中国建筑出版在线平台的建筑图书板块在线订购，机构用户主要由地区经销商进行线下推广销售中国建筑数字图书馆，每年电子书的销售收入也仅百万元左右。随着读者阅读电子书的习惯逐渐养成，纸电同步日渐成为各大出版社的发展方向，现阶段机构用户如高校馆配采书趋势也明显倾向于购买纸书的同时要求出版社配套相应的电子书。建工社已筹划建立"电子书定价体系策略""电子书效益核算制度"等制度，并审议通过纸电同步工作方案，通过树立全版权出版理念，制定纸电同步出版战略；开辟更多的电子书合作渠道，增加曝光度，多平台多维度地展示电子书资源，大力发展电子书业务，提升电子书收入规模。

（四）加强大数据建设，构建数据服务生态

利用基于 ISLI 和 CNONIX 标准构建建筑业大数据整合分析应用平台的建设（见图3），以大数据采集、挖掘和分析为基本技术思路，充分整合社内 ERP 数据、在线平台业务数据、专家作者数据、用户数据、开卷数据、互联网内容数据，依托整体业务进行数据模型设计，形成集数据采集、数据接入、数据拉通、数据治理、数据服务为一体的标准化数据处理流程，快速支撑上层业务，辅助数字出版业务运营决策，建成管理驾驶舱、个性化推荐、辅助编辑选题策划与决策、专家作者库、辅助印数决策、数据门户 6 个数据应用。管理驾驶舱：展示我社旗下出版、发行、零售业务的核心指标，方便管理层随时随地掌握数据。个性化推荐：针对不同用户的不同行为，实现千人千面的个性化推荐。辅助编辑选题策划与决策：通过可视化图表展示销售和评论数据，结合互联网采集相关联图书信息，辅助编辑们进行选题的策划和决策。专家作者库：通过采集建工社图书作者信息，以及互联网电商网站建筑类图书数据来识别作者，再采集已识别作者的相关信息，形成我社的核心资产专家作者库，并持续更新信息。辅助印数决策：通过构建新书相关书印数查询及重印书预警模块，提升营销中心印数岗同事工作效率。数据门户：将各个在线业务应用集中在一起，提供运营指标分析，形成统一整体并配置权限。大数据平台已接入 10 个系统平台的数据，共计 1217 张表，1.3 亿条数据，每月采集用户行为数据 530 万条，采集内容数据 225 万条，很好地支撑了传统出版业务辅助决策和

数字出版运营的优化提升。

图 3　大数据分析应用平台架构图

（五）加强技术研发，发挥支撑作用

建工社建知公司通过自主人才招聘，经过 4 年时间，从最初只能依靠技术公司进行项目开发，到建立起近 20 人的独立技术研发团队。目前所有数字产品全部依靠自主研发，累计申请获批了 22 项软件著作权，在第十届中国数字出版博览会上，建知公司自主研发的"知阅阅读器"获"创新技术"荣誉。通过自主研发的基于 Spring Cloud 的微服务体系框架，建立运营中台、用户中台、微信中台等中台架构，探索出了新的数字内容技术解决方案，支持了更加丰富的品种，实现了与用户的多样化互动。通过走技术创新、业务创新的高新技术发展道路，建工社大幅提高了自身的技术研发能力，形成了企业核心自主知识产权。建知公司在 2020 年 12 月获得国家高新技术企业认定，2021 年 11 月又获得中关村高新技术企业认定，成为双高新技术企业（见图 4）。

图 4　建工社高新技术企业证书

（六）构建系列企业标准，规范业务流程

建工社在数字化转型及融合发展探索过程中，重点关注加快数字化转型升级、传统业态与新兴业态融合发展等推动产业升级的相关企业标准的起草制定工作；规划顶层设计，建立我公司标准体系动态维护机制，保证标准体系能够对产业需求及时作出响应，充分发挥标准化对产业发展的支撑作用。以标准为引领，促进科技与出版融合发展；以标准为基础，构建我社数字出版质量保证体系；以标准为支撑，提升我社知识服务水平。通过开展一系列应用技术及相关基础应用标准的研究，充分发挥科技的引领和支撑作用，利用以数字化、网络化、智能化为基点的技术，加快新技术运用与新产品的开发，推动产业全面转型升级，实现传统出版与新兴出版的深度融合。

通过对内部业务系统的分析，对用户、电子商务、内容数据、运营等方面需求进行统一标准化，规划出台 12 项企业标准。"Q/CABP1—2018 内容资源唯一标识符规范"规定了建工社内部数字资源唯一标识符系统的体系框架、语法规则、命名原则、解析原则、管理原则和扩展原则等内容，通过内容资源唯一标识符的应用，建工社在"中国建筑出版在线""建工社微课程"等众多平台上完成了成品数据的有序管理，为科学有效地管理数据提供支持；在调用同一资源的不同产品类型和格式数据时，为内容资源的一站式检索奠定基础，为产品数据定制新的出版产品提供支持，同时作为关联相关内容资源ID 嵌入其他编码中，为纸质和数字出版产品的有效关联提供支持。

在数字资源的管理源头上针对元数据描述、资源封装入库规范建设，通过"Q/CABP 2—2018 内容资源元数据规范-图书资源""Q/CABP 3—2018 内容资源封装规范-图书资源""Q/CABP 5—2020 音视频资源元数据及封装规范""Q/CABP 6—2020 试题资源元数据及封装规范""Q/CABP 7—2020 课程资源元数据及封装规范"系列针对不同类型数据的规范建设，对元数据结构、元数据描述、元数据扩展等进行标准化定义；对不同存储介质中数据的存储与交换方法、数据存储的需求及其定义方法、数据格式要求和存储实现技术等进行标准化定义；规范了建工社音视频、试题、课程资源的范围，元数据技术规格，描述元数据、管理元数据、元数据扩展规则，对存储在存储介质中数据的存储与交换方法，数据存储的需求及其定义方法、数据格式要求和存储实现技术等都进行了标准化定义。

在融合发展及知识服务的业务探索上，通过建设"Q/CABP 8—2020 知识体系描述与标引规范"规定了基于建设行业内容资源而构建知识体系的总体结构、知识体系描述、知识单元、关联关系描述、分类体系、知识体系技术规格、知识标引的目的、功用、原则、素材、对象、类型、规格、标签选取原则、方法、流程及质量等。结合知识体系与相关数字资源内容，利用"Q/CABP 9—2020 关联关系描述规范"规定了中国建筑工业出版社数字内容资源关联关系的总体结构、元数据、源和目标、关系、呈现等，结合我社以建造师相关知识体系建设编制的"Q/CABP 10—2022 本体模型建设规范""Q/CABP 11—2022 知

识体系建设规范""Q/CABP 12—2022 知识化标引规范"3 项企业标准，将各类内容资源和应用功能通过知识体系一定位和统一描述，使内容资源有机地整合在一起，面向用户提供基于建造师知识体系支撑的自适应学习系统，提升用户的学习效率，多维度辅助记忆理解，真正将知识服务能力落地应用到实际业务中，实现社会效益和经济效益的双丰收。

（七）强化图书增值服务内容建设

为纸书赋能是建工社在融合出版发展中一直坚持的方向，始终保持以内容为核心和出发点，创新技术手段和产品形态，提高传统纸质图书附加值，提供更多、更好的增值服务，完善"立体化"图书建设，特别是在重点品牌图书上，开发音频、视频、直播、题库、图片、课件、VR、AR 等多种形态的数字增值产品，形成传统和数字出版融合发展业态，传统出版为数字出版提供内容资源，数字出版反哺传统出版，带动传统纸质图书销售。

（八）充分发挥国家级实验室作用，推进研究成果转化

"十三五"期间，建工社获批"出版融合发展重点实验室"和"新闻出版业科技与标准重点实验室"，并陆续获得标准应用示范单位和科技应用示范单位的称号。依托两个重点实验室，围绕研究方向组织开展建筑专业领域内容资源库建设及服务研究，开展模式创新实践，探索适合出版融合发展的新的盈利模式、产业模式、发展模式。紧跟内容付费、复合出版、在线教育、知识服务等行业动态，实现多次生产多次增值、衍生品产业链延伸，探索形成成熟盈利模式。以服务国家发展战略、服务住房城乡建设部和国家新闻出版署中心工作、服务行业发展为己任，依托建工社深厚的专家和内容资源优势，以需求为导向，以内外结合、跨学科合作、协同创新的运作模式和合作交流机制开展研究咨询工作。推动产学研一体化发展，加快技术成果的应用推广，使成果转化为推动产业高效益发展的生产力，为传统出版和新兴出版融合发展提供智力支撑、技术保障和先进经验。

未来建工社融合发展主要目标是以出版融合发展实验室为创新模式和顶层设计机构，以科技与标准重点实验室和建知（北京）数字传媒有限公司为具体落地实施机构，开展融合发展工作；运营完善"中国建筑出版在线"平台和专业知识库集群，以数字产品为导向，以双效益为目标，实现传统出版与数字出版融合发展，实现由内容提供商向专业知识服务商的转变。回望走过的路，融合发展的路上，有坎坷崎岖，有挫折失败，也有胜利喜悦，在憧憬中展望融合发展，融合的是形式和形态，不变的是内容核心，要始终保持对内容创造的"初心"；融合发展是一个持续的过程，要始终保持进行道路的"耐心"；新技术的不断迭代，带来融合模式的不断创新，要始终保持探索的"创心"；出版人承载着知识和文化传播的重任，要始终保持知识传播者的"恒心"。

（原文首发于《出版广角》2023 年第 3 期）

刍议推动未来科技期刊创新发展的技术趋势

沈锡宾　　《中华医学杂志》社有限责任公司

摘要： 科技创新与科技革命不断影响着社会的发展进程，已逐渐成为影响和改变世界经济格局的关键变量。科学技术在历史上多次推动了科技期刊的发展和变革，也将在未来为科技期刊的腾飞带来新动力。我们认为未来科技期刊技术方向有七大发展趋势，分别是以人为中心、开放科学、人工智能、大数据、可获得性、互动和融合。作为科技前沿技术发展的排头兵，科技期刊应以更加开放的姿态迎接新兴技术带给我们的助推力，以饱满的热情去开创新的融合出版形态，为读者和用户提供更好的服务。

关键词： 科技期刊；开放科学；人工智能；大数据

科技创新与科技革命不断影响着社会的发展进程，已逐渐成为影响和改变世界经济格局的关键变量。在科技期刊出版界，应用新兴科学技术增强科技期刊的出版服务能力，强化范式创新，以此实现我国科技期刊质的飞跃已成为行业发展的共识。现今，中国整体科技水平已迈向国际一流梯队，国际论文产量连续十几年处于全球第二，论文质量逐年提升，正在成为全球科技论文产出的大国和强国。此外，中国科技期刊的各种利好政策接踵而至，党中央和主管部门的政策引导、资金扶持和评价体系改革等，带动了科技期刊学术组织力、人才凝聚力、创新引领力和国际影响力的显著提高。

风好正是扬帆时。借力科技进步和国家政策赋予中国科技期刊的能力和力量，扬鞭追赶乃至部分超越国际科技出版巨头是时代交付给科技期刊人的重托与期冀。为了达成"中国科技期刊综合实力要跃居世界第一方阵，科技评价的影响力和话语权明显提升，成为世界学术交流和科学文化传播的重要枢纽"这一主要目标，我们必须充分理解技术突破给科技期刊带来的实质性改变，必须不断地在实践中总结，在总结反思中前进。以下是笔者结合近年来工作实践和行业认知后的几点浅思，抛砖引玉，望与各位同道达成共识。

一、"以人为中心"将催生科技期刊的范式革命

STM 旗下的 STM Future group 每年发布学术出版领域的技术趋势报告，最新报告的主题为"以用户为中心"（focus on the user），认为未来学科出版的技术发展都将围绕着"用户"展开。十几年前，我们尚为信息泛在化击掌相庆，但反过来说这也是场灾难：一个信息严重过载的时代。每年全球发布新歌 600 万首，发表文献 300 万篇，已经远超人类收听、观看的极限。这提示我们要以更好的方式协助寻找真实的需要，需要更人性的搜索工具，更适合的分析工具。

在这个注意力稀缺的时代，时间是绝对刚性约束的资源，"国民总时间"是有限度的，没有哪一项技术可以增加用户的注意力时间。未来互联网的商业模式变化趋势之一就是要更好地帮助用户节省时间。将来，只有传播方式更高效、获取方式更智能的科技产品，才能赢得用户的芳心。对中国科技期刊界而言，如能更好地下沉产品/服务，探求用户的真实想法，不断提供知识服务而不只是信息服务，提供解决方案而不只是文档资源，让用户能轻松地从日益复杂的问题中找到答案、寻找真谛，那我们就做到了"focus on the user"。

二、重视"开放科学"运动对于科技传播的推动作用

我们已进入一个以分享为乐趣的时代，分享经济成为现代社会的一个重要价值观念；但须明确，分享经济的核心并非分享，而是协作，即以一种规模化的方式协作，且这种规模是前人无法想象的。未来分享的趋势所在不仅仅是分享设备，而是如何让成千上万甚至上亿的人，以一种合作的方式进行交互。这将产生巨大的价值和财富，带来颠覆性的社会变革。

20 世纪末，国际科学界就提出了"开放科学"这一概念，现在国际出版商巨头大多认为这是一个更为重要的驱动力，甚至可能会带来学术交流的系统性变革。欧盟的 FOSTER 将开放科学定义为"以其他人可以协作和贡献的方式进行的科学实践，包括研究数据、实验室笔记和其他研究过程，允许免费获取、重用、再研究，且其基础数据和方法可以再分发和复制"。开放科学比开放获取更宽泛，因为前者关注整个研究的开放性，后者仅局限于科研成果刊出物的获取。科学共同体普遍认为这是科学传播该有的本来面貌，他们辛苦获得的成果和思想结晶理应成为全球的财富，而不应成为少数科技出版寡头的获利工具。

2020 年肆虐全球的新冠肺炎疫情扩大了开放科学这一概念在科学共同体中的知晓度，坚定了政府、主管部门、科研机构和科学共同体的实践决心，诸如"预印本平台"之类都成为公共舆论的热议词。未来，更多科学技术和创新模式将会围绕"开放科学"展开并加速其发展，甚至有可能成为某些领域的主流传播模式。

在开放科学成为科技成果传播的一大可能趋势时，我们还需关注知识产权正在保护和激励创新，尤其在科技领域更需要关注创新的首发权问题。目前可以用来确定科学家首发权的热门技术莫过于区块链技术，它具备去中心化、可追溯、可验证、不可篡改等特征，如果将其应用于科技成果的网络出版，可保证科技成果的首发安全和学术信任，杜绝学术不端事件。

三、人工智能如影随形，成就更好的科技期刊

作为人工智能时代的标志性事件，2016 年 AlphaGo 压倒性地战胜了人类顶级的棋手；在视觉领域，人工智能已经把人类远远地甩在后面。未来人工智能必将推动科技期刊的全流程发生根本性的变革。例如：科研人员可借助人工智能进行更好的科研设计和投稿指导；在论文的写作和润色方面，人工智能可帮助科研人员完成数据的组织、统计和文字修订；对于编者和审者而言，人工智能可以有效协助开展选题策划，从大量稿件中遴选出更优秀和更具话题性的文章；通过人工智能进行文字和图片比对，可有效避免抄袭事件的发生；对于非英语体系的期刊而言，人工智能可以帮助完成自动翻译而无须双语出版；对于读者而言，基于人工智能提供的服务可获得更好的个性化服务，避免耗费大量时间去查询和定位文献，快速找到专业性问题的解决方案。

至于未来编辑是否可能被人工智能替代一事，笔者认为不必过分恐慌：编辑从事的并非重复性很高的工作，作为创新性与服务性兼备的职业，编辑被人工智能替代的可能性相对较低。但编辑工作还需做到人工智能和人类智能的紧密结合，将重复性特别高的工作，比如排版、文字校对、智能标引、精准推送等交由人工智能去处理，将创造性高的工作提炼出来留给自己。

四、大数据是学术出版和学术评价的核心资源

大数据以其容量大、类型多、存取速度快、应用价值高的特征，正日益对全球生产、流通、分配、消费活动以及经济运行机制、社会生活方式和国家治理能力产生越来越重要的影响。"十三五"和"十四五"规划相继提出实施国家大数据战略，全面推进我国大数据发展和应用，加快建设数据强国，推动数据资源开放共享，释放技术红利、制度红利和创新红利，促进经济转型升级。未来，数据将成为生产资料，计算则是生产力。

在 2020 年新冠肺炎疫情的防控体系建设中，大数据的应用发挥了至关重要的作用，为我国打赢这场百年难遇的传染病阻击战立下了赫赫战功。在科技期刊领域，大数据的作用日益凸显，未来发展的核心资源建设必然要基于大数据的应用。设想一下，如能将科研生态的所有环节无死角地记录下来，那将会产生无与伦比的应用场景；如能引入科技期刊论文的同行评议过程，大数据就可以协助我们更快地发掘科研工作者的前沿研究，

更好地判断科研工作的价值及其可信度，帮我们构建更准确的用户画像，提供更客观的评价方式等。从读者的角度出发，借助大数据技术平台提供的广泛的协作物理空间，读者能获得全面的信息和知识展示，更深层次了解科研过程的真相，准确判别事物的发展规律，获得更好的决策支持，加速科研成果的转化及迭代。

应该说，大数据为人类提供了全新的思维方式和探知客观规律、改造自然和社会的新手段，在拥有充足的计算能力和高效的数据分析方法的前提下，将有可能发现和理解现实复杂系统的运行行为、状态和规律。未来谁掌握了大数据应用的技术，谁就可能更好地发现科技期刊的运行规律，占领科技期刊发展的制高点。

五、可获得性是科技期刊的基本要求

近 30 年来，学术出版最大的转变之一是数字化，我们已经无法摆脱互联网环境下数字化浪潮带来的影响。有专家甚至认为，倘若科技期刊的内容没有通过网络传播，那该内容可以认为不存在。科研人员离不开计算机，现在更离不开移动设备，他们要随时随地取用资源和信息。

随着 5G、物联网、大数据、智能可穿戴设备等技术的高速发展，类似的趋势将变得越来越明显，人们会发现越来越多的屏显设备在周围出现，不同的屏幕之间形成生态系统。未来的科技期刊可能会有不同屏显终端的显示效果，无所不在、无时不在并且应景而变、应人而变。科技期刊的优质学术内容将成为科技公司争夺的资源，在各种类型的设备和各种业务的应用场景中以千变万化的方式被呈现、被消费。

六、互动是科技期刊对外服务的初心

互动的影响力可能和人工智能一样深远。我们已经经历了从纸质的平面投放，到网站的平面输出，再到社交网络的互动交流，人与机器的交互界面开始变得密切而具人情味。我们难以想象未来的计算机会变成什么样子，但从手机的演进过程看，它们可能会变成身体器官的延伸，你可能通过手势、语言、眼神、表情实现很多无法通过文字和键盘实现的反馈和语义表达。而这也正是科技期刊服务的初衷：将有价值的内容传递给有需要的人，越快越好，越真实越好。

虚拟现实、增强现实、混合现实技术可以实现现实和虚拟的混合，尽管现在我们还需要复杂和繁重的机器，但未来这些设备和机器将变得更为精巧，有些可能会成为人体的"一部分"。它能够接收外界刺激，识别人体反馈，发送人体指令去执行个人的意识操作，完成对目标客体的学习和控制。

科技期刊需要一个蜕变的过程，从一本静态的出版物变成可看、可听、可摸、可对话的"活着的对象"（living object）。它可能幻化成可交互的平台，也可能是知识服务类工具，还可能是一部植入式设备。

七、融合是科技期刊持续进化的终极形态

经济学家发现，全新的东西很少，大多数创新都是现有事物的重新组合。融合创新就是将各种创新要素创造性地融合，让各创新要素互补匹配，从而使创新系统的整体功能发生质的飞跃，形成独特的不可复制、不可超越的创新能力和核心竞争力。譬如前文提到的一些关于科技期刊技术创新和服务创新的设想，包括期刊形式的变化、运营模式的变化和传播媒介的变化等，所有这些变化都将是科学技术创新发展、多措并用的新产物。

融合的前提是解构，首先是要做一个拆解，把它拆解成非常原始的状态，再以另外一种方式进行重组，之后不断进行这样的循环。其实期刊本就是融合的产物，但未来我们要面向更宏大范畴的融合。正如 2014 年在中央全面深化改革领导小组第四次会议上，习近平总书记就媒体融合发展发表的重要讲话，讲话内容深刻阐述了媒体融合的工作理念、实现路径、目标任务和总体要求。这为媒体人、科技出版人指明了方向：遵循科技期刊传播规律和新兴媒体的发展规律，强化互联网思维，坚持传统媒体和新兴媒体优势互补、一体发展，坚持以先进技术为支撑、内容建设为根本，推动传统媒体和新兴媒体在内容、渠道、平台、经营、管理等方面的深度融合。

八、结语

作为支撑知识创新和知识利用的重要传播载体，科技期刊的发展关乎国家科学文化的繁荣发展和软实力建设。科学技术在历史上多次推动了科技期刊的发展和变革，也将在未来为科技期刊的腾飞带来新动力。科技期刊作为科技前沿技术发展的排头兵，理应未雨绸缪，以更加开放的姿态迎接新兴技术带给我们的发展红利和巨大助推力，以饱满的热情去开创新的融合出版形态，为读者和用户提供更好的服务。这也正是我们科技期刊人践行党和国家"要办好一流学术期刊和各类学术平台，加强国内国际学术交流"要求、建设科技期刊强国的使命担当。

（原文首发于《编辑学报》2021 年第 4 期，本次收录有部分修改）

科技期刊出版融合发展的挑战与思考

陈培颖　中国科学院自动化研究所

摘要：在当前媒体融合的大趋势下，科技期刊的融合发展还处在探索和尝试阶段，也面临着一些突出问题。究其根本，大多数科技期刊已经习惯于多年来形成的媒介运营模式和固化的体制机制。科技期刊编辑需要走出"出版"的小圈圈，走进"传播"的大圈圈，转变思路、开拓创新，形成跨圈思维、跨圈合作模式，才能在出版融合中获得更多发展契机。

关键词：科技期刊；出版融合发展；集群化

2015 年，国家新闻出版广电总局、财政部印发了《关于推动传统出版和新兴出版融合发展的指导意见》，强调出版业要将内容生产、出版服务、数字平台建设、传播渠道拓展等方面作为出版融合的重点工作。2022 年，根据《出版业"十四五"时期发展规划》，中共中央宣传部印发了《关于推动出版深度融合发展的实施意见》，意见从战略谋划、内容建设、技术支撑、重点工程项目、人才队伍、保障体系等六个方面提出了 20 项主要措施，对出版融合发展的目标和措施等作出全面部署，提出了明确要求。出版融合发展已上升到国家重要规划层面，受到国家高度关注。

科技期刊作为科学成果交流和传播的主要阵地，直接体现国家科技竞争力和文化软实力。一直以来，中国科学院作为各所主办期刊的主管单位，致力于借助媒体融合提升期刊在科学传播中的影响力：自 2018 年以来，中国科学院自然科学期刊编辑研究会每年将融合发展作为研究课题选题的重要方向之一，鼓励院内科技期刊编辑通过研究和实践探索融合发展的方法和对策；2019 年，中国科学院召开了融媒体时代科学传播工作研讨会，旨在把握"新媒体、融媒体、微传播"时代的科学传播工作现状、问题、趋势和措施，这为科技期刊编辑带来了更多有价值的经验。

可以看到，科技期刊从"传统出版"到"融合发展"已成为未来不可避免的发展趋势，明晰当前问题与困惑，学习出版融合优秀案例，探寻出版融合发展的对策与方法将是科技期刊编辑的紧迫任务之一。

一、当前问题与困惑

科技期刊出版融合发展还处在探索和尝试阶段，也面临着一些突出问题。比如：动力不足的问题，编辑部缺乏居安思危、求新图变的紧迫感，对融合出版工作缺乏积极性与主动性；思路不清的问题，编辑部未进行融合出版工作的顶层设计，"路线图""施工图"不明晰；工作方法的问题，传统业务与融合发展业务是"两张皮"，仅仅是将现成内容进行简单的搬运，没有实现内容的深加工和多角度利用，内容尚未真正融合贯通，工作量也较大，阅读量和使用率大都不高。其主要的阻力障碍和发展瓶颈包括以下方面。

1. 动力激励不足

目前，对于科技期刊学术传播能力的评价中，影响因子是主要评价指标之一。虽然国内外已推出一些社会化分享的指标，如 Altmetric、领研网推出的"中国期刊微信传播力"，中国知网在《世界期刊影响力指数》中推出的"国际关注量""国内关注量"等指标，但这些评价数据对于期刊全媒体发展影响甚微，并没有达到激励更多科技期刊通过多平台多渠道等融合方式来扩大公众传播范围的效果。

2. 内容形式单一

微信公众号是目前国内科技期刊进行媒体融合的重要渠道之一。尽管我国科技期刊开通微信公众号总量约为 46.35%，但较多科技期刊的微信公众号内容单一，以发表文章内容为主，且语言缺乏二次编辑，真正成为行业大号、有突破性发展或具备广泛传播力的账号较少。同时，编辑部在承受发文量和期刊影响力的压力的情况下，缺乏人力和精力投入到出版融合技术的应用和平台建设工作上。

3. 人才经费短缺

科技期刊编辑部或出版社已逐渐开始设立专职媒体编辑岗位或媒体部门负责媒体融合平台搭建，对融合出版人才的需求也越来越多，但大多数编辑部在人才培养方面还处在边实践边摸索的过程中，比如通过先招聘再培养、行业经验交流、内部传帮带等方法，缺乏系统培训培养体系。此外，出版融合工作往往需要专业技术团队支持，而这对于普通期刊社或单刊是一笔较高的费用。如何在全媒体融合中做到收支平衡，完善经营方式也是出版人普遍关注的问题之一。

当前，媒体面临的竞争异常激烈，出版融合发展的任务极为紧迫。面对冲击，科技期刊在出版融合发展中必须彻底改变自己的思路和做法，创新内部体制机制和业务流程，将基于多渠道、多平台、多形态、多用户设计和生产、传播与推送的内容作为最终的"产品"，探索构建适应融合发展的采—编—发技术平台、工作流程；同时需要培养适应出版融合发展的新型人才，借鉴国内外媒体出版融合发展经验，建立适应出版融合发展的科技期刊出版运行机制。

二、方法探索与实践

出版融合发展需要转变思路，跳出传统出版的固化思维，形成跨圈思维和跨圈合作模式。科技期刊编辑需要走出"出版"的小圈圈，走进"传播"的大圈圈，开拓思路，学习和借鉴新的传播技术、传播理念，坚持守正创新，在内容、技术、人才、管理、运营等方面优化和探索适合出版融合发展的运营模式。

1. 提升内容二次创作和传播效能

出版融合下的科技期刊内容推广和传播需要构建全媒体传播矩阵，根据不同平台发布形式、受众群体阅读习惯进行内容的二次创作。科技期刊编辑需要找准目标、划分层次、精准推送；还要避免照搬论文原文，采用简单易懂的语言、图片或视频，方便读者快速掌握核心内容，以适应新媒体平台的快餐式阅读；同时要学会挖掘出版内容的"周边新闻"，增加科学的前沿性、科普性或趣味性，以便更好地服务领域学者，提升科技信息传播效能。例如，《机器智能研究》瞄准了新闻媒体行业的新型传播方式，以原创短视频的形式，从科普的视角向大众、科技记者介绍人工智能科学领域的研究成果；同时构建面向学者、媒体、跨领域研究人员的多平台的内容发布渠道：期刊先后开辟新媒体、社交媒体、新闻媒体等多种宣传渠道，包括微信公众号、作者微信群、博客、微博、哔哩哔哩等。《航空知识》力推业务骨干参与广播、电视等多媒体的航空航天相关节目录制，打造具有社会影响力的行业专家、意见领袖，并通过学习强国、新华号、央视频、微信、微博、今日头条、抖音、快手等 15 个平台传播内容，进而提升《航空知识》的知名度和认可度，同时也带动了航空科学知识科普和传播。

2. 融合先进数字平台和技术

科技期刊出版融合发展也是内容加工和传播技术的融合应用。大数据、云计算、人工智能等技术开始广泛运用到科技期刊批量信息内容的存储、处理、调配、合成以及知识挖掘、知识服务等方面；互联网、5G、移动直播、H5、图文视频处理等技术也在科技期刊融媒体发展和出版服务中被广泛运用，引领了传播技术的创新变革，丰富了内容的呈现形式。依托先进的数字、互联网、AI 等技术和全媒体融合经验，一部分科技期刊出版单元在内容、生产、平台、渠道、经营、管理等方面进行了优化，树立期刊新颖的传播形象和品牌形象。例如，《长江蔬菜》基于用户需求，较早布局了全媒体融合发展平台。为帮助非研究型的读者快速理解期刊纸媒的文字内容，《长江蔬菜》编辑团队选择了生动形象、通俗易懂、更容易被接受的视频形式，投入资金组建了专门的媒体团队，搭建演播室并添置用于户外直播的无人机，用团队自己的话说就是"通过视频技术，我们呈现了手把手的教学内容"。编辑团队摸索出一套适合期刊的视频策划与制作模式，既确保了视频内容发布的时效、频率及内容质量，也带动了新优产品进行线上教学和展示，实现了社会效益和经济效益的双赢。

3. 培养融合型出版人才

融合型出版人才需要具有互联网思维、创新思维、传播意识，以及融合出版下生产、传播、运营、管理的学习能力和创新能力。编辑是否具有科学传播意识，直接影响到科技期刊在出版融合发展中的参与度。科技期刊作为科研成果发布源泉，其内容获取、生产、发布等流程与信息的传播效果息息相关，这需要出版人融合更先进的数字化平台、全媒体等技术将最新的研究成果快速、准确、有效地传播给公众，以促进科技发展。加强和提升科技期刊编辑的传播意识，将促进科技期刊出版融合的快速发展。

同时，建立健全融合型出版人才的职业培训、绩效考核、职称评审、专业晋升等制度，依据发展需求重新布岗分工，以充分调动编辑人员的工作积极性。以《机器智能研究（英文）》为例，为进一步学习出版融合技术、培养出版融合人才，该刊曾向中国科学院自然科学期刊编辑研究会申请到了"科技期刊全媒体融合发展实践及策略研究"研究项目，会同项目成员调研走访了中央广播电视总台、新华社等 6 家新闻媒体平台和 7 家科技期刊同行，从不同角度调查和研究了媒体融合和出版融合中可相互借鉴的方法和思路。该研究项目还获得了"2021 年度课题三等奖"。2021 年，该刊编辑部与软件公司合作开发线上期刊出版生产云平台，参与了研究项目"科技期刊一体化融合出版关键技术研究与产业化应用"，并获得了北京市科学技术进步奖二等奖，有效促进了编辑部人员的能力提升。

4. 鼓励期刊集群化发展

出版融合对平台、技术、人才的要求较高。相对纸媒的发行，数字平台虽然节省了印刷和投递成本，但新平台功能开发、迭代升级、内容制作、市场推广、媒体团队建设、运营管理等成本较高，因而在短期内很难实现盈利，单刊更是难以承担。因此，期刊集群化发展或出版集群化应用为先进数字平台的引入和融合型出版人才的引进带来了更多便利。例如，由中国科学院主管的中国科技出版传媒股份有限公司开发了 SciEngine 学术期刊全流程数字出版与知识服务平台。这是我国首个集全流程数字出版与国际化传播于一体的科技期刊服务平台，能够实现快速、高质量的出版和准确、及时的推送，改善期刊内容的展示，为科技期刊的国际化传播提供了技术支持。目前，该平台已成功服务了中国 300 多种优秀期刊，大大降低了单刊或小型出版社对数字平台的开发成本，并通过平台集聚和学术引领，加快了期刊协同发展和向融合发展转型的进程。

三、结语

出版融合发展已成为当前传统出版转型的大势所趋，许多科技期刊出版单元在这些方面进行了诸多探索和尝试，也取得了一定的成绩，但其规模相较于传统出版来说体量仍然较小；同时，大多先行探索的科技期刊还停留在对业务板块和工作模式的尝试中，并未在经营模式上做更多的改善和创新。因此，加强顶层设计，给予政策指导和支持，建立健全出版融合人才培养体系，鼓励科技期刊从业人员转变思路、学习创新，将有利于科技期刊在出版融合发展的大时代下，面对行业激烈竞争开拓出更加适合的发展之路。

参考文献

本文部分调研案例来源于作者作为项目负责人承担的中国科学院自然科学期刊编辑研究会研究项目"科技期刊全媒体融合发展实践及策略研究"。

全媒体时代地图出版融合发展的探索与实践

侯笑宇　贺风　中国地图出版社集团有限公司

摘要：大数据时代，数据类型多样、数据量大、语义信息丰富，地图出版如何实现与地图数据的融合，创造新的地图应用，成为我们面临的难题。地图出版应深度挖掘特色内容资源，借力新媒体、新技术打造地图数字化应用新场景，推出一系列体现专业特色的融媒体产品，形成纸质产品与数字产品相互补充、线上线下相互促进的产品线和服务体系，加速推动产业格局进入数字化重构新阶段。通过融合发展和创新服务模式，地图出版将通过数字地图朝着出版服务、文化服务、知识服务、地理信息服务等方向发展，实现立体多元的渠道格局，全面提升社会服务能力。

关键词：全媒体；融合；地图出版；地理信息

地图是传输地理空间信息、认知地理空间环境的图形化表达[1]，是改变世界的十大地理思想之一[2]，只要人类对自己生存环境的认识没有终结，对地图的需求就不会终止[3]。随着大数据、云计算、移动互联、5G等新一代信息通信技术的迅猛发展，数字地图、导航地图、网络地图、移动地图等新型地图的出现对传统地图出版造成了一定的冲击，地图的制作、存储、传播和应用方式发生了巨大改变[4-7]，朝着网络化、普适化、智能化、个性化、多样化方向不断发展。随着手机、平板电脑等移动智能设备的普及，地图与地理信息的应用逐渐深入社会和人们生活的各个方面，无论是从公众的衣食住行，还是政府企业的决策管理、日常工作等，均体现了"地图+""地理信息+"的发展趋势。从另一个角度来看，地图虽然是不可缺少的，但已经不是用户的最终目的，不再是产品的主体，其所承载的信息和服务才是用户的最终目的。地图更多的是身居幕后，作为载体和媒介支撑着多元数据的表达。与其说我们在做地图展示，不如说我们在做以地图为媒介的信息表达；与其说我们编制、设计、开发地图产品，不如说我们在做以地图为特色的各类产品与服务。

全媒体时代是深度融合发展的时代，出版融合发展是一场深刻的自我变革，关键是要解决好"怎样融"的问题。本文以中国地图出版社集团有限公司（以下简称中国地图出版社）为例，从资源融合、技术融合、媒体融合、营销融合四个方面阐述全媒体时代地图出版融合发展的探索与实践。

一、抓住内容根本，做好资源的全面融合和开发利用

无论纸质出版还是数字出版，内容是出版之根。出版融合是以优质内容资源为核心的融合，出版企业只有真正做好内容资源的融合和开发利用，坚持以内容建设为根本，以内容优势为核心竞争力，才能真正实现出版融合。

中国地图出版社面向融合出版，致力于做好资源的全面融合和开发利用：第一，统筹建立集地图出版资源数据存储、管理、交换与使用于一体的应用体系，走出数据孤岛、消除数据鸿沟，有效盘活现有的核心数据资源；第二，全面、深度整合开发地图数据资源，构建权威的全球地图数据库、中国地图数据库、城市地图数据库、历史和古地图数据库、教学地图数据库、旅游资源数据库等核心地图数据库资源，为地图融合出版提供资源支撑；第三，基于地图数据库资源，实现数字地图生产技术工艺的革新，提高制图质量和制图效率，有效支撑各类地图出版物的生产；第四，实现资源的多平台应用，提高地图服务能力，及时为国民经济建设、科研教育、应急保障、新闻报道等领域提供现势性强的地图服务，充分发挥地图服务国家建设的能力。

大数据时代，数据类型多样、数据量大、语义信息丰富，地图出版如何实现与地图数据的融合，创造新的地图应用，成为我们面临的难题。中国地图出版社利用外部资源，将地图资源与其他行业大数据相融合，充分挖掘各方资源价值，延伸服务领域，创新地图应用模式，促进了地图数据价值在不同行业和场景的落地，提升了地图用户的使用体验。手机信令数据是一种新型的时空大数据源，具有实时性、完整性、出行时空全覆盖性等其他数据源不具备的优势，在各类应用尤其是城市智慧治理、人口行为分析中具有独特优势。中国地图出版社通过建设面向行业大数据融合分析应用的地表全覆盖城市地图数据集，将地理数据颗粒度从行政区划下沉细化至社区、院落，甚至单体楼栋，实现了城市地表覆盖情况的精准表达。同时，中国地图出版社将手机信令、人口位置数据与地理信息数据进行融合，结合地图资源库中的地理空间信息和城市居民社会活动属性，构建了清晰、真实、完整的城市人口画像，打造反映城市实际人口规模数量和空间分布特征的人口大数据产品[8-9]，并为政府管理和企业洞察提供地图服务，助力政府和商企向决策科学化、服务智能化发展（见图1）。

地理信息空间数据和手机信令数据的融合，一方面为地理信息数据附加了动态用户属性，提高了地理信息的衍生价值；另一方面使移动用户数据具有更精准的空间位置信息以及丰富的用户行为语义信息，提高了移动用户数据的使用价值，实现了"1+1>2"的双赢效果。未来，中国地图出版社将融合更多的行业数据与地理资源，实现数据增值，推动地图融合出版发展新业态。

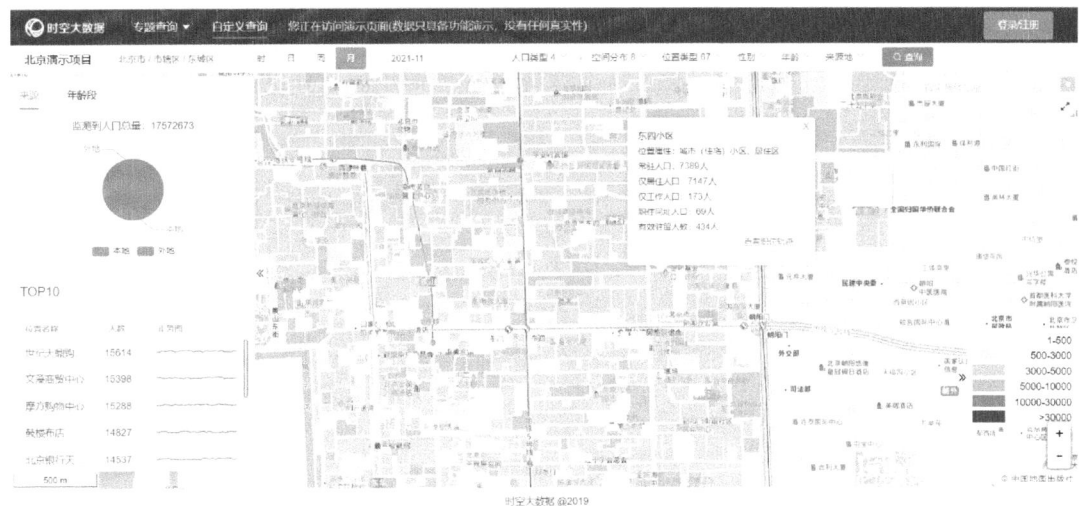

图 1　时空大数据

二、强化技术支撑，推进地图融合出版智能化发展

当前，以人工智能、5G、大数据、数字孪生等为代表的新兴数字技术为各行各业带来了新的发展机遇，对地图出版而言，这些新技术的出现进一步增强了地图的沉浸式应用和可视化表达。中国地图出版社依托新型数字技术，开发出能够为各种应用场景和视觉环境描绘大数据地图表达的制图技术，从而强化地图表达的深度与广度。这些地图可以被应用在各类沉浸式、可感知、精准传达特定空间信息、交互自然的使用场景中，用户可以随时随地地创建和使用动态的、个性化的地图。

传统地图制作基于专业的地图制图理论，不仅存在制作工艺复杂、制图周期过长、重复劳动较多、数据利用率低等问题，而且制作过程缺乏针对性、互动性，忽视了不同用户在不同场景下的多样化、个性化需求。全媒体时代，如何利用深度学习、人工智能等技术推动地图制图突破传统制图的技术瓶颈，朝更快、更智能、更美观、更个性方向发展，成为地图出版要面对的关键问题。对此，由中国地图出版社打造的智慧地图数字出版服务平台应运而生。该平台兼顾多种应用场景，包括基于 PC 端的线下智慧地图数字出版服务平台和基于 Web 端的在线动态制图平台。基于 PC 端的线下智慧地图数字出版服务平台能够运用深度学习[8]等技术，实现智能地图综合、一键快速成图、跨比例尺地图制图等自动化功能，其建立了以地图数据库为核心的现代化地图生产体系，为数字地图提供了有力支撑。基于 Web 端的在线动态制图平台内置了权威、丰富的标准地图资源库，汇集经济、交通、人口、资源和生态环境等多维度专题数据资源，提供专业的制图模板和符号库，用户只需要按照平台提示操作即可制作符合自己需求的专题地图，实现了真正的用户自主制图（见图 2）。智慧地图数字出版服务平台突破了传统制图模式，将需要专业知识才能完成的地图制图简单化、流程化、智能化，较好地满足了专业用户和普通大众对地图及相关内容的应用需求，对地图文化推广、行业融合发展、国家版图知识宣传等发挥了很好的作用，促进了全媒体时代地图出版事业的繁荣发展。

图 2　在线动态制图平台

全媒体时代，实景三维技术、增强现实技术、虚拟现实技术推动了数字地图丰富多元的表达，实现了地图内容的动态化、三维化，给用户带来了置身于真实场景的沉浸式应用体验。由中国地图出版社推出的《VR 助学系列·初中地理》是通过新兴技术和新媒体表现方式，基于 Web VR 技术开发的"纸电联动"的立体化应用产品。该产品利用文本、图形图像、音频、视频、二维平面交互动画、三维立体交互动画等类型的数字资源，有机地将数字资源与纸质教材相叠加，把难以表述的地理学科教学内容进行形象化、直观化、立体化和趣味化表达，让学生更容易理解和掌握相关学习内容。由于 VR 技术具有多维特点，VR 交互比平面图形交互拥有更加丰富的形式，因此产品的交互设计非常重要。团队在本产品的设计中，不仅注重界面操作的简洁方便，而且充分考虑用户全方位、多角度的互动体验，在将抽象的地理知识具象化的设计过程中，尝试用生动活泼的形式展示自然地理现象的过程与原理。如"二分二至日"地球在公转轨道中的位置、昼夜长短的变化等，将静态展示转变为可互动的动态演示，带给用户有趣的、易懂的、多样的学习体验。

"城市映像"是一款基于实景三维平台的城市名片数字产品（见图 3），其以"中国国家人文地理"丛书为依托，通过实景三维真实、具象的展示形式，针对城市要素特征构建超精细表达的城市场景，定制化打造故事线，结合图文、视频、音频等多媒体展示方式，实现真实场景的虚拟再现，打造沉浸式感知体验。该产品在时间上沿着城市发展的历史脉络，在空间上跳出平面宣传城市的局限，在文化上实现地域文化的音、视、文融媒体互动，在形式上实现线下出版物的在线扩充，让用户得以在时空融合中深入了解城市的自然人文内涵，用地图讲好中国故事。

图 3 城市映像——数字城市名片

汗马国家级自然保护区"数字生态云名片"（见图 4），致力于引入融媒体科普技术手段，通过高质量的全景地图、视频、图片、文字等综合信息的可视化表达，打造 PC端、移动端、触屏端、VR 端四位一体的多终端可视化交互系统，在给用户带来视听感官享受的同时，从时间和空间概念上更加系统、便捷、快速地构建起汗马国家级自然保护区的立体概念，传递我国自然保护地体系的生态价值理念。

图 4 数字生态云名片

三、突出专业特色，建立融媒体产品线和服务体系

全媒体时代呈现内容多元化、载体移动化、终端小型化、传播社交化等特征。地图出版要实现全媒体融合，必须加快传统产品数字化改造和智慧化升级，强化新技术应用，催

生新业态产品，从单一纸质出版扩展到电子书、有声书、视频、网络出版、手机出版等全媒体产品[4]。对此，地图出版应深度挖掘特色内容资源，借力新媒体、新技术打造地图数字化应用新场景，推出一系列体现专业特色的融媒体产品，形成纸质和数字产品相互补充、线上线下相互促进的产品线和服务体系，加速推动产业格局进入数字化重构新阶段。

当前，地图融媒体融合和服务的发展方向有以下两种：一种是以主流的线上产品形式如微信小程序为载体，结合线下实体地图探索"地图+数字文旅"的融合发展模式；另一种是结合线上线下一体化产品，以"融媒体+"挖掘和展现文旅资源，赋能文化资源保护利用和文化传播的融合发展新模式。例如，"一张图 豫见老家美好"产品以河南省深厚的文化底蕴为基础，通过 AR 三维立体地图，将河南的文化旅游资源和服务融入到"一张图"中，直观、形象地展示了河南的文化和旅游资源，以新颖、个性且有趣的交互体验引导用户在了解河南文化的同时，激发其到河南实地旅游的兴趣。又如，"中国传统村落特展"以河南省信阳市传统村落为试点，通过实景三维地图可视化地展示了传统村落空间分布及其周边相关的自然生态、人文历史等信息，为传统村落的保护和开发利用提供了数字地图支撑。再如，"长征文物地图"小程序以时空地图呈现全国 1600 余处长征文物、长征路线及长征沿线发生的历史事件，多形式展示和多功能交互让用户能够在"时空地图"中清晰、全面地了解长征文物、学习长征历史，"长征文物地图"小程序实现了"用科技讲好革命故事，用地图呈现优秀文化"，为长征资源展示、长征文化传播、长征文物保护和管理等提供了新思路。此外，该产品协同地方文旅部门探索"地图+文旅"融合发展的新方向，与中小学合作开展线上线下相结合的研学实践课程，同时为文旅爱好者提供了线上学习、实地打卡等能够深度体验长征文化的功能。

四、树立品牌形象，建设全媒体传播营销矩阵

传统的出版业营销大多以产品为中心，主要通过线下实体商店或网上书店实现产品传播。全媒体时代，微博、微信、抖音等新媒体平台以其交互性、社交性等优势颠覆了传统的传播营销，出版业必须主动探索与新媒体营销融合的渠道，充分发挥新媒体的营销优势，优化营销模式，不断扩大用户的覆盖面。

通过统筹推进新媒体业务发展，中国地图出版社形成了以官方微信、微博、抖音为核心，以"地图空间站""地图主题书店"等品牌为抓手，联动集团新媒体账号的新媒体立体传播矩阵。中国地图出版社充分利用短视频、直播、推文、社群等新营销渠道，积极探索流量变现、客户引流和新媒体电商实体产品销售的新路径和新方法，同时加强精准覆盖和互动传播，提炼产品卖点和品牌核心价值，对接销售平台，形成有效闭环，扩大品牌的影响力和传播力。

做好用户细分工作也是全媒体时代传播营销的关键一环。处于不同的地理环境、年龄阶层、文化水平、收入状况的用户群体，对地图产品的需求必然不同。因此，地图出

版企业要建立"以用户为中心"的运营理念，强化用户理念和"用户体验至上"的服务意识，要基于大数据、人工智能等技术深入分析用户画像，细分用户市场，最大限度地满足用户需求，同时激发用户的潜在需求，做到"在互动中服务，在服务中引导"，不断提高用户的关注度、参与度和满意度。

五、结语

习近平总书记强调："发展数字经济是把握新一轮科技革命和产业变革新机遇的战略选择。"未来，数字经济必将带动数字地图高效率、高质量地服务于实际生产和公众日常生活[10]。通过融合发展和创新服务模式，地图出版将通过数字地图朝着出版服务、文化服务、知识服务、地理信息服务等方向发展，实现立体多元的渠道格局，为各个领域提供强有力的支撑，助力各行业向管理精细化、决策科学化、服务智能化、品质优良化发展，全面提升社会服务能力。

参考文献

[1] 郑束蕾. 个性化地图的认知机理研究[D]. 解放军信息工程大学，2015.

[2] 郭仁忠，应申. 论 ICT 时代的地图学复兴[J]. 测绘学报，2017，46（10）：1274-1283.

[3] 高俊. 地图学四面体——数字化时代地图学的诠释[J]. 测绘学报，2004（01）：6-11.

[4] 徐根才，侯笑宇，黄运乾. 全媒体时代数字地图创新与实践[J]. 测绘地理信息，2023，48（01）：6-9. DOI：10.14188/j.2095-6045.20221056.

[5] 任福，翁杰，王昭，等. 关于智能地图制图的几点思考[J]. 武汉大学学报（信息科学版），2022，47（12）：2064-2068.

[6] 王家耀. 地图科学技术：由数字化到智能化[J]. 武汉大学学报（信息科学版），2022，47（12）：1963-1977.

[7] 卢文渊，马炅妤. 移动互联网环境下新媒体地图服务创新实践[J]. 地理空间信息，2022，20（09）：23-27.

[8] 陈光耀. 以"四个延伸"推动全媒体时代的主题出版融合发展[J]. 中国编辑，2019（11）：77-81.

[9] 侯笑宇，司连法，王梅红，等. 结合手机信令数据和地理空间数据的居民职住信息识别[J]. 测绘通报，2019（05）：139-142.

[10] 夏学平，邹潇湘，贾朔维，等. 加强数字化发展治理 推进数字中国建设[J]. 服务外包，2022（04）：60-62.

（原文首发于《出版广角》2023 年第 3 期）

快慢之间有中读——融合项目的成长依赖公司的整体转型

俞力莎　生活·读书·新知三联书店有限公司

摘要：《三联生活周刊》推出三联中读 App 作为融媒体转型的起点，在内容"快消化"的时代，借助"快慢之间有中读"这样一个理念，去探索新介质背景下生产与传播的创新之道，形成了包括杂志、App、微信、微博等各种新媒体在内的内容分发矩阵。

关键词：三联生活周刊；三联中读；知识服务；融媒体转型

三联中读 App 于 2017 年推出上线，2018 年实现内容单点突破后，2019 年继续以内容为龙头，同时加强渠道运营和技术革新，形成内容、渠道、技术三轮驱动；2020 年在持续提供优质内容、不断优化服务的基础上研究探索人工智能技术在内容生产以及知识服务上的应用，努力寻找新的赛道，以应对市场变化并实现产品升级与用户破圈的目的，以"人文之光：人文知识好课榜 TOP100"的发布为契机，从以销售原创课程为核心的内容生产商，进一步向吸纳全网优质内容的人文知识平台迭代升级。

2021 年，从杂志、音频到图书，三联中读 App 玩转了 3 种常见的知识载体。不少脱胎于三联杂志的优质音频内容被结集成"三联中读文丛"出版。其中一本《了不起的文明现场》入选了"中国好书奖"，并最终获得第十六届文津图书奖。如果说知识付费刚刚兴起的时候，是互联网公司把图书做成了"拆书"的音频产品，那么今天，我们验证了有深度的音频产品还能反向输送优质的出版选题。我们甚至得到了一条更长的开发链条：比如"我们为什么爱宋朝"这个选题，被开发成了两本杂志、两本图书、一门音频课程、一档视频节目……已经初步实现了 IP 化运营。

我们还在继续升级：从自制内容产品到搭建人文知识平台，从单课销售到人群运营，从人文知识到全媒体运转。《三联生活周刊》的数字版在三联中读 App 正式上线，听读一体，纸电同步；三联旗下的其他杂志，如《读书》《爱乐》《少年》，也都可以在三联中读 App 上看到电子版。

复盘过去 5 年的成长路径，三联中读以老牌杂志《三联生活周刊》的转型为起点，为用户提供广泛的个性化知识产品，其目标是构建产品、社区与电商的互联网平台，最终建立开放的知识服务生态，探索出一条传统知识在新介质背景下生产与传播的创新之道。

三联中读除了是三联生活传媒有限公司的一个创新业务，也是三联融媒体的龙头业务，主导"一端两微"的发展。自 2017 年以来，三联生活传媒有限公司除传统杂志邮发和广告之外的新媒体业务收入连年上涨，份额不断扩大，到 2020 年上半年就已超过公司总营业额的 80%。2017 年以来，三联生活传媒有限公司的整体业务（包括三联中读和其他业务）始终保持赢利，"一端两微"健康发展，公司良性的经营状况也为三联中读后续的发展奠立了良好基础。

作为一个融合型项目，三联中读的成长路径，其实就是三联生活传媒有限公司转型路径的一部分。

2017 年 1 月，三联生活传媒有限公司注册成立。公司转型的第一步是将传媒公司变成一家内容传播公司。二者的区别在于对内容的定位不同，前者生产的内容是为传播而生的，其商业模式是靠内容传播形成社会响应和关注，媒体获得内容传播的广告收益。而后者不仅可以依靠内容本身获取收益，更能数倍放大传播效果，获取更高广告价值。想要实现向内容传播公司转型，先要完成传播介质的更新，以及把传播的内容本身变成可销售的产品，也就是传播知识而不是信息。

《三联生活周刊》和微信公众号、三联中读 App 等新媒体产品对新冠肺炎疫情的报道，就是内容生产和传播路径向内容传播公司转型的一个极佳案例。通过一线记者现场报道＋后方记者多维度报道＋过往报道资源库整合＋三联中读音频/抖音短视频等多媒体呈现＋海报设计品牌露出＋肩负物资信息协调工作，疫情之下，三联生活传媒有限公司调动所有资源，用专业的新闻向社会传递真实而负责任的信息。

一线记者现场报道树立了媒体公信力，赢得了大量用户的信任和赞赏。原创内容带来的激增流量，因为这种内容生产与供给有机体的形成，又形成了各个环节系统性的增值流量。比如，为了让疫区用户有更便捷的阅读渠道，三联中读 App 上架 4 期"新冠特刊"相关主题电子刊，并与纸刊联动打通用户信息。通过官方渠道购买纸刊的用户以及全年订户可以免费获赠本期电子刊，三联中读 VIP 会员也可以在会员期内免费解锁阅读权限，4 期电子刊领取数超过 22 万。此外，疫情期间，三联中读抓住被困在家的用户和潜在用户的需求，快速反应：利用自己的媒体化基因组织内容生产，传递疫情消息，提供科普知识、防护指南；灵活制定各种推广策略，联合线上线下不同渠道拓宽用户场景。抓住重大公共卫生事件引起的广泛社会关注，及时将公域流量转化为私域流量，三联中读在危机之中迎来了一个发展的小高潮：2 月新增访问用户 15 万人，新增注册用户 34 万人。

通过形成包括杂志、微信、微博等其他新媒体在内的内容生产与传播矩阵，打通超级平台的渠道通路，三联的新媒体矩阵整体增强了营收能力。

2019 年，《三联生活周刊》微信公众号产出 669 个"10 万+"阅读量作品，平均每天产出约 1.8 个。与此同时，当年微信公众号和有赞店铺产生的总流水首次超过 1 亿元，营收来源包括广告、文创产品、熊猫茶园、纸质杂志、三联中读课程销售等。内容生产、传播介质的变化使公司实现了从传媒公司向内容传播公司的转型，营收构成也因此发生重大改变。来自新媒体的营收占比逐年增长：从 2017 年的 40% 上升到 2018 年的 48%、2019 年的 61%……一直到 2021 年的 78%。另外一组数据更直观：2017 年，三联生活传媒有限公司总营收 1.28 亿元，其中包括广告代理费 7450 万元；2019 年总营收 1.77 亿元，新媒体收入占比达 61%，而 2017 年几乎没有新媒体收入。

在传媒公司的转型战略中，抢占超级平台的头部位置至关重要，无论是之前的微博、微信，还是正在试水的短视频都是如此。《三联生活周刊》正在寻找的下一个低成本超级头部平台可能是抖音、快手，也可能是今日头条、哔哩哔哩。比如，2020 年 1 月 24 日，《三联生活周刊》首更抖音号内容；此后，账号连续发布 14 条短视频，获赞 208 万、增长粉丝数 50 万，播放量最高的一条短视频浏览量达 2132.4 万、点赞数达 51 万。而截至 2020 年 9 月 16 日，其抖音号已经发布 532 条作品，总点赞数达 1711.3 万，吸引 180.2 万粉丝关注。

与传媒公司借助微信公众号、微博、抖音进行渠道变现的方式不同，三联中读项目自身就可以直接通过销售产生营收。但是，产品所在的知识付费赛道这两年整体呈下行趋势，三联中读也面临巨大的营收压力；用技术推动产品迭代的想法出现在公司的规划中。2019 年三联中读开启与微软公司的深度合作，便是基于这样的考虑。然而，目前人工智能推进三联中读迭代的速度和效果还未达到预期，有些是苦于技术本身发展不够难以实现，有些是需要三联中读进一步自我升级以匹配技术发展。但公司决策层坚定地认为，未来传媒公司一定要转变成技术公司，不然很难生存。三联中读项目也必须找到自己的互联网蓝海——以技术驱动进化，将其平台化，以便技术能够迅速介入，推动转型升级。

三联中读上线以来，已聚合了 9 万多篇文章，内容数据量相当于《三联生活周刊》70 年的产量；同时这些内容 80% 以上都是自有版权，为未来的数据发掘和数据资产化奠定了基础。这些内容数据的建立，意味着三联中读内容生产效率的提升，初步具备了形成人文知识平台的基础。当三联中读从一个自制课程平台升级为人文知识类垂直平台之后，就能够容纳更多技术的介入，那么以技术驱动平台升级的做法就有了可能。但如果三联中读只有自己的内容数据，样本量还是太小。只有当内容足够丰富之后，通过技术获取用户的兴趣、偏好、使用习惯，甚至他们获取知识的方式，才会有更多信息和数据作为三联中读下一步迭代的燃料，这也是其迭代的必要基础设施建设。无论是三联中读的课程，还是来自其他平台的课程，在基于互联网的运营过程中将内容数据本身作为下一步平台实现数据化转型的方式，这是我们正在做的，所有布局都围绕数据化战略在进行。

三联中读项目的数据化战略，正是在传媒公司转型第二步（内容数据化）的轨道上推进的。而三联中读项目的更长远规划，也就是传媒公司转型的第三步，则是数据的资产化：我们现在看到的大多数内容产品都是一次性产品，因此要让数据本身成为可以反复使用的资产。

回顾三联生活传媒有限公司这几年的新媒体转型之路，我们的结论是：互联网时代，深度是我们的赛道，速度不是。所以在内容"快消化"的时代，我们希望借助"快慢之间有中读"这样一个理念去进行尝试、探索和创造。

新时代大学出版社融合出版的守正与创新

姜钰　北京师范大学出版社（集团）有限公司

摘要： 新时代大学出版社的融合出版工作如何推进落实，不仅关系发展，也关乎生存。本文分析了新时代我国大学出版社融合出版面临的新目标、新趋势、新举措，重点阐述了大学出版社融合出版的重点任务与路径举措，建议既要坚持在发展定位、价值引领、内容建设、质量保障上的"守正"，又要探索组织架构、管理制度、业务模式、队伍建设上的"创新"，构建与自身相适应的融合出版管理体制与运行机制，推进新时代大学出版社高质量、可持续发展。

关键词： 大学出版社；融合出版；守正；创新

传统出版与新兴出版深度融合，是构建数字时代新型出版传播体系的需要，也是出版企业自身高质量发展的需要。大学出版社占全国出版社总量的近五分之一，是我国出版业的重要力量。新时代大学出版社的融合出版工作如何推进落实，不仅关系发展，也关乎生存。大学出版社要锚定新时代融合出版的新目标、新趋势、新举措，围绕国家发展大局，立足自身优势特色，审时度势、守正创新，构建与自身相适应的融合出版管理体制与运行机制，实现高质量、可持续发展。

一、大学出版社融合出版的历史方位

据中国大学出版社协会统计，我国共有 114 家大学出版社，在全国图书出版社中数量占比约 19%，从业人员占比约 25%，年出版品种占比约 30%，重印和重版占比超过 40%，销售码洋占比近 45%，是中国出版业名副其实的重要力量[1]。新时代大学出版社的融合出版工作如何更好发挥服务大局、统一思想、凝聚力量的作用，如何更好服务所在大学的教学科研、提升学术传播功能呢？要回答这个问题，首先要明晰新时代我国融合出版的新目标、新趋势和新举措。

（一）新目标：从"出版大国"到"出版强国"

2021 年 12 月，国家新闻出版署印发《出版业"十四五"时期发展规划》（以下简称《规划》），明确提出到 2035 年建成出版强国，"这是第一次在国家正式文件中将出版强国建设的时间表、路线图确定下来"[2]，对我国出版业未来发展具有重要战略意义。2022 年 4 月，中共中央宣传部印发出版融合发展领域专项政策文件《关于推动出版深度融合发展的实施意见》（以下简称《意见》），锚定出版强国建设目标，对标《规划》，从战略层面系统谋划新时代推进出版深度融合发展工作。融合出版作为出版业的新兴业态和前沿领域，是推动出版业提质增效、由大变强的新引擎。

中国新闻出版研究院发布的年度报告显示，我国数字出版产业年产值从 2011 年年末的 1377.88 亿元增至 2020 年年末的 1.18 万亿元，9 年累计增长了约 1.04 万亿元，增长率超 750%。数字出版的年平均增速远超传统出版增速。另外，根据对国内 22 家出版上市公司的数据分析，融合出版业务仍未成为大多数出版上市公司的主要营收来源，多数出版上市公司主营业务中融合出版业务在总营收的占比都低于 10%[3]。中国出版企业与欧美发达国家头部出版企业相比，无论是融合出版的营业收入规模，还是融合出版收入在总营收中的占比，都有较大差距，内容、渠道、平台、经营、管理等方面深度融合、一体发展的整体格局尚未形成，建设数字出版强国任重道远。

（二）新趋势：从"融合发展"到"深度融合"

当前，出版融合发展已步入深水区，呈现新趋势、新特征，谁掌握了融合出版的主动权，谁就拥有了未来出版业的话语权。《新闻出版业"十一五"发展规划》首次提出"大力发展数字出版"，强调"积极实施'数字出版'战略，大力发展以数字化内容、数字化生产和网络化传播为主要特征的新媒体"[4]。《新闻出版业"十二五"时期发展规划》提出"以数字出版为代表的新业态已成为新闻出版业发展的新的战略制高点"，要求"进一步加快推进传统新闻出版业数字化转型，加快发展数字出版等战略性新兴新闻出版产业"[5]。《新闻出版广播影视"十三五"发展规划》提出"深化一体发展，推动媒体融合取得新突破"的任务，实施多个传统出版与新兴出版融合发展项目[6]。《规划》提出"产业数字化水平迈上新台阶"的新任务，要求"数字出版、按需印刷等新业态新模式更加多元，精品供给更加丰富，数字化营收占比持续提高，行业融合发展进一步深化"[7]。从"十一五"到"十四五"，出版融合以"内容+科技"双轮为驱动，遵循技术创新和媒介交互的演进规律，从零起步、从无到有、由表及里、由点到面，转观念、做产品、搭平台、建队伍，经历了转型升级、融合发展阶段，正迈向深度融合、提质增效的新阶段。

（三）新举措：实施出版融合发展工程

2021 年 5 月，国家新闻出版署印发《关于组织实施出版融合发展工程的通知》，以出版融合发展工程为重要抓手，系统性推进传统出版与新兴出版深度融合发展。该工程包括产品、企业、平台、人才 4 个子计划。"数字出版精品遴选推荐计划"（2019 年启动）旨在遴选导向正确、内容优质、创新突出、双效俱佳的数字出版精品，聚焦主题出版、大众出版、教育出版、专业及学术出版、少儿阅读服务五个类别。"出版融合发展示范单位遴选推荐计划"（2021 年启动）旨在遴选出版融合的"旗舰单位"与"特色单位"，关注其在技术手段、创新路径、产品体系、组织管理等方面的优势，引导带动出版业全面提升布局融合发展的战略能力与水平。"数字出版优质平台遴选推荐计划"（2022 年启动）主要从发展定位、资源容量、技术含量、运营水平、两个效益等方面进行评价，侧重平台的内容集聚度和模式创新性。"出版融合发展优秀人才遴选培养计划"（2022 年启动）侧重发现优秀人才并加强专项培养和推荐使用，从政治素质、理论水平、业务专长等方面进行综合考量。

2021 年年底印发的《规划》"壮大数字出版产业"板块提出"着力推出一批数字出版精品""大力发展数字出版新业态""做大做强新型数字出版企业""健全完善数字出版科技创新体系"等 4 项重点任务，推出重大出版融合发展项目、文化传承融合出版工程等 6 项重大工程。2022 年发布的《意见》从战略谋划、内容建设、技术支撑、重点工程项目、人才队伍、保障体系 6 个方面提出 20 项重点措施[8]。这些重要举措与"出版融合发展工程"一脉相承、遥相呼应，形成推动出版融合的系列政策"组合拳"，直击融合出版的核心议题，契合融合出版的前沿发展态势，引导全行业形成融合发展的内驱动力和有效行动，是推进融合出版内容创新、技术创新和体制机制创新，深化融合出版供给侧结构性改革的有效手段。

二、新时代大学出版社融合出版的守正

当前，大学出版社正处于从传统出版到融合创新的转型期、从高速度增长到高质量发展的调整期、从生产制造型到知识服务型的升级期。"三期"叠加，新旧矛盾交织，深化改革创新挑战之多、优化转型升级考验之大、高质量发展任务之重前所未有。与此同时，高校企业体制改革正在深入推进，大学出版社从强调产业规模转变为更加强调服务教学科研、提升学术传播功能，从强调"外延扩张"到更加注重"内涵发展"。在此背景下，大学出版社的融合出版首先要"守正"，坚守出版初心、立足大学母体、树立精品意识、传承工匠精神。

（一）价值引领的守正：坚守出版初心

2022 年 1 月，全国科学技术名词审定委员会主办融合出版概念及定义专家审定会，同意将"融合出版"纳入编辑与出版学名词术语表中，并将"融合出版"的概念表述为"将出版业务与新兴技术和管理创新融为一体的新型出版形态"[9]。融合出版是对传统出版的继承，也是对传统出版的创新，但其本质仍是出版，必须坚守出版初心。一是坚持

以习近平新时代中国特色社会主义思想为指导，全面贯彻落实习近平总书记关于出版工作的重要论述，充分发挥融合出版在服务新时代中国特色社会主义事业"五位一体"总体布局和"四个全面"战略布局中的独特作用。二是坚持以社会主义核心价值观为引领，坚持正确的政治方向、出版导向和价值取向，把社会效益放在首位，正确处理社会效益与经济效益、社会价值与市场价值、意识形态属性与产业属性的关系，不做市场和资本的奴隶，不唯流量和利润而出版。三是坚持以用户为中心，基于真实场景和用户刚需，提供更为丰富、更高质量的融合出版产品与服务，满足人民群众日益增长的在线学习与数字阅读的需求。四是坚持高水平国际交流合作，构建中国话语和中国叙事体系，创新出版模式和传播方式，讲好中国故事，传播好中国声音，更好地发挥融合出版在增强国家文化软实力和中华文化影响力中的作用。

（二）发展定位的守正：立足大学母体

大学出版社萌生于大学、根植于大学，一流的大学往往会产生一流的大学出版社。大学出版社的融合出版工作必须立足大学母体，坚守大学出版的教育本质和学术使命，延伸拓展大学的文化传承和社会服务功能。一是做学术交流与科研活动的策划者、组织者与协调者，为大学教学科研及学术交流传播提供专业化、精细化的服务，助力所在大学的学科建设与人才培养。南京大学出版社立足南京大学专家资源和学术优势，推出学术术语数据库、中文学术图书引文索引数据库、中国智库索引数据库等知识服务产品，在学术界产生较大反响。二是做大学知识生产与学术成果的组织评定者、保存者与传播者[1]，将大学优质的学术资源和教育资源转化为出版资源与服务资源，通过优质文化产品的出版，推动所在大学文化思想的传播。中国人民大学出版社立足中国人民大学在哲学、马克思主义理论、中国史等方面的研究优势，策划研发了中国思想与文化名家数据库、"习近平新时代中国特色社会主义思想概论课程精讲"等精品数字出版项目。三是做大学承担国家战略和服务社会的践行者、助力者，拓展延伸大学服务社会的功能。2020年疫情期间，北京师范大学出版集团积极响应教育部"停课不停学、停课不停教"的号召，免费开放"北师数字教材"等融媒体产品和资源，提供24小时服务，保障了数百万名师生的在线教学需求。

（三）内容建设的守正：树立精品意识

出版的主体扩大化、客体多样化、载体多元化并没有改变其必须按照社会规制向公众提供优质内容资源这一本质。融合出版的深层次竞争是内容质量的竞争，精品出版物是出版的核心价值。融合出版精品研发能力是衡量大学出版社融合发展水平的重要指标。大学出版社的融合出版必须坚持"内容为王"，树立精品意识，走精品引领、精品带动之路，构建主题突出、质量上乘的融合出版精品体系。一是找好"生态位"，走差异化、内涵式的"专精特新"发展道路，集中优势资源，深耕某一领域，日积月累、久久为功。北京语言大学出版社依托北京语言大学的学术优势和专家资源，开发形成了面向国际的中文教育和外向型文化产品的特色板块融合出版产品群。二要立足传统出版的头部产品和品牌 IP，对最有优势的内容进行集中、持续的开发。麦克卢汉在《理解媒介：论人的延伸》中指出："任何新媒介的内容都是另一种旧媒介，正如电报的内容是印刷，印刷的内容是文字，文字的内容是言语，言语的内容是思想。"[10]融合出版是传统出版精品的溢出和涌现，是传统出版实力的拓展和延伸。北京师范大学出版集团的"京师书法"项目，依托北师大版纸质书法教材的品牌 IP 资源打造融合出版精品，基于云服务的产品架构，通过科学的课程设计，将优质的教学资源和先进的 AI 评测技术相结合，有效解决了中小学书法教育中所面临的突出问题，已服务 6000 多所学校的近百万名师生。三是面向用户需求和使用场景打造知识产品，持续优化更新、迭代升级，为用户提供优质服务。华东师范大学出版社以教育资源整合开发为核心，搭建了"智慧树教育出版云平台"，并打造了以"华狮"小助手为代表的融合出版产品，有效扩大了教育出版内容的传播力和影响力。

（四）质量保障的守正：传承工匠精神

质量是出版物的生命线，质量保障要贯穿融合出版的全流程、各环节。与传统出版产品相比，融合出版产品所涉及的内容形态、生产流程、传播渠道、服务场景等更加复杂多元，更加需要传承以严谨专注、注重细节、精益求精为主要特征的工匠精神。融合出版产品的质量包括内容质量、编校质量、技术质量、平台工具质量等。内容质量主要是导向性、科学性、适用性、时效性等方面的要求。编校质量主要是合规性、完整性、准确性等方面的要求。技术质量涵盖文本、图片、音频、视频、演示文稿、网页、虚拟仿真资源等不同素材的质量要求。平台工具质量重点关注功能性、易用性、互动性以及内容关联、产品集成、用户服务等方面的要求。

融合出版产品的质量保障有四个关键节点。一是需求评审环节，根据用户调研分析形成详细的产品需求评审文档，产品经理、技术研发、内容制作、UI 设计等各职能人员在研发开始之前就需求进行充分沟通，形成统一意见。二是原型评审环节，各职能人员对原型设计达成一致，明确产品功能、交互方式、业务逻辑。测试人员要从质量管理的角度明确测试方向、测试重点、兼容范围、性能安全等，对产品功能的质量风险进行评估。三是上线测试环节，除对资源内容进行审核外，还须对资源位置、资源匹配度、交互操作、逻辑关系、UI 设计、功能运行等逐一进行审查测试。四是试点反馈环节，通过对产品的数据分析或用户反馈对问题进行分级分类整理，与各职能人员研判，确定优化迭代方向，提出解决方案。

三、新时代大学出版社融合出版的创新

习近平总书记在党的二十大报告中深刻指出，"必须坚持科技是第一生产力、人才是第一资源、创新是第一动力"。创新是各种不同的创意相互拼接、相互碰撞、相互嫁接的过程，是不断突破藩篱、打破边界的过程，是从不同维度、多元视角思考问题的过程。大学出版社要积极适应出版融合发展的要求，立足自身内容特色和专业优势，有效对接出版融合发展创新技术，整合各类资源要素，以市场为导向、以项目为抓手，不断创新组织架构、管理制度、业务模式、队伍建设，逐步建立深度融合、一体发展的管理体制和运行机制。

（一）组织架构的创新：组织体系的持续性变革

融合出版业务与传统出版业务在项目策划、生产流程、业务模式等方面存在较大差异，大学出版社推进融合出版工作必然面临组织架构的优化与调整。组织架构的优化有多种方式，可以通过"微创新"实现业务流的重塑，实现组织的渐进式进化；也可以组建与原有的业务模式"隔离"的新组织，避免内部无序竞争；还可以以项目为驱动，在组织内外快速聚合有效的价值协同者，建立灵活的"阿米巴组织"。北京师范大学出版集团的融合出版经过近10年的探索，走出了一条"数字出版工作小组—数字出版中心—全资公司—股份公司—股份公司+全资公司+工作组"的组织架构进化之路。集团成立领导小组，统筹融合出版顶层设计与规划，下设数字出版工作小组，具体负责融合出版业务的策划、落实、协调与监督，各数字出版中心负责融合产品内容研发，旗下子公司与各数字出版中心协同运营，形成了"各司其职、各负其责、统筹推进、协同发展"的工作机制。在深度融合阶段，还需要进一步以融合出版的理念、制度、实践对整个出版环节进行再造与重塑，推进组织架构继续进化，不再把数字出版部门作为先锋者或独立业务部门，而要实现每一个数字出版中心和分社都是融合出版的业务主体，最终实现你就是我，我就是你，形成"融为一体、合而为一"的组织架构。

（二）管理制度的创新：管理体系的体系化建构

出版深度融合的关键是制定切实可行的管理制度和工作流程。大学出版社应根据国家法律法规和行业标准，结合自身特色和业务发展需要，系统化建构融合出版相关管理制度。一是建立中长期发展规划、年度工作计划、专项工作方案、元数据标准、内容建设标准、资源存储与调用管理、平台管理、新媒体管理、网络安全管理、信息保密管理、专项经费管理、项目论证管理、考核激励管理等体系化制度。二是建立融合出版业务产品策划、调研论证、协同编辑、结构化加工、质量验收、全媒体资源管理等业务流程，健全融合出版项目市场调研与专家论证机制，建立基于数据分析和跨部门协同的用户服务响应机制。三是建立融合出版业务的多元考评和综合保障制度。设立出版融合发展专项资金，制定出版融合发展专项经费管理办法，明确融合出版项目的立项、审批、执行、监督和考核管理细则。制定职称评审管理办法，将融合出版业务人才的职称评审纳入其中。此外，根据融合出版项目投入周期较长、投资金额较大、不确定因素较多等特点，将短期考核与长期考核、单个项目考核与整体板块考核等相结合。同时，"注重引入互联网的指标评价体系，如用户数、活跃度、增长率等，在收入、利润等业绩指标外增加价值评估、成长预期等因素，全方位评价新兴业务"[11]。

（三）业务模式的创新：业务体系的一体化融合

大学出版社的融合出版业务要坚持市场逻辑和商业逻辑，融合出版产品必须自身盈利或助力盈利，实现某一融合出版业务板块的一体化融合、结构性盈利。融合出版项目和产品允许试错，但个别产品的亏损要消化在融合出版业务板块之中，绝不能大规模外溢。一是聚焦优势品牌构建整体解决方案，围绕优质 IP 资源和行业标准，通过一体化顶层设计，结合云计算、人工智能、大数据等技术，按照"需求分析—技术攻关—开发集成—应用示范—规模复制"的实施路径打造融合出版产品，形成特色领域知识服务整体解决方案，为用户提供智能化、个性化、精准化的服务。二是依托智能平台打造线上线下融合模式。依托云端智能平台提供人工智能技术支撑、数据管理、在线更新、资源检索等服务，让用户既能够享受线上服务的高效性、便捷性，又能够享受线下服务的体验性、可信性，形成线上线下互相促进、共同发展的深度融合服务体系。三是基于应用场景提供专业精准服务。依托产品试点区域，通过项目合作、课题资助、区域培训等形式建立全方位、高质量、立体化的产品服务体系，通过高质量的产品培训、针对一线教学的调研回访、召开区域应用示范学科年会、组织数字化教学能力展示活动等方式，为产品推广积累可复制、可推广的经验，打造具有引领性、示范性的样本案例。

（四）队伍建设的创新：人才体系的全方位打造

功以才成，业由才广。人才是出版融合发展这一创新性实践活动的主体，人才队伍建设是大学出版社融合发展的重中之重。大学出版社要通过制定优惠政策、搭建发展平台"筑巢引凤"，依托大学这一天然优势吸纳高水平人才，同时注重内部人才的发掘、培养、打通使用以及外部专家队伍的组建，全方位打造融合出版人才体系。一是加强高水平人才引进，聚焦本单位出版融合发展重大问题研究、重大技术攻关、重大工程建设，制定人才引进管理办法，创新人才引进思路，拓宽人才招聘渠道，通过市场化机制引进高水平融合出版人才，在考核评价、工资待遇、职业发展等方面给予政策倾斜。二是注重内部人才的培养，分层分类制定个性化、针对性的人才培养计划。通过成立融合出版跨部门项目组、工作室等方式挖掘、培养、打通使用内部员工；通过实施融合发展人才专项培养计划，培养产品策划、内容编辑、技术开发、传播运营等方面的优秀青年人才；通过岗位培训、导师引领、课题研究、在职进修等多种方式提升融合出版人才队伍素质，培养创新型、复合型融合出版人才。三是充分借用外部专家资源，依托所在大学的学术研究平台、出版融合发展实验室、行业协会等交流共建平台，遴选、聘请外部专家为融合出版项目进行可行性论证与把关，与专家共同组建工作组、项目组等，通过市场化的手段与专家建立长效合作机制，实现共建共赢共享。

数字技术革命引发知识生产与传播模式的变革，传统出版业正面临全球经济疲软、传播渠道变革、使用场景迁移、生产成本增加等严峻挑战，大学出版社亟须审时度势、守正创新，科学谋划融合出版的顶层设计和发展战略，充分挖掘、开发、转化、出版、传播所在大学的优质原创学术科研成果，构建全方位的融合出版管理体制与运行机制，在出版强国的建设征途中奋力谱写大学出版社的使命担当。

参考文献

[1] 吕建生，赵玉山. 服务大局与高质量发展：大学出版"十四五"展望[J]. 科技与出版，2021（1）：19-26.

[2] 田红媛. 出版业"十四五"规划首定出版强国建设时间表路线图[N]. 中国新闻出版传媒商报，2022-01-11（1）.

[3] 程丽，周蔚华. 2021年出版业上市公司发展亮点与展望[J]. 出版广角，2022（09）：50-59.

[4] 新闻出版总署关于印发《新闻出版业"十一五"发展规划》的通知[EB/OL].（2006-12-30）[2022-10-10].

[5] 关于印发《新闻出版业"十二五"时期发展规划》的通知[EB/OL].（2011-04-20）[2022-09-15].

[6] 国家新闻出版广电总局关于印发《新闻出版广播影视"十三五"发展规划》的通知[EB/OL].（2017-09-27）[2022-09-25]. https://www.nppa.gov.cn/nppa/contents/279/1364.shtml.

[7] 出版业"十四五"时期发展规划［EB/OL］.（2021-12-30）[2022-05-06].

[8] 中共中央宣传部印发《关于推动出版深度融合发展的实施意见》的通知［EB/OL］.（2022-04-24）[2022-05-06]. https://www.nppa.gov.cn/xxfb/tzgs/202204/t20220424_666332.html.

[9] 尹琨. 专家审定"融合出版"概念及定义[N]. 中国新闻出版广电报，2022-01-25（002）. DOI: 10.28907/n.cnki.nxwcb.2022.000270.

[10] 麦克卢汉. 理解媒介：论人的延伸[M]. 何道宽，译. 南京：译林出版社，2022：20.

[11] 宋吉述. 践行出版业"十四五"规划 推进出版融合发展迈上新台阶[J]. 出版广角，2022（06）：25-32.

用数字化做强古籍出版

洪涛　中华书局有限公司

摘要：中华书局于 2015 年成立古联（北京）数字传媒科技有限公司（以下简称"古联公司"），专注古籍出版在数字化领域的业务拓展。公司成立以来，充分发挥中华书局的资源和传统业务优势，开发了以中华经典古籍库为代表的古籍数据库，并开拓与作者合作建设专题数据库的新模式，迅速打开市场并得到了读者用户的广泛认可。古联公司重视利用数字化技术推进古籍整理的自动化，并逐步开展人才培训业务和校企合作，形成了产学研一体、互为助益的产业化模式。古联公司的发展经验给融合发展提供了借鉴，既要发挥企业核心竞争力，又要重视数字化产业与传统产业的融合，始终将技术作为核心生产力，并在此基础上继续探索古籍出版创新性发展的更多可能。

关键词：古籍出版；古籍数字化；数字化技术；人才培养；融合发展

中华书局成立于 1912 年。1958 年，中华书局成为整理出版古籍和文史哲研究著作的专业出版社，整理出版了"二十四史"及《清史稿》点校本、《全唐诗》、《全宋词》、《资治通鉴》等一大批古代文史哲经典文献，享誉海内外。2015 年，中华书局成立古联公司，提出了"再造一个线上中华书局"的愿景，专门致力于开展古籍数字化业务和相关技术的研发，为之后中华书局古籍数字化业务的高速发展奠定了基础。

古联公司成立至今，员工从十几人增加到 90 人，年营业收入从 100 多万元增长到4000 多万元。公司建设运营的"籍合网"成为全国最大的古籍整理出版平台。目前平台拥有国内机构用户 100 余家，海外用户 40 余家，个人注册用户 20 多万人。古联公司在古籍数字化专业服务方面，从数据库产品服务开始，逐步形成了在线编校、技术研发、人才培养、校企合作的产业服务矩阵，为古籍领域的融合出版与创新开辟了一条新路。

古联公司的专业古籍出版融合发展工作主要从以下几个方向展开。

（1）在产业服务集群中，古籍数据库是古联公司的核心产品。籍合网自上线以来，共发布数据库 31 个。其中中华经典古籍库收录了 23 家出版社 20 亿字的整理本古籍资源，充分体现了新中国古籍整理和研究成果，是国内使用最广泛的古籍数据库。中华经典古籍库为了满足不同层次读者的需要，开发有镜像版、在线版、微信版和学习强国版。

除开发出版社的版权资源之外，古联公司充分发挥内容选题策划优势，广泛与作者合作开拓专题数据库，开创了以数据库出版古籍整理成果的模式，加速了大型古籍整理研究成果的问世，开拓了新的经济增长点。这类出版成果包括涉及文字音韵训诂的"小学文献数据库"，拥有 10 万名历代进士人物的"历代进士登科数据库"，古代石刻系列数据库如"宋代墓志铭数据库""汉魏六朝碑刻数据库"，以及"木版年画数据库""甲骨文数据库"等专题数据库。类似的"纸数同步"出版模式在其他出版实践中也被认为是传统出版融合转型的有效模式并引发探讨[1]。

如今已在籍合网发布的产品中包含整理本古籍资源 40 亿字规模，石刻资源 5 万余篇，历代登科人物数据 10 万余条，木版年画 18000 余幅，书法作品 10000 余种，甲骨文卜辞 143856 条。这些资源构成了全国最大的整理本古籍资源数据库，为读者提供了高质量的内容和丰富的选择空间。

配合资源建设，古联公司建设了"中华书局宋体字库"，收录超过 13 万字符，用于解决古籍中各类生僻字的在线检索和显示问题。除了楷书汉字还包括小篆、金文、悉昙梵文、甲骨文等专门字体，超大字符集的建设构成了古籍数字化必备的基础设施。

（2）要做好古籍数字化工作，不能仅仅是利用出版社资源，还要为出版社提供技术支持，加速内容生产。因此利用技术手段加速古籍整理和编辑出版，使数字化流程和纸书出版业务融合发展，成为古籍公司的核心业务。

为解决古籍数据编校工作量大、专业化程度高的问题，古联公司建立了全国第一个古籍整理众包平台。从 2019 年上线服务以来，拥有近 5000 人的在线古籍编校队伍。平台共发布任务 42976 个，处理 14.84 亿字，为多个大型古籍整理出版项目、古籍数字化项目提供编校力量，加速项目进展。在纸书和数据库出版中，在线编校很大程度上解决了基础校对力量不足的难题，为多家出版社的大型纸书和数据库项目提供了数据建设支持。

技术是提升古籍整理和数字化效率的关键。随着人工智能和深度学习技术的发展，大批量古籍文献自动化处理成为可能，自然语言处理技术在古籍数字化的各个层面都得到了较为广泛的应用[2]。因此，古联公司建立了自己的大数据中心和技术部门，专门负责研究古籍整理、编辑、出版的自动化问题。大数据中心用来管理数据建设，提供机器学习的素材。技术部门负责研发技术工具。目前已经投入使用的古籍整理技术工具包括：面向古籍整理的自动标点技术、专业繁简转换技术、专名自动标引技术，面向编辑校对的引文核对系统、文达编校 Word 插件，应用于古籍数字化生产的古籍 OCR（Optical Character Recognition，光学字符识别）技术、在线 XML 编辑器、元数据著录编辑器。这些技术工具的落地应用，以及与众包平台的结合，在古籍数字化整理和编辑过程中爆发出巨大的能量。

为了更好地保证古籍数字化的质量，古联公司制作了包括《数据加工流程总规范》《编辑器数据整理工作规范》《元数据规范》《图像采集规范》《文字采集规范》在内的 26 种数据加工及技术开发标准，以规范业务生产流程。2020 年 10 月，古联公司"古籍数字化标准体系建设"荣获中国质量协会颁发的质量技术奖二等奖。这些标准已经成为多家出版社古籍数字化出版的应用标准，为后续国家古籍数字化工程开展统筹规划与资源整合奠定了基础。

（3）随着参与古籍整理众包的人员越来越多，公司业务有了人才培养方面的新要求。为此古联公司开始建立古籍整理和编辑培训系统——籍合学院，提升参与众包的人员的编校水平，满足广大读者学习古籍整理知识的要求。其在线培训课程包含理论通识课、技能课、案例课、专题知识课，截至 2022 年年底，已有 300 多课时古籍整理专业课程上线。籍合学院的成立填补了出版行业内古籍整理编辑在线培训的空缺，同时也能让古籍爱好者参与到古籍整理知识的学习中来。

2022 年 8 月，结合籍合学院课程，我们发布了首期"中华书局古籍整理训练营"付费课程。读者报名热情远超预期，限定的 150 个名额很快报满。对于向大众提供专业的古籍整理培训，我们此前一直比较保守。但此次通过训练营的受欢迎程度，我们看到了古籍人才培养在大众领域的市场潜力。已报名学员中有我们熟悉的群体，如高校教师、学生、专业研究人员、编辑、地方文史馆员，也有已经出版过专著的古籍整理专业学者。这些情况表明，系统性的古籍整理培训即使在专业领域，也还处于比较缺位的状态。

此外，学员中还有为数不少的公务员、工程师、翻译、广告策划师、医生、律师等，占到全部学员的 3 成。经调研，这些人大部分是出于个人爱好报名了课程。

2022 年 11 月，"中华书局古籍整理训练营"第二期开班，古联公司优化服务流程，增强服务能力，将名额扩展到 300 个，同样迅速完成招生工作。通过对学员状况的分析，我们再一次确认了古籍整理培训在专业学习提升和业余爱好拓展中拥有同样旺盛的市场需求。面对这样一个垂直的市场，我们正在考虑如何面向更广阔的人群设计相关的培训产品。

（4）全方位校企合作正逐步成为我们推动古籍数字化的重要举措。中华书局一直以来在高校拥有良好的声誉，得到广大作者团队的支持。古联公司也在融合发展时代用自己的方式，与学校建立了紧密的合作关系。近些年来，古联公司与中国人民大学、河北大学、中国政法大学、华南师范大学、清华大学、北京大学等多个机构合作建立实习实训基地，开授古籍数字化课程，接收学生实习，培养未来古籍数字化行业人才；与陕西师范大学、北京师范大学、宁夏大学、辽宁大学合作建立古籍数字化实验室，开展项目和科研合作；与北京大学合作编写数字文献学的教材。通过大数据中心，为教师的研究课题提供定制化的数据和分析，推动科研成果落地出版。

总之，古联公司在古籍数字化方向，特别是在专业领域，开拓出了一套从内容到技术再到人才培养的综合服务体系。古联公司的古籍数字化发展路径，有以下几个方面是值得总结的。

（1）在融合发展上，首先要紧密围绕企业的核心竞争力和优势做文章。古籍整理出版是中华书局的主业，也是古联公司最核心的竞争力。其数据库产品以古籍整理出版成果为核心，快速获得学界声誉与市场认可；在开展"籍合学院"业务建设课程的时候，先从古籍整理和编辑入手，再拓展到和古代文化知识相关的更加广阔的空间；在数字技术的研发上，也是从古籍整理的相关技术，比如自动标点、繁简转换、专名标引、OCR识别等开始，围绕古籍整理核心业务，利用已有的数据优势开展机器学习研究。这样研发的技术才能够更快落地，接受实际业务的检验。

（2）数字产业要与传统产业深度融合，努力实现产业数字化，为传统业务提供技术支撑。古籍整理的难题在于古籍数据量庞大、专业化程度高、整理周期长、人才匮乏、产品化的投资回报周期长，有大量基础性的工作需要开展。因此古联公司一直以来致力于解决古籍整理的难点，利用技术工具和众包生产流程改造提升古籍整理编辑出版的效率，通过在线整理平台和籍合学院建立产学一体的培训平台，解决人才培养的难题。"从出版破圈，引入融合出版相关联的多类型人员，探索新的人才培养路径和方法"，助力未来出版的长远发展[3]。这一系列工作都是为辅助古籍整理出版工作能够更快更好地开展，进而促进古籍数字化工作。

（3）数据是重要资产，技术是核心生产力。近两年，在人工智能领域，大规模预训练语言模型让我们看到古籍文献在自然语言处理上的发展前景。目前自动标点准确率可以达到95%，超过了一般文科专业学生的标点水平。OCR识别系统经过训练后，未经过人工干预的识别率可以达到98%，比过去高了10多个百分点。这些技术的发展都离不了数据的支持。公司最开始的业务是以数据库为产品形式销售，随着对技术发展的认知逐渐深入，数据被用来开展机器学习，生成技术工具，为读者提供定制化的服务。古联公司通过建立百亿字规模的大数据中心，按照读者需求组合成新的服务，创造新的价值。

数字化时代下，融合发展已成为出版业提升发展竞争力的重要趋势[4]。我们也看到，要做好古籍出版的融合发展，不能仅停留在专业出版范围。在古籍的创造性转化和创新性发展上，古联公司虽然也做了一些尝试，但是还很不够。通过这段时间在北京大学出版研究院的学习、交流，我坚信好产品的核心要素，是需要进一步从古籍文献中提炼中华优秀传统文化内容，将其转换成现代读者更易接收的形式，然后才是辅以数字化的技术和传播方式——内容依然是关键。另外，古联公司正在进一步打开跨行业、跨产业融合的思路，无论是数据库建设还是古籍相关的技术探索，都不仅仅把古籍应用停留在对历史的研究，而是更深层次地与现代生活、产业发展相结合，挖掘传统文化中具有当代意义的思想和内容，打开更加广阔的服务空间。

参考文献

[1] 丁毅."纸数同步"出版模式：华东理工大学出版社融合发展探索[J].编辑学刊，2022（05）：56-61.

[2] 苏祺，胡韧奋，诸雨辰，等.古籍数字化关键技术评述[J].数字人文研究，2021，1（03）：83-88.

[3] 雷启立.携手破圈，培养融合出版人才[J].编辑学刊，2022，（05）：1.

[4] 王宁.数字时代下出版业融合发展的路径探究[J].新闻前哨，2022（03）：79-80.

融合发展背景下的数据库产品建设

胡涛　社会科学文献出版社

摘要：本文分析解读了融合发展相关政策文本和指导意见，在梳理出版行业数据库产品建设现状的基础上，结合社会科学文献出版社数据库产品建设工作实践，提出融合发展背景下的数据库产品建设新思路，即深耕内容建设，将政策导向、学术导向和市场导向紧密结合；立足数字出版，拓宽数据库产品建设的融合发展新渠道新路径；数据库产品建设要与学科编辑人才培养紧密结合；重视数据库产品建设业务流程的规范化和持续优化。

关键词：出版融合；数字出版；数据库产品

一、融合发展对数据库产品建设提出更高要求

党的十八大以来，以习近平同志为核心的党中央高度重视、有力推动媒体融合向纵深发展。在出版领域，从 2015 年 3 月国家新闻出版广电总局、财政部印发《关于推动传统出版和新兴出版融合发展的指导意见》，到 2022 年 4 月中共中央宣传部印发《关于推动出版深度融合发展的实施意见》（以下简称"《实施意见》"），单从文件名称中的关键词变化——用"出版"这一整体概念表达"传统出版与新兴出版"，从"融合发展"到"深度融合发展"，从"指导意见"到"实施意见"，就可看出政策引领出版融合发展将切实走向深度融合和高质量发展阶段的决心。

数据库产品作为出版融合发展的业务表现形式之一，在建设过程中受益于政策引领的同时，也需承担践行出版深度融合发展的新任务、新要求，积极步入推动出版深度融合发展的新赛道。而《实施意见》对数据库产品建设，尤其是内容建设，提出了更高要求。

在目标设定上，《实施意见》提出到"十四五"时期末，出版深度融合发展取得明显成效，传统出版与新兴出版"融为一体、合而为一"的体制机制更加健全，以内容建设为根本、先进技术为支撑、创新管理为保障的新型出版传播体系更加完善。这为出版深度融合发展背景下的数据库产品建设要达到怎样的程度指明了方向。

在发展路径上，《实施意见》强调要以内容建设为根本，强化出版融合发展内容建设，并提出扩大优质内容供给、创新内容传播方式、打造重点领域内容精品 3 条具体措施。这要求数据库产品建设要进一步探索资源蓝海建设，强化分众化个性化的服务能力，打造主题突出、质量上乘、具有中国特色和世界影响的精品专业数据库。

二、出版行业的数据库产品建设现状及社科文献案例

（一）出版行业的数据库产品建设现状

数字出版精品遴选推荐计划是出版行业最权威、最具代表性的数字出版奖项。2019—2021 年，共 1500 多个项目申报，遴选推荐了 181 个数字出版精品项目，其中不乏人民出版社的中国共产党思想理论资源数据库、中国人民大学出版社的中国思想与文化名家数据库、社会科学文献出版社的皮书数据库等数据库产品。华闻创新传媒文化产业研究院对申报和入选项目进行分类归纳，提出数据库产品是值得关注的 6 种业务模式之一，并归纳了数据库产品的典型特征，即："关键技术应用相对成熟，产品上线后可持续性好；内容专业、全面、权威；内容以文本为主，兼备图片、音频、视频、数据等多样化资源形态；目标用户清晰；能够满足读者个性化、一站式的信息检索和知识获取需求；构建'一门深入、多点输出服务'的专业信息服务模式；社会效益和经济效益明显。"

从北京大学、清华大学、中国社会科学院 3 家典型教学科研机构 2 家以上共同购买的 47 个数据库产品来看，其中 14 个都是出版行业打造的，数量上仅次于同方知网、维普数据等科技公司和数据公司。

总体而言，数据库产品建设已成为出版行业，尤其是专业出版融合发展的重要业务模式。

（二）社会科学文献出版社的数据库产品建设情况及现状

社会科学文献出版社（以下简称"社科文献"）是中国社会科学院直属的人文社会科学领域专业出版单位，聚焦当下中国发展变迁的主题出版，以及社会学、近代史、国别区域等学科学术领域的规模出版，着力打造了皮书系列、列国志丛书、减贫书系、集刊方阵等图书品牌。

社科文献也是数字出版的先行先试者，早在 2007 年便上线了皮书数据库（个人用户版），2009 年推出皮书数据库机构用户版并实现了第一笔成交。经过十余年的发展，已建成中国发展与中国经验、国别区域与全球治理、中国乡村研究、古籍与大型学术文献四条数字产品线，推出了皮书数据库、国别区域与全球治理数据库、"一带一路"数据库、中国乡村研究数据库、集刊全文数据库等 8 个产品。数据库产品累计获得国家级、行业级奖项近 20 个，销售回款连续多年超过 2000 万元。同时，积极借力数字出版技术提供全流程数字出版解决方案，承接并实施了中共中央党校（国家行政学院）图书馆的新型

高端智库建设数据库等多个用户定制项目，致力于做人文社会科学领域学术资源的数字出版服务商。

回顾社科文献数字出版之路，我们在顺应消费者的阅读习惯和阅读场景变化的同时，始终立足学术，面向市场和用户，以数据库产品建设为导向，坚持"学术、权威、专业"的产品定位，围绕"聚合资源、建设产品、打造平台、服务学术、传播知识"展开具体工作，主要抓手为"资源规模化、产品专题化、服务个性化"。

1. 资源规模化：立足出版社学术出版和专家学者资源，紧扣核心资源做文章

社科文献的数据库产品选题都是立足社情，围绕出版社的品牌资源、特色资源、规模资源和项目资源来策划的。这一方面构建了资源原创、首发、独家的优势，另一方面也保证了基础资源的规模和可持续性。在此基础上，通过整合社外科研机构未公开出版的优质研究成果、自主策划专家访谈等原创内容、采集网络公版资源二次开发等方式，不断丰富数据库产品的资源规模及资源类型。

2. 产品专题化：秉持智库产品取向与学术产品取向，打造数据库专题

政策导向与智库产品建设、学术导向与学科专题建设是社科文献数据库产品建设的两个主要取向。皮书数据库是智库产品取向的典型代表。在"老产品如何焕新彩"这一问题上，皮书数据库走出一条快速跟进国家重大战略政策持续打造特色专题库之路，推出了数字经济、绿色发展、粤港澳大湾区等多个专题库，每年推出两会专题，深度服务科研机构、高等院校开展重大现实问题研究的需求，助力党政智库决策规划。

近年来，在社科文献的数据库产品建设中，这两个取向逐渐走向融合。中国乡村研究数据库就是建设智库产品服务国家社会与推进学术出版数字化转型相结合的典型尝试和重要成果。该产品既提供乡村振兴政策对策、工作实践经验，提炼具有区域特色和共性特点的振兴模式，也探讨学界亟需的乡村振兴理论方法，既能够在科研和教学上提供研究范式和学习范式，也能够在现实应用上为中国农业农村现代化和城乡发展提供经验借鉴。

3. 服务个性化：树立用户思维，借力数据分析，打造知识体系，创新运营服务

目前，社科文献的数据库产品已实现按学科、主题、区域等多维度的个性化定制开发，科研项目立项数据分析、论文选题和写作指导、主题资料整理汇编等增值学术服务，以及数字出版解决方案服务。用户思维、数据分析和知识体系是我们实现个性化服务的三大保障。

用户思维方面，社科文献的数据库产品从策划开始便持续调研收集用户需求，将内容建设与销售营销深度结合。数字编辑不仅要回答产品内容特色和亮点，也要回答产品的目标用户是谁，哪些内容或栏目是面向哪个或哪类用户的。

数据分析方面，通过对资源数据、销售数据、营销数据和运营数据的分析，指导精准服务与精准营销。如根据用户检索关键词等使用行为，精准推送内容资源；通过 IP 等

基本信息将个人用户与机构用户匹配关联和综合分析，促进个人用户与机构用户销售的转换联动。

三、融合发展背景下的数据库产品建设新思路

（一）深耕内容建设，将政策导向、学术导向和市场导向紧密结合

出版单位的数据库产品建设核心竞争力在于内容。强化内容建设、打造内容精品既是《实施意见》的要求，也是出版单位的内在需求。对于专业学术数据库产品的内容建设而言，要重视将政策导向、学术导向和市场导向紧密结合。

首先，要从政治和政策层面找准业务的发展方向和重点。充分认识当前国家发展大势及出版管理的具体要求，在严守意识形态阵地、把好出版政治导向的前提下，紧扣新时代中国特色社会主义事业总体布局和战略布局，从本单位优势出版领域切入，加强主题出版选题策划。在具体工作中，可以从以下方面着手：（1）坚持学习党的理论和政策文件，掌握重大选题的把关原则、新思想新观点新论断的准确表述和具体内涵，把好产品的意识形态关；（2）在政策学习的基础上，结合本单位优势出版领域提炼出有价值的选题方向，以政策为先导开展数据库产品建设。

其次，要紧跟学术研究和学科建设，打造专业学术精品。专业学术出版单位的数据库产品建设，要把专业性和学术性落实到从资源采集到产品策划、知识体系建设、产品呈现，再到服务用户和市场的生产运营全链条中来。具体来说，一是要持续跟踪学术研究重点和前沿议题，以及学科建设动态，从中发掘有价值的选题。二是要紧跟学者和编辑部门，做好内容资源整合和专题策划工作。三是要在原有的学科知识体系基础上深化数据库内容的学术营销，如围绕学术作者策划专家访谈、基于图书或报告中的数据策划可视化作品、面向高校院系和科研机构开展内容营销和学术销售等。

最后，要面向市场，拥抱变化，以需求和问题为导向，助推产品建设和运营。一方面，产品策划者一定要走近用户，观察体验用户的使用场景和使用行为，站在用户的角度规划产品建设。社科文献数字出版分社的数字编辑几乎全员走上了销售一线，在对接具体用户的过程中不断收集用户真实反馈，进而优化数据库产品质量、使用体验、营销话术。另一方面，要重视渠道和平台的运营开拓。近两年，社科文献数字出版分社对数据库用户进一步细分，结合销售数据和运营数据的分析，重点开拓党政系统、社科院系统、军警系统、外语类院校，配备了个性化产品介绍话术，提供定制化的学术科研服务平台建设服务，取得了不错的成效。

（二）立足数字出版，拓宽数据库产品建设的融合发展新渠道、新路径

《出版业"十四五"时期发展规划》《实施意见》的相继发布，标志着数字出版将走向深度融合和高质量发展的新阶段。社科文献的数据库产品建设也从学术数字产品"走

出去"、围绕项目资助和政策支持开展工作等方面着力，拓宽数据库产品建设的融合发展新渠道、新路径。

社科文献的数据库产品在总结中国经验的基础上，积极向关注和研究当下中国的海外学术机构推广交流，旨在做发出中国好声音的学术精品。社科文献社自2012年起便启动数据库产品的海外销售工作，采用国内代理、海外代理与自建海外分社的模式开展数据库产品"走出去"业务。在数据库产品"走出去"的过程中采用了适应海外市场本土化的方式，得到了积极的市场反馈。如在产品形态方面采用资源入驻海外本土平台的模式，与相关公司合作开发了数据库产品英文站点；在产品服务方面，为保证用户在海外网络环境下访问顺畅，将数据库产品以镜像的方式部署到海外服务器。

社科文献的数据库产品建设紧密围绕项目资助和政策支持展开。一方面，对标项目资助和行业标杆奖项的评价体系，不断提升数据库产品建设质量。另一方面，也借助项目资助经费，解决一部分数据库产品内容形式、技术运用和传播方式创新尝试的资金投入压力。

（三）数据库产品建设要与学科编辑人才培养紧密结合

近年来，党和国家高度重视人才强国建设。《出版业"十四五"时期发展规划》《实施意见》也对出版融合发展人才建设作出了专门部署。社科文献的数据库产品建设实践一直践行一专多能的数字出版人才培养机制，追求分社平台化建设目标，在具体工作中总结了以下三点人才培养新思路。一是鼓励数字编辑用足学术背景和学术经历，聚焦一个学科领域持续深耕，做学者型编辑。二是以产品经理为培养目标，助推数字编辑或产品负责人走上销售营销一线。三是以每年年初的分社岗位竞聘会为平台锻炼人才，邀请作者学者、图书馆专家、同行业务专家、社内相关同事共同会诊，帮助数字编辑完善产品规划和选题策划思路，深化数字编辑的服务理念和用户思维。

（四）重视数据库产品建设业务流程的规范化和持续优化

数据库产品建设质量提升，离不开业务流程的规范化和持续优化。业务管理上，成立产品建设小组统筹数据库产品建设与运营，小组由内容、技术、营销、销售四个系列人员组成，旨在充分发挥各业务板块协同作战能力。产品建设方面，制定了各数据库产品资源入库规则，有效规避了各产品之间非必要的内容重复问题；制定了统一的编辑标引手册，实现了内容资源的一次标引多产品使用；结合各数据库产品遇到的具体问题和风险点，建成了政治把关资料库和敏感词管理工具，正在推进意识形态和重点问题的常规性把关机制建设。产品运营方面，推行基于月度销售数据的工作联动、分社全体协同作战，围绕标杆客户、意向客户、新增试用客户等重点客户名单，有针对性开展专题策划和内容营销工作；以营销素材库建设为抓手，在日常工作中根据销售场景不断完善营销话术。

参考文献

[1] 中共中央宣传部印发《关于推动出版深度融合发展的实施意见》[J]. 出版参考，2022（05）：27.

[2] 华闻创新传媒文化产业研究院:《系统性推动 多路径进化 高质量发展 —— 出版融合发展工程数字出版精品遴选推荐计划实施成效综述》,《科技与出版》2022 年第 6 期。

[3] 本刊编辑部:《专家解读<出版业"十四五"时期发展规划>关于融合发展的战略思路》,《科技与出版》2022 年第 3 期。

做好主题出版融合发展工作 打造融合出版全产业链

赵悦 人民出版社

摘要：数字经济时代，出版业融合发展已经上升为国家战略。探索适合主题出版的融合之路，提升主题出版内容的传播率、到达率，强化主流思想影响力更是当前的重点工作。为将更多优质的主题出版内容展示到读者面前，需建设融合出版完整产业链条；重点突破制约发展的现实问题，打通产业链中的薄弱环节，主要包括内容供应、传播销售、服务升级等。

关键词：主题出版；融合出版；产业链；数字产品；数字内容

党的十八大以来，党中央高度重视发展数字经济，习近平总书记指出："促进数字技术与实体经济深度融合，赋能传统产业转型升级，催生新产业新业态新模式，不断做强做优做大我国数字经济。" 数字经济时代，出版业融合发展已经上升为国家战略。《出版业"十四五"发展规划》明确将"内容生产传播数字化水平显著提升"列入"十四五"时期重点目标，表明了全行业推进融合发展的信心。在当前背景下，探索适合主题出版的融合之路，提升主题出版内容的传播率、到达率，强化主流思想影响力更是当前的重点工作。

近几年，出版业内不断探索，市场中已经产生了一批主题出版数字精品，内容形态覆盖了视频、音频、课件等，例如《习近平新时代中国特色社会主义思想三十讲》有声书、"中国共产党简史"系列课件；产品形态覆盖了数据库、App、阅读器等，例如党员教育数据库，这类数字精品为主题出版融合发展提供了良好的示范。为进一步扩大主流价值影响力，推进主题出版融合发展工作更加深入，必须在保证"优质"的基础上让更多的主题出版内容能够展示到读者面前。为此尚需打通当前出版业数字化存在的薄弱环节，建设融合出版完整产业链条，发挥产业链效能，持续推出高质量的主题出版数字精品。目前产业链中生产、传播、服务的关键环节均存在制约发展的现实问题，因此需要重点突破。

一、打造内容"供应链"，突破产能限制

近年来数字阅读成为主流阅读方式，读者对于电子书之外的全媒体内容需求显著增长。目前各媒体渠道下的大部分数字内容均来源于自媒体，内容缺乏专业性和规范性，而出版单位对于这种形态的内容始终处于"零敲碎打"的小体量制作阶段，有的出版单位一年只能制作几项数字内容。没有体量的支持很难探索出精品，所以打造内容供应体系、形成高效的生产流程是突破重点。"供应链"的关键环节如下。

1. 内容策划

策划是生产制作的源头，优质的策划更是数字内容成功的基础。基于数字内容的传播环境，始终应以"解决用户的问题"为内容策划的出发点，通过精准定位读者对象策划层次化、分众化的内容，将主题出版内容适配到不同用户的使用场景中。一方面针对多样的内容载体形式加大策划力度，紧跟电子阅读、手机阅读、"听读"的载体变化脚步，策划能够满足各种载体读者群阅读需求的数字内容。另一方面在策划中持续丰富内容表现形式。深入分析当代读者的阅读兴趣点，不断思考探索如何将具有专业性、理论性的主题出版内容表现得有意思、有趣味，力求在文字表达、内容形态、展示方式上全面发力吸引读者。

2. 内容创作

为保证数字内容的体量，需要配备规模化的数字内容作者队伍。不同于传统作者创作文章和图书，数字内容的创作更加多样，包括脚本、剧本、分镜、文案等。这类作者很多都分散在其他行业中，例如有些理论性作品需要相关研究者进行脚本改编，而这些研究者并非是专业作者。因此出版单位可以通过付酬约稿、委托制作、联合制作、作者署名宣传等方式主动吸引这类人才或企业参与到创作中；同时需要积极培养有能力完成这类创作的人员加入数字内容的作者队伍，逐步形成主动投稿的生态，进一步扩大原创性数字内容的供给。

3. 内容生产

高效的生产是将策划转变为成品的保证。传统纸书生产环节包括排版、印装等，而数字内容由于形态的变化导致其制作步骤更加复杂，产生了播音、剪辑、动画设计制作、软件开发等新的生产环节。目前市场中拥有新形态内容制作能力的厂商和个人很多，出版单位要着力挑选适合自身的制作企业和人才，逐步培养属于自己的数字内容制作队伍，同时需要在内部建立质量检测团队和监督制度，形成稳定的生产服务供应体系和高效、保质的生产流程。

4．技术赋能

利用创新技术提高内容生产力是必然趋势，在产业链的生产环节中有多个步骤可以实现技术赋能。数字编辑可以使用内容比对、智能校对、专业资料库等智能工具，切实将大数据、人工智能技术用于编校工作，帮助编辑在内容审核中提高准确性，实现智能编校。此外，数据采集技术目前已经十分成熟，利用该技术可以使采集内容的体量呈几何倍数增长，能够为内容策划提供大量的数据支持。

二、实现内容高效传播，促进产品销售

数字内容进入流通消费阶段后，如何让定位的读者"看到"是运营难点。出版单位必须将大量的主题出版数字内容"推送"到读者面前，同时吸引读者"阅读"，这样才能真正实现主流价值的传播、扩大内容影响力。数字内容要通过宣传销售实现传播，只有扩大销售、实现经济收入增长才能够更好地支持出版单位发展融合出版。

1．第三方平台传播

目前电子书、有声书等数字内容的传播普遍依靠第三方平台，例如微信读书、掌阅、喜马拉雅等。面向这些商业渠道，传统出版单位的话语权较弱。因此出版单位要深入了解各平台在不同受众群体间的影响力，有针对性地进行内容投放；通过分析内容发布渠道的受众群体特点，明确读者接收信息的习惯和内容偏好，对投放内容进行适应性调整；对渠道的内容推送规则、用户评价规则进行细致的研究，在内容发布后利用平台规则增加内容展示机会，吸引用户点击。总之，要改变以往内容生产完成后直接发布的粗放运营方式，开展更为细致的运营工作，在多个环节共同发力以提高数字内容的到达率，真正实现内容高效传播。

2．自有产品或平台传播

区别于传统纸书拥有完善的宣传销售渠道，目前行业内尚未形成针对数据库、App 产品或者自有平台等数字产品的成熟发布渠道。为更好地传播数字产品，首先要定位好数字产品的受众群体，通过了解这类用户的实际内容需求和痛点促进产品不断优化；其次要做好竞品分析找出产品优势，加深对自身产品的认识，助力产品宣传销售。

在销售渠道建设上，出版单位一方面要建立包含直销和代理商的销售队伍。通过直销找到与产品应用场景贴合的目标用户，为产品树立典型用户；以典型用户展示出产品的市场前景和收益，形成示范效应，进一步吸引目标用户领域已有的各种销售商以及厂商成为产品代理商；针对这些代理商设计完善的盈利模式，顺应渠道环境实现"利益共同"，做到与销售渠道融合。另一方面要借助全媒体运营塑造品牌形象，开展线上产品推广工作。充分分析不同新媒体渠道的用户画像、内容偏好等数据，设计具有针对性的宣

传物料，摆脱采用"统一模板"进行宣传的简单宣传方式，在网络环境中着力打造多样化的"数字产品展示橱窗"，做到宣传与全媒体渠道融合。健全的销售队伍配合多样的新媒体宣传，合力为实现销售打下坚实的基础。

三、推进服务升级

在深化出版融合发展的过程中，打造数字出版新服务是满足消费升级新要求的必然举措。传统图书的销售过程中，每销售一本书都是一次重新推广的过程，无法形成用户积累。与传统图书不同，数字产品可以通过优质的服务实现产品增值、提高用户黏性，能够促使用户不断积累，因此推进服务升级是融合出版产业链的关键一环。

1. 实现"商品"到"服务"的转换

为打造精品数字产品，提高产品附加值，就要实现数字产品从"商品"向"服务"的转换。首先，在产品层面上紧跟用户应用场景的变换及时调整产品功能，保证用户用得"顺手"；其次，在内容输出上应及时响应用户需求，关注热点内容，第一时间为用户提供内容支持，凸显产品时效性和专业性。通过多层面的服务增强用户满意度和黏合度，使用户感觉到不只是采购了一件"商品"，更离不开持续的、细致的"服务"。

2. 搭建售后支持服务体系

数字产品销售工作要匹配相应的售后服务，随着销售体量的增长，其售后支持服务体系也要更加完善。售后服务包括为用户定期开展产品培训、及时解决使用问题、持续收集用户需求等。优质的售后服务能够为数字产品扩展典型用户，令产品在市场中树立起良好的品牌形象；同时，售后服务也是产品贴近用户、了解应用场景的重要渠道。

3. 发挥优势提供延伸服务

除上述内容外，服务升级还包括出版单位发挥专业优势提供有针对性的延伸服务。例如面向创作者提供素材版权服务、特色内容定制服务，面向机构用户提供专业内容咨询服务、专家介绍等服务。延伸服务进一步丰富了出版融合发展的形态，也为出版单位提供了创新的发展思路。

全力做好主题出版融合发展工作是出版单位贯彻落实习近平总书记系列重要指示精神的必然之举。在建设出版融合全产业链的过程中要坚持一体化发展方向，构建高效率、高质量的内容生产体系，保证持续生产有规模的数字内容；坚持全方位创新，探索传播手段、服务模式等创新举措；全方位提升产业自主能力。在打通制约主题出版融合发展的产业链关键环节后，进一步深化融合发展尚需出版业共同探索的领域，例如如何吸引高质量数字出版人才提振人才建设、怎样突破出版业内技术开发的瓶颈等问题都还需要出版人积极进行尝试。

参考文献

[1]　王彤. 守正出新 踔厉笃行 为主题出版插上融合发展之翼[N]. 文艺报，2022-02-18（06）.

[2]　陈子奇，李军. 大数据助力出版产业与新媒体融合的路径选择[J]. 北京印刷学院学报，2022，30（04）：4.

[3]　张立园. 媒介融合视域下出版产业链的转型升级[J]. 中国编辑，2022（04）：67-71.

[4]　黄洪珍，吴嘉萍. 媒介融合背景下我国传统媒体的产业结构失衡及其优化路径[J]. 中国编辑，2021（11）：76-80.

《老照片》融合出版概论

赵祥斌　山东画报出版社有限公司

摘要： 本文从品牌建设、融合出版实践以及融合出版建构和思考 3 个方面，论述《老照片》这一传统出版品牌如何在不断演变的出版形势下，坚守品牌底线，不断调适出版模式，更新出版思维，建构融合出版。

关键词： 《老照片》；融合出版；流量平台；资源库

《老照片》丛书自 1996 年年底出版，至今已有 27 年之久，陆续出版 154 辑单行本和若干珍藏版、典藏本，发行码洋已逾一亿元，发行量达 700 万册，堪称我国出版史上一个不小的奇迹。1600 万字和 1.8 万余幅老照片的内容存量，为融合出版奠定了良好的基础。《老照片》的融合发展之路可谓传统出版与融合出版双向互动的典型案例，实现了"多元化出版+多业态服务"。

一、从创意思维到品牌建设

经过 20 世纪 80 年代的"文化热"之后，20 世纪 90 年代的图书出版面临着卖方市场向买方市场的转变，如何做好既有内容价值又有市场价值的图书，是摆在各家出版社面前的难题。创意是图书策划的起点，时任山东画报出版社负责人汪家明提出了"一本书主义"：作为一家新成立的实力弱小的出版社，通过打造"一本书"来建立品牌和打通销售渠道，是符合当时实际又被历史证明的正确选择。在主编冯克力的主持下，《老照片》成为"一本书主义"的代表性成果，这正是出版创意思维的体现。世纪之交，《老照片》以一种极具创新性、图文并茂的呈现形式，满足了读者对新型阅读方式的期待，迅速在图书市场中占据了一片天地，单辑销售量高峰时达到 30 余万册。

《老照片》以"定格历史、收藏记忆"为己任，"求真求实"为出版宗旨，坚持平民视角，关注生存本身。这种出版理念是《老照片》品牌创建和坚守的基础，也是品牌底线，长期以来为学界、读者所认同。正如陈丹青所说，"20 年来，它已成为全体国民的私人照相簿，人人会在其中找到既属于亲属，又属于国家的记忆"。[1]

以创意思维为引擎、品牌底线为基础，《老照片》品牌在新时期得到了进一步的开发和拓展。目前，其衍生出版物已形成包括面向青少读者的"温情系列"等[2]8 条产品线。接下来以主题出版产品线和云志影藏产品线为例，阐述《老照片》多元化品牌建设探索路径。其一，以《老照片》为主的历史影像的出版，实质上是图像与文本的多元化结合和互动，也就是图像叙事的出版实践。"读图"是图像叙事的反向互动，读图的主体是读者，图像叙事的主体是出版。编者通过图像叙事来引领读者，读者通过读图来接收图像叙事的信息。这种方式被应用于主题出版图书后，逐渐形成了图像类主题出版物这一新的主题出版类别。情境化的叙事节奏，移情式的阅读体验，使其一经推出即受到读者欢迎。自 2018 年开始，从《中国时刻：改革开放 40 年 400 个难忘的瞬间》到《中国》，再到《路桥上的中国》，及至《咱们的新时代》，从不同路径充分实践了图像叙事的不同方式，获得了良好的社会效益和经济效益，是《老照片》在新时期品牌建设的重要成功案例[3]。其二，云志艺术馆是国内著名的历史影像收藏馆，馆内藏有几万幅近代以来的高清罕见老照片，是《老照片》重要的合作伙伴。以出版为基础、资源全融合为目标，双方的合作既有品牌的联动，又有出版融合。除在《老照片》上陆续发表云志老照片相关文章外，2021 年还策划了"云志影藏"系列图书，其中《日俄战争：日本与欧美记者东亚争霸之写真》和《前世青岛：德国人镜头里的胶澳租借地》已出版，打造"云志·老照片"品牌。出版伊始，举办了研讨会和老照片展览，这是近年来图书营销的常规方式：研讨会加强老照片研究学者之间的沟通，老照片展览吸引更多受众的关注。《老照片》的品牌影响力，在不同领域的加持下得到了多元扩展。从多元化的出版实践中开展多元化品牌建设，也为融合出版拓展了多元化的基础。

二、从服务发行到融合出版

27 年间，《老照片》除了坚守品质，亦坚守应变，在不断更新迭代的传播方式中努力建构自身。21 世纪初，《老照片》分别在新浪、网易、搜狐等平台创办了博客，后来创建新浪微博账号以及老照片网站，直至 2015 年建立了微信公众号。然而，这些新媒体平台的主要作用是辅助纸质图书的宣传和发行，尚无独立的融合出版意识。

真正有意识地开展融合出版是在自媒体大爆炸后的 2016 年。在纸质出版式微、自媒体大行其道的形势下，《老照片》该如何应对？2015 年，"老照片数字资源库"项目入选国家新闻出版改革发展项目库，获得了资金，逐步将《老照片》纸质资源数据化，拥有了做数字出版的基础。2016 年，开始尝试与头部流量平台的合作。是年 9 月，开设"老照片"今日头条号，把已有的资源碎片化，重新组织文字和图片，形成图集。次年，进驻今日头条的"悟空问答"频道，通过回答提问的形式与用户互动。前者是纸质图书内容的再创作，后者是知识付费服务。4 年间实现吸收粉丝 20 余万名，获得纯利润 50 余万元，几乎是同期纸质图书利润的一倍多。内容资源流量最大化、获取最大经济收益的同时，品牌建设也是重要目的。经过比对粉丝数据、盈利模式、阅读量等，于 2021 年开设老照片小红书号，目的在于开拓年轻受众群体市场，提升内容品质，目前已吸收 2 万多名粉丝。经过与这些头部流量平台的合作，我们摸索出了一条融合新媒体平台阅读需求进行互联网出版的独特道路[4]。

相对于之前纸质图书的电子化，也就是电子书的制作和售卖这种传统且简单的融合出版模式，与流量平台的合作真正突破了纸质图书编辑的思路和方式，可以称之为融合出版的一种重要模式。

然而，纸质图书融合出版的瓶颈也是显而易见的。如何将老照片故事呈系列地制作成音频，且有卖点；如何将老照片资源呈体系地制作成短视频，以吸引观者的关注；如何融合静态照片与动态影像，是接下来破局的关键工作。

此外，除了内容的融合出版，我们还在发行方式、创意产品和研发方面做了探究和实践。一是设置微商城，实现编者与读者的直接沟通，提供更优质销售服务的同时提升商业收入。二是建设文创和怀旧空间。在文创方面，与山东工艺美术学院合作，建设实习基地，制作文创产品；2018 年打造了怀旧空间，2020 年与品聚文化合作在山东大厦创建了老照片文化空间。三是创建历史影像研究中心。2020 年 10 月，和南开大学历史学院合作创建历史影像研究中心，旨在共同收集、研究和出版历史影像，这是校企合作的一种新方式。

三、融合出版建构和思考

《老照片》融合出版是以纸质图书为中心开展和研发的多元化出版工作，近期我们将重点发展和建构以下几个方面。

（1）"老照片数字资源库"的升级和"老照片交易平台"的建设。除功能升级外，资源库的主要工作是收集老照片，其中重要的一项是与云志艺术馆的合作，预计每年会收录经历史影像研究中心等诸多学者考证和梳理完成的云志影藏老照片 5000 余幅。此外，还会与其他收藏家和海外馆藏合作，以及向民间征集，扩大资源库库容。"老照片交易平台"是数字融合版权交易平台，即原著作权人将作品的相关权利转移到山东画报出版社，出版社再将作品以有线或无线的方式向公众提供。

无论是交易平台的建设还是图书制作，以及其他形式融合出版的建构，资源库都是基础。因此，资源库的建设是决定融合出版上下限的关键。

（2）实现图书出版和融媒体一体化。面对新消费模式，根据两个不同消费群体制定相应的规划。《老照片》图书出版主要面向"银发经济"。随着老龄化的不断加速，银发经济将是未来消费经济的主体之一。除为老年人提供优质的出版物外，还可以结合影像提供更多元的服务。近年来，《老照片》面向年轻群体做了大量的工作，"Z 世代"是当下的消费主体，分析"Z 世代"消费模式、消费内容等，对内容进行重新包装，适应其消费趋势。

（3）精准营销新思路。面对一般图书出版的小众化，精准营销是其成功的关键，《老照片》及相关图书的出版应与营销新模式相结合。渠道的快速碎片化是流量碎片化的必然结果，传统的营销渠道和模式必然不会产生性价比高的成效。首先，图书轻而薄是发展趋势，减少阅读的压迫感，增加阅读的愉悦感，制作的图书应以小而美、轻而薄为主；其次，在精准营销上应与音视频结合，参与和主持平台直播，逐步打造成熟的有影响力的营销团队。

（4）图书藏品化。《老照片》作为一种有史料价值、观感亲切的影像资料，有很强的收藏价值。出版社可尝试做一些大而厚重的图书，融合数字藏品的概念，制作收藏级的高端图书。

（5）建设老照片馆。老照片馆是与云志艺术馆全方位合作的重要一环，初期将在济南和青岛两地分别建设老照片馆，包括收藏和展览老照片，召开历史影像和当代摄影文化活动，展示和售卖历史影像类和摄影类图书以及文创产品等。

四、结语

作为品牌图书，《老照片》首先是创新的产物，应时势而生，加之二十年如一日地坚持内容建设，具备做融合出版的先天优势。"一百辑《老照片》屹立在那里，就是有生命的存在，更是有意义的存在。"[5]关怀生命是《老照片》出版的底色，也是融合出版的特色。《老照片》的纸质图书一直选择小开本，以轻制作、低定价提供给大众，这与当下流量平台去压力化和碎片化阅读异曲同工。所以，《老照片》的出版转型并没有遇到体系性的障碍。

《老照片》融合出版虽已发展多年，但依然处在初期阶段。其一，内容优势向流量优势转化的效率不高；其二，技术含量有限，技术支撑不足；其三，缺乏精准的政策性引导，再就是资金的投入有限。

推动《老照片》融合出版向更高水准、更深层次发展，急需理论的指导、科学的规划以及政策的落地。

参考文献

[1] 冯克力. 当历史可以观看[M]. 桂林：广西师范大学出版社，2013.

[2] 《老照片》如何重新激活青少年市场？[J]. 出版人，2018（12）：2.

[3] 在图像叙事中书写时代史诗[J]. 中国社会科学报，2022.

[4] 《老照片》融合出版项目：多元化出版+多业态服务》[J]. 中国新闻出版广电报，2021.

[5] 傅国涌. 收集照片便是收集世界：为《老照片》一百辑而写[M]. 山东画报出版社，2015.

"华服志"融合发展路径构建思考

徐屹然　中国纺织出版社有限公司

摘要： 党的十八大以来，习近平总书记高度重视传承和弘扬中华优秀传统文化，鲜明提出创造性转化、创新性发展的方针。本文以"华服志"为例，结合笔者在中华服饰文化领域的融合出版探索实践，尝试剖析中华服饰文化领域的融合出版品牌传播体系构建路径。

关键词： 中华传统文化；文化软实力；融合出版

党的十八大以来，习近平总书记高度重视传承和弘扬中华优秀传统文化，鲜明提出创造性转化、创新性发展的方针。党的二十大报告再次提出我们要传承中华优秀传统文化，不断提升国家文化软实力和中华文化影响力，提出要坚守中华文化立场，提炼展示中华文明的精神标识和文化精髓，加快构建中国话语和中国叙事体系。作为一家以纺织服装专业出版为特色的出版社，对传统服饰文化的传承和弘扬一直以来是我们的使命和重要的出版板块。本文尝试以"华服志"为例，结合中国纺织出版社在中华服饰文化领域的融合出版探索实践，对"华服志"融合出版品牌传播体系的构建路径思考做出简要剖析。

一、"华服志"融合传播体系构建的理论和现实依据

（一）传承弘扬中华优秀传统服饰文化，是纺织出版人的使命

党的十八大以来，国家高度重视传承和弘扬中华优秀传统文化，先后出台了多项政策，对传承和弘扬优秀传统文化作出了规划和部署。

2017年1月，中共中央办公厅、国务院办公厅出台《关于实施中华优秀传统文化传承发展工程的意见》，首次以中央文件形式专题阐述中华优秀传统文化传承发展工作。[1] 2021年4月，中央宣传部正式印发《中华优秀传统文化传承发展工程"十四五"重点项目规划》，明确了包括非物质文化遗产传承发展工程、中华老字号保护发展工程等在内的23个重点项目，从记忆、传承、创新、传播四个方面着力，要求摸清文化家底，建立完善文化资源数据库，运用现代科技力量，提高保护传承水平，融通多媒体资源，创新表

达方式，注重转化利用，加大传播力度，增强传播效果，大力彰显中华文化魅力。[2]

2022 年 8 月 16 日，中共中央办公厅、国务院办公厅印发《"十四五"文化发展规划》，明确提出文物和文化遗产承载着中华民族的基因和血脉，要加强中华优秀传统文化和革命文化研究阐释，加强文物保护利用和非物质文化遗产保护传承。[3]

2022 年 10 月 16 日，党的二十大报告提出，我们要传承中华优秀传统文化，不断提升国家文化软实力和中华文化影响力，要坚守中华文化立场，提炼展示中华文明的精神标识和文化精髓，加快构建中国话语和中国叙事体系，讲好中国故事、传播好中国声音，展现可信、可爱、可敬的中国形象，推动中华文化更好走向世界。

（二）服饰文化是中华民族的文化瑰宝

"中国有礼仪之大，故称夏；有服章之美，谓之华。"服饰文化作为华夏文明的重要组成部分，源远流长。不仅如此，服饰作为日常生活的必需品，与我们的审美文化、民族文化、礼仪文化等都息息相关。服饰的色彩、纹样、图案体现了我们的审美水平；我们的民族服饰和刺绣、印染等传统技艺，不仅是人类智慧的结晶，也是我们民族文化的传承，民族大团结、大繁荣的体现；在我们人生的每一个重要时刻，出生礼、成人礼、婚礼、葬礼等都有特有的服饰着装礼仪要求。服饰文化，博大精深，是我们传统文化桂冠上的明珠，耀眼、深邃、悠长……

（三）传承中华服饰文化具有现实基础和现实意义

根据《2022 年中国新汉服行业发展白皮书》统计，2021 年，我国新汉服行业市场规模已经突破百亿大关，达到 105 亿元，汉服消费者规模已超过 1000 万人。未来，新汉服有望成为社会大众主流服饰分类，消费人群将超 1.3 亿人，带动汉服市场进入千亿时代。在"汉服热"现象的背后，我们看到了年轻一代的民族自信和文化自信，也看到了他们构建中华优秀文化当代化表达的主张和热情，这一切都源于对我们真正优秀的传统文化的正确认知和理解。也因此，更加坚定了我们在中华服饰文化内容建设和整合传播这一方向上探索实践的决心和信心。

二、"华服志"融合传播体系实施路径

"华服志"是基于中华服饰文化知识内容建设的融合出版传播品牌。"华"字既有"中华"的含义，也有"华美、华丽"的意思；"志"也有两层含义，一层含义是"记录、传承"，另一层含义是"志向"。"华服志"，志在传播中华服饰之美，带着这种对传承中华服饰文化之美的态度和追求，我们对"华服志"这一品牌的融合传播体系做了如下的思考和实践。

（一）结合融合出版新技术，构建服饰文化资源库

2022 年 5 月，中共中央办公厅、国务院办公厅印发《关于推进实施国家文化数

化战略的意见》，明确要求到 2035 年建成国家文化大数据体系、中华文化全景呈现、中华文化数字化成果全民共享。作为出版传媒单位，综合运用现代信息和传媒技术手段，结合自身的内容出版优势，梳理存量和增量资源，构建专业领域的数据库产品，成为迈进出版融合领域的第一步，也是开展其他融合产品建设的基础。同时，充分发挥出版社与专业院校的天然联系，通过图书推荐、院校走访、学者交流等机会，将数据库产品与传统图书产品的营销相结合，积累"华服志"的第一批 B 端机构用户。目前，"华服志"在线数据库已经是一个相对成熟的数据库产品，也成为各纺织服装院校教学及科研的重要补充。

（二）有效利用自媒体，开设 C 端店铺，积累用户

与医学、化工等其他专业领域相比，服饰专业的知识更加贴近生活，更容易引起普通大众的兴趣和喜爱。因此，在第一步数据库内容构建的基础之上，我们开始思考如何让喜欢服饰文化内容的普通大众了解我们，又该如何找到传统服饰文化的爱好者。由此，我们开始了"华服志"品牌的自媒体内容的传播构建之路。在数据库的建设工作中，编辑人员对服饰领域的知识有了更加深入和较为全面的理解和认识，利用当下主流的自媒体平台，在微信、微博、B 站等开设了账号，尝试构建"华服志"的自媒体品牌传播矩阵。同时，将自媒体内容进行系统梳理，设定了华服时课、约会博物馆、华服撰稿人、华服小百科等栏目，将相关联的内容资源重新编排、改编，逐步积累 C 端用户，得到诸多用户的关注。在此基础之上，2021 年初，利用小鹅通开设了"华服志"的 C 端店铺，将以服饰文化内容为核心的电子书、纸书、知识课程等融为一体，初步形成了知识产品的融合体系，也打造了服务 C 端用户的服务平台。

（三）打造品牌活动，增强用户黏性

在数据库建设和自媒体推广的基础上，"华服志"初步积累了第一批用户，然而如何给这些用户提供更好的服务，增强用户黏性又成为一个新的问题。由此，我们又策划并参与了一系列活动，比如作为学术媒体支持成功参与了首届华服设计大赛、第四届"华服日"等活动。同时，由于疫情原因线下活动受限，自 2021 年开始，我们开始举办自己的品牌讲座活动——华美讲堂。讲堂采用线上和线下相结合的方式，聚焦服饰文化、艺术和时尚领域，以专业内容的大众表达为特色，持续推动中华文化的传播与创新。每年举办 8～12 期，得到了诸多用户的广泛关注和持续参与。目前，华美讲堂不仅已经成为"华服志"的品牌活动，也成为新书出版后重要的宣传推广方式，既加强了与作者的联系，又有效服务了读者，增强了用户黏性。

（四）加强社群建设，提升服务水平

知识类社群建设是我们服务用户非常有效的方式。通过社群建设和维护，可以实现知识信息和产品的直接触达。同时，还可以随时与用户直接互动。这种联系与各种数字平台的用户留言、评论等不同，虽然二者都是直接与用户发生关系，但知识社群的交流通常更为有效且准确，更为重要的是，在社群内不仅可以实现出版社与用户之间的交流，还能实现用户与用户之间的及时交流，而这种用户之间的集体交流互动，更有利于激发用户的群体学习热情。目前，在"华服志"的社群中，不仅可以实现选题调研、知识分享、有奖问答、图书团购、活动组织等功能，还可以通过社群对用户更加了解，并且逐步实现用户细分，为下一步的课程培训奠定基础。

（五）加快融合出版探索，寻找新的盈利模式

在"华服志"融合传播体系的整体构建中，基于对内容的理解以及对用户、市场需求的分析，最终我们选择了在"内容+课程"这个方向上率先寻求融合发展的新突破。"零基础旗袍课""岁喜阖家 手艺传心——中式马甲课""中华传统色彩"等系列课程，将中华传统服饰文化与当代人追求美好生活方式的需求有机融合，通过陪伴式教学，让用户在亲手制作传统服饰的过程中体验、感受、学习中华传统文化。我们坚信，只要找到适合的表达方式和传播形式，中华优秀传统文化的传承就能够找到现实依托。

三、"华服志"融合传播体系构建的未来思考

（一）构建基于中华服饰优质内容的课程培训体系

目前，在"内容+课程"的拓展方向上，"华服志"取得了初步的成绩，实现了第一步的价值假设验证。未来，基于中华服饰文化的优质内容以及前期积累的用户和品牌，"华服志"在课程培训的开拓上将会重点发力。我们将结合自身内容和师资力量的优势，开发面向社会大众、服装设计师以及影视服装造型等不同受众的培训课程，同时尝试推进将线上培训与学历教育、国际教育以及职业教育相结合，逐步构建以中华服饰文化为核心的培训课程体系，不断丰富、深化"华服志"的品牌内涵。在打造精品培训课程的过程中充分发挥出版人内容把关和过硬的审核能力的核心优势，挖掘中华优秀传统文化的价值，做好中华传统文化的当代表达，把握好"华服志"融合品牌体系构建与传统出版业务板块的关系，实现二者的协同联动发展。

（二）探索基于中华服饰文化的出版跨界融合

在数字化、信息化飞速发展的趋势下，出版社的角色定位也发生新的改变，这一方面要求出版社要转变思维方式，另一方面也要求出版社转变生产模式，围绕自己的优质内容资源，以融合发展的思维发展多元经营，积极拓展跨界融合。[4]结合中华服饰文化中蕴含的色彩、纹样、技艺等多种文化元素，"华服志"在内容的跨界融合上也做了一些构想和思考，比如与汉服品牌的融合、文创产品开发等。

（三）基于 Web3.0、元宇宙的新场景准备

当下文化与科技的融合已经走入了一个新的阶段，内容与技术的交融在不断升级，人工智能、虚拟现实等技术的发展持续带给观众新的感官体验和精神共鸣，未来数字内容的传播可能会是在各种想象不到的超级数字场景中呈现。而这种新的超级数字场景的

构建，将会对"互联网+资源"的融合出版形式提出更多新的挑战，这就要求我们更加注重人的主动性、复杂性和交互性。[5]"华服志"也在这些新的方向上进行了探索。比如建设了 VR 华服博物馆以及元宇宙概念的华服书店等，在探索中不断积累自己对内容的理解和产品开发能力，思考服饰文化内容该如何在新的场景通过新的技术做更好的传播，以确保"华服志"品牌的生命力和活力。

综上，融合出版的核心是内容，基础是用户，保障是人才，支撑是技术，落地是融合，其本质仍然是出版。现在，"华服志"只是初步探索形成了"以服饰文化内容为核心，以知识服务为开端，以营销矩阵和品牌活动为抓手，以课程培训为拓展"的融合出版基本模式。未来，随着大数据、人工智能等新技术的广泛应用和不断发展，随着媒介传播信息方式的不断演变，基于中华传统文化的融合出版发展将会面临更多崭新的课题。然而，无论外界如何变化，我们始终坚信万变不离其宗，中华优秀传统文化永远是最优质的内容，是人类思想、智慧和文明的宝库，也是我们开展融合出版工作的重点领域和重点方向。

参考文献

[1] 中共中央办公厅，国务院办公厅．关于实施中华优秀传统文化传承发展工程的意见[EB/OL]．（2017-01-25）.http: //www.gov.cn/zhengce/2017-01/25/content_5163472.htm.

[2] 中宣部印发《中华优秀传统文化传承发展工程"十四五"重点项目规划》[EB/OL]．（2021-4-16）. https: //baijiahao.baidu.com/s?id=1697188351632273445&wfr=spider&for=pc.

[3] 中共中央办公厅，国务院办公厅．"十四五"文化发展规划［EB/OL].（2022-8-16）. http: //www.gov.cn/zhengce/2022-08/16/content_5705612. htm.

[4] 于殿利．从融合出版到出版融合——数字传媒时代的出版新边界探析［J]．出版发行研究，2022（4）：5-15.

[5] 何国梅．出版深度融合发展的内涵、机制与路径[J]．中国编辑，2022（9）：85-9.

（原文首发于《出版参考》2023 年 05 月刊）

关于出版深度融合发展的思考与实践
——以英大传媒集团出版转型为例

聂庆　英大传媒投资集团有限公司

摘要：当前，数字阅读已经成为人们首选的阅读方式。持续创造以数字化、网络化、智能化为特征的内容产品，实现出版融合与高质量发展，是出版单位在数字经济时代的核心发展命题。本文结合笔者所在单位出版深度融合发展实例，围绕与谁相融、如何相融等问题，从理念、业务、技术等不同角度阐述对出版深度融合发展的认识和体会。

关键词：融合发展；数字出版；知识服务；英大传媒集团

从《中华人民共和国国民经济和社会发展第十一个五年规划纲要》首提"鼓励教育、文化、出版、广播影视等领域的数字内容产业发展，丰富中文数字内容资源"至今，出版的融合发展经历了不同的历史阶段：从最初提出"数字出版"概念开始，到推动出版产业"转型升级""出版融合""知识服务"，顶层设计越来越明晰；从设立国家文化产业发展基金、启动国家数字复合出版系统工程，到制定知识服务试点方案，遴选出版融合发展项目、单位和人才，数字出版的产品和运营模式也从电子书、数据库、知识服务平台、在线知识付费，发展到了全方位的知识服务体系。可以说，经过10多年的努力，整个出版业在探索融合发展的道路上取得了巨大的成就，也为未来的发展奠定了坚实的基础。"十四五"时期，站在新的起点和发展阶段，出版业如何做好深度融合，在产品、服务和模式上不断创新，完成构建新型出版传播体系的目标，实现集约化、差异化、高质量发展？对此笔者结合所在单位出版深度融合发展的探索与实践，谈几点认识和体会。

一、出版深度融合要关注理念的融合

所谓理念的融合，就是要站在不同层面不同角度看融合发展，跳出出版看出版。具体来说，一要关注政治、经济、文化这些宏观层面的国家政策，二要跟踪科学、技术、工程这些中观层面的发展动态，三要考虑数据、信息、知识这些微观层面的内在联系。举个例子，2022年4月，中共中央宣传部印发《关于推动出版深度融合发展的实施意见》

（以下简称《实施意见》），从战略谋划、内容建设、技术支撑、重点工程项目、人才培养以及保障体系等 6 个方面，对未来一段时期整个行业推动深度融合发展的目标、路径、方向、措施做出了系统、全面的安排。就在印发《实施意见》的同期，中共中央办公厅、国务院办公厅印发《关于推进实施国家文化数字化战略的意见》（以下简称《意见》）。两份文件的印发时间相差不足一个月，它们对出版融合发展具有十分重大的意义，让我们站在文化的视角审视出版融合发展。《意见》明确到"十四五"时期末，基本建成文化数字化基础设施和服务平台，形成线上线下融合互动、立体覆盖的文化服务供给体系。到 2035 年，建成国家文化大数据体系，实现中华文化全景呈现，中华文化数字化成果全民共享。仅仅从总体目标上看，也不禁引发我们的思考：文化数字化基础设施和服务平台，与《实施意见》当中提到的古籍、百科、辞海等重大数字化工程、重点品牌项目之间有什么关系？能不能彼此借力、彼此相融、彼此成就？《意见》还提到形成中华文化数据库、国家文化专网，搭建文化数据服务平台等，这些又会给出版深度融合带来怎样的发展契机？

除了文化以外，出版的本质是知识经济，深度融合发展下的出版业必然成为未来数字经济的重要组成部分。数字经济是继农业经济、工业经济之后的新经济形态，正在推动生产方式、生活方式和治理方式深刻变革，必将发展为支撑国民经济高质量、可持续发展的第四产业。2022 年 1 月，国务院印发《"十四五"数字经济发展规划》（以下简称《规划》），重点任务包括优化升级数字基础设施、充分发挥数据要素作用、大力推进产业数字化转型、加快推动数字产业化等。《规划》当中提到较多的词就是数据、数字化。面向未来，从数字经济的角度看出版深度融合发展，就是要让海量的知识资源变成数据资源，成为经济发展的关键要素，通过互联网、移动互联网为其他传统产业赋能，在数字经济与实体经济深度融合的过程中彰显价值。

二、出版深度融合要实现业务的融合

所谓业务融合，就是努力把知识服务场景搭建在专业对齐、服务对口的业务场景中。出版是一个再认识的过程。对于科技类出版企业而言，策划出版一本优秀的科技专著，设计开发一款好的融合产品，一定是出版人对这个行业深入了解、深刻洞察的结果。灵感的背后离不开科技创新、生产实践、管理提升。以笔者所在单位英大传媒投资集团有限公司（以下简称英大传媒集团）为例，作为国家电网有限公司的全资子公司，英大传媒集团的主营业务之一就是做好能源电力领域科技创新成果和企业管理创新成果的出版与传播。在探索出版融合发展的过程中，集团把数字平台、融合产品、知识服务与公司科研、生产、培训深度绑定。

一是将数字平台的建设与公司项目管理相融合。其中，平台搜索、分词、图谱等关键技术研究被纳入公司科技项目，系统开发以及上线后的运维被纳入公司数字化项目。这样做不仅能够得到公司资金、资源和专家的支持，而且能够在集团统一的制度标准下开展平台架构设计、数据库部署、安全防护制定等，大大提高了运行安全系数。截至 2022 年 10 月，集团运营的一体化知识服务平台中国电力百科网（见图 1）已经安全稳定运行 3 年零 9 个月，获得包括"国家知识服务平台电力分平台"在内的 8 项荣誉，在集团探索出版转型的过程中发挥了示范引领作用。

图 1　英大传媒集团建设运营的中国电力百科网

二是将融合产品的开发与公司重点任务相融合。员工安全教育培训是企业安全生产的重要一环，历来受到公司领导的高度重视。在 2022 年 6 月"安全生产月"，集团在原有"电力安全工作规程"系列出版物的基础上开发完成"安规"在线培训考试题库，配合公司安全管理委员会组织开展"学安规、反违章、防事故"知识竞答活动。仅两周时间，公司系统一线员工全员参与，答题总量超过 1.6 亿道，带动集团知识服务 App 产品新增安装量 30 万次。该考试题库得到了公司领导和一线员工的广泛好评。

三是将知识服务的模式与公司发展战略相结合。针对电网"卡脖子"关键技术，集团牵头策划发布 IGBT（Insulated Gate Bipolar Transistor，绝缘栅双极型晶体管）领域电力行业首份专利分析报告，为重点领域科研攻关提供决策参考；在 2021 年"4·26 世界知识产权日"，集团策划发布公司历史上首份专利信息年报，获得了全行业的广泛关注（见图 2）。

图 2　英大传媒集团出版融合发展下的信息咨询服务产品

三、出版深度融合要深化与先进技术的融合

深化技术融合，目标是实现技术对内容的重构。传统出版物提供完整的、系统的、体系化的知识，技术创新主要体现在排版和印刷上。而融合产品提供碎片化、场景化、结构化的知识，这些知识是知识元、知识本体，呈现在读者面前的，也是经过算法推荐后的内容，技术创新落脚在知识的最小单元，这就是知识工程。按照腾讯公司公共事务副总裁冯宏声的观点，基于出版深度融合发展理念打造出的知识产品，是对传统出版物去包装、去封装之后对内容的再封装、再包装。例如集团牵头研究构建的电力科技知识图谱，就是以全面动态反映研究领域、科研机构、科研成果、领域专家之间的隐性关系为核心目标，通过知识建模、机器学习、可视化等人工智能技术对知识进行重新组织和管理的。在整个过程中，项目组不仅对《中国电力百科全书（第三版）》等权威经典图书进行结构化处理，而且通过外部采购、互联网公开信息采集等多种手段对科技期刊、技术标准、专利等多类型科研成果数据进行加工处理、关联融合；不仅按照多维分析数据模型抽取关键知识构建了网络拓扑型电力知识体系（见图3），还要学习异构数据集成、语义分词、机器学习、知识图谱等人工智能技术的原理，在理解技术的基础上开展系统原型设计。可以说，电力科技知识图谱的构建，促使项目组完成了从开发数据库到构建知识库的飞跃。从2019年建成上线运行至今，电力科技知识图谱实体数量超过2400万个，知识三元组数量超过2亿个，在帮助科研人员查知识点、查专家、查项目、查科研机构、查竞争合作团队等方面发挥了重要作用。电力科技知识图谱在中国电机工程学会人工智能技术创新应用大赛中获得优秀奖（见图4）。

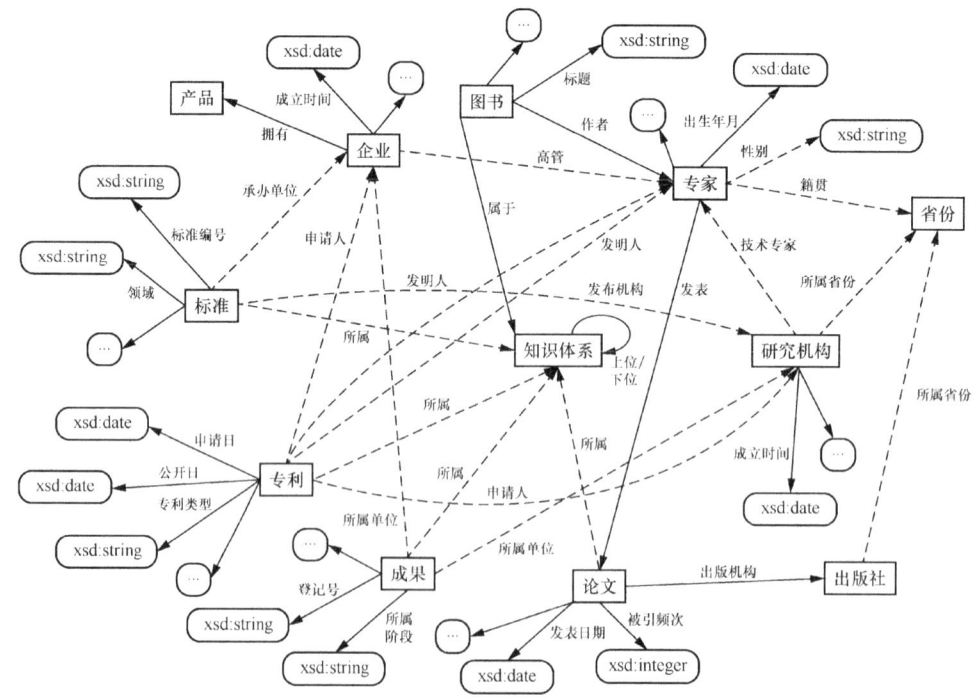

图3 电力科技知识体系构建示意图

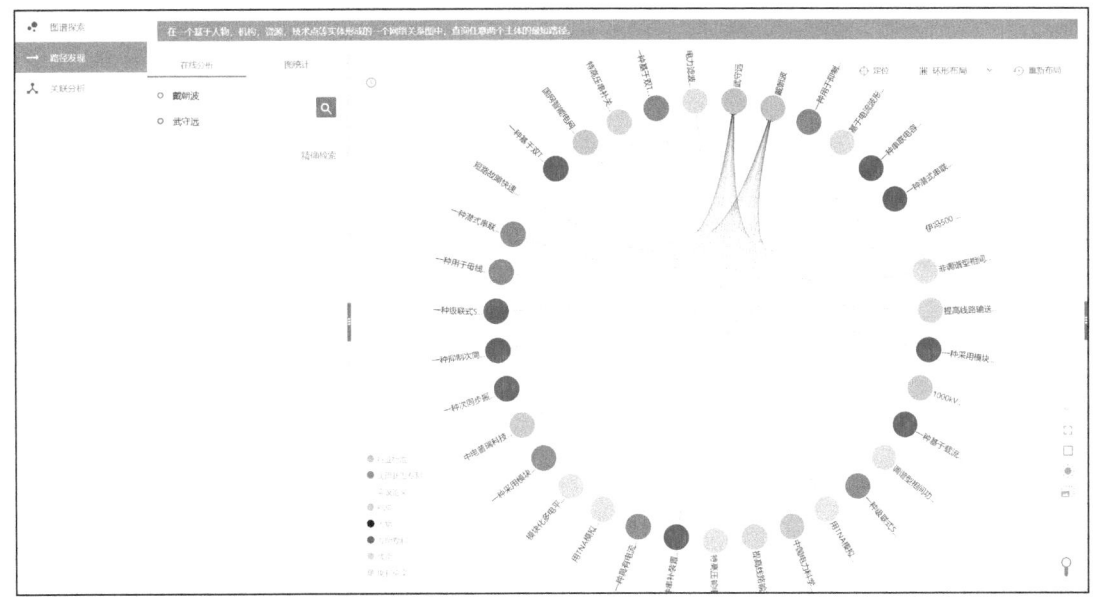

图 4　电力科技知识图谱

四、结语

　　发展理念是发展思路、发展方向、发展着力点的集中体现。"欲穷千里目，更上一层楼"，只有观大势、谋全局，将出版深度融合发展摆在国家层面，摆进各行业领域可持续发展里面，做到发展理念相融、发展步调一致、行业同频共振，才能实现自身长远的高质量发展。业务融合是根本。实践证明，过去传统出版的选题从哪里来，出版的深度融合就追根溯源到哪里去。只有在其他传统行业找到切入点和落脚点，出版业才能够找到深度融合发展的立足点和发力点。技术融合是关键。先进技术是代表先进生产力的技术，先进技术与优质内容相融合，不断搭建新型知识服务场景，有力推动了出版高质量内容供给。英大传媒集团在探索出版业务逐步向信息服务、知识服务发展的过程中，企业整体也朝着智库型企业转型，并且这样的转型以公司战略为导向，以用户业务需求为指引，每走一步都显得扎实、稳健。

参考文献

[1]　蔡翔. 传统出版融合发展：进程、规律、模式与路径[J]. 出版科学，2019（02）：5-14.

[2]　赵焱. 专业制胜：电力科技知识服务平台建设与运营探索[M]. 北京：中国电力出版社，2020.

[3]　祁述裕，闫烁. 解读国家文化数字化战略，以数字集成技术助推文化创新[J]. 文化产业评论，2022.6.19.

教育出版深度融合发展工作的思考和实践
——以北京语言大学出版社为例

贾大林　北京语言大学出版社有限公司

摘要：随着信息化、数字化、智能化时代的到来，教育数字化发展迅速，从教育信息化 1.0 的"装备时代"、教育信息化 2.0 的"信息时代"到教育信息化 3.0 的"智能时代"，再到近期提出的教育信息化 4.0 的构想，数字化、互动化、智能化、个性化浪潮推动着教育的变革。教材出版单位通过出版深度融合这一发展路径来适应教育数字化发展，是实现数字化转型升级的关键。教育出版深度融合发展对于打破教育出版发展瓶颈，筑牢新时代意识形态前沿阵地，落实国家意志、国家事权具有重要作用。

关键词：教育信息化；教育出版；出版深度融合；数字化转型升级

习近平总书记高度重视媒体融合发展，提出了一系列重要论述。他指出，"要运用信息革命成果，推动媒体融合向纵深发展"，并强调，"融合发展关键在融为一体、合而为一"。

一、出版深度融合发展是出版单位可持续高质量发展的必由之路

（一）供给侧改革之需

随着信息化、数字化、智能化时代的到来，海内外教育决策者已经做出了教育数字化具有增强学习效果、提升教学效率潜能的判断，数字化、智能化、互动化、个性化的教育数字化浪潮快速发展。2020 年以来，线上教学需求大规模爆发，加速了教育数字化的进程。根据《2020—2021 中国数字出版产业年度报告》的数据，2020 年我国数字出版产业整体收入达到 11781.67 亿元；其中在线教育作为新兴板块增长明显，收入达到 2573 亿元，占比约 21%，市场规模和增长率远超传统教育出版。

教材是教师教学和学生学习的重要材料，其使用的频度和场景的多元化特点较之其他图书产品更加突出。教育出版产品可以说天生具有"融合"的基因，是教育和出版的

"集合体"。线上教学改变了教育供给方式，打破了物理时空限制，为教学提供了教学模式创新的可能，但传统纸质教材明显满足不了数字环境下的教学模式。教材作为教学的主要内容载体，是教学的核心和关键。教材出版如何通过融合创新来适应教育数字化发展，是新时代筑牢意识形态前沿阵地，落实国家意志、国家事权的重要任务，是打破教育出版发展瓶颈的关键。因此出版单位迫切需要通过出版融合打造新型的数字化教材产品和服务，让数字教材成为教育数字化发展中不可或缺的一部分，为教育数字化赋能。

（二）出版业转型升级之需

传统出版业的生产服务模式更像是制造业，其"编、印、发"的传统价值链决定了出版单位与用户的隔绝状态。教育数字化的教材应用场景发生了巨大变化，传统教材的教学效用明显降低，更新速度缓慢，这更加强化了教材无用论的说法。要想破解教育出版高质量发展问题，打破传统介质和产品形态的窠臼，势必要进行体制机制、技术应用、人才培养、业务模式、商业模式等方面的创新和优化。

融合发展的核心是以创新为驱动，通过整合、优化、改造或重构来推进出版单位供给侧结构性改革，系统性解决转型升级过程中所遇到的问题。出版融合发展可以从多维度为出版业找到守正创新之道。出版融合发展是出版业转型升级的方法论，是一个不断迭代的过程，是帮助出版单位逼近可持续发展战略目标的最佳路径。

（三）符合国民经济第四产业发展

党的二十大报告高瞻远瞩地指出，"加快发展数字经济，促进数字经济和实体经济深度融合，打造具有国际竞争力的数字产业集群"。在国民经济产业分类中，第一产业是农业，满足了人类最基本的生命能源需求；第二产业是工业和建筑业，满足了人类基本的物质需求；第三产业是流通和服务业，实现了物质产品快捷的供给。以科技为支撑，解决人们对知识和信息需求的产业被称为第四产业。未来中国经济升级，一定是与全世界经济密切融合在一起，并在第四产业方面发力的。出版承载了多元内容，通过技术加持能更加便捷有效地服务于众多领域，天生具有第四产业的特征。实现出版融合发展，对于加快我国第四产业的发展有着重要的意义。

二、教育出版深度融合发展工作的难点问题

教育出版深度融合发展是一项系统性的工程，传统出版单位开展相关工作时还要破解四个问题。

（一）认识不够

推动出版深度融合发展工作，需要开放性思维模式的加持。传统出版业是以纸质图书为最终价值体现的，盈利模式比较单一，图书业务在出版单位中处于绝对的优势地位，人员的站位和思维角度也自然遵循纸书的业务流程和价值观念。在没有建立以用户为核

心的"用户→产品→服务→优化→运营→用户"的业务体系前，出版单位往往会存在盗版、绩效、营收、运维等方面的焦虑、担忧和困扰。出版融合发展业务如果不能在决策层形成共识，在执行层形成合力，一定会出现内耗，最终积羽沉舟，以失败告终。对于融合创新的认同和转变，是避免固守定式、因噎废食的前提条件，出版单位如果不能破解认识不够的问题，最终将错过机遇，失去先机。是否可以将守正和创新相统一，找到两种业务模式的平衡点，是出版单位能否有效开展出版融合发展业务的根本问题。

（二）经验不足

传统出版业具有制造业的特征，产品价值受原材料（纸张）、印刷、物流等成本的影响较大，生产与运营模式较为传统。

数字化教育出版产品以用户为中心，能为用户提供全流程的"内容+服务"模式，并可基于数据精准地做出运营决策。但实际工作中出版单位的数字化、平台化项目管理和运营经验非常欠缺。一些出版单位虽然经过若干年的转型积累了一些经验，但相比互联网和教培企业在融合创新型项目上的建设和投入，仍然相形见绌。传统的运营管理模式致使出版单位在对原有产业链进行延伸和拓展时力不从心。不少出版单位由于缺乏经验，照搬通用方案开发产品和搭建平台，项目的效果可想而知。

（三）机制不够完善

融合发展，机制创新不能含糊，需要解决资源权限、组织壁垒、权益保障、人的动因等关键问题，需要制度建设与环境完善、组织机构与管理体制的创新。在融合创新型项目的决策和管理上，出版单位的管理机制还不够清晰完善。传统选题项目基本为规划式项目，此类项目目标明确，过程可控，市场风险低。融合创新型项目的特点是投入产出不好预测，方向性选择为主要风险来源。出版单位按照传统选题项目来决策和管理融合创新型项目，势必给项目团队带来发展障碍；如果保障不到位，还会造成创新部门和传统部门的矛盾。

（四）人才不足

"人尽其才，则百事举"，人才是出版深度融合发展的最有力的支撑，是驱动创新发展的第一要素。

出版深度融合发展的特点就是跨界和效率，在出版深度融合的高质量发展要求越来越高的当下，出版单位如果不积极争取引进大量的人才，融合创新型项目将会失去持久的支撑，新业态、新模式的融合产品将变成无源之水、无本之木。没有人才，再多的谋划都无法付诸实践。

融合型人才的要求相对较高，光有技术不通业务不行，通技术懂业务的同时还要明晰市场和商业逻辑。具备承载融合能力的人才，要集综合能力于一身。实际工作中存在引才难、留才难、用才难的问题，特别是中小型出版单位，其人才短板问题甚至成为企业转型和融合发展的最大痛点。

三、教育出版深度融合发展的实践

（一）制定规划明确路径

北京语言大学出版社作为全国唯一一家国际中文教学与研究专业的出版单位，是国际中文教学研究、教材开发，推动中华文化"走出去"，培养知华、友华的外国人士的国家队和主力军。在依托中国语言文化进行对外传播的工作中始终高举新时代中国特色社会主义伟大旗帜，以坚持把社会效益放在首位、社会效益和经济效益相统一为发展指引，制定了出版融合发展规划，明确了发展思想、原则、目标、战略、保障和组织实施等内容。

（二）开放共享合作创新

一是依托国家新闻出版署出版业科技与标准重点实验室，大力发挥孵化器平台能力，围绕着出版社主营业务数字化转型的关键技术（教育出版智能技术和语言智能技术）进行课题立项和成果转化。二是与相关企业进行深度战略合作，整合外部企业拥有的人才、技术、资金、市场、运营等关键性要素，弥补出版社进行出版深度融合发展中的短板，取长补短实现共赢。

（三）大胆尝试小心论证

自 2010 年开始，北京语言大学出版社就进行数字化转型的业务布局，依托官网进行电子商务平台建设，初步形成了国际中文线上线下教学资源生态系统，实现数字化转型升级的阶段性目标，并于 2013 年被评为"首批全国新闻出版业数字化转型示范单位"。

2015 年，国家新闻出版广电总局和财政部联合印发《关于推动传统出版和新兴出版融合发展的指导意见》（以下简称《意见》），提出"推动传统出版和新兴出版融合发展，把传统出版的影响力向网络空间延伸"的要求。北京语言大学出版社根据《意见》要求和发展需求，基于"传统出版产品＋技术赋能"的思路，开发了实现纸电结合的 ISLI/MPR 国家标准关联识读软硬件产品；基于"教学资源+服务"的思路，为教师开发了慕课和微课以及线上教师培训平台；基于《HSK 标准教程》开发了 easyHSK 汉语等级模拟考试系统；基于跨系统跨终端的需求，开发了数字教材 App。北京语言大学出版社初步形成了以技术支持为传统出版赋能，实现传统出版的影响力向网络空间延伸的新业态。

疫情暴发后，由于海外留学生无法来华上课，国际中文线上教学的需求倒逼出版单位进一步优化数字产品和服务。为了解决国内 1000 余家高校缺少专业化中文互动教材和配套资源、课堂组织和互动难、测评难、考试难、实现全流程教学任务部署难、师资力量缺乏等线上教学问题，北京语言大学出版社依托多年积累的国际中文线上教学的研发优势和资源优势，以建设"国际中文智慧教学解决方案"新发展理念为引领，以技术创新为驱动，围绕通用型国际中文教材、国别化国际中文教材、国别化职业中文教材，研发了"国别化全球国际中文教学服务云平台"。

经过多年的努力，北京语言大学出版社初步形成了"三化促融合"战略方案。一是轻量化出版深度融合发展解决方案（基于第三方 SaaS 服务的出版深度融合方案），以轻量化低成本的技术方案来支持一般性数字出版形态产品的开发和运维，如电子书的支持；二是定制化出版深度融合发展解决方案，如点读笔、智能手写笔、二维码等纸电结合产品。以定制化软硬件技术方案为不同内容和用户使用场景的纸质图书产品提供增值和扩展服务，打破传统出版载体限制，但又与纸质图书和原有使用场景相结合。三是平台化出版深度融合发展解决方案，如全球中文教学平台、线上教材敏捷开发以及线上教学系统。通过平台化的技术开发模式，为用户提供系统化的应用解决方案，特别是专业类用户和教育类用户；通过平台支持全流程任务式业务流程（教学流程），为教学机构提供教材研发、互动教学、教师培训、自主学习、测试评估等组成的完整教学研闭环，最终形成国际中文教学服务整体解决方案。

通过出版深度融合发展，教育出版单位实现了从教育产品生产商向教育服务商的角色转换。教育出版通过产业链、价值链重构，将单一的纸质图书产品拓展为包括数字教材、线上课程、智慧教育平台、智能教育装备等高利润高附加值的领域当中，大大提高了出版单位的盈利水平和可持续发展能力。

数字时代背景下外语教材融合出版的创新与实践

商其坤　北京外研在线数字科技有限公司

摘要： 近年来，数字技术广泛应用于教育领域，带来了学习者学习方式的变革，对外语教材也提出了线上线下融合发展的内在要求。与此同时，国家出台了多项政策，鼓励出版深度融合发展。在数字技术的助力下，传统纸质教材也有了提升编订效率、自我更新变革的现实可能。以上三大驱动要素共同推动着教材出版的数字化转型。具体到外语教材市场，新形态教材和数字教材是两种典型的创新模式。一般来说，外语类新形态教材仍以传统纸质内容为主，借助版式设计标引出数字资源的类型、内容和位置；数字教材则更进一步，将数字内容与教学网站、学习平台、App 等相融合，呈现形式更加丰富多样，为教师、学生、学校提供的服务也更加全面和细致。

关键词： 数字技术；融合出版；新形态教材；数字教材

在数字时代，随着慕课、翻转课堂等信息化教学模式的引入，线上线下混合式学习方式日渐普及，外语教材市场涌现出越来越多的数字出版物，这让外语学习变得更加多样化、个性化和即时化。

在技术冲击、国家政策引导和编订效率提升的三重驱动下，外语教材出版转型取得了明显成效，将纸质出版的深度、高度与数字出版的宽度、速度相结合，初步形成了多媒介、全产业链、新业态的融合出版模式。

一、从纸质出版转向融合出版的驱动要素

（一）技术冲击与学习方式的变革

移动互联网等技术为在线教育的发展提供了坚实支撑。2012 年，世界三大慕课平台（Udacity、Coursera 和 edX）依次上线，标志着在线教育进入了新阶段。新冠肺炎疫情的暴发，加速推动了在线教育的蓬勃发展，目前学校师生已经普遍接受了在线学习方式。

学习者学习方式的变革要求外语教材由传统的纸质出版转变为线上线下融合的立体式出版格局，要求增加数字出版的形式并丰富其内容，包括网络学习平台建设、教学网站资源设计和移动学习软件开发等。可以说，当前外语教材融合出版的核心就是加强教材的数字化建设。

（二）国家政策推动

2015 年 2 月，教育部和国家新闻出版广电总局联合印发《关于进一步加强和改进高校出版工作的意见》，指出"加快高校出版融合发展步伐。高校应支持和推动出版单位以先进技术为支撑，以内容建设为根本，努力实现传统出版与新兴出版优势互补、一体发展"。2015 年 3 月，国家新闻出版广电总局、财政部联合印发《关于推动传统出版和新兴出版融合发展的指导意见》，指出融合出版应"立足传统出版，发挥内容优势，运用先进技术，走向网络空间，切实推动传统出版和新兴出版在内容、渠道、平台、经营、管理等方面深度融合"。

2022 年 4 月，中共中央宣传部印发《关于推动出版深度融合发展的实施意见》，提出"紧盯技术发展前沿，用好信息技术革命成果，强化大数据、云计算、人工智能、区块链等技术应用，创新驱动出版深度融合发展"。

（三）传统纸质教材编订效率低下，亟待提升

在传统纸质教材时代，从作者新编、修订教材，出版社印刷发行，到把教材发给学生，过程繁杂，往往要几年时间才能完成一次教材的新编、修订。这样的编订模式和效率既跟不上知识增长的现实情况，也无法满足高校教学的实际需要，新形态教材和数字教材则可以弥补纸质教材的这一缺陷。数字技术方便编辑随时随地对电子文本进行修订、及时纳入学科前沿成果并以最快的速度呈现给学生。

二、两种典型的创新与实践模式

（一）新形态教材

外语类新形态教材普遍以传统纸质内容为主体，加入数字化内容，将线上线下教学资源融为一体。这种新形态教材首先在纸质媒介中确定全书的框架结构，进行理论等内容的组织，便于学生对知识点的系统学习；其次运用互联网技术，将教学重点、难点以立体化的数字资源形式呈现，为纸质媒介附加直观、多元、立体、交互的学习资源。

纸质媒介与数字媒介的融合途径，主要是通过一定的版式设计，在纸质内容的相应部分标引出数字资源的类型、内容和位置。一种是标引出网址，链接至出版社相关网站，引导读者下载教材配套的电子课件、微视频、案例源文件、习题答案等；另一种是放置二维码，引导读者扫码直接获取图片、微视频等，或引导读者通过安装 App 获取数字资源及服务。随着微课、在线课程的普及，新形态教材出现了"书配网""书网一体化""网

配书"等多种形态。比如，外研在线 2021 年打造的《新探索研究生英语教程》(*iExplore English Course*)。

（二）数字教材

高校外语数字教材的形式包括电子课件、教学网站、外语自主学习平台、外语学习 App 等。作为对传统纸质教材的补充，数字教材已成为高校外语教学的重要组成部分，其开发与出版也成为各大出版社近年来关注的重点。

以我国最大的两家外语教材出版机构——外语教学与研究出版社和上海外语教育出版社为例。外语教学与研究出版社开发了 Unipus 高校外语教学平台，将电子教学课件、自主学习系统、数字试题库等诸多元素融入这一平台，为高校外语教学提供了海量资源。上海外语教育出版社则开发了中国外语教学网，将外语网络教学测试中心、教研科研论文数据库、语料库等纳入其中，与纸质教材形成互补，方便教师开展日常教学工作。

三、外语教材融合出版的发展建议

（一）国家加强政策引导，进行统一规划和管理

2016 年，中共中央办公厅、国务院办公厅联合印发《关于加强和改进新形势下大中小学教材建设的意见》，提出要健全国家教材制度，成立国家教材委员会，并在制度层面明确教材建设是国家事权。

由于教材建设是国家事权，数字教材的健康发展需要国家从顶层设计和配套管理制度两个方面给予支持和推动。目前国家还没有专门针对数字教材的政策和指导性文件，政府部门也缺少对数字教材的监管，特别是缺乏对数字教材准入、出版、发行资质的管理和数字教材审定、选用的要求。随着融合出版的快速发展，这一需要显得更加紧迫。

（二）研究机构加快制定数字教材相关标准

针对当前数字教材研发标准不统一的情况，为保证数字教材的内容质量及其应用的兼容性和可靠性，建议由政府部门委托相关研究机构制定符合我国国情和教育教学实际需要的技术标准规范，包括数字教材的内容呈现和技术格式规范、封装规范、阅读器技术标准、视听标准、术语和标识符标准、跨系统的数据交换标准等，从而为数字教材的有序开发、质量控制和大规模应用提供基本保障。

（三）出版社应找准市场定位，借助前沿技术研发新教材

目前，融合出版已成为各大出版社争夺高校外语教材出版市场的重要阵地。出版社要加强竞争意识，通过调研和行业分析，结合自身优势找准融合出版的市场定位。确定细分目标市场后，组织内容专家和技术团队，协作研发有竞争力的专题类外语教材，比如《商务英语》《农林英语》《机械英语》等。

同时，出版社应充分整合前沿技术，对虚拟现实、元宇宙、数字孪生等进行有效利

用，比如，开发"AR+教材"，将教学中的难点、重点以三维方式进行展现；学生也可通过配套虚拟现实设备身临其境地感受国外的风土人情，提升沉浸感与学习兴趣。

（四）充分借助多种宣传手段，加强品牌建设

数字教材和融合出版的出现，打破了仅仅面向学校的销售体系。除维护传统的客情关系外，对消费端用户的争夺也愈发重要。出版社应采用多种宣传手段，借助微信公众号、微博、抖音、小红书、B站等线上渠道，提升品牌知名度和美誉度。

重磅教材是外语类出版社的"核武器"，必须格外重视其新书发布。考虑到使用主体（即数字一代）的内容偏好，应压缩传统发布会的领导致辞等冗余环节，发挥创新精神，改用清新、明快的风格介绍图书特色，充分利用作者团队的影响力进行线下推广和线上宣传，最大化教材的影响力。

参考文献

[1] 周茹茹. 新媒体背景下纸数融合出版的创新与思考——以上海外语教育出版社为例[J]. 中国传媒科技，2019（12）：104-105.

[2] 徐常翠. 融媒体时代大学英语教材出版融合创新之路[J]. 出版广角，2020（14）：89-91.

[3] 韩天霖. 外语类出版物对外合作出版新趋势[J]. 中国出版，2021（10）：53-55.

[4] 王栋. "互联网+"时代高校外语教材数字化出版[J]. 出版广角，2017（21）：75-77.

[5] 张阳. 媒介融合语境下的教育出版转型研究[J]. 科技与出版，2020（06）：83-87.

[6] 张雪萍. 基于融媒体的大学外语教材出版融合发展之路[J]. 采写编，2021（10）：117-118.

[7] 黄明东，蔺全丽，李晓锋. 高校新形态教材的特征、发展态势与建设路径[J]. 出版科学，2022，30（02）：32-39.

[8] 李林，林巍，陈叶，等. 对数字教材建设的认识与思考[J]. 中国编辑，2021（05）：58-61.

"智慧职教"在线教学服务系统融合创新发展实践

曹喆　高等教育出版社有限公司

摘要： 在线教学服务系统在教育出版融合发展过程中既是一种教育改革的外在需求，也是一种出版改革的内在动力。在职业教育"教师教材教法"改革的大背景下，本文总结在共建共享平台建设过程中的探索经验，利用新技术为职业教育发展夯实信息化基础设施建设，实践新模式，促进新发展，实现教育、出版与技术的良好融合。

关键词： 职业教育；教育出版；数字化教学资源；共建共享平台；大数据；人工智能

"智慧职教"在线教学服务系统（以下简称"智慧职教"）是由高等教育出版社建设和运营的职业教育资源共建共享和在线课程建设应用平台，是国家职业教育智慧教育平台的重要支撑，是落实国家教育数字化战略行动的重要阵地，是推动职业教育"教师教材教法"改革的重要力量，是国家数字教育资源公共服务体系建设的重要成果。

一、"智慧职教"成为职业教育数字资源新基建

截至目前，"智慧职教"共服务 1470 余个国家级、省级、校级职业教育专业教学资源库的在线运行；共有 5000 余家职业院校、行业企业在该平台上参与了资源库建设；共汇聚颗粒化资源 580 万余条、结构化课程 2.1 万余门，院校 SPOC56 万余门，在线开放课程（MOOC）6300 余门，资源总量逾 2.2PB，注册用户达 1980 万余人，教授学生近1.1 亿人次，日均活跃人数超 100 万。丰富的教育资源为夯实高质量职业教育体系的数字底座打下了坚实基础。

1. 落实立德树人根本任务，全面贯彻党的教育方针

平台着重通过专题页面传播分享各地各校先进经验，持续提供思政课程和思政主题教学案例，同时作为国家级课程思政示范项目展示平台，积极推动职业教育网络课程思政建设。组织一线教学团队，并依托我社雄厚的专业编辑力量，借助人工智能、大数据、云计算等先进技术手段对所有上线的在线开放课程进行严格审核，通过后向职业院校师

生发布；要求课程团队在讨论区、评论区等加强引导，传递社会主义核心价值观。国家级"课程思政"项目建设成果入选国家"百佳数字出版精品项目献礼建党百年专栏"。

2. 促进教育公平，打造"人人皆学、处处能学、时时可学"的学习社区

目前，"智慧职教"用户覆盖了全国全部高职院校和 3000 多所中职学校，累计建设各类在线课程近 60 万门，教学班 172 万余个。平台课程在中西部地区的教学应用广泛，累计应用总量占比达到 57%，为优质资源共享、促进教育公平起到了重要作用。2020 年，"'智慧职教'在线教学服务系统"入选国家新闻出版署数字出版精品遴选推荐计划；2021 年，在第十一届中国数字出版博览会评选中获得数字出版"优秀品牌"奖。"'智慧职教'体系推动职业教育融合发展与教学创新"被评为"全国新闻出版深度融合发展创新案例"。

3. 自觉肩负使命，始终将社会效益放在首位

疫情暴发之初，"智慧职教"第一时间开展行动，为湖北省等 20 余个省的教育行政部门提供线上教学服务方案，配合 100 余所高职院校及 90 余个专业联盟制定教学实施方案，并按照国家、省、校三级立体资源网络为各级各类学校提供丰富的教学支持。在疫情防控期间，作为教育部面向全国推荐的首批 22 个在线教学平台之一，"智慧职教"免费提供平台运营的所有职业教育专业教学资源库。海量优质资源成为全面保障在线教学实施的坚实基础，为"停课不停教，停课不停学"贡献一份力量。

二、"智慧职教"创新教育出版与服务新模式

经过不懈努力，"智慧职教"在职业院校中形成了稳定的用户群和较高的美誉度，加之高等教育出版社的品牌影响力，自投入运行以来，平台资源容量、用户规模大幅增长，市场反响、品牌形象持续向好。

1."互联网+教育出版"的出版新模式

面对教育信息化 2.0 的浪潮，"智慧职教"积极谋求在内容数字化、传播网络化、应用智能化方面的融合创新。"智慧职教"以现代信息技术为支撑，以优质资源为根本，以信息化条件下的多种教学场景为线索，以机制创新为保障，打通资源建设、汇聚、管理、分发、应用、反馈的链条，主要通过两种新模式为出版开辟更大的空间。一是通过与传统出版业务深度协同，打造"资源+平台+服务+出版"的新形态教材，推动传统出版提质升级，支撑传统出版业务新形态教材近 1100 种，近两年共发行近 1000 万册。二是不断探索课程出版新模式，即以一门课程的数字化教学资源和教学过程为内容、以支持课程运行的网络平台为出版载体、以（教师）调用授课和（学习者）在线学习为主要消费形式的出版新业态，有效保障了在线教学内容的知识产权，有利于推动优质资源广泛、深入应用，构建可持续的资源共建共享生态，形成了"一书一课一空间"的新范式，并得到了职业院校的广泛认可。

2. 探索教育服务与资源研发新模式

"智慧职教"上运营的内容资源体现了我国职业教育资源供给的最高水平。其内容资源涵盖相关专业或课程教学标准规定内容，覆盖专业基本知识点和技能点，颗粒化程度较高、表现形式恰当，能够支撑同类课程不同应用场景的教学应用需求。"智慧职教"以信息化条件下职业院校师生及职业培训人员线上线下混合式教学及在线自主学习为主要应用场景，提供教育服务新模式，通过为学校开通专属云端教育服务，为"教"和"学"提供移动、智能、泛在的教学空间，并将优质教学资源高效分发给教师组课、授课，将教师二次创作后的在线课程（SPOC 或 MOOC）推送给学生或受培训者学习；以智能化技术提高教学效果、管理监测教学进程，推动以翻转课堂为特征的教学方式方法革新。不少职业院校通过这一创新教育服务模式，打通资源应用的"最后一米"，推动优质资源进校园、进课堂，实现融合创新。同时"智慧职教"以教育部相关专业与课程建设及教学改革项目为引领，适应互联网要求下的职业教育资源开发"一体化设计、结构化课程、颗粒化资源"的建构逻辑，与全国高水平职业院校、高水平教师团队协同行业企业力量共同前置研发各类适应"互联网+职业教育"的教学资源。

三、"智慧职教"探索职业教育现代化体系新技术

"智慧职教"直接服务国家智慧教育公共服务体系，推动职业教育数字资源的供给侧结构性改革，创新供给模式，提高供给质量，同时促进数据应用，升级网络学习空间。"智慧职教"在大数据分析应用、数字资源智能审核以及数字资源版权保护机制等方面做了探索研究，为推动职业教育数字转型、智能升级、融合创新，支撑职业教育高质量发展增添动力。

1. 大数据技术应用

"智慧职教"大数据中心的先进性，体现在"数据采集、存储与计算""智能数据管理""分析模型构建""数据展示与应用"等四个方面。底层数据处理平台为了满足海量数据的计算要求，选用 DataWorks 与 MaxCompute 作为平台处理数据计算及存储引擎。同时采用 Filebeat 作为埋点数据采集器，便于实时监控数据，并尽量降低对服务器资源的占用。"智慧职教"大数据中心基于教师、学生、社会学习者和从业人员的角色特征，提供了多维度分析功能，如建立教师、学生用户画像分析，建立院校管理员教学过程管理模型；基于教学过程，建立资源建设、课程内容设计、教学过程设计、课堂互动、教学评价、课程实施效果分析模型；基于区域领域，建立专业层面教学内容建设分析，校级层面教学管理和实施效果分析，省级和全国范围内的教学和学情分析。在数据分析工具方面，采用阿里云提供的 Quick BI 分析工具，自动对接底层数据库及各项计算工具，具有敏捷、自助式拖拽的在线分析及可视化呈现效果,响应效率较高，可实现所见即所得。

2. 人工智能与数字资源推送

积极依托"智慧职教"大数据中心引入学习分析技术，收集和分析学生的学习数据，勾勒出每个学生的学习方式、特点和偏好，同时针对学生每一阶段甚至每个知识点的能力测评结果，制定出适应学生能力状况的可自动调整教学内容、方式和节奏的精准、动态学习路径。在教师备课初始，即推送我社与此课程相关的纸质图书，对纸质图书的销售起到一定的促进作用。

3. 人工+智能审核体系建设

在数字资源智能审核方面，通过云计算平台提供的计算机视觉和深度学习算法，对数字资源中出现的人物、场景、物品、文字、行为等内容进行智能识别，并研发出适合"智慧职教"生态系统的数字资源智能审核模型，形成极具职业教育资源特色的医药卫生、思政、安全、财经商贸等分模型，通过云计算智能分析，准确识别并标注出资源中出现禁止播出的涉政敏感人物、敏感图片等违法违规内容，由此大幅提升内容审核效率和准确度，同时降低审核人员的工作强度，进一步保障内容播出的安全性，把好资源准入关。

动漫短视频助推主题出版融合发展——以"理论热点面对面"系列融媒体出版物为例

梁菲　学习出版社有限公司

摘要：本文以"理论热点面对面"系列融媒体出版物为例，以党的创新理论的多媒体表达与传播为主题，以动漫短视频创作为重点，分析主题出版的融合创新方式，分享创作过程，介绍传播推广思路，尝试为主题出版融合发展及主题出版大众化提供一些新方法、新路径。

关键词：主题出版；动漫短视频；融合发展；创新；理论创新；大众化

进入新时代，主题出版已经成为传播党的创新理论、弘扬中华民族精神、讲好当代中国故事、培育时代新人、促进社会全面进步的重要手段之一[1]。把握正确的出版导向，服务党和国家工作大局，做强、做优、做精主题出版是新时期出版工作的重要使命担当。近几年，出版行业在主题出版领域不断探索创新，从传统出版到数字出版，从政治类、学术类到大众化读物，主题出版领域涌现了一大批优秀出版物，主题出版融合发展已成为备受关注的研究课题。

宣传阐释党的创新理论读物是主题出版的重要组成部分，如何把重大的政策、高深的理论变成深入浅出、通俗易懂的作品传递给更多读者，是主题出版实现高质量发展的关键。时政理论读物如何通俗化、大众化，如何让党的创新理论"飞入寻常百姓家"，受到广大党员干部群众尤其是青年学生的欢迎，一直以来是主题出版工作、宣传思想工作的重点，也是难点。学习出版社作为时政出版第一方阵，出版了大量宣传阐释党的创新理论的读物，特别是"理论热点面对面"系列融媒体出版物，是主题出版领域的常青树。作为中共中央宣传部通俗理论读物品牌，至今已连续出版 21 年。该系列出版物围绕每年的时政热点，围绕党员干部群众关心的重大问题进行深入浅出、通俗易懂的解读阐释。比如，围绕庆祝中华人民共和国成立 70 周年，出版了《新中国发展面对面》；围绕学习贯彻党的十九届四中全会精神，坚持和完善中国特色社会主义制度，推进国家治理体系和治理能力现代化等问题，出版了《中国制度面对面》；围绕学习贯彻党的十九届五中全会精神，开启全面建设社会主义现代化国家新征程、向第二个百年奋斗目标进军等问题，出版了《新征程面对面》；围绕中国共产党成立 100 周年，出版了《百年大党面对面》；围绕推进中国式现代化面对的重大理论和实践问题，出版了《中国式现代化面对面》。该系列融媒体出版物已经成为理论通俗化、大众化的品牌读物。

我们的工作是在此基础上，挺进"无人区"，把通俗理论读物用动漫短视频的形式呈现出来。动漫短视频，顾名思义是用动画形式制作的短视频。动漫文化已经渗透了年轻人的社交场景和沟通语境，成为当代年轻人的通用语言。我们尝试通过场景化展示、角色化演绎、故事化呈现，将触角伸向年轻群体，打通通俗理论主题出版物"最后一公里"，用年轻人感兴趣的方式宣传阐释党的创新理论成果，丰富主题出版物大众化的表现方式，推动主题出版融合创新发展。

"理论热点面对面"系列融媒体出版物从 2019 年《新中国发展面对面》开始进行动漫短视频融合出版的探索，动漫短视频与图书的融合，在形式上体现为每一集动漫对应一个章节。比如，图书有 13 章，动漫对应 13 集。经过几年的发展，2021 年出版的《新征程面对面》、2022 年出版的《百年大党面对面》融媒体出版物已经具有了鲜明的时政类动漫短视频的属性，将通俗理论读物融合出版的创新水平推向新的高度。

一、时政类动漫短视频要坚持策划先行

策划在时政类主题出版融合发展的实践中起到了非常重要的作用。要坚持策划先行，在策划过程中要想清楚以下几个问题，这是做好动画创意、创作出好的时政类融媒体出版物的前提。

1. 动漫短视频与图书的关系是什么

动漫短视频与图书在策划时可以有两种关系。一种是依托关系。动漫短视频完全依托图书内容，在图书大纲、初稿完成之后进行创意策划，优点是动漫内容能够紧紧围绕图书内容，最大限度地阐释通俗理论，知识含量高。另一种是平行线关系。所谓平行线，就是方向一致，彼此呼应，但各成体系。动漫短视频要与图书大纲同时策划，动漫的创意、制作与书稿的写作同时进行。这种关系的优点是动漫制作周期稍长，不完全受图书的约束，表现形态丰富、故事化程度高；缺点是动漫策划及创作难度高，对脚本创作提出更高的要求，其核心问题是创作者要有深厚的理论功底，能根据大纲推导书稿的大致内容，在此基础上将理论故事化呈现。比如 2020 年出品的《中国制度面对面》图书配套动漫短视频《中小治·棒棒哒》，2021 年《新征程面对面》图书配套动漫短视频《新征程，舞起来！》，以及 2022 年的《百年大党面对面》图书配套动漫短视频《奔跑吧，大党！》。

确定采用哪种关系是策划和制作的第一步。从这几年的传播效果和受众反馈数据看，依据平行线关系策划的动漫短视频形式更活泼、故事性更强，画面的美观度和精细度也

更高，更受大众尤其是青年群体的欢迎。

2. 采用哪种动漫类型更能表现内容

在策划阶段应着重讨论根据不同的主题内容，选用合适的方式和创意。目前有以下几种时政类主题出版的动漫类型：介绍展示型、非人物动漫故事型、人物动漫故事型。

（1）介绍展示型，即以动漫人物参观展览、参与答题比赛、闯关积分、参与VR游戏等形式，把每集的重点内容点状分散在时间线上，由动漫人物带着观众体验和参观，以达到介绍内容、表达主旨的目的。这种类型的特点是轻故事，重介绍。

（2）非人物动漫故事型，即用非人物的动漫形象来讲述故事，体现主题，其特点是动画造型感强，故事性跟介绍展示型相比略强（见图1）。

图1　《中国制度面对面》动漫人物形象

（3）人物动漫故事型，即人物作为故事的主角，其特点是人型动漫形象对受众更有亲切感，在脚本编排上与现实更贴近，故事的延展性更好（见图2和图3）。

图2　《新征程，舞起来！》动漫人物形象

图3　《奔跑吧，大党！》动漫人物形象

出版单位在策划时可以根据内容和出版时间的要求，结合自身优势选择合适的动漫类型。

二、时政类动漫短视频的创作：浓缩—选择—转化

动漫创作的核心是脚本，脚本既要讲理论，又要讲故事，既要高屋建瓴，又要通俗易懂，既要点出核心要义，又要风格诙谐幽默，每集的时长还需控制在 6 分钟左右。在创作"理论热点面对面"系列动漫作品，特别是创作上文指出的平行线关系的动漫作品过程中（即只有图书大纲，没有具体文稿，动漫短视频创作与图书组稿要同时进行），我们摸索出一些经验和方法，即"三步走"：先浓缩，再选择，最后转化。

1. 第一步：将大量理论浓缩为若干要点

理论通俗化的前提是先吃透理论。创作者首先需要大量的理论储备，对党的创新理论烂熟于心，在此基础上，根据图书的主题和写作大纲确定每集必须阐释的要点。这一过程被称为"打点"，"点"打得准不准，直接决定了该集动漫的成败。

比如，《百年大党面对面》图书围绕建党百年这一主题，共分为 13 章，第九章的标题是"为什么说新时代党和国家事业取得历史性成就、发生历史性变革？"。这一题目非常宏大，党的十九届六中全会通过的《中共中央关于党的百年奋斗重大成就和历史经验的决议》从坚持党的全面领导、全面从严治党、经济建设、全面深化改革开放、政治建设、全面依法治国、文化建设等 13 个方面对十八大以来党和国家事业取得的历史性成就、发生的历史性变革进行了全面深刻阐述[2]，内容非常丰富。

对于一集只有 6 分钟的动漫短视频来说，不可能也不能够展示全面的成就和全方位的变革，因此，打点非常重要。将时间聚焦到党的十八大之后这 10 年，如果只能选择一

个要点，难度很大。经过讨论，我们选择了"打赢脱贫攻坚战，历史性地解决了困扰中华民族几千年的绝对贫困问题"这一个要点。国家能实现全面脱贫，离不开坚持党的全面领导，离不开政治、经济、社会、文化、生态各个方面的变革。因此，脚本的创作思路是以点带面，以打赢脱贫攻坚战来反映新时代各个方面的历史性成就和变革，将展示新时代的历史性成就和历史性变革的大题目浓缩为一个标志性的成就——脱贫攻坚战取得全面胜利。

2. 第二步：从理论要点中选取典型案例

在确定了每集要体现的理论要点之后，就进入了选取合适的案例承载理论的阶段。典型案例是理论向动漫转化的桥梁，案例的选择是脚本具象化的关键一步。准确生动的案例能够让脚本在创作过程中事半功倍。

比如，《新征程面对面》的第七章题目为"科技自立自强如何实现？"，这一章的主题比较明确——科技进步要靠自主创新。那么科技自主创新在现阶段最典型的事件是什么？在全球保护主义抬头、中美贸易摩擦的大背景下，国外对中国关键核心技术开始大规模封锁，俗称"卡脖子"技术。以手机产业为例，我国生产了世界 3/4 的手机，但手机芯片自给率较低。说起"中国芯"，大家肯定会想到华为海思，因为它是我国科技自立自强的一个典范。多年前，当华为还不愁美国高端芯片供应时，公司就做出有一天美国可能断供的最坏打算，开始自主研发海思芯片，为公司发展打造"备胎"。近年来，面对美国的"釜底抽芯"，海思芯片全部"转正"，保证了公司大部分产品的持续供应和战略安全，使华为没有因为遭遇技术封锁而倒下，反而迎难而上、自强不息，努力在新一轮信息技术竞争中寻求突破[3]。因此我们选择以华为研发海思芯片的故事作为这一集体现科技自主创新的案例。

3. 第三步：将若干典型案例转化为动漫脚本

选好了典型案例，动漫脚本就有了落地成形的框架支撑。将若干典型案例转化为动漫脚本的过程中要注意三个问题：一是典型案例的截取嫁接，二是典型案例如何与动漫人物发生联系，三是故事如何戏剧化呈现。

一是若干典型案例的截取嫁接。在一个 6 分钟左右的动漫脚本里，要集中体现一集的主题，选取的典型案例一般会有 2～3 个，将这些典型案例截取嫁接成一个完整的故事，才能极致体现主旨。二是典型案例与动漫人物关系的合理化处理。故事要始终围绕动漫人物展开，典型案例要转化为动漫人物的故事才有可看性。三是故事如何戏剧化呈现。罗伯特·麦基在《故事：材质·结构·风格和银幕剧作的原理》一书中讲到典型的故事构成，即激励事件、进展纠葛、危机、高潮、结局[4]。一部优秀的动漫作品也完全符合这一故事构成要素。

这几年的"理论热点面对面"系列动漫短视频的创作，经历了从图书内容视频化"直译"到时政国漫崛起的过程，最突出的变化就是动漫从说理为主转变为讲故事为主，将戏剧性和趣味性作为评判剧本成功与否的决定性因素。因为个性鲜明的动漫人物、跌宕起伏的戏剧化故事是爆款动漫短视频的流量密码。

在《百年大党面对面》第九章"为什么说新时代党和国家事业取得历史性成就、发生历史性变革？"一集中，围绕全面脱贫，我们将故事设计为编辑部的编辑面哥要写一篇关于全面脱贫和乡村振兴的稿子，在他毫无头绪之时，编辑部同事蒋萱出了一招，她邀请自己的同胞姐姐、乡村脱贫致富带头人蒋文与她的老公王武来到编辑部，参加面哥主持的"面对面说"小剧场采访。在小剧场上，蒋文和王武互相吐槽，用"凡尔赛"的方式表达"幸福的烦恼"。比如，以前住土坯房，在党和政府的政策帮扶下，现在都住上了三层小洋楼，但是"距离有了美没了"。又如，以前农产品质量差滞销严重，现在村里提出"一村一品一特色"致富政策，夫妇俩带头直播带货卖特色农产品，挣钱多了但忙得见面时间少了。夫妻二人通过对话，"凡尔赛式"表达农村人幸福的烦恼，体现我国如期完成了新时代脱贫攻坚目标任务，打赢脱贫攻坚战这一伟大历史性成就。最后，短视频以王武为蒋文送上偷偷准备的结婚纪念日礼物，两人秀恩爱，主持人面哥吃了一嘴狗粮结束。

小剧场采访的形式较为单一，因此我们加入了人物动机，用夫妻二人的情感矛盾来推动整个剧情的发展，增强可看性，同时采用了夸张的画面表现，使趣味性大大增强。

三、时政类动漫短视频的应用与推广：矩阵式应用与线上线下联动

习近平总书记指出，"一个主题要有多种传播方法，形成全方位、多层次、多声部的主流舆论矩阵，达到'大珠小珠落玉盘'的效果[5]。"短视频在融合出版的应用与推广中有两种方式：一种是以"书+二维码"的形式打造富媒体图书，在传统纸质书内嵌入二维码，读者借助手机扫描二维码便可获取相关音视频内容，形成可交互式读物，增强了阅读的直观性；另一种是在各类平台、微信公众号等渠道，短视频可以实现一次制作、多次发布[6]。针对"理论热点面对面"系列动漫短视频，我们在应用与推广中采用了如下做法。

1. 矩阵式应用，多平台适配

首先，在"理论热点面对面"图书出版的同时，我们将动漫短视频的二维码印制在图书封底及每章标题旁边，读者可通过扫码观看与图书配套的动漫短视频。图书与动漫短视频的内容和而不同，富媒体图书的优点得到充分体现。其次，在动漫短视频的内容分发上，通盘考虑主流媒体、商业媒体、短视频平台等传播渠道的覆盖面，根据各类媒体的传播特点及受众差异，我们对动漫短视频进行二度创作，将其剪辑成不同长度、各有侧重的多种版本。因为在网络传播中，脱离了完整语境的视频片段反而更引人注目，原本转瞬即逝的细节画面可以被反复揣摩出新意[7]，从而最终形成全网覆盖、各具特色、

遍地开花的融合出版新格局。

2. 线上线下联动，文创助力 IP 打造

为更好打造"理论热点面对面"IP，扩大品牌影响，我们在"理论热点面对面官微"微信公众号上策划了猜书名活动、征文活动、答题竞赛活动，组织了赠书活动、与写作组专家面对面座谈等一系列活动，增强了用户活跃度，微信公众号的粉丝数量也稳步增加。

同时，在推出动漫短视频的同时，策划制作了一系列动漫文创产品，围绕动漫人物，开发了人物手办、挎包、书签、徽章、快客杯、动漫人物口罩和眼罩等特色鲜明的面对面文创产品。这些动漫文创产品在微信公众号策划的活动中发挥了重要作用，加强了"理论热点面对面"品牌与粉丝的联系，提升了受众对"理论热点面对面"品牌的情感认同。

四、结语

主题出版是发挥出版记录历史、宣传真理、资政育人功能的重要载体，也是唱响主旋律、传播正能量的有效渠道。实践证明，主题出版物尤其是宣传阐释党的创新理论的出版物并不一定是板着面孔晦涩难懂的高头讲章，有了动漫短视频的加持，主题出版物大众化的程度大大提高，主旋律作品也可以成为生动活泼、引人入胜的流量热门作品。

参考文献

[1] 刘向东. 关于新时代主题出版的思考与实践[J]. 新闻研究导刊. 2021，12（22）：203-205.

[2] 党的十九届六中全会《决议》学习辅导百问[M]. 北京：学习出版社、党建读物出版社，2021.

[3] 中共中央宣传部理论局. 新征程面对面——理论热点面对面. 2021[M]. 北京：学习出版社、人民出版社，2021.

[4] 麦基. 故事：材质·结构·风格和银幕剧作的原理[M]. 周铁东，译. 天津：天津人民出版社，2016.

[5] 习近平新闻思想讲义（2018 年版）[M]. 北京：人民出版社，学习出版社，2018.

[6] 唐玲. 短视频在融合出版中的应用——以《电力安全作业全媒体培训教材》为例[J]. 科技传播，2020，12（18）：3.

[7] 王晓红. 短视频助力深度融合的关键机制——以融合出版为视角 [J]. 现代出版，2020（1）：5.

精细管理，数据说话——浅谈融合发展评价体系

温强　化学工业出版社有限公司

摘要：随着党的二十大的胜利召开，中华民族的伟大复兴已踏上新的征程。紧密团结在以习近平总书记为核心的党中央周围，形成一块坚硬的"出版钢铁"，是我们这代人光荣的历史使命。

出版业作为文化传播与传承的主力军，更是要牢牢把握习近平新时代中国特色社会主义思想的世界观和方法论，牢牢把握以中国式现代化推进中华民族伟大复兴的使命任务。在这个过程中，出版深度融合发展是落实"中国式现代化"推进出版业高质量发展的必然路径，具有承上启下、继往开来的重大意义。

出版深度融合发展是个极其复杂、系统的工程，既包括各类出版物为引领时代需求在应用场景、载体、服务方式等方面的升级和变革，更包括整个行业为适应时代潮流在企业管理以及各种机制方面的创新和兼容并蓄。出版单位的融合发展程度是决定其未来发展韧性、发展高度与深度的重要因素；但在现阶段，整个行业还没有统一的、明确的评价体系。本文以化学工业出版社有限公司为例，浅谈企业内部的融合发展评价体系和指标要求。

关键词：出版；融合；评价；双效；绩效；影响力

一、评价原则

1. 导向正确

坚持正确的出版导向是行业生存和发展的底线和基石，无论何种出版形态、出版产品，其出版的本质是不变的，因此出版单位必须深入领会且严格遵守党和国家相关的政策和法律法规，守牢意识形态阵地。只有坚持正确的导向，出版融合发展才能是"爬山虎、常青藤"。

2. 双效明显

出版融合发展要坚持社会效益和经济效益的"双效"发展，对社会的政治、军事、科技、文化、生态、环境等各方面做出重要贡献。出版有创新、有思想、积极健康、学术性强、传播力强的精品力作，取得良好的社会效益是出版人的使命及担当。社会效益

如同一个多位自然数的首位，经济效益是其他位，只有将首位做实、做好，其他位才能多多益善。

3. 实事求是

出版融合发展已经成为行业"热词"，蹭热度和名不副实的情况偶有发生。所以在大力推动出版深度融合发展的同时，更应该对融合出版厘清边界、考虑现状，把工作落在实处，统一标准、统一口径，如此才能风清气正，更好地对出版业高质量发展发挥指引和指导作用。

4. 以评促进

出版融合发展是新兴的出版发展模式，放在出版业的历史长河中，其发展时间是极短的。但我们也应清醒地认识到，我们所处的时代环境已不似以往，在移动互联网等一系列新兴技术高速发展的今天，出版业已不是独立的舞台，竞争对手无处不在。因此，我们必须加快内部发展节奏，优化评价评估机制，通过科学的评价考核体系反向促进发展。"宝剑锋从磨砺出，梅花香自苦寒来"，出版业高质量融合发展需要在当下加强管理部门及企业内部各层级的评估和考核。

二、评价范围

2022 年年初，全国科学技术名词审定委员会主办的融合出版概念及定义专家审定会在京召开。会议讨论同意将"融合出版"纳入编辑与出版学名词术语表中，并就"融合出版"的概念表述进行深入研讨交流，最终形成一致意见，即"将出版业务与新兴技术、管理创新融为一体的新型出版形态"。

中国新闻出版研究院副院长张立提出："融"指融化、融入、融会，含有边界模糊或跨越边界之意；"合"指合作、合拢、综合等，含有不同的东西组合在一起之意。在实际工作中，"融合出版"包括跨媒体出版和跨界出版两个方面，体现"泛出版"的趋势。

从上述概念和理解可以看出，泛义的融合出版范围极广，给各出版单位在统计、申报、评价和评估等方面的工作带来一定困扰。比如出版单位为高校做新学科教学规划设计、做项目是否属于出版融合发展的成果之一？反之，从狭义角度理解，如果将"新兴技术和管理"的概念限定在"与数字内容、数字产品密切相关的出版活动"这个定语中，则相关工作会更有抓手、更容易落地。本文所述的评价内容及标准，也是针对狭义的融合出版。

三、评价内容及标准

出版单位的下属公司（独立工商注册）、控股公司或参股公司（以下简称"关联公司"）的相关数据应单独统计，合并统计时要做好相关备注和说明。

1. 绩效考核（0～25分）

有融合出版绩效考核制度：制度中针对单位内部所有核心生产经营部门均设有绩效考核指标，且指标值不低于该部门传统业务的 30% 的，建议评价为优，得 25 分；指标值在 10%～30% 之间的，建议评价为良，得 20～24 分。制度中仅对个别部门设有绩效考核指标，同时有独立部门或公司全职承担融合出版业务的，建议评价为合格，得 15～24 分；其他情况得 6～14 分。

没有融合出版绩效考核制度：建议根据情况得 0～5 分。

2. 人员投入（0～10分）

融合出版方面：全职工作人员占比不低于整个单位的 10%，且融合出版相关工作人员（工作量占比不低于该人总量的 30%）占比不低于整个单位的 30% 的，建议评价为优，得 10 分；全职工作人员占比不低于整个单位的 5%，且融合出版相关工作人员占比不低于整个单位的 10% 的，建议评价为良，得 6～9 分；其他情况得 0～5 分。

3. 经费投入（0～10分）

经费方面（指在计算机技术、内容生产运营等方面的直接投入，不包括人员薪酬福利、办公场地、固定资产、物业、耗材等其他支出）：全年投入经费达到单位整体经营收入的 20% 以上，建议评价为优，得 10 分；全年投入经费达到单位整体经营收入的 10%～20%，建议评价为良，得 6～9 分；其他情况得 0～5 分。

4. 社会效益（0～10分）

取得明显社会效益，能为单位整体社会效益评价做出贡献，或是取得相关证书和凭证的，建议评价为优，得 10 分；取得明显社会效益，有佐证资料的，建议评价为良，得 6～9 分；其他情况得 0～5 分。

5. 专业知名度及影响力（0～10分）

在相关领域，内容和产品得到广泛认可，用户或粉丝数量不低于该群体人数总量 30% 的，建议评价为优，得 10 分；用户或粉丝数量占该群体人数总量 10%～30%（不含）的，建议评价为良，得 6～9 分；其他情况得 0～5 分。大众领域可降低人数比例，或是单位自行制定绝对值式评价基数。

6. 经营收入（0～30分）

本文所谓的经营收入指的是通过数字内容和产品的生产运营，从市场上获得的实际收益，不含财政扶持或奖励资金，不含内部有偿服务收费；来自关联公司的收入应单独说明，分开统计。

经营收入的评价建议与"人员投入"一项相匹配，人员投入中的人员如果包括关联公司的人员，则母公司与其产生的关联收入要全部扣除，但关联公司相关人员在融合出版业务上对外取得的收入可一并纳入考虑，即人、钱对等。

融合出版相关全职工作人员，年均经营收入在 100 万元以上，非全职工作人员相关年均经营收入在 30 万元以上，建议评价为优，得 30 分（全职和兼职人员统计收入时不能有重复，两者合作产生的收入应提前分配清楚后再统计）；融合出版相关全职工作人员，年均经营收入在 60 万～100 万元之间，非全职工作人员相关年均经营收入在 10 万～30 万元之间，建议评价为良，得 20～29 分；融合出版相关全职工作人员，年均经营收入在 30 万～60 万元之间，建议评价为合格，得 10～19 分；其他情况得 0～9 分。

当然，在条件成熟时，可以把经营收入调整为利润。

7. 示范效应及潜在价值（0～5 分）

在技术应用、模式升级等各方面，对同类产品和服务有借鉴意义的，建议评价为优，得 5 分；其他情况得 0～4 分。

四、结语

融合发展评价体系复杂而多变，本文基于现阶段的情况予以简单概括，仅仅是抛砖引玉，很多细节之处有待商榷。但总体来说，上述评价内容及标准绝不是为了粉饰太平，出版单位能取得 60 分以上就已经很不错了，毕竟出版深度融合发展的落脚点是"发展"。

融合出版人肩负着重要的历史使命，通过实施上述评价体系，可以进一步落实主体责任、理清责任链条、拧紧责任螺丝、提高履责效能，希望能让大家进一步认清现实、找出短板、坚定信心，继续撸起袖子加油干，努力再创辉煌。

教育出版融合发展成果研究

程安寅　浙江教育出版社集团有限公司

摘要： 当前，教育出版在我国图书出版产业中占据着重要的地位。但是，在信息技术、互联网的影响下，教育出版也面临着新的挑战，教育出版单位必须主动适应融合发展和教育信息化的变革，探索适合自身的融合发展模式和路径。本文以国内主要从事基础教育出版业务的出版单位为研究对象，聚焦融合发展的实践，从项目的建设、商业模式的探索等方面进行研究，以期为教育出版的融合发展提供借鉴。

关键词： 教育出版；融合发展；模式；成果

一、研究背景

当前，教育出版在我国图书出版产业中占据着重要的地位，其产值占整个图书出版业的 70% 甚至更多。但是，在信息技术、互联网的影响下，教育出版也面临着新的挑战。一方面，互联网尤其是移动互联网的快速发展和普及，推动出版业进入融媒体时代，国家也通过各种方式支持出版业的融合发展。国家新闻出版广电总局和财政部在 2015 年 3 月印发的《关于推动传统出版和新兴出版融合发展的指导意见》中提出："推动传统出版和新兴出版融合发展，把传统出版的影响力向网络空间延伸，是出版业巩固壮大宣传思想文化阵地的迫切需要，是履行文化职责的迫切需要，是自身生存发展的迫切需要。"另一方面，在"互联网 +"背景下，教育信息化的生态也正在重构。教育部 2018 年印发的《教育信息化 2.0 行动计划》提出，要"以信息化引领构建以学习者为中心的全新教育生态""推进新技术与教育教学的深度融合"。因此，教育出版作为出版业、教育事业的重要组成部分，必须主动适应融合发展和教育信息化的变革。

2021 年发布的"双减"政策对在线教育的发展产生了巨大的影响，同时也对教育出版单位的内容传播模式、服务模式、盈利模式等形成了冲击，让教育出版单位更加深刻地意识到融合发展的重要性和紧迫性。

本文以国内主要从事基础教育出版业务的出版单位为研究对象，聚焦融合发展的实践，从项目的建设、商业模式的探索等方面进行研究，以期为教育出版的融合发展提供借鉴。

二、研究对象及方法

本文选取了人民教育出版社、11 家地方教育出版社和 2 家涉及较多教辅出版业务的地方少儿出版社作为研究对象（见表 1），研究方法主要采取函询和文献查阅。

表 1 本课题研究对象及研究方法

序号	研究对象	研究方法
1	人民教育出版社	文献查阅
2	广东教育出版社	函询
3	广西教育出版社	函询
4	江西教育出版社	函询
5	山西教育出版社	函询
6	安徽教育出版社	函询
7	湖北教育出版社	函询
8	浙江教育出版社	函询
9	福建教育出版社	函询
10	大象出版社	函询
11	江苏凤凰教育出版社	文献查阅
12	湖南教育出版社	文献查阅
13	安徽少年儿童出版社	函询
14	长江少年儿童出版社	函询

三、教育出版社融合发展的成果

从近几年国内教育出版社融合发展的成果中可以看出，出版社对于融合发展的认识在不断深化，积极依托自身优势建设一批高质量的融合发展项目，并探索出一些有效的营销方式和商业模式。

经过整理，本文将目前各出版单位的融合发展项目归纳为 3 种类型：第一类是以线下使用场景为核心的图书增值服务，第二类是以线上线下结合使用为核心的图书延伸服务，第三类是以线上使用场景为核心的在线教育平台。

1. 图书增值服务

图书增值服务是指在纸质图书上附加配套的数字资源或服务，通过二维码实现线上和线下的互联互通，并最终实现图书增值。

基础教育阶段学生用教材教辅的出版一直是大多数教育出版社的核心业务。在数字化浪潮如火如荼的今天，虽然一些在线教育产品一定程度上具备了教材教辅的功能，但教材教辅业务暂时还未受到非常大的冲击，这是由基础教育的特殊性所决定的。目前，大部分教育出版社都基于教辅建设了比较成熟的图书增值服务项目，且部分教育出版社的项目已有一定规模。

（1）典型案例

近两年，广东教育出版社、湖北教育出版社、长江少年儿童出版社等多家出版社利用武汉理工数传集团开发的"现代纸书"出版服务系统（RAYS），对纸质图书进行全媒体开发，通过印制二维码的方式提供图文、音频、视频、动画等各类教辅配套资源和服务，充分将新媒体、新技术与教辅图书深度融合。广西教育出版社根据本社特色，针对广西少数民族特色音乐教材、新能源科普教育、禁毒宣传教育等相关图书都做了配套的数字资源，形成了较为成熟的图书增值服务模式。浙江教育出版社自 2015 年开始通过印制二维码的方式为教辅图书提供各类数字资源和增值服务。截至目前，社内超过 50%的教辅图书都配套开发了增值资源或服务，以更好地为读者提供服务。

（2）商业模式

由于图书增值服务产品的核心是图书，故其变现渠道主要还是通过图书实现。

一方面，信息时代读者对多媒体资源有一定的需求，为图书提供全媒体的增值资源或服务可作为图书的一项附加价值。这成为此类图书的一大卖点，能够满足读者的多元化需求，带动图书的销售。

另一方面，针对图书上配套的优质资源和服务，出版社也可以单独定价或采用与图书组合定价的方式向读者收费。广东教育出版社、湖北教育出版社、长江少年儿童出版社等利用 RAYS 开发图书增值服务产品时，选择对部分精品资源或个性化服务单独定价，实现了一定规模的收益。浙江教育出版社自 2019 年开始探索通过教辅提价的方式实现增值资源变现的商业模式，2020 年其"导学新作业"系列教辅通过增加数字资源每本书提价 2 元，实现图书码洋增长 80 万元。

2. 图书延伸服务

图书延伸服务是在图书增值服务的基础上发展起来的，是基于图书为读者提供的拓展、延伸的线上产品和服务。

（1）典型案例

目前比较常见的模式是基于微信公众号的图书延伸服务。各家出版社基本都拥有为本社图书产品提供资源/服务的微信公众号。通过在纸书上印制二维码，各社将图书读者引流到微信公众号上，为用户提供包括图书电商、精品数字课程、线上活动等在内的各类知识服务。其中比较有代表性的是浙江教育出版社的"青云端"微信公众号矩阵。该微信公众号矩阵自 2015 年 9 月上线至今已覆盖 K12 全学段，积累了超过 280 万名精准教育用户，提供的各类知识服务资源累计使用量过亿次，受到师生、家长的广泛好评。类似地，广东教育出版社、安徽少年儿童出版社、长江少年儿童出版社等的图书服务微信公众号经过长期运营，也都积累了百万名以上用户。

随着大数据、人工智能的发展，已有出版社开始尝试利用图像识别、点阵码、大数据等技术，为读者提供自动阅卷、学情分析、电子错题本等更为专业、系统的图书延伸服务。比较有代表性的是大象出版社自 2016 年开始针对纸质测试卷提供配套的"考试与教学测评服务"。该项目基于纸质测试卷可提供各类考试与教学测评服务，能实现快速网上阅卷、统计分析、错题诊断、试题推送等功能，还能对学生、班级、学校及区域进行大数据分析，为教学与学习提供个性化服务。该项目首期在河南息县试行，累计单科服务考生 280 万人次，为教师提供了近 4000 种报告，为该县教学质量改进提升、学校教师考评提供了大数据服务支撑。此外，江西教育出版社自 2019 年秋季开始为本社重点教辅品种《作业本》提供"智慧作业"服务。该项目是将点阵码技术和智能手写笔应用到教辅中，以动态采集学生作业的过程数据，即时生成专属错题本，推送名师微课，提供学情分析，帮助教师精准教学。目前该项目已落地江西省 116 个地区，有 11051 所学校使用，575 万名师生注册，275 万名师生主动使用，微课播放量超过 2000 万次。

（2）商业模式

图书延伸服务从图书出发为用户提供服务，其使用场景以线上线下结合为主，但变现方式却已基本脱离图书。

首先，基于微信公众号的图书延伸服务项目主要通过 C 端市场变现。在互联网时代，用户是核心资源。目前各社建立的微信公众号都积累了一定规模的精准教育用户，其商业价值巨大。经过多年的探索，部分出版社已开始运用互联网运营手段，形成包括广告、电商和知识付费在内的变现方式，产生一定的营收。

其次，为图书提供专业教育延伸服务的项目由于其服务的统一性和技术的专业性，已产生了 B 端政府采购的商业变现。例如，大象出版社的"考试与教学测评服务"项目和江西教育出版社的"智慧作业"项目均由政府购买服务。其中，江西省教育厅投入省级财政资金 100 万元采购配套江西教育出版社《作业本》的"智慧作业"系统，为全省中小学 4～9 年级师生免费提供个性化作业辅导服务。

3. 在线教育平台

在线教育平台是以独立的数字化产品形式呈现，通过数字化手段进行传播，并最终以数字化、网络化的销售结算实现产品和服务的变现的项目。

（1）典型案例

为满足师生对在线教育资源/服务的需求，各出版单位根据自身定位和优势，建设了一批具有地域性、专业化特色的在线教育平台，主要有以下 3 类。

第一类是以教材为核心内容建设的数字教材服务平台，如人民教育出版社的"人教

e 学"数字教材服务平台。它不仅可提供阅读、检索、批注、收藏等功能，还提供丰富的教学资源库以及各类网络辅助学习工具，如智能语音测评等。

第二类是以教师为主要服务对象，提供教学相关数字资源的教学服务平台。比较成熟的有山西教育出版社于 2016 年启动建设的"问题导学"在线课程平台（以下简称"问导网"），能为中小学教师提供集教研、教学素材于一体的资源。类似的还有湖南教育出版社的"贝壳网"。它是一个海量的针对中小学教学的备课资源库，能有效帮助教师丰富教学手段。除此之外，江苏凤凰教育出版社旗下的"学科网"、浙江教育出版社旗下青云在线的"STEM 未来计划"课程服务平台都是为教师提供特色教学资源的教学服务平台。

第三类是以学生为主要服务对象，提供在线学习资源和智能学习工具的在线学习平台。最典型的案例是，目前全国已有超过 30 家出版社通过与北京智慧流教育科技有限公司（以下简称智慧流）合作，定制了自己品牌的官方学习类 App。App 由智慧流提供产品技术支持和部分通用资源，出版社提供部分社内特色资源，双方版权共有、合作运营，利用出版社优势资源进行推广。

（2）商业模式

在线教育平台是向用户提供线上教育服务的，其核心价值是专业的在线教育资源/服务，故其商业模式主要为线上销售。

在 C 端市场，各社主要将在线教育资源/服务以单独定价或会员付费的形式面向个人用户收费。如江苏凤凰出版传媒集团旗下的"学科网"通过向教师用户提供课件、试卷等资源下载服务，实现年收入超过 1000 万元。此外，各社与智慧流合作的出版社官方学习类 App 则是以会员付费的形式向用户收费。截至目前，各 App 合计总收益已超过 8000 万元。

在 B 端市场，比较典型的就是 2019 年广东省人民政府投入 1.7558 亿元采购的全省数字教材服务，这是迄今为止国内最大的一笔政府采购数字教材项目。在这个项目中，地方人民政府专门从教育信息化生均经费中拿出一部分作为数字教材的采购经费，用来推动教育信息化 2.0 的落地。除此之外，利用政府资金采购在线教育服务的还有山西教育出版社的"问导网"。该平台主要通过行政力量推广，在山西省 9 个地市 32 个区县的 400 多所学校实现落地。通过政府买单，其 3 年收入超过 1000 万元。类似地，浙江教育出版社旗下青云在线的"STEM 未来计划"课程服务平台每年实现政府采购收入超过 500 万元。

从上述研究结果中我们可以看出，各社大部分的融合发展项目依然是围绕图书和渠道这两个优势资源开展的。从图书增值服务到图书延伸服务再到在线教育平台，是传统出版与数字出版逐渐融合的 3 种形态，预计在很长的一段时间内，这 3 种类型的项目共同推进仍是出版社主要的融合发展模式。

四、总结

从各社融合发展项目的商业模式上看，我们发现不同出版社均有各自擅长的领域，资源优势也大不相同，各社都是根据自身情况寻找不同的切入点探索合适的变现模式的。此外，各地方人民政府的经费状况不同，对非实体形态的数字产品的认同程度也不同，政府采购模式是否可以持续并被复制，还存在不确定性。因此，选择适合自身特点的商业模式对出版单位至关重要，只有在合理的商业化路径的指引下，出版单位才能增强其市场竞争力，实现可持续发展。

出版融合要素分析与国家图书馆出版社出版融合进展

葛艳聪　国家图书馆出版社有限公司

摘要： 出版融合逐渐成为出版行业的一个发展方向，也是顺应时代满足用户需求的新变革。本文首先从融合、出版融合、融合出版等的定义和关系入手，明确出版融合的基本概念；其次从出版形式的三要素即专业性、时效性、工具性分析融合的必要性，并指出目前出版融合中的问题和难点；最后依据国家图书馆出版社的出版现状，分析纸书出版与数字出版融合共生的发展路径以及未来方向。

关键词： 出版融合；融合出版；纸质出版；数字化

融合出版作为一个新的概念，已经被正式写入出版学名词术语中，而出版融合与融合出版具有哪些关系是需要首先厘清的，只有明确基本概念之后才能谈后续。人们对于出版这个概念没有太多的分歧，关键在于融合，融合什么和怎么融合是核心问题。

一、融合什么

对于融合什么，从目前的各种定义来看，可以分为狭义和广义两类。狭义上讲，融合指的是数字出版与纸质出版的融合；广义上讲，一是出版与其他产业的融合，二是出版与科技的融合。

（一）狭义的融合

所谓数字出版，可能包括了很多种形式，例如移动出版等。但就信息存在的媒介而言，纸质对应的是纸张，所以依靠数字编码形式存在的就可以划归为数字出版。

（二）广义的融合

中国新闻出版研究院院长魏玉山指出，出版业融合发展有两个维度：一是出版与其他产业的融合，二是出版与科技的融合[1]。未来出版业融合发展将会呈现四种趋势，即移动化、知识化、视频化和有声化，出版和科技的融合将更加深入。从目前现实情况来看，狭义的融合更具有现实意义。就目前广义的概念对于实际的指导意义来讲，广义的融合由于设计范围过大而失去了指导性。另外，出版本身也可以有狭义和广义之分，但如果要论对出版社的未来工作有所指导的话，融合的概念就必须能够被编辑理解和使用。从这个角度来讲，狭义的融合更具有指导性。因此在不加特指的情况下，以下所谈的融合全部是数字出版与纸质出版的融合。

（三）出版融合和融合出版的关系

出版融合和融合出版两者的概念基本相同，只是出版融合侧重于过程，是两种出版的形态由各自独立走向相互融合，而融合出版是出版融合的结果，是一种出版的形态。二者的核心内容并没有太大的差异，通常情况下可以视为等同。

明确了我们所说的出版融合概念之后，接下来需要明确为什么会出现这个概念，也就是融合的必要性，才能更加清晰地谈论如何融合。

二、融合的必要性

为什么会出现出版融合？原因在于目前阶段，数字出版与纸质出版都有存在的合理性，谁也无法把谁完全取代。当然取代也会有程度之分，电话对于手机的取代属于一种形式消灭另一种形式，而更多的情况是一种形式占据了绝大部分。后一种取代例如流行音乐之于京剧，汽车之于马车，虽然被取代方依旧存在，但是就比例而言与取代方有着巨大的差距。目前阶段，数字出版与纸质出版正处于一个平衡的阶段，纸质出版的份额巨大但是明显在萎缩，数字出版虽然势弱但却增长明显。这种平衡在目前可见的情况下将维持较长的时间，直至技术的发展将这种平衡打破，即新的阅读媒介可以完全取代纸质阅读。虽然这种技术将在何时以何种形式出现难以预测，但有一点是可以确认的，那就是数字出版必将取代纸质出版。

在这样一个平衡阶段，传统出版社（"阅文"这样的网络文学平台就不存在这样的问题，它一开始就以数字出版的形态存在）就会面临两难的问题：一方面，没有办法放弃纸质出版，因为单一数字出版的收入还没有办法支撑起整个出版社；另一方面，实体书店的萎缩、网络书店的日益垄断让图书的利润不断下滑，出版社需要扩充新的收入来源，自然而然地会将数字出版作为一个选择。

内容的权威性、专业性是决定出版形式的第一要素。目前没有人会再否认网络在社会中存在的必要性，如果没有手机，当下可能连正常生活都很难。但不可否认的是，图书这一载体在特定的领域将依然是数字出版所无法取代的，如教育行业特别是幼儿、青少年教育。但是在娱乐性越强的领域，纸质图书被取代的程度就越高。一个可以借鉴的例子是杂志。网络兴起后，娱乐性越强的纸质杂志消失得越快，而那些学术性较强的杂志反而存活得很好。这与其说是娱乐性杂志商业模式（依赖广告）的原因，不如说是它的内容更容易被取代或者说更容易从网络当中获取。用户对于娱乐性的内容不需要理解吸收，不需要权威性、专业性，"阅后即焚"，也不需要长期反复地阅读。对于这类内容，纸质与数字谁更加便宜、更加方便谁就能取胜。数字媒体具有更低的获取成本、更及时的更新、更低的生成成本、更丰富的内容、更多的形式、更具互动性的手段等特性，必然完胜。而网络文学也是这样一种娱乐性内容，因此它以数字化的形式就可以单独存在，自然它的盈利模式与传统出版社的文学图书也是不同的，虽然这种模式带来了各种严重的问题。

决定出版形式的第二要素是时效性。时效性越强的内容，其内容生存的期限就越短，由于纸质出版存在较长的周期，因此这部分内容就更适合数字出版。一个明显的例子是计算机类图书和历史类图书，前者由于自身更新迅速，很多内容到纸质出版的时候可能已经过时，这些内容就更加适合数字出版；而一些历史类图书的有效时期可以很长，用户适合购买纸质图书长期翻阅。

第三要素是图书内容的工具性。图书内容越偏向工具性，就越倾向于数字出版。如果按第一要素去评价百科全书，大英百科的权威性似乎使其更加适合纸质出版，但是如果按工具性来判断，它的形式更适合数字出版，因为用户仅仅是获取其中某一部分内容而非对整体有兴趣。一般而言，用户追求的是高效率，内容的权威性将不得不排在效率之后，而数字出版在效率方面具有纸质出版无法比拟的优势，因此这类工具书还是更加适合数字出版。当然目前国内字典、词典之类的还是以纸质出版为主，个人将这点归结为惯性与垄断。

上面 3 个要素可以作为出版融合中何种内容适合采用数字出版、何种内容适合采用纸质出版的参考。现阶段，出版社对于内容的出版形式有 3 种选择——纸书、数字或者纸书加数字。融合出版就是要处理好不同的内容，为其选择最合适的出版形式，以获取最大的利益。

三、目前出版融合中的问题

出版融合中的问题，在于如何将两种出版形式有效结合起来，实现"1+1＞2"的良性互动。出版社多年来从事纸质图书的出版，因此在整个流程与环节上更熟悉，而对于数字形态却难以把控。当然随着生产（数字印刷）、销售渠道（实体书店萎缩）的变化，出版社也会面临一些改变。数字出版的难点有几个：竞争压力大、技术复杂、商业模式不确定、知识产权保护困难、投入巨大等。可以说，数字出版对于出身传统行业的出版社而言，其难度还是很大的。数字出版的难点不是将纸质内容数字化，而是如何保证数字产品能够在网络竞争中获胜。从目前成功的几个例子来看，还是有一些具有内容优势的出版社产品出现的，其成功的原因在于在某些领域缺乏有力的竞争者，内容具有难以替代的特性和纸质出版长期积累的作者资源优势。目前，这些细分领域成功的例子，可以为今后进一步探索融合发展提供样板，将其经验进一步扩展到整个出版行业。因此，出版融合目前属于尝试的阶段，出版社需要探索各种可能的途径和方法，从而归纳和总结出具有普及性的策略。

四、国家图书馆出版社出版融合探索

从国家图书馆出版社的融合现状来看，其出版内容具有以下特点：内容具有较强的专业性，不属于娱乐类产品；出版的内容为历史文献类，具有较长的生命周期；大部分内容为资料性质，具有工具性特征；以影印出版为主，特别是在古籍高清仿真影印方面具有优势。上述几个特点符合发展数字出版的要求，因为在纸质出版方面也具有较强的后劲，所以国家图书馆出版社在出版融合方面还是具有潜力的。在内容方面，依托国家图书馆丰富的古籍类收藏书籍，国家图书馆出版社的内容优势较为明显，因此在影印方面多年来做到了国内领先。同时，古籍类图书除了作为专业领域的研究资料以外，还具有文化性、艺术性等特征，其高清仿真影印品也具有收藏的价值，近年来出版的各类古籍高清仿真图书也受到了收藏者的欢迎。在做好纸质出版的同时，国家图书馆出版社利用技术在数字化升级改造上面做了很多尝试，首先是引进了 ERP（Enterprise Resource Planning，企业资源计划）系统，实现无纸化办公；其次是利用数码印刷技术，有效降低成本；同时也通过开展数字出版，积极探索数字出版与纸质出版的协同发展。

目前国家图书馆出版社的出版融合主要体现在两个方面。一方面是纸质出版的内容为数字出版提供资源。目前国家图书馆出版社主要的数字产品为民国文献类的数据库，包括民国图书、民国报纸、民国期刊。从内容上来说，上述数据库的内容大部分来源于已经出版的内容，再造善本数据库更是直接由图书发展而来。图书出版在前，数据库出版在后，前者主要满足图书馆收藏的需求，后者以方便读者为主要目的。网络数据库可以提供更加快捷的检索服务和更加丰富的内容，出版社可以将选题中出于成本考虑而未出版的图书加入数据库中。纸质出版求精，数字出版求全，从而保证两者的差异化，满足读者的不同需求。出版融合的另一个方面是数字出版促进纸质图书的出版、发行。通过对读者阅读情况的统计，分析出读者关心的热点和选题，出版社可以反过来促进纸质图书的选题策划。同时，利用数字出版在数据加工处理上的经验与方法，可以大幅度提高纸质出版的效率，降低纸质出版成本。例如以往影印图书的查重需要大量筛选已经出版的同类图书的信息，而数字出版通过建立"中国古籍影印丛书查询系统"，可以大幅提高查重的效率。

　　随着数字出版的发展，目前国家图书馆出版社正在促进数字出版向纵深发展，从数字走向数据，积极参与国家文化大数据体系建设，探索数据交易，从而探寻融合发展新路径，加快推动出版深度融合发展。

参考文献

[1]　传统出版业融合创新探索数字阅读[N]. 经济参考报，2021-07-22（5）.

新形势下融合出版国际传播的挑战与对策

董宇　五洲传播出版传媒有限公司

摘要：复杂多变的国际局势和新媒体的迅速崛起加速国际传播生态变革，融合出版"走出去"也迎来了新的发展机遇和可能。本文主要分析新形势下中国融合出版"走出去"面临的难点与挑战，并探讨提升融合出版国际传播能力的应对策略。

关键词：融合出版；国际传播；走出去；挑战；对策

在当前复杂多变的国际局势下，互联网和社交媒体已经成为人们生产生活的新空间，信息传播的新渠道、日新月异的新技术也为全球出版融合持续高速发展提供了新契机。出版的产品形态加速向移动化、可视化、社交化转变，这提高了内容传播的速度，拓宽了海外读者群体，改变了出版社与读者的关系，为中国融合出版"走出去"提供了全新的视角和全球性的平台。

一、百年未有之大变局下，中国融合出版国际传播面临新机遇和新挑战

1. 海外关于中国出版物的热度逐渐上升

近年来，海外读者对中国的关注度持续上升，关注人数不断增加。海外图书市场上关于中国的出版物品种逐年增加，这不仅是中国出版社积极推动图书"走出去"的结果，也是外国作者和出版商捕捉市场热点的结果。2015 年，美国亚马逊平台包含"China"关键词的图书（包含纸书、Kindle 电子书和音频书），页面显示有 20000 多个结果，到 2022 年上升到 70000 多个结果。同时，海外读者关注的中国出版物的内容种类也出现了微妙变化。除了汉语言学习、中国文化、中国饮食、中国文学、中国历史等出版物继续受欢迎外，随着综合国力和国际地位的不断提升，中国前所未有地走近世界舞台中央，越来越多的海外读者，尤其是发展中国家的读者希望了解中国的发展道路、发展模式，了解中国共产党如何治理国家，想要阅读关于中国经济、政治方面的出版物。

2. 中国融合出版国际传播渠道明显不足

欧美国家已经将传统媒体时代国际话语垄断平移至新媒体生态系统，持续加大对中国的遏制和打压。在国际出版领域，一方面欧美出版商在国际主流出版平台上享有流量优势；另一方面受英语是世界第一大国际语言的影响，很多非英语地区的新闻媒体和出版商主要以欧美国家的英语内容作为了解中国的信息来源。海外图书市场上相当数量关于中国的出版物存在着对中国的曲解、偏见，一边低估中国取得的成就，一边夸大中国对世界的威胁。在海外图书市场上，区域差异表现明显：欧美发达国家的数字阅读平台针对中国内容供应商的合作门槛越来越高，来自中国的内容获得流量的难度也越来越大。这在海外音频书平台上表现尤其突出。例如，目前 Audible 等欧美主流音频书平台大多仅接受来自美国、加拿大、英国等欧美国家的内容供应商，导致中国出版的音频书通过"借船"实现出海的难度越来越大。而阿拉伯、拉丁美洲等经济欠发达地区的数字阅读发展处于起步阶段，往往缺乏具有影响力的数字阅读平台。因此，拓展是当前中国融合出版"走出去"的第一要务。

3. 中国融合出版国际竞争力有待加强

互联网的飞速发展从多方面影响了人们的生活、工作和娱乐习惯。"Z 世代"（通常指 1995—2009 年出生的人）的年轻用户更加追求开放、互动，愿意为个性、时尚付费。社交媒体、视频等泛娱乐产业与大众类融合出版在同一赛道上激烈追逐，分流大量读者。因此，中国融合出版"走出去"在增加广告购买预算的同时，还应进一步加强内容建设以满足读者需求，增加内容侧供给，多元化内容品类，提高选题策划能力，发展内容表现方法，努力向国际水平看齐。坚守中华文化立场，提炼展示中华文明的精神标识和文化精髓，加快构建中国话语和中国叙事体系，讲好中国故事、传播好中国声音，展现可信、可爱、可敬的中国形象[1]。例如，学习借鉴好莱坞、网飞、迪士尼，将中国人艰苦奋斗、团结奋进、自强不息的拼搏精神注入网文、游戏产品中，通过文艺作品或者娱乐产品影响海外年轻一代。有位外国网友在 Facebook 留言评论："中国拥有强大的建设能力，但是不善言辞，就像一个只知道埋头干活的傻小子。美国恰恰相反，他们能轻松取得舆论战的胜利，但是并不感兴趣做基础建设工作。"这值得从事对外出版的工作者深思。

二、推动出版深度融合发展，构建国际传播新格局

为深入学习贯彻习近平总书记关于媒体融合发展的重要论述，按照《中华人民共和国国民经济和社会发展第十四个五年规划和 2035 年远景目标纲要》有关部署，根据《出版业"十四五"时期发展规划》有关安排，中共中央宣传部 2022 年 4 月印发《关于推动出版深度融合发展的实施意见》。通过学习结合个人工作实践，笔者认为当前形势下，中国融合出版国际传播需要做好以下工作。

第一，"借船出海""买船出海""造船出海"，通过多种渠道、多种方式积极与国际

出版市场联通。当前，融合出版的国际传播渠道在欧美发达地区呈现高度集中、高度垄断的状态，而在欠发达地区多呈现分散或者起步阶段。因此，在"走出去"的过程中需要根据具体情况实施"借船出海""买船出海""造船出海"等不同策略。欧美国家已经拥有发展成熟的数字阅读平台，我们可以进行直接合作，或者通过国内外代理机构开展间接合作。例如：通过美国的 ACX 代理上线亚马逊 Audible，Findaway Voices 可以代理分销近 50 个平台。除了亚马逊 Kindle、苹果 Books、Google Play Books 等专门销售电子书的平台以外，还可以根据出版物目标读者投放 TikTok、Facebook、YouTube 等海外主流社交媒体平台，以及将亚马逊 Prime Video、ECHO 等开放的流媒体平台作为分发渠道。对于阿拉伯、拉丁美洲等融合出版正处于起步阶段的地区，可以瞅准市场时机打造自有平台。近年来，出版企业海外并购也为中国融合出版深入国际出版舞台，全面参与国际出版活动打开思路。

第二，利用融合出版发展契机，增强国际意识，在力所能及的范围内积极承担国际交流的责任与义务，为世界发展建筑文化交流平台。2019 年，习近平总书记在亚洲文明对话大会开幕式的讲话中指出，"坚持美人之美、美美与共""我们既要让本国文明充满勃勃生机，又要为他国文明发展创造条件，让世界文明百花园群芳竞艳"[2]。在出版"走出去"实际工作中，文化交流比单向地输出更容易开展，同时刊登单一中国内容的平台在用户数量和用户活跃度上具有相对局限性。只有将中国内容镶嵌在国际内容中，才能最大限度地扩大潜在用户数量，最大限度调动用户活跃度，形成具有相当影响力的中国出版平台。在当前形势下，新冠肺炎疫情与世界格局转型期各种变量叠加共振，中国的综合国力与国际影响力显著提升。作为世界第二大经济体、世界第一大出口国和第二大进口国，以及拉动世界经济增长最重要的引擎之一，中国应该积极承担与之相应的国际责任与义务，展现文化自信，依托融合出版优势打造中国品牌的国际数字出版平台（类似亚马逊平台），培植中国在国际文化方面的赛事或者奖项（类似诺贝尔文学奖、布克奖）。不但要让世界了解中国历史、了解中华民族精神，而且要促进文明互鉴，促进民心相通，从而打破国际话语权"西强东弱"格局，这也更加有利于让更多的中国出版社参与国际出版活动。

第三，出版管理转变思路、转换观念，促进融合出版业务快速健康发展。融合出版是将出版业务、新兴技术和管理创新融为一体的新型出版形态。与纸质图书、光盘书、U 盘书不同，融合出版产品或服务没有实体介质，出版社直接通过互联网分发到用户，直接获得用户端的各种数据信息，并且分析利用用户端反馈指导新的选题策划，调整已上线的产品。出版社不但要组织各种营销推广活动以增加用户黏性，而且必须加强云端数据管理，7×24 小时运营保证产品稳定，提供及时高效的服务，第一时间对用户提出的意见或者建议做出反馈。因此，出版社在融合出版管理方面需要打破内容生产部门和营销发行部门的界限。一是保证质量的同时提高出版效率。融合出版产品的生产不仅要遵守图书出版的各项管理规定，在保证内容质量的同时还要缩短从选题策划、编辑加工到上线营销各个环节的时间，提高出版效率。二是加强在线产品的内容监管和运营管理，对已上线产品的更新、修订、删除操作也要参照纸书出版流程，做好三审三校和资料存档备查工作。三是加强在线产品的版权管理工作和版权保护工作，保证出版社和作者权益。

第四，营销推广方面向互联网行业看齐，培养掌握海外互联网和社交媒体推广技能的发行人才。融合出版依靠互联网和新技术解决了出海的空间问题，还需要依靠买量宣传推广获取用户。尽管委托第三方广告代理服务商进行互联网推广非常便捷，但是在融合出版迅猛发展的时代，互联网和社交媒体推广技能已经成为出版行业从业人员必须掌握的能力。出版社根据产品定位和目标用户选择合适的广告渠道，经过一段时间的积累就能形成自己的广告投放模式。从长期角度来看，自主投放互联网和社交媒体广告（尤其是在非英语地区）能够更有针对性地开展营销推广，降低推广成本，提高广告转化率。

总之，新形势下融合出版要充分发挥传播迅速、覆盖面广、互动性强的优势，积极参与国际出版活动，更好地讲好中国故事、传播好中国声音，展现可信、可爱、可敬的中国形象。

参考文献

[1] 习近平. 高举中国特色社会主义伟大旗帜　为全面建设社会主义现代化国家而团结奋斗[N]. 人民日报，2022-10-26（001）. DOI：10.28655/n.cnki.nrmrb.2022.011568.

[2] 习近平. 深化文明交流互鉴 共建亚洲命运共同体 —— 在亚洲文明对话大会开幕式上的主旨演讲[J]. 中华人民共和国国务院公报，2019（15）：3.

教育数字化转型背景下教育出版数字化转型探析

董良广　人民卫生电子音像出版社有限公司

摘要： 新一代信息技术加速了数字社会的发展，教育部提出实施基础教育数字化战略行动，教育教学模式将发生根本性变革。教育出版数字化也面临向需求驱动的模式转变，要推进内容与技术的深度融合，研发建设新型数字资源、基于知识图谱的数字教材、融入人工智能的虚拟仿真等产品，以教育大数据为基础，构建教育服务新业态。

关键词： 教育数字化转型；需求驱动；知识图谱；数字教材；虚拟仿真；大数据

新一轮科技革命和产业变革深入发展，世界数字化转型不断加速，数字政府、数字经济等各领域数字化向纵深发展。随着人工智能、大数据等新兴技术在教育领域的广泛应用，教育数字化已成为教育领域备受关注的新热点，也是今后教育改革实践的主要方向[1]。《教育部 2022 年工作要点》明确提出要实施教育数字化战略行动，加快推进教育数字转型和智能升级。充分理解教育数字化转型的背景与实质，有利于把握未来教育数字化需求，指导确立教育出版数字化转型工作重点和探索方向。

一、教育数字化转型的背景与内涵

随着云计算、大数据、人工智能、物联网、区块链等新一代数字技术的发展与应用，以数字驱动各行各业变革与创新已经成为世界性主题。将教育置于科技与社会交融的时代背景下，教育数字化转型是教育回应时代变迁与现实发展的必由之路。2020 年新冠肺炎疫情暴发，更是进一步催化了各行各业的数字化进程，倒逼教育系统进行数字化改革和创新。2021 年 7 月，教育部等六部门发布了《关于推进教育新型基础设施建设构建高质量教育支撑体系的指导意见》，以 5G、云计算、大数据和人工智能为代表的数字新型基础设施建设不仅影响知识的呈现形式和应用方式，也改变知识产品的生产方式、产品形态、销售和流通方式。2022 年是开启全面建设社会主义现代化国家新征程的奠基之年，教育部正式启动教育数字化战略行动，吹响了教育领域全面数字化转型的号角。党的二十大报告从"实施科教兴国战略，强化现代化建设人才支撑"的高度，明确要"加强教材建设和管理""推进教育数字化"，对"办好人民满意的教育"作出专门部署。教育数字化转型对教育创新和变革的价值日益凸显，实现从教育教学深度融合数字技术，到树立数字化意识和思维、培养数字化能力和方法、构建智慧教育发展生态、形成数字治理体系和机制，促使教育要素、教育业务、教育场景实现全面数字化，逐步形成与现代经济社会发展高度适配的高质量教育体系的持续过程[2]。

二、教育数字化转型需求引导下的教育出版转型

教育数字化转型步入新时代，教育系统把握新发展阶段、贯彻新发展理念、构建新发展格局的战略性举措，该举措呈现了 5 个方面的新特征。一是教学场景全覆盖，坚持"需求牵引，数字赋能"的原则，创设覆盖教、学、管、测、评等教育业务数字化场景，实现教育业务的高效化、简易化、精细化、人性化。二是链条人员全参与，所有教育利益相关者都能积极参与其中，在教育数字化的建设、应用、宣传、推广、探索、研究等各环节发挥作用，并在参与过程中实现全员数字素养提升。三是教育应用全融合，信息技术与教育教学融合达到"有深度、有广度、有温度"的新水平，并不断创新信息化应用模式。四是教育数据全采集，建立教育数据采集处理、交换共享、开发利用的完备机制，加速教育数据在特定平台和空间中的合法合规流通，持续发挥教育数据价值，驱动教育改革与创新。五是机制改革全方位，以更大魄力破除影响教育数字化转型的体制机制障碍，探索形成更科学适用的数字资源与服务供给、专职队伍建设、组织架构运行、经费支持保障等机制。

从教育出版角度分析教育数字化转型带来的需求变化，数字技术对教育是全方位、多维度、深层次赋能，推动教育范式从"供给驱动"向"需求驱动"转型。秉承什么样的教育观和出版观，决定了我们将生产出什么样的产品和提供什么样的服务。出版与教育的关系是耦合的，出版应该主动满足教育需求，提供的数字产品、工具、平台和服务应该赋能教育，应满足教育数字化需求的特点。一是可及性和易用性，信息系统应能快速响应外部环境的变化并满足应用者的服务需要；获取内容、产品和服务时要具有开放性和易用性，降低用户的使用门槛和学习成本。二是标准性和普适性，内容、产品和信息技术系统应符合相应技术标准和信息共享机制，以此来解决"数据孤岛""信息孤岛"问题。数字技术产品需要面向大多数需求个体和群体，具有适用性，或者为专门的需求群体提供适配的服务和产品。三是个性化和智能性，需求驱动的教育范式转型要通过发展多样化和多元化的学习资源、方式和服务，使教、学、管、测、评等全流程的策略、方法、资源、服务均符合教和学的需求。数字技术与教育的融合正从信息管理走向信息激活，这个过程中需要增加速度、准确性和自动化程度等，于是便需要一种智能化的整

体性思维。随着技术与教育的融合，精准、定制、个性化的教育和学习将逐步建立，随之而来的是对加速知识的高效查询及其与学习者之间有效交互的更高需求。四是扩展性和生态化，应持续增加数字技术资源，使技术产品和信息系统迭代优化。需求驱动的教育范式转型需要服务向内完善和向外延伸，改进教育系统内部的教、学、管、测、评功能生态以及延伸外部数字技术产品、信息系统的服务生态。

三、教育出版数字化转型的难点分析

教育出版数字化转型从根本上是由媒介技术和信息技术的发展推动的变革过程。从出版媒介和相关技术的发展历史来看，从口语到书写、从手抄到印刷、从刻版到激光照排，都是在各种条件推动和限制的情况下逐渐演变的过程，从纸质出版到数字出版也必将经历类似的过程。这也是出版相关链条上各角色目前面临"融合"的困境与现状，任一环节步伐上的滞后都将影响转型的进度。目前多数出版社已经形成比较成熟的纸质教材和在线数字资源配套的融合出版模式，但在独立数字产品建设方面还面临比较多的挑战和困难。

（一）教育数字化多样性需求形成教育需求生态

教育数字化转型受限于技术、资源和平台的发展和积累，无法一步到位实现完善的顶层设计和统一规划，各部门及各系统之间没有形成有效的协调机制，使得学校建设或采购的资源及系统碎片化现象、同质化现象严重；并且系统间存在物理隔离，各类系统的用户使用体验也很糟糕。同期，出版的供给侧也是边摸索边建设，以独立项目或产品的角度研发建设为主，一个出版单位内的系统或产品也是相互独立，甚至存在交叉重复的功能，资源建设尚未形成体系化设计和足够规模，无法面向数字化教学场景提供完整的解决方案。

教育出版供给侧的不断革新是教育发展及出版服务的必然要求。教育出版供给侧是对教育出版需求侧的满足与引导，教育出版需求侧是对教育出版供给侧的激励与驱动，其核心是教育出版随着教育的改革与发展调整出版供给侧结构和以教育为目标的内容构建和服务转变的改革与创新。教育出版数字化转型是出版社商业模式的纵向进阶，趋向基于教育需求生态形成完善的出版服务生态体系。

（二）正确认识教育出版数字化转型中的技术定位

在出版的发展过程中，新时代媒介技术和信息技术超越了历史上的每一次变革。技术改变了内容生产、存储、传播和应用等各个环节，技术本身成为内容的有机组成部分，新技术使固化的内容和知识向自主的内容和知识转化。在媒介技术支持下，视觉资源符号及表征编码的形象直观性和生动娱乐性在教学资源建设和教学应用中的优势得到充分展现，有助于知识的理解和传播，视觉表象素材也为培养学习者的创造性思维奠定了基础。

在传统教育出版的商业模式的各个要素中，核心资源尤以内容资源具有突出优势，起着基础性的作用，其宗旨在于知识传播与积累、文化创造与传承。学习者在学习过程中是通过多种途径获取信息，激发和促进思维力、思想力的培养，从而建构自己知识体系的。基于认知负荷理论，精心设计的多媒体资源内容有助于降低学习者认知负荷，实现有意义的学习。但是，如果缺乏理论原则指导或以技术为中心的资源建设模式，可能出现认知负荷超载或激发不足的问题，非但没有发挥技术优势反而出现适得其反的结果。采用视频或动画等数字媒介时，需要认识到它是人创作出来的，经设计者设计构思后，采用技术把它刻意、模式化地可视化表现出来，失去了对客观事物的本真反映和本质揭示。因此，有些情况采用文字描述可能更具有抽象性和客观描述性，能够更好地反映事物本身。我们不能一味追求采用新媒介技术。

技术迭代快，意味着内容在新形态下重构和更新的周期缩短，意味着成本增加，也意味着内容的非标准化风险和定价权的丧失。这种情况下大量采用新技术可能使出版面临巨大投资和成本回收的不确定性，导致经营上的风险。

（三）产品驱动向需求驱动转变的出版价值取向

对于出版社而言，无论是纸质教材教辅的选题策划还是新型数字产品服务的开发，都需要立足用户需求，考虑提供差异化或者高质量的产品。从用户需求出发，明确所要传达的价值，是其明确自身竞争立足点的重中之重。媒介融合在极大程度上改变了出版产业未来的发展方向以及师生的信息获取需求，使得出版社需要设定新的战略目标并着眼于新价值的构建。出版社进行数字化资源、产品和平台建设的过程中，由于缺乏明确的用户需求和对现实场景的深入观察，按照自以为是的理想目标进行产品建设是一种常态，带来的结果往往是从产品设计角度看具有比较强的先进性和创新性，但在推向市场时无法落地应用。为了应对媒介融合带来的各项变动，核心优势的充分发挥和其他要素功能的正常发挥是新型商业模式能够正常运行的基础，因而传统教育出版社需要在媒介融合背景下，基于现有资源优势充分挖掘用户需求，以解决用户在特定场景下面临的问题为目标进行资源、产品和平台的策划。出版社需要完成从前期用户数据收集、教育资源整合，到使用过程中对用户实时状态的观察；从对应的内容和服务供应，到后续服务效果的意见反馈收集。出版社要使整个产品以用户需求为导向，针对用户特质、习惯等匹配相应的学习资源和服务。

（四）教育数字出版复合型人才培养面临的困境

当前，教育出版产业与互联网技术的边界日益模糊，催生了教育出版的多元化业务，这对教育数字出版人的预判能力与综合能力提出了历史性的挑战。教育出版要求编辑具有把握意识形态的能力，具备所从事领域的专业知识、出版知识和教育理论知识，不仅需要把握出版规律、教育规律，而且需要把握技术与内容融合的趋势和特点。从单一的图文为主的内容组织方式，放大到多种媒介的综合应用，对编辑深入理解和认识每一种媒介的优势、劣势、应用场景的策划能力，编辑审核 10 余种媒介文件的技术能力，需要结合平台复杂功能的产品设计能力和海量资源组织能力，以及平台应用的培训和服务能力等都是极大的挑战。教育数字出版需求侧是动态的，教育出版的供给侧也就必须是动态的，教育出版人要把握教育出版供需侧的动态平衡，不断动态组织重点资源建设和产品形态。专业编辑培养周期一般为 3 年，从教育数字出版与互联网领域的教育企业对比来看，受工资总额和体制机制限制，二者待遇相差较大，因而经常出现培养成熟后的编辑被互联网企业挖走或主动离职的情况。

四、教育数字化转型背景下的教育数字出版进路

教育数字化转型以数字教育环境为主要载体，通过构建数字技术融合的生态化学习环境，打造联通、开放、敏捷、个性化的新型数字化教育形态，为教育数字化转型的实践提供支持与动力。在这种需求驱动下，教育数字出版必须以内容和技术为发展的双引擎，利用新技术创新内容形式，利用互联网的跨地域、无边界特点，在原有出版模式基础上构建新的教育数字出版供给侧模型[3]，使教育出版提供的产品和服务形式更丰富，满足教育数字化转型需要的业务形态，包括应用人工智能技术的新型数字资源建设、数字教材和虚拟仿真，在优质资源供给的基础上借助资源优势采集教育大数据，并与国家平台对接，构建教育服务新业态。

（一）创新数字教育资源新形态

对教育来说，优质教学资源是信息化教学的基础和前提。对出版社来说，内容生产是立身之本。技术赋能下的转型升级，首先应该从提高内容质量、创新内容呈现、丰富产品形态、整合优质资源入手，努力建设符合自身特色的数字内容产品体系，并逐步形成规模。信息技术在数字教育资源建设过程中与内容的融合程度不断深入，从文字和图像拓展到数字媒体、虚拟仿真，为内容的呈现形式带来无限可能。技术也成为内容的一部分，如新形态的交互课件、交互思维导图、动态影像、可视化表单、交互视频、数字人等。

（二）探索基于知识图谱的数字教材

近年来，教材建设工作发生了格局性变化，取得了历史性成就。教育部办公厅 2018 年印发的《教育课程教材改革与质量标准工作专项资金管理办法》中，就明确专项资金可以用于"教材创新。包括：开展数字教材等新形态教材的研发、试点和推广等"。随着现代信息技术在教材出版中的应用，各地涌现出一批优秀的数字教材、融合教材、复合教材、全媒体数字教材、电子教材、电子课本等教材新形态。在纸质教材的基础上，数字化资源和技术与纸质教材进行不同程度的融合，或者出现完全独立于纸质教材之外的数字形态，取得了一定的教学应用效果。

数字教材建设是撬动课堂教学数字化转型、实现优质教育资源共享的基础。采用文字、图画、色彩、音频、视频、VR、游戏等"多模态"表达元素，以超链接、网状结构编排和组织内容，内容动态、及时更新，通过"服务器＋PC、平板电脑、智能手机、电子书阅读器等设备"的方式发布使用的一种新型教学内容生产、发布和使用的出版形态[4]，可能是今后数字教材的发展方向。其优势如下。一是知识可视化，利用图形图像手段（文字、图画、色彩、音频、视频、VR、沉浸式、模拟化等）构建、传播和呈现复杂知识，便于学习者重构、记忆和应用知识。二是组织图谱化，在三维空间中构建学科领域知识点之间的关联，构建一个知识学习的支撑框架，形成学科内甚至学科间的可视化知识融合与联通，帮助学习者进行知识建构。三是评价多元化，基于学习行为数据统计分析、过程性评价、即时反馈机制等，持续激发学习者学习动机。

（三）研发深入应用人工智能的虚拟仿真

虚拟仿真实验突破了传统实验教学对时间、空间和实验条件的限制，可以解决采用纸质教材进行技能类教学时的困难。但是从应用统计的数据来看[5]，目前整体虚拟仿真项目不管从学科上还是类型上来说分布还很不合理，以简单技能操作为主，缺乏探究性的虚拟仿真项目。在虚拟仿真产品建设中，要注重虚拟仿真技术技能训练与理论教学和实际训练应用的结合，形成有机完整的教育培训服务体系，而不是将技术技能的训练脱离理论教学；再就是切实把握虚拟仿真的特点，将现实中的人、物和场景进行超写实数字化，尽可能实现与真实世界一致。例如在医学教育培训领域利用模拟医学手段再现临床医学的工作场景，已经成为医学教育的一个重要方式。尤其是随着医患关系的紧张，患者自我权益保护意识的增强，医生在临床技能和临床思维训练中面临着越来越多的困难，采用虚拟仿真的模拟医学训练已成为重要的训练方式。在医学教育培训领域基于数字人技术研发"虚拟标准化病人"，通过着色器编码技术实现超写实外观，利用成熟的语音识别和语音模拟技术实现人机对话，利用人工智能技术驱动虚拟标准化病人的表情与动作，进而模拟现实中病人的各种特征，这种充分利用新技术解决教育领域现实问题、拓展出版边界的做法是教育数字化转型的发展方向之一。

（四）利用教育大数据提升内容活力

疫情暴发以来，利用大数据提高学习者成绩和学习管理系统等服务的自动化程度的承诺一直吸引着许多高校领导者。最近几年，国家相继出台有关文件，要求高校加快高等教育数字化转型和大数据建设。教育部 2018 年印发的《教育信息化 2.0 行动计划》明确强调，要完善教育管理信息化顶层设计，全面提高利用大数据支撑保障教育管理、决策和公共服务的能力。步入大数据时代，数据已成为国家基础性战略资源，新一轮的教育数字化转型一定是高度数据化的，数据要素在转型过程中将承担"动力引擎"的重要角色。

要实现教育大数据应用，首先依赖于对来源广泛的教育数据的获取。在有待获取的海量的教育数据中，以数字学习资源为载体的学习经历数据作为一种承载着学习者在学习过程中的学习行为、学习活动、学习进程和与之交互的学习环境等教育信息的数据，蕴含着丰富的学习分析价值。学习经历数据的复杂性、多样性和劣构性等特点阻碍了对其的广泛应用。如人民卫生出版社充分发挥 xAPI 规范，利用"活动流"来描述学习经历数据的优势，扩展在高等医学教育教学中的应用模式，通过语义定义将用户行为转化为良构且易于扩展的数据，为大数据背景下学习经历数据的获取提供了指导性的框架，同时实现了接口规范的学习记录仓储与院校共享学习经历数据，打破"信息壁垒"和"数据烟囱"，由此实现对教育大数据尤其是学习经历数据的获取和应用。

数据要素驱动的内容活力提升需要重点关注以下几个方面：①通过客观数据观测分析数字资源质量评估的依据；②通过多维数据的关联交叉分析，形成资源应用关联的知识图谱；③结合教学过程和学习结果，利用教育教学行为历史数据构建学习者能力评估依据和资源推荐依据；④通过全样本数据采集与全方位、多层次的数据分析研判，以及基于大数据的教育计算实验，为教学管理提供决策依据；⑤将应用数据和反馈数据作为急缺重要资源策划建设的依据。基于大数据构建数字化教学资源建设使用的效益评估，将为资源精准建设提供一种高效的、智能化的思路。

（五）构建教育服务新业态

以新技术、新业态与新动能推动高等教育发展模式变革已成为国家发展的重点战略。教育部党组书记、部长怀进鹏在国家智慧教育平台启动仪式上指出，教育系统要以"应用为王、服务至上、简洁高效、安全运行"为总要求，坚定推进教育数字化战略行动。国家智慧教育平台的上线，是教育系统贯彻党中央、国务院决策部署的实际行动，是教育数字化战略行动取得的阶段性成果。数字出版企业作为内容供给方，提供内容、产品和服务，并在自主研发平台基础上实现版权内容管理及业务具体应用服务。数字出版企业要积极与国家服务平台对接，充分利用国家服务平台"旗舰"优势，提升资源应用价值，挖掘学习者的高阶需求，形成"产品—需求—满足—更高需求"的适应性闭环，实现以用户需求为本位的技术与内容、产品与服务升级，甚至是跨媒介、跨行业的衍生产品（服务），从而构建教育出版供需动态平衡发展的出版生态，促进教育数字出版高质量发展。

（六）从内部和外部环境两方面注重人才培养

目前我国出版教育实践已经相对成熟，校企共建的各类融合媒体实验室、实践基地纷纷成立，但校企合作在广度与深度上仍有进一步深入的空间。根据行业领域出版对编辑的能力需求，明确新型人才培养的战略定位，制定细分专业的新型出版人才标准；吸纳业界专家参与课程体系重构，重视课内学习与课外实践的有机结合；出版单位深度参与出版人才培养全过程，积极为新型高端出版人才提供平台和通道。在本科阶段让有意从事出版编辑行业的学习者以实际应用为导向进行学习和实习，提升综合素养，使有志向和有潜力进行出版编辑工作的人才选择关口前移，压缩人才走上工作岗位的学习时间和成长周期。在用人留人方面，建立职业价值认同感和获得成就感，积极落实《关于开展科技人才评价改革试点的工作方案》等最新国家政策，完善单位内部竞聘、梯队班培训、专业岗位和管理岗位双通道等机制，为员工提供突破自我的平台和机会。

五、结语

教育数字化战略行动全面启动后，教育的全面数字化转型已成必然趋势，教育数字出版企业必须充分认识信息技术与教育和出版深度融合所带来的变革力量，助力推进教育数字出版高质量发展。

参考文献

[1] 祝智庭，胡姣. 教育数字化转型的本质探析与研究展望[J]. 中国电化教育，2022（04）：1-8+25.

[2] 杨现民，吴贵芬，李新. 教育数字化转型中数据要素的价值发挥与管理[J]. 现代教育技术，2022，32（08）：5-13.

[3] 董良广，石雄. 教育数字出版现状及发展方向探析[J]. 出版广角，2015（04）：27-29.

[4] 郭文革，黄荣怀，王宏宇，等. 教育数字化战略行动枢纽工程：基于知识图谱的新型教材建设[J]. 中国远程教育，2022（04）：1-9+76.

[5] 高文曦. 虚拟仿真实验教学项目应用研究[J]. 软件导刊，2022，21（09）：184-189.

新时代学术期刊出版深度融合发展的内涵与路径

谢文亮　广东财经大学期刊中心

摘要：推动学术期刊出版深度融合发展，首先要厘清出版融合是什么、出版融合靠什么、出版怎样深度融合、出版融合未来怎么走等问题，只有回答好这些问题，学术期刊社才能在实施出版深度融合过程中形成全面的认识，有针对性地扬长补短，将深度融合落到实处。文章围绕"学术期刊出版如何深度融合发展"这一问题，从出版融合现状、内涵、发展路径、战略转型四个方面进行论述，以加深和强化对学术期刊出版深度融合发展的系统理解，以期为推动学术期刊出版深度融合发展、建设出版强国提供思路和借鉴。

关键词：出版融合；融合发展；学术期刊；保障体系；全媒体传播

党的二十大报告中提出要加强全媒体传播体系建设，这表明党中央对全媒体传播能力的提升给予高度重视。2019 年 1 月 25 日，在第十九届中央政治局第十二次集体学习时习近平总书记以"全媒体时代和媒体融合发展"为主题发表重要讲话，提出"要运用信息革命成果，推动媒体融合向纵深发展"；并在 2019 年 3 月 16 日出版的《求是》杂志上发表题为《加快推动媒体融合发展　构建全媒体传播格局》的署名文章[1]。自此，我国的媒体融合发展步入了快车道。

自 2014 年 8 月《关于推动传统媒体和新兴媒体融合发展的指导意见》发布以来，我国已在媒体融合发展方面开启了大量的探索。人民日报社和深圳市委、市政府于 2015 年 8 月 19 日在深圳共同主办了以"融合元年"为主题的首届媒体融合发展论坛，此后又于 2016、2017、2018、2019 年分别以"职责与使命""你就是我，我就是你""构建全媒体传播格局""全媒体时代：挑战与机遇"为主题连续举办了第二、第三、第四、第五届媒体融合发展论坛；另外，中共甘肃省委宣传部和甘肃日报社等单位于 2018 年共同发起和主办的"甘肃媒体融合创新与发展论坛"至今也已连续举办 5 届。随着相关探索的不断深入，我国的媒体融合也已由理念逐渐向融合深水区挺进。但直至中共中央宣传部于

2022 年 4 月 18 日印发《关于推动出版深度融合发展的实施意见》[2]，提出要完善"以内容建设为根本、先进技术为支撑、创新管理为保障的新型出版传播体系"，"融"与"合"才真正在产业层面上得以共通。

学术期刊作为一种传播媒介，为了更好展示我国科学研究的最新成果，传播中国声音，讲好中国故事，必须提升传播能力。学术期刊也是我国出版产业的重要组成部分，肩负着荟萃学术发现、引领学术发展的重要历史使命，同时也是提升我国国际学术话语权的重要抓手。此前，中共中央宣传部、教育部、科技部印发的《关于推动学术期刊繁荣发展的意见》中也明确提出要"加快融合发展"[3]。基于唯物观来看待、分析事物，万事万物自有规律；要想解决问题，首先是要了解问题的特征，然后思考解决问题的思路，最后才是突破已有认识在实践中不断自我纠偏解决问题的思路以达到解决问题的目标。因此，在推动学术期刊出版深度融合发展之前，我们首先要厘清"出版融合是什么""出版融合靠什么""出版怎样深度融合""出版融合未来怎么走"等问题；只有厘清了这些问题，才能在实施出版深度融合过程中形成全面的认识，有针对性地查漏补缺、扬长补短，将学术期刊深度融合落到实处。

一、学术期刊出版融合的现状

我国学术期刊经过十几年的努力，在数字化出版方面取得了一系列成就，主要体现在建立以互联网为支撑的出版模式。在办公方式上，学术期刊社普遍采用了在线采编系统，提高办公效率；在内容产品的展示和传播上，主要体现在纸质内容的数字化，将内容转化为电子文档或网页格式，并以数据库或自建官方网站传播，同时，增强网页 XML 的应用使得学术期刊的内容展示更加丰富和多样。但是，学术期刊在出版融合上存在一系列问题。首先，出版融合"融"而不"合"。学术期刊出版融合的重点主要集中在出版技术的应用上，如采编系统、编排系统、校对系统、发布系统等的应用，但对系统与系统之间的融合程度却很少考虑，从"形"上看，已经采用融媒体技术，但从"体"上深度看，却是各种媒体技术各成一体，处于割裂状态，在出版过程中每一个出版环节无法做到无缝衔接，不少环节严重依赖媒介技术提供商，不利于出版融合。其次，出版融合还停留在粗放型出版阶段。学术期刊的数字出版还停留在"出版数字化"阶段，即出版内容仅仅是纸质版的数字化，简单转化为 PDF 电子文档格式或是网页格式。而数字出版并非简单的出版数字化，而是要进一步深入挖掘内容与内容之间存在的知识关联，由数字化出版进一步发展为知识出版，最终达到知识服务的目的。再次，出版融合人才建设严重滞后。学术期刊由于机构设置比较简单、经费不足，或重视程度不高等原因，学术期刊社里没有设置新媒体技术岗，不少学术期刊社设置编务岗，综合负责编辑校对之外的所有事务，这导致了学术期刊社出版融合人才建设没有跟上出版融合的趋势和时代需求。最后，出版融合尚未建立起支撑体系。近年来，虽然国家和省市出台了推动学术期刊繁荣发展的相关意见，但是学术期刊尚未在出版融合政策、出版融合理论、出版融合规范、出版融合质量评价、融合人才发展机制等形成一套完善的保障体系，因此，学术期刊出版融合尚处于探索阶段。

二、学术期刊出版深度融合发展的涵义

党的二十大报告提出"实施国家文化数字化战略""加强全媒体传播体系建设""推进文化自信自强，铸就社会主义文化新辉煌"。出版是推动文化自信自强的重要载体，在新时代，数字出版是传统出版的传承和发展，是建设出版强国的关键。通过国家层面实施数字出版战略，建设出版强国，形成与我国综合国力和国际地位相匹配的国际数字出版话语权，才能实现推动文化自信自强的目标。习近平总书记多次强调，要"推动媒体融合发展""运用信息革命成果，推动媒体融合向纵深发展"，为出版融合发展指明方向。与国际知名出版集团相比，我国学术期刊在智能出版、数据库建设、知识发现和知识服务、出版融合人才建设等方面尚存在一定距离，在学术话语权争夺中处于劣势地位。为了鼓励研究学者将论文成果发表在祖国大地上，必须提升我国学术期刊的国际影响力。而推动学术期刊出版融合发展至关重要，是我国学术期刊界面临的一项紧迫课题。

1. 出版深度融合是一个有机体

2021 年 12 月 31 日，由全国科学技术名词审定委员会主办的"融合出版概念及定义专家审定会"将融合出版定义为"将出版业务与新兴技术和管理创新融为一体的新型出版形态"。从该定义看，出版融合是新技术和出版内容通过管理创新有机结合，达到提高出版质量、提升传播效果的有效途径。要善于利用最新媒体技术，以先进技术为支撑，加强学术期刊全媒体出版和传播建设，实现学术期刊出版深度融合发展。一方面，"融"和"合"要形成一个有机整体，不能割裂不同媒介的关联。内容与读者之间是传媒，根据不同的读者阅读习惯采用不同内容显示与推送方式，从而提高内容的传播效果。在此过程中要选择合适的传播媒介和传播模式，不仅要重视内容出版质量，还要通过创新管理机制，实现内容出版与媒介有机合为一个整体，实现融合从"相加"到"相融"的转型[4]，改变以往只重视"加法"而不考虑各个出版环节是否能够无缝、协调、平稳运行的做法，力求达到最佳融合效果。另一方面，出版深度融合发展是一体化的发展。出版融合在出版过程中应用新技术新模式，通过流程优化、平台再造，实现各种出版媒介资源、生产要素有效整合，实现信息内容、技术应用、平台终端、管理手段共融互通，催化融合质变，放大一体效能，最终达到加快出版速度、提高出版质量、辅助作者和编辑选题组稿、增加学术期刊传播广度和深度，最终达到提高学术期刊影响力的目的。

2. 出版深度融合发展是一个系统的融合工程

传统的出版观念中存在误区，将内容数字化当作出版融合，事实上，内容的数字化还不是数字出版，而数字出版也仅是出版融合的一个环节。因此，要打破"内容数字化即出版融合"的出版融合概念误区，避免以单纯的内容数字化代替出版融合。要深刻认识到，出版融合是一个系统工程，包括内容形态的融合、出版媒介与技术方法的融合、内容知识与出版服务的融合等，更容易被人忽略的是，出版融合也是人才队伍的融合、出版媒介与出版管理机制的融合。同时，出版深度融合是出版技术、内容与互联网思维的融合。现阶段的出版融合发展在互联网的基础上向物联网、智联网方向融合推进。新时代的出版融合要以互联网、智能技能为基础支撑，把握新兴媒体发展规律，要有技术应用敏感性，将互联网技术、人工智能等应用于出版中，形成"互联网+"智能出版模式，并在出版过程中引入和促进平台建设，建立起"互联网+"智能出版平台生态体系。总之，出版融合就是以融合构建出版新业态，促进出版新生态的形成。

3. 出版深度融合发展是理念和管理的创新与发展

出版融合容易被浅层次地认为是出版技术与出版内容结合，而最容易被人们忽略的是，深度融合发展更是出版理念和管理的创新与发展。一方面，出版深度融合发展是理念的融合发展。出版理念先于出版实践，在出版过程中，要善于学习和发现其他国家、其他行业的先进理念，思考将这些理念改造成出版理念的可行性。例如，数字化、互联网、人工智能、区块链、元宇宙等最初只是一种理念，由理念发展为技术，并应用于各行各业，并最终引入到出版当中。另一方面，出版深度融合发展也是管理的融合发展。出版管理创新与发展包括出版模式和运营机制的选择及创新。出版融合总体来说就是由出版业务、新兴技术、出版模式和运营机制所形成的出版生态体系。目前要加强的是管理创新。对于出版业务和新兴技术，是比较客观存在的，但出版融合涉及到不同的管理机制、管理理念，因此，出版融合才显现出多样化。通过多样化的管理创新，将出版物以不同形态出版和传播，以适应不同编辑、读者和作者之间的交互和交流方式，最大化增强学术期刊传播能力。

4. 出版深度融合发展是一个动态和持续的过程

出版深度融合发展不是一次性的建设和投资，也不是一成不变、一劳永逸，而是一个长期、不断更新和发展、层层深入发展的过程。出版深度融合发展是出版过程中自我扬弃的动态过程，是对阻碍出版发展的旧出版方式的摒弃，也是对能促进出版发展的出版方式的推广和进一步创新。随着新技术、新的思想、新的理念不断出现，出版业要善于运用信息革命和管理理念的最新成果，将最新媒体技术、出版模式和出版机制与出版思想、出版内容融合，实现出版融合在动态发展过程中不断自我革命、推陈出新，构建、完善和形成学术期刊全媒体出版与传播体系。因此，只要出版活动存在，就必须对出版进行深度融合发展，就必然需要持续进行投资和建设。

三、学术期刊出版深度融合发展的路径

我国学术期刊一向重视出版内容，但在出版模式的创新方面，存在较大的提升空间。在信息技术日新月异的信息科学时代，传统的出版模式已经不能满足传播中国学术声音的要求，不利于提高学术期刊传播力和影响力，这已经引起出版行政管理部门的重视。在新媒体时代，要处理好传统学术期刊内容出版与新兴媒体的关系，实现两者间的有机融合。要做好顶层设计，打造和建成新型出版平台，扩大学术期刊影响力。

1. 强化出版融合发展内容建设，处理好内容与形式的关系

学术期刊出版过程中，内容是神，形式是形。神和形的无缝结合，促进了学术成果的出版与传播。出版内容不仅仅是刊发的文章，还有学术创作过程中的各种原始数据、出版内容元数据、出版流程中的各种数据和信息集合等。出版形式中的"形"不仅是出版介质，还有出版模式选择以及出版内容在各种媒介中的表示方式等。出版内容固然重要，但出版形式也重要，通过精心挑战适合出版内容的出版形式，有利于提升出版质量和出版效率，也可以为读者阅读提供多元服务。例如，学术期刊发表的论文无法将所有的出版数据都发表出来，但通过增强出版的选择，这些辅助性的数据也将以增强出版的形式提供给读者，是学术期刊正式出版论文的补充，为内容提供科研成果原数据支撑，增加科研诚信，也方便读者根据数据和公式进行重复性实验验证。

2. 充分发挥技术支撑作用，推动学术期刊出版融合纵深发展

"纵"要求学术期刊要多渠道、全方位、多形式实现出版融合，对于同一篇学术论文，采取文字、图像、语音、视频等多种内容出版形态，采用数据库、网页、微信公众号、微博、微视频、App 终端、数字人等发布模式，满足不同读者的阅读偏好；"深"要求学术期刊不能在每种出版方式上仅限于表面的融合，而是要深层次地了解和利用信息技术的特点和学术期刊内容的特征，利用信息技术包括人工智能、数据挖掘及大数据技术等，挖掘内容之间的联系，通过搜集、归纳和推论等，为读者获取和拓展更多的相关知识。另外，"深"还要求学术期刊在出版模式选择与创新上，不同刊物由于内容形式不一样，要深入调研、讨论和实践不同的出版模式，并对融合后的媒介表示方式进行深入论证研究，避免出版模式和出版方式选择上的随意性和盲目性，造成重复投资建设和资金浪费。

3. 打造出版融合发展重点工程，构建学术期刊出版融合平台

学术期刊要打造出版融合发展重点工程为示范，构建包括内容资源、编者作者读者、传播平台以及知识库在内的出版融合平台。首先，建立新媒体资源融合，推动各种媒介资源、生产要素有效整合，以新媒体整合内容，形成出版新形态呈现于读者面前；其次，以新技术挖掘内容，要加强学术期刊内容提炼和阐释，形成新知识以服务编者、作者和读者；再次，以传统出版为基础，利用各种新媒体技术将学术期刊电子版、微信公众号、增强网页等进行出版融合，建立起全媒体出版，拓展传播平台和载体；最后，利用人工

智能、大数据、元宇宙等技术对元数据进行标签，并形成二次文献知识库，为相关研究人员提供智库支撑。

4. 强化出版融合发展人才队伍，提升学术期刊出版融合发展第一动力

人才是出版融合发展第一生产力。当前，一方面，我国严重缺乏出版融合发展人才，另一方面，对现有出版融合发展人才缺乏发现和培养机制。有一批活跃在学术期刊出版融合发展前线但又默默无闻的一线骨干，这些人在出版融合发展内容建设、技术开发、产品运营等方面积累了多年的从业经验，但由于现行的学术期刊人才评价体系关注的重点在于传统文字编辑群体，对出版融合发展从业人员（如数字编辑或新媒体编辑等）尚未建立起完善、客观的评价体系，在职称评审、评奖评优、项目申请等方面都未能给予有效支持，导致这些工作在出版融发展一线的人才价值得不到体现。因此，要摒弃对工作在出版融合发展一线人员的歧视，通过出版融合发展优秀人才的遴选培养计划，发现、挖掘一批出版融合发展优秀人才，加大对入选出版融合发展优秀人才的支持、培养和激励力度，为他们发挥才干创造有利条件；同时，以此为契机，构建起出版融合发展人才支持体系和人才评估体系，形成长久的出版融合发展人才队伍培养机制。

5. 健全出版融合发展保障体系，营造良好发展环境

建立起学术期刊出版融合保障体系，才能确保出版融合发展长效推进。学术期刊重视内容建设，并建立起完整的内容质量保障体系，但在出版融合发展上，由于重视程度不足，尚未形成有效的出版融合发展保障体系，导致出版融合发展经费预算不足、出版融合发展机制落后、不重视融合发展人才的培养等。出版融合发展保障体系包括出版融合发展资金保障机制、内容生产传播机制、出版融合发展人才培养机制、出版融合发展评价机制等，从政策上为学术期刊出版融合发展提供强力支持，从机制上确保出版融合发展所需的人、财、物供给持之以恒，并通过建立评价机制，动态评估出版融合发展效果，及时改变出版融合方向，营造一个良好的发展环境。

四、学术期刊出版深度融合发展的战略性转型

当前，出版融合正处于关键时期，中宣部和国家新闻出版署给予高度重视，并于2021年开始实施出版融合发展工程，包括数字出版精品遴选推荐计划、出版融合发展示范单位遴选推荐计划、数字出版优质平台遴选推荐计划和出版融合发展优秀人才遴选培养计划。与其他出版单位相比，学术期刊由于其出版内容、出版形态上有自身的特点，因此学术期刊出版有其自身的融合发展方向和重点。

1. 学术期刊出版的知识服务功能转型

新时代学术期刊出版深度融合发展的主要目标是为读者提供信息知识服务，为研究学者和机构提供智库支持。因此，学术期刊出版的功能必须从原来的内容出版向知识服务转型。出版深度融合发展为学术期刊出版知识服务转型提供条件支撑。将人工智能和

大数据技术运用在学术期刊采集、生产、分发、接收、反馈中。充分利用人工智能和大数据技术进行选题挖掘、选题发现和选题策划；发挥智能技术和大数据技术在核心作者及其背后形成的核心作者圈脉络分析、挖掘功能，建立起核心作者群信息数据库，并实现数据库智能动态更新等信息管理；实现向核心作者及其作者团队精准组稿、精准推送以及反响和反馈信息的接收、收集和分析，以供改进出版融合作参考；利用人工智能出版多元化的知识产品，将传统的学术期刊内容资源进一步扩展为文献产品、知识产品、知识资源、知识工具、知识服务等，实现学术期刊出版的知识服务功能转型。

2. "智联网+"学术期刊出版平台转型

学术期刊要提升传播力，不能以"单打独斗"的方式，而是要形成集群化经营管理。以平台战略建设为目标，对现有的学术期刊出版技术和机制进行创新与改革，建立起"互联网+"出版生态系统[5]，优化各种生产要素，坚持先进技术为支撑、内容建设为根本，推动传统媒体和新兴媒体在内容、渠道、平台、经营、管理等方面的深度融合，力争形成一定规模的出版平台效应，形成良性的平台出版秩序。同时，鉴于5G、人工智能、云计算等技术在学术期刊出版过程中的应用，"互联网+"出版生态系统可转型为"智联网+"学术期刊出版平台建设：依托 5G+大数据技术，建设"数据驱动"的学术期刊内容多源采集分析系统，扩展可靠、稳定的稿件来源渠道；融合 5G+人工智能技术，打造"内容为王"的高质量学术期刊全过程管理平台；利用5G+云计算技术，构建"高效精准"的全方位、多渠道、宽领域的互联网出版经营模式；基于 5G+物联网技术，构建"用户至上"的学术期刊服务生态网络。

3. 实施学术期刊全流程移动出版转型

2020 年5G 通信技术将正式进入商用，移动阅读终端也成为研究学者的掌上学习必需品，移动阅读和移动办公是未来较长一个阶段读者和作者的进行学习和科研习惯，学术期刊出版融合发展不能忽略这一现实与趋势，要在 5G 的通信技术支持下积极建立起完整的全流程移动出版平台，包括学术期刊移动采编系统，实现投稿、组稿、审稿、编校、发行等全流程移动出版；另外，研究和推广学术期刊的移动阅读方式，建立移动传播平台，包括微信公众号、微视频、微博、App 客户端形成"三微一端"传播媒介，增强学术期刊的传播能力。通过实施学术期刊全流程移动出版战略，将作者、编辑、读者、专家等通过移动出版联系起来，形成一个学术期刊共同体。

4. 学术期刊虚实出版服务的转型

虚拟现实是人类运用数字技术构建的、由现实世界映射或超越现实世界、可与现实世界交互的虚拟世界。目前一些元宇宙出版技术已经运用于学术出版传播中[6]，如学术期刊融合媒体内容制作、数字人期刊播报与期刊综合服务等，对提高学术期刊传播效果和影响力起到一定的作用。但虚实出版方兴未艾，很多虚实出版融合情景还没真正实施，仅在表面上应用。未来，学术期刊出版将与元宇宙、大数据、人工智能、区块链等信息技术深度融合，在内容形态、读者沉浸式体验、虚拟现实服务等构建出版新生态，创新学术期刊出版的模式与机制，进一步推动学术期刊出版深度融合发展。

5. 学术期刊的科研诚信守关角色转型

大数据和人工智能技术在学术期刊出版中的融合应用促使学术期刊承担起科研诚信守关角色的责任。习近平总书记强调，要"弘扬诚信文化，健全诚信建设长效机制""营造良好学术环境，弘扬学术道德和科研伦理"。学术期刊在出版融合中引入可信计算新媒体技术，把区块链、数据挖掘等应用于出版流程中，创新和发展学术期刊诚信出版模式，严把内容质量关，以融合促进科研诚信；以新媒体技术，如区块链，数据挖掘等为支撑，建立起学术期刊出版全流程诚信出版监督机制，从科研创作、投稿、审稿、编辑加工、发布、传播以及版权交易等各个环节层层把关，为提高学术出版质量和学术传播把好科研诚信第一关。出版技术与诚信制度的融合，有利于学术期刊诚信建设，促进出版公平公正，抑制学术不端行为。

总之，推动学术期刊出版深度融合要有前瞻性，要认清出版融合的本质和方向，并深入了解和调查融合的相关技术、模式和机制，形成学术期刊出版深度发展融合的实施方案，才能更好地推动学术期刊出版深度融合发展，达到传播科研成果、提高影响力的目的，增强科研成果交流和传播能力，实现出版强国的目标，提高我国学术话语权，推动文化自信自强。

参考文献

[1] 习近平. 加快推动媒体融合发展 构建全媒体传播格局[J]. 求是，2019(6).

[2] 中宣部. 关于推动出版深度融合发展的实施意见[EB/OL].[2022-04-24]. https://www.nppa.gov.cn/nppa/contents/279/103878.shtml.

[3] 中宣部、教育部、科技部. 关于推动学术期刊繁荣发展的意见. [EB/OL]. [2022-04-24]. http://www.gov.cn/xinwen/2021-06/25/content_5620876.htm.

[4] 杜方伟，方卿. 从"相加""相融"到"深融"——出版融合发展战略历程与展望[J]. 出版广角，2022(05):6-11+96.

[5] 谢文亮，梁洁，郑添尹."互联网+"下学术期刊的管理与经营机制创新[J]. 中国科技期刊研究，2016，27(07): 725-731.

[6] 徐升国. 元宇宙时代的阅读与出版[J]. 科技与出版，2022(04): 5-10.

（原文首发于《出版广角》2022 年第 19 期）

出版融合发展视角下的科普出版

谢俊波　湖北长江传媒数字出版有限公司

摘要：文章基于出版融合发展背景，对出版业开展科普融合出版实践探索进行梳理分析，从概念、政策、新技术赋能、演变路径、创新实践等方面入手，介绍科普融合出版新的理念、新的应用场景、新的社会需求以及新技术所催生的业态变化，透过发展脉络提出科普出版深度融合发展应坚持"内容为王"、创新引领、标准先行、人才培养、制度保障等策略。

关键词：出版融合发展；科普出版；新技术赋能

科学普及是科技创新的基础，一个国家只有不断夯实科普基础，才能更好地促进科技创新。科普出版物是科普出版工作的重要载体，科普出版工作在传播科学知识、普及科学理念、传承科学精神、激发科学理想等方面发挥了重要作用。

近年来，随着传统出版和新兴出版融合发展不断深入，科普出版领域结合新的理念、新的应用场景、新的社会需求以及新技术所催生的业态变化，呈现丰富的科普融合出版创新成果，极大地促进了科学普及。

一、科普出版融合发展的时代机遇

1. "大科普"时代的发展契机

2021 年 6 月，国务院印发《全民科学素质行动规划纲要（2021—2035 年）》；2022 年 8 月，科技部、中宣部、中国科学技术协会共同编制的《"十四五"国家科学技术普及发展规划》发布，明确"十四五"科普事业的发展目标和重点任务；2022 年 9 月，中共中央办公厅、国务院办公厅印发《关于新时代进一步加强科学技术普及工作的意见》，提出坚持统筹协同，树立"大科普"理念，加强协同联动和资源共享，并将科学普及的使命提高到建设世界科技强国的新高度，是指导我国当前和今后一段时期科学技术普及工作的纲领性文件，从制度上统筹推进科学技术普及和科技创新工作。在"大科普"政策体系的背景下，出版市场涌现一批各具特色、满足读者需求的本土原创科普作品。系列政策文件的出台为推动科普出版事业高质量发展提供了遵循、指明了路径，是推动新时代科普出版创新发展的重大契机。

2. 出版融合发展的政策支持

2014 年起，关于出版融合发展的重要政策先后出台。2014 年 8 月，中央全面深化改革领导小组第四次会议审议通过了《关于推动传统媒体和新兴媒体融合发展的指导意见》；2015 年 3 月，国家新闻出版广电总局、财政部发布《关于推动传统出版和新兴出版融合发展的指导意见》，提出立足传统出版，发挥内容优势，运用先进技术，走向网络空间，切实推动传统出版和新兴出版在内容、渠道、平台、经营、管理等方面深度融合，实现出版内容、技术应用、平台终端、人才队伍的共享融通，形成一体化的组织结构、传播体系和管理机制；2017 年 3 月，国家新闻出版广电总局、财政部发布《关于深化新闻出版业数字化转型升级工作的通知》，重点从优化软硬件装备、开展数据共享与应用、探索知识服务模式、持续开展创新、加快人才培养五个方面继续深化数字化转型升级工作；自 2021 年 5 月起，国家新闻出版署组织实施出版融合发展工程，已实施数字出版精品遴选推荐计划、出版融合发展示范单位遴选推荐计划、数字出版优质平台遴选推荐计划和出版融合发展优秀人才遴选培养计划，构建了出版融合发展工程项目矩阵；2022 年 1 月，全国科学技术名词审定委员会同意将"融合出版"纳入编辑与出版学名词术语表，并明确概念表述为"将出版业务与新兴技术和管理创新融为一体的新型出版形态"；2022 年 4 月，中宣部首次就出版融合发展领域专门发布了政策文件《关于推动出版深度融合发展的实施意见》，包括加强出版融合发展战略谋划、强化出版融合发展内容建设、充分发挥技术支撑作用、打造出版融合发展重点工程项目、建强出版融合发展人才队伍、健全出版融合发展保障体系六个方面，对未来一个时期出版融合发展的目标、方向、路径、措施等作出全面部署，提出明确要求，并与国家新闻出版署正在实施的出版融合发展工程相互支撑，进一步形成推动出版融合向纵深发展的政策合力。

3. 科普出版融合发展进入数字化新阶段

2021 年 3 月，十三届全国人大四次会议通过的《中华人民共和国国民经济和社会发展第十四个五年规划和 2035 年远景目标纲要》，多次提及"数字化"。2021 年 12 月，国家新闻出版署印发《出版业"十四五"时期发展规划》，"数字化"为贯穿始终的主线之一，规划明确了出版融合发展工程的具体内容。2022 年 4 月，中共中央办公厅、国务院办公厅印发的《关于推进实施国家文化数字化战略的意见》指出，到"十四五"时期末，基本建成文化数字化基础设施和服务平台，形成线上线下融合互动、立体覆盖的文化服务供给体系；到 2035 年，建成物理分布、逻辑关联、快速链接、高效搜索、全面共享、重点集成的国家文化大数据体系，文化数字化生产力快速发展，中华文化全景呈现，中华文化数字化成果全民共享、优秀创新成果享誉海外。加快国家文化大数据体系建设是实施国家文化数字化战略的抓手。"十四五"时期的系列规划、政策，亦明确了"数字化"发展主线，为数字时代科普融合出版及新型传播体系构建提供了行动指引。

出版业数字化战略实施进程大致可划分为三个阶段：数字化转型升级的初级阶段、出版融合发展的中级阶段、出版深度融合发展的高级阶段。亦可理解为，出版融合发展从"相加"发展到"相融"再到"深融"，从"你就是你，我就是我"发展到"你中有我，我中有你"再到"你就是我，我就是你"的深度融合状态。科普出版融合发展是一个动态的系统工程，关注的不仅是产品生产，还涉及技术、营销、服务、场景、人才、政策、管理等方面。

二、科普出版融合发展的演变路径

科普出版是以向大众普及科学知识为主要目的的出版行为，其形式也同样随着科学技术进步不断创新。纵观科普出版的发展历程，无论载体形态如何演变，其核心还是内容。在不同的出版融合发展阶段，科普知识内容的组织呈现方式有所不同，从单色纯文字科普书到图文音视频结合的融媒体科普书，再到 XR（AR、VR、MR 等）虚拟科普出版物，科普出版经历了从单线到多维、从平面到立体、从静态到动态的转型升级。特别是科普出版物结合 XR 技术后，信息呈现方式变得更加多元，通过计算机技术对真实世界的物理实体和虚拟世界的设想布局进行数字化重构，可以帮助读者冲破传统纸媒平面阅读的局限，获得视觉、听觉、触觉等立体化、多元化、智能化的感官体验。

1. 科普出版融合发展的重要遵循

科普出版工作既承担了普及科学知识的重任，也在增强文化自信方面发挥了重要作用。推进科普出版融合发展，要做到以下几点：一是要坚持正确的政治方向、内容导向和价值取向，坚持把社会效益放在首位；二是要贯彻以人民为中心的发展理念，围绕读者需求组织选题开发工作，生产人民群众喜闻乐见的优秀科普作品，处理好市场竞争和政策扶持的关系，用市场手段让优秀作者、优秀作品脱颖而出，实现双效统一和可持续发展；三是要坚持内容为根本、技术为支撑，将优质内容和先进技术创新性紧密结合，实现技术赋能，深刻认识到技术只是提升用户体验的一种手段，不能本末倒置；四是要坚持发挥科普出版融合发展的天然优势，从图形图像、音频、视频到增强现实、虚拟现实，从纸质载体到实验套件，从线下到线上，采用传统与数字深度融合的手段，强化科技赋能，推动"出版+"新业态、新模式不断涌现，带给读者不同的阅读体验；五是要大力培养科普出版融合发展优秀人才队伍，在准确把握读者需求的基础上做好选题策划，在目标读者设定、体例结构、知识分布、行文风格等方面引导作者高质量创作，统筹管理产品设计、脚本撰写、美术设计、数字资源制作、技术研发等融媒体产品团队。

卞毓麟先生曾说："科普，简略地说，就是以'科'为基础，以'普'为目的的行为或活动。科普作品则是以作品形式表现的科普活动。"科普融合出版最终还是以出版物（作品）的形式服务读者。优秀的科普融合出版物应具备以下特点：一是具备科学性，即出版物是否介绍某一科学原理或方法，这是判断科普作品的根本；二是注重科学与人文的融合，以通俗易懂的文字向大众传播科学知识、科学方法和科学精神；三是注重体现科学之美、语言文字之美、形式之美等时代美感，带给读者美的阅读体验；四是注重科普内容表达以情动人，让作品更有温度，让科学的种子在读者心中生根发芽。

2. 科普出版融合发展的技术演变

随着社会的不断发展，科普出版物载体从硬质、软质转向虚拟，内容呈现形态也从静态转向动态。出版活动和实践不再局限于墙体、纸质等实体固态载体，而转向虚拟和半虚拟出版载体。声光电磁的发明和发现以及计算机和互联网技术的发展，从录音、录像的音像电子出版，逐渐发展到电脑、移动终端和网络，出版载体也从磁盘、胶片、磁带、光盘等半虚拟载体发展到因特网和云服务等虚拟载体。

随着科普出版工作的不断深入，出版人和创作者不断进行新技术应用探索和产品创新，演进创新科普出版物呈现形式，实现了产品和服务的优化和提升。

一是纸质科普出版的内容演变。纸质科普出版物配套辅助工具的做法效果非常好。例如，抗战时期，陕甘宁边区自然科学研究院开展了一系列科普出版工作，有效普及了科学种棉方法，推广马铃薯种植、牲畜保健等。近年来，科普出版物配套辅助工具也受到大批读者喜爱。如利用光栅理论制作的"会动的书"《点点跑起来》，通过一张透明的黑色条纹卡片大大提升了科普出版物的互动性。此外，立体科普书、科普绘本、科普漫画等创新形式，综合运用各种叙事手段讲好科普知识，增强科普的娱乐性、趣味性和故事性，亦达到了理想的科普效果。

二是声光电磁与音像科普出版。声光电磁的发明和发现及其在出版领域的应用，使有形出版逐步延伸到无形出版，人类出版开始步入新纪元。有材料证明，1857—1860 年，人类已经能够记录歌声，虽然只有短短的 10 秒，但此后人类开始通过媒介记录声音。随着 19 世纪摄像技术的发展，从照相到摄像，从静态到动态，悄然开启了出版的另一扇大门。科普知识以音像制品传播，内容信息更加丰富、立体。随着科普视频内容形式不断优化完善，创作者们在保证科普知识严谨性的基础上，通过生动有趣的解说形式、脑洞大开的新颖创意，让抽象高冷的科学知识变得通俗易懂、时尚好玩，通过各短视频平台以多样化的互动方式增强用户黏性，拉近传播平台与受众间的心理距离，为全民科普提供了诸多新的发展思路，带动了全民科普的发展。

三是信息技术与电子科普出版。信息技术的飞速发展大大加速了信息传播方式、传播手段和传播效率的变革，数字技术、多媒体技术、网络技术等信息技术是虚拟科普出版快速发展的基础和前提。电子出版物一般具有"多媒体"的特征，在文字媒体之外还运用图片、语音、视频等不同的媒体形式，支持播放 3D 动画，能够通过程序设计开发特定功能，可实现较强的交互性。

四是网络技术与科普知识服务。有了网络技术的长足发展，我们才能够在"告别铅与火""迎来声光电"之后"走向数与网"。网络为科普融合出版提供了知识和信息的编辑、传递、呈现、分发平台，出版单位可以在此基础上开展虚拟科普出版。基于网络技术，我们可以通过二维码将传统纸质科普出版物（书、报、刊）与互联网有机融合，实现出版服务拓展；可以通过专题数据库向用户提供便捷、优质的科普知识服务；可以通过互联网平台发布科普电子书报刊、有声书、知识服务课程、网络游戏、网络资讯等。

五是虚拟技术与 XR 科普出版。从大数据、云计算技术的应用，到 VR/AR/MR 技术等对科普出版产品的升级再造，科普出版全新格局正在被构建。进入新的数字出版时代，基于 XR 的沉浸式互动体验、基于区块链技术的 NFT（非同质化代币）等不断渗透至数字藏品、网络游戏领域，代表互联网未来迭代概念的元宇宙等正推动科普出版融合场景深度刷新。

3. 新技术赋能科普出版融合发展

纵观出版发展所处的不同阶段，新技术带来的行业变革是明显的，不同时期的新技术促进了出版物形态的改进提升。透过发展脉络，我们可以总结一些规律，为当下和未来的科普出版工作提供参考。同时，科普出版工作者应拓宽视野，不应仅限于新技术，还要关注新的理念、新的应用场景、新的社会需求以及技术所催生的新变化。

回顾出版历史，每一次新技术在融合出版中的应用都会极大地提高出版生产力和出版物传播能力，从而带动知识与信息的普及化、大众化。近年来，科普出版实践中有二维码技术、XR 技术、音视频技术、数据库技术和"云大物智区"等大量数字新技术的应用，正在重构科学技术普及，推动出版形式创新。

从历史发展规律看，新事物的发展并不都是一帆风顺的。一些出版载体从发明到普及的时间较短，如唱片用了 30 年，磁带用了 20 年，而互联网用了不到 10 年；一些新技术的普及之路较为曲折，如人工智能用了 70 多年才步入第 3 次浪潮，虚拟仿真从概念提出到成为当今社会热点经历了 30 多年，作为元宇宙信用基础的区块链技术亦是经历了 10 余年才迎来在全球范围内的快速发展。新技术离我们很近，我们既不能盲目跟风，也不能置若罔闻。面对新技术带来出版的新变化与新趋势，我们应客观理性地看待。例如腾讯基于游戏技术为创作、生产搭建沉浸、交互、协作的虚拟场景；人工智能技术在多个领域实现创新应用，腾讯、百度、抖音等相继入局 AI 绘画；由 AI 驱动的聊天机器人 ChatGPT 风靡全网。面对人工智能具备的"内容创作能力"，我们还应关注和思考未来海量的 AIGC 科普内容的出版策略。

从科普融合出版全流程来看，新技术的应用遍及整个出版业务流程。比如，新技术赋能产品研发可以创新科普融合出版产品形态和服务模式；新技术赋能内容生产可以丰富科普知识资源类型，提高内容的质量和效率；新技术赋能产品营销可以提升数字时代营销服务的精准性和体验感；新技术促进产业链的延伸可以提升出版机构在科普文化事业、科普文化产业中的服务能力和水平；新技术赋能企业管理可以提高出版机构的治理能力和水平。

三、科普出版融合发展的创新实践

1. 科普出版单位的融合发展实践

新时代，我国科普出版形成了以科技出版社为主体，大学出版社、教育出版社和综合出版社发挥重要作用，社会力量作为有力补充的出版格局，各方充分发挥自身优势，陆续推出叫好又叫座的科普图书。近十年，科普出版市场规模实现了增长，科普出版物整体内容质量也取得了大幅进步。其中，少儿科普出版呈现快速发展态势。从 2021 年开始，少儿科普超越少儿文学，成为少儿出版领域的最大板块。系列重要出版奖项的设置和评选进一步激发了科普出版工作者的热情，树立起行业典范，也为读者选择科普图书提供了重要参考。

在科普出版融合发展方面，出版单位依托自身的资源储备和优势积累，积极探索科普出版融合发展新模式。例如，科学出版社以"科学家科普"为特色，配置优秀的编辑、营销、技术人员，以融合发展模式从科普图书向科普数字平台、科普研学活动延伸，不断以高质量的科普出版物提高自身的服务能力。由长江传媒出版集团打造的融合出版新基建平台"长江出版智云"，采用"大中台、轻前台"的架构，可为集团旗下的出版单位提供数字资产管理、数字产品发布、渠道管理等工具化服务，发挥集约化优势，实现用户、资源、数据和平台服务的统筹管理，减少重复投入，降低运维成本，满足各出版单位的融合出版业务开展需求。该平台已在"绿手指"园艺知识服务平台、"乡村振兴书箱"数字新农村科技知识服务平台、安全生产科普知识竞赛等科普融合出版项目建设中发挥作用。

2. 科普融合出版产品创新实践

目前，最常见的科普融合出版产品主要有三类：一是"书+X"融合出版物，即纸质出版物加上数字资源形式，如二维码、AR 出版物；二是 VR 科普体验馆；三是科普数字平台。根据科普内容表达，出版单位一般需要进行融合出版物产品设计、选择数字资源类型和确定体验方式。以下主要介绍典型的科普融合出版产品。

获得首届中国自然好书奖的《续梦大树杜鹃王——37 年，三登高黎贡山》是一本集文学、博物学、大自然探险和数字体验方式为一体的融媒体出版物。该书配套的数字体验方式有两种。一种是对作者在云南高黎贡山实地探访原始森林中大树杜鹃王全过程的虚拟实景记录，并搭配丰富的图片和视频素材，读者可扫描二维码访问。另一种是 AR 交互体验方式，读者可以任意角度、自由缩放查看大树杜鹃王、杜鹃花的 3D 模型和开花结果的科普动画，展示的细节和动态过程可以更加精准地呈现植物科普知识，与虚拟实景资源形成有效互补。

"新昆虫记——基于 AR 技术的青少年科普融媒体项目"从策划、脚本、制作、出版、运营到发行都有自己的特色。在融媒体设计方面，其充分运用图片、音频、视频资源和 H5、AR 技术，加上虚拟场景设计、模型建构、交互设计等均讲究科学、严谨、准确，实现了出版物、数字资源与 AR 技术的精细结合。该项目入选了国家新闻出版署数字出版精品遴选推荐计划。

"人之由来"VR 体验馆项目为科普知识和科技融合项目，旨在通过虚拟现实技术构建虚拟体验场馆，以丰富的 3D 模型、场景特效、视频、图片等素材，生动有趣的故事情节，深入浅出的互动知识，让科普爱好者在虚拟的环境里轻松解开看似简单却深奥无比的问题。该项目入选了首届虚拟现实新闻出版创新应用案例。

3. 科普融合出版产品应用场景实践

科技部发布的 2020 年全国科普统计数据指出，线下与线上科普活动紧密结合，产生了广泛的社会影响。2020 年全国各地发挥科普阵地作用，通过科技活动周、科普（技）讲座、科普（技）展览、科普（技）竞赛等多种形式，充分利用线上科普活动覆盖面广的优势，引导公众相信科学、依靠科学、运用科学，不断提高公众的科学文化素质。可见，科普融合出版物可以与不同场景结合，更好地发挥效能。

无论是常见的线下科普场馆、社区科普活动、科普展览、科普研学等，还是线上科普直播课、科普知识竞赛、科普新媒体传播矩阵、科普知识服务平台、科普音视频平台等，既是优质教育资源的生产、聚合和投放平台，又是提供科普教育服务、培养创新人才的重要阵地，出版单位需要加以运用。对于一些新兴的应用场景也可保持高度关注，比如，针对深受年轻人喜爱的"剧本杀"，可以考虑组织创作科普题材或嵌入科普元素的"剧本杀"作品，此外，出版单位也可关注智能家居、车联网、虚拟数字人、人工智能、元宇宙等领域的科普应用需求。

4. 科普出版融合发展的实施策略

做好科普出版深度融合发展的整体布局可从融合发展战略、融合体系建设、保障机制建设、融合人才队伍、政产学研结合五个维度展开。

科普出版融合发展无论处于什么阶段，其主要任务是满足读者需求，内容始终是核心。在融合体系建设方面，融合体系建设是主体，包括融合基础设施、融合标准体系、融合产品架构、融合服务体系、融合场景落地、重点项目带动。出版机构应高度重视融合出版的标准化工作，坚持标准先行，做好出版流程、元数据、质量要求、质检方法、数据安全等规范制定。在融合保障机制建设上，出版机构要处理好科普出版工作中传统和创新之间的关系，既要给科普出版创新发展提供赋能空间，也要不断优化传统科普出版产品线。在融合人才队伍方面，未来的融合出版人才要掌握科普出版新知识，具备新思维，提升新能力。在政产学研结合方面，出版机构可与院士服务中心、院士工作站、高校科协、高校科普创作中心等科研科普机构交流沟通，争取让更多的专家、学者、科研作者参与科普知识传播，为新时代科普出版深度融合发展多维赋能。

四、结语

科普出版融合发展处于"大科普"时代与出版融合发展走向深入的时代机遇期。无论科普融合出版产品形态如何发展，其演变过程都依赖于内容资源的积累以及技术能力的支撑和盈利模式的实践。出版单位可以通过制定与自身发展相匹配的出版融合发展整体规划，进行组织、人才、资源、资金等配套，有设计、有规划、有步骤地持续开展科普融合出版产品体系建设，通过项目带动整体"内容＋技术＋运营"能力的综合提升，逐步实现科普出版的深度融合发展，为服务中国式现代化建设新征程贡献力量。

参考文献

[1] 谢俊波. 集团架构下融合出版新基建的探索与实践[J]. 出版广角，2021（20）：52-55.

[2] 何龙. 少儿出版高质量融合发展模式探析[J]. 出版广角，2022（15）：11-15.

[3] 贺子岳，张蒙，刘永坚. 出版融合下少儿内容服务的创新路径探索[J]. 出版发行研究，2019（2）：42-45.

[4] 向雷，罗萍. 我国少儿出版融合发展的现状认知与路径思考[J]. 出版发行研究，2018（3）：21-23.

[5] 万安伦. 中外出版史[J]. 中国编辑，2018（1）：98.

[6] 刘朋. 新时代科普出版的发展策略与路径[J]. 出版参考，2020（10）：13-16.

[7] 聂慧超. "大科普"政策背景下，出版市场离"黄金时代"还有多远[N]. 中国出版传媒商报，2022-09-27.

（原文首发于《出版广角》2022 年第 21 期）

出版融合深度发展的实践与构想
——中少总社出版融合探索与思考

颜显森　中国少年儿童新闻出版总社有限公司

摘要：本文对出版融合的背景与意义进行阐述，回顾了出版融合在各个阶段的政策推进情况，其中《关于推动出版深度融合发展的实施意见》的发布表明我国出版融合进入新时期。文中梳理了出版融合过程中遇到的挑战与机会，引发我们对深度融合发展的重新理解，并在此基础上提出了深度融合发展的解决方案和设想。笔者结合相关指导精神与中少总社自身优势，通过打造"共享融合平台"构建开放融合生态，其中包含出版内容、技术、团队、智库等方面的规划，并结合少儿出版垂直领域特点做了一些实践与探索，文中的多个实际案例可供同行参考。

关键词：出版融合；创新挑战；少儿 IP；融合平台

一、出版融合的背景与意义

习近平总书记多次强调要推动传统媒体和新兴媒体融合发展，在此基础上国家新闻出版广电总局、财政部联合印发了《关于推动传统出版和新兴出版融合发展的指导意见》，指出传统出版与新兴出版的融合发展，已成为出版业发展的必然趋势和必由之路。2021年 12 月，国家新闻出版署印发了《出版业"十四五"时期发展规划》，规划中明确提出了 2035 年建成出版强国的目标。2022 年 4 月，中共中央宣传部印发《关于推动出版深度融合发展的实施意见》（以下简称《实施意见》），围绕加快推动出版深度融合发展，构建数字时代新型出版传播体系，坚持系统推进与示范引领相结合的总体思路，从战略谋划、内容建设、技术支撑、重点工程项目、人才队伍、保障体系等 6 个方面提出 20 项主要措施，对未来一个时期出版融合发展的目标、方向、路径、措施等做出全面部署，提出明确要求。

《实施意见》的发布表明出版深度融合进入下半场，出版融合进入新时代。从 10 年前的数字出版到现在的融合发展，这是对我国出版发展事业的重新理解和思考，促使我们对出版的未来进行探索与创新。中国少年儿童新闻出版总社（以下简称中少总社）出版融合业务建立在少儿内容产业的开放性、教育性、专业性等综合特点基础上，结合《实施意见》精神，探索少儿出版融合的战略导向、本质要求、未来展望，积极推动少儿出版创新事业的健康发展。

二、出版深度融合发展的挑战与机会

（1）移动互联网尤其是短视频时代，内容创新模式发生质的变化，以编辑为中心的传统出版流程在效率上已经无法满足用户的碎片化需求，网络优质内容供给与内容呈现传播方式的创新严重不足。出版社在坚持内容创新的同时要积极应用新技术，改变生产方式，继续保持出版社内容存量优势的同时，以融合开发的姿态与外部优秀团队合作，共同打造短视频等多种形态的适应多渠道的优质内容产品矩阵。

（2）在"流量为王"的时代，流量热点迭代很快，流量分布越来越碎片化，流量获取成本越来越高。图书作为一种标品，已经面临着终端市场的价格同质化，出版的生产机制与用户的个性化需求导致出版社产品出爆款的概率大大降低。从传统出版发行的"品—店—用户"模型到抖音、快手等平台建立的"短视频—主播—品—用户"模式，都要求出版社找到新的业务模式。出版社只有建立强大 IP 品牌势能优势和内容教育价值，才能满足用户对阅读高品质的需求，快速实现内容的价值变现。

（3）"以用户为中心"的服务模式已成趋势，图书等标品和阅读服务半成品不能满足用户的阅读需求。出版社作为一个内容机构，有责任对用户的阅读、读懂、内容价值转化全流程服务。随着移动互联网短视频的发展，用户对产品的多样性、及时性、匹配性提出了更高的要求，出版社尤其是少儿出版社要把服务优势都集中到用户交互场景中，满足用户心流状态。

（4）随着元宇宙、NFT、人工智能、云计算、区块链、3D 视觉感应、知识图谱、纳米级 3D/4D 打印等技术大量投入使用，出版与技术深度融合才能让出版融合发展走得更远。出版融合发展进程的各个环节，均要切实做到技术赋能出版，对传统出版流程进行再造。云计算愈来愈成为出版传媒业的标配技术，核心数据库和互联网数据中心的建立助力数字版权的保护。

（5）新兴媒介将推动构建出版营销立体化格局，多媒体数字内容成为用户信息获取的主要来源。为了满足用户日渐强烈的数字化信息需求，出版业重构营销理念、建立线上线下互动的立体化营销格局势在必行。短视频、直播、盲盒等新型传播媒介将成为出版线上营销的主要着力点。电商、自媒体、短视频和网络直播等新兴平台的出现使得出版营销形式更加丰富，也更加适应移动互联时代用户的日常信息接触场景，能够有效提升出版机构产品营销信息的实际传达效率，唤醒用户注意力。

（6）进入"十四五"高质量发展新阶段，国家产业结构将进一步优化，出版产业融合发展也将加速推进。这对出版资源的整合利用效率提出了更高的要求，传统的出版机构组织管理机制逐渐难以充分满足产业发展需求，改革转型将是出版产业融合升级的必然选择，而这种改革也将从出版机构内部和外部两方面进行。从出版机构内部看，组织结构将逐渐打破以往相对孤立、各自为政的职能型部门组织模式，通过合理调动各种生产要素、有效整合媒介资源，促使出版机构构建业务驱动的扁平化组织结构。从出版机构外部看，未来的出版组织管理将进一步强化产业协作，充分利用以数字出版产业园、产业基地为代表的国家政策资源，打造多方共建的高质量出版产业融合生态，以更加宽广的视野和开放的格局向外部利益相关者寻求项目和业务合作，通过对外合并、合作的形式改变组织运营形态，着力打通出版产业链上中下游，充分利用内外部资源发展全流程业务，再造出版新业态。

（7）全媒体复合型人才培养是出版业转型融合发展中面临的重要问题。就目前我国出版业融合发展的需求而言，一是积极主动打破专业和领域限制，建立政、产、学、研紧密结合的多元人才培养体系。二是把新媒体人才的培养纳入自身出版教育体系和出版培训体系。在融合背景下，出版人才要从传统的出版工作向尖端方向转变。三是要打破出版机构用人机制，用市场规则来解决融合人才的薪资待遇、激励机制等问题，防止人才流失，积极推动传统出版机构的转型升级。

三、对出版深度融合发展的重新理解

根据物理热力学第二定律，一个封闭系统中的熵会随着时间推进变得越来越高，能量从有序变得无序或混乱，即所谓"熵增"定律。近年来信息技术高速变革，传统出版机构的事业依然高尚，但出版行业出现发展缓慢、业态落后、人才空缺问题。相比于新媒体行业，整体上出版系统的相对封闭性导致行业整体处于熵增状态，出版行业急需转型升级，引入更多的"负熵"。结合《实施意见》的要求：扩大优质内容供给、创新内容呈现传播方式、打造重点领域内容精品，强化出版融合发展内容建设；加强前沿技术探索应用、促进成熟技术应用推广、健全科技创新应用体系，充分发挥技术支撑作用；优化提升重大工程实施效果、着力打造重点品牌项目、做强做优头部示范企业、加强重要成果展示交流，打造出版融合发展重点工程项目；夯实人才培养基础、强化高层次人才培养激励、发挥企业人才建设主体作用，建强出版融合发展人才队伍；完善政策扶持机制、深化体制机制改革、营造良好发展环境、逐级抓好贯彻落实，健全出版融合发展保障体系。

为此，我们可以对出版融合做出新的描述：出版融合业务通过内外资源的高级调用与有序组合，用创新模式为目标用户提供高品质内容服务的一致性行为，以实现价值内容的传播力、公信力、引导力。我们将从以下几种主要手段实现融合创新：（1）在无序中创造或寻找有序，通过数字技术手段实现存量资源价值再造；（2）打造耗散组织结构，实现自身内容出版业务的有序代谢；（3）构建对外开放平台，引入合作和"负熵"融合；（4）打破现有出版业务奇点，实现出版模式非连续性跃迁。

开放与融合将是新时代出版业务的核心关键词，在做好狭义出版融合业务的同时，开放整合行业生态做好广义出版融合事业，才能促进内容融合产业的健康发展。

四、打造"共享融合平台"，深化融合创新发展

出版融合创新发展需要团结整合国内外同行，大家共同将出版产业做大做强，共同制定业务标准，通过全员共同创造、共同参与实现中国出版产业的高质量发展；通过一体化部署、一体化推进方式提倡出版生态环境保护、内容系统协调平衡、对外开放、基础设施协调分工等发展理念，借助内容出版供给侧结构性改革的产业要素、创新机制等内容，构建出版融合新格局。

我们倡议通过打造"共享融合平台"（见图 1），在上游内容生产端激发行业内全体编辑人员的能动性，降低出版社对少数核心员工的依赖，形成体系化运作模式。秉承开放、合作的理念，以用户需求定位产品，以产品统领项目，以项目统领业务。平台探索打破现有少儿传统出版流程的产能束缚，整合并开放品牌、运营、版权、销售、产业基金扶持等各类资源，通过外部合作聚合内容产业的投资者、出版人、创作者、专业服务者等全产业链从业者，最大限度提升产能。共享融合平台将不再简单地依赖于内部编辑的价值，而是在全市场范围内寻找优秀的合作伙伴，实现最大限度的价值变现。

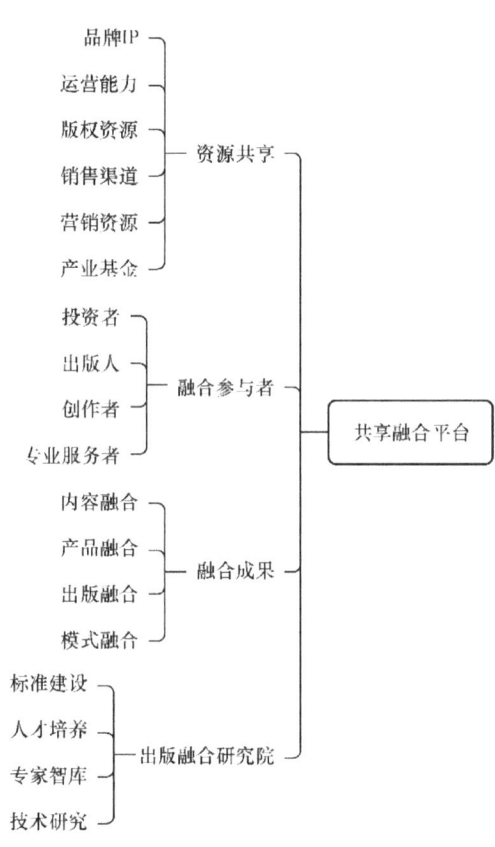

图 1　共享融合平台

五、中少总社融合出版实践初探

中少总社积极回归出版初心，牢记做好少儿阅读服务的使命。我们拥有足够的存量版权、数字化内容、编辑团队，在新时代出版市场新环境下重新定义出版的内涵和外延，按照出版客观规律实现内容价值变现。具体来讲，做大做强内容版权储备，打造具备多形态内容产品开发能力的团队，建立以用户为中心的服务理念，对新环境下的"人、货、场"核心要素进行充分调用，以用户为导向进行要素创新与融合，通过流量一体化、对外合作、新技术应用等融合途径实现内容教育、品牌 IP 的溢价变现新模式，帮助中少总社实现兼顾社会效益与经济效益的少儿国家队。

（1）深化扩大内容版权和融合产品规模，巩固中少总社传统出版业务地位。以中少总社 5 报 13 刊及大量图书内容为基础，联合总社各中心重新梳理现有内容版权情况，统计优化现有版权的结构和规模，为出版融合业务开展提供内容版权资产库。在现有书报刊、阅读服务、知识付费业务基础上，在新媒体、智能硬件、在线直播课程等方面积极开展对外合作，建立少儿出版融合产品矩阵，进一步扩大中少总社在少儿出版领域的影响力、传播力、引导力。

（2）深化新媒体流量一体化平台，加快构建中少总社融合营销立体网络。在出版融合大背景下，积极开展直播工作，为出版融合业务提供销售通道。中少总社电商在销售书报刊的基础上，增加了数字产品、IP 产品、智能硬件等产品类型，大大丰富了自有产品的竞争力，同时积极和直播渠道建立联系，直播业务日益趋好。针对直播渠道特殊性，结合主播"大 V"的特点，我们积极与渠道建立深度合作，确保双方收益的同时大大提升中少总社产品的销量。新媒体流量一体化平台的建立构建了中少总社融合营销立体网络，基本涵盖店铺、直播、私域等目前主流 B2C 销售模式，为此平台结合中少总社各编辑部实现了出版、发行、用户业务闭环。

（3）建设少年儿童融媒体内容制作和智能分发平台，构建传统编辑与新媒体编辑的协同创作机制。进一步推动"中央厨房"式的采编与传播体系落地，不断完善"一次采集、多元生成、多渠道分发"的流程再造。建立内容创作互动平台，充分联合各类社会资源，引进先进的数字产品，扩展与各大互联网平台的合作模式，打造少儿文化数字精品。智能分发平台旨在通过智能识别与资源匹配技术、智能搜索技术，重点解决数字内容的确权、定价、互信、分发、反馈及其全生命周期和全业务流程管理过程中的关键技术和共性技术难题。通过搭建"数字内容智能分发平台"，充分保障数字内容资源的规范化传播与数字内容生产者的权益。平台利用互联网整合线上线下资源，支持平台经济、共享经济、众包众创、个性化定制等模式，发展数字文化产业，拓展数字创意、数字出版、数字影音等数字文化内容，创新少儿制作分发模式，奠定中少总社作为青少年阅读领域龙头的凝聚力与影响力。

（4）整合中少总社优秀 IP 资源，构建以游戏、动漫及文创衍生品为核心的 IP 生态全产业链。以《植物大战僵尸》为蓝本，带动中少总社的皮皮、洋葱头等经典故事系列，以在线阅读、在线学堂、课程购买等方式扩大中少总社 IP 业务市场影响力。利用中少总社的 IP，内容资源向行业下游延伸，与智能终端厂家、运营商共同运营在线阅读业务，开发电子书、音频、微课视频、动漫视频、主题互动游戏等周边产业。《植物大战僵尸》《林汉达中国历史故事集》等有声内容在喜马拉雅等平台上的播放量稳居少儿类前五，《中少快乐阅读平台》成功入选中共中央宣传部 2020 年全国出版精品项目。IP 战略发展对传统生产的资源转化、流程模式与结果产出产生了积极影响，从内容、渠道、平台、管理等多方面进行了转型融合。

（5）成立融合出版建设中心实现团队融合。为深入贯彻落实党中央关于加快推进媒体深度融合发展的指示精神，贯彻落实团中央直属宣传思想文化单位融合改革工作部署，落实《中国少年儿童新闻出版总社融合发展建设方案》，进一步推动总社融合发展建设工作，使融合发展建设中心成为拉动总社增长的新动力、总社双效提升的新增长点，2020 年总社成立融合发展建设中心，推动媒体融合向纵深发展，全面助力总社出版数字化。中心决策管理机制完全打通，日常生产经营过程中财务及人事等方面的审批流程及审批权限参照总社制度进行，形成"一套人马、两套机制"的管理模式。中心设编委会，负责研究、落实重大议题设置、重大宣传方案、重大文化产品打造、意识形态责任制、舆论引导等未来网内容建设相关事项。中心设经委会，负责研究、落实总社发展方向、经营方针、生产经营计划等经营发展、运营拓展相关事项，确保经营收入保持良好发展势头。

（6）加强对外合作，实现跨业融合。以中少总社书报刊内容为基础，将书报刊产品与阅读服务相结合，整合内容出版、专家作家等资源，推出阅读评价、阅读课程、阅读书单、阅读活动、阅读环创等内容，在"双减"政策的大背景下发挥出版国家队的优势，树立起引领校园阅读的领先地位。联动中央文明办、教育部、文化和旅游部等各部门开展"我是红领巾讲解员"等互动活动，加强宣传推广，利用优质内容共同策划制作数字读物及主题出版物等，策划开展多项以服务、引导少年儿童为根本导向的，符合少年儿童特点的互动主题活动；与儿童中心、托育早教机构合作，发挥中少总社《幼儿画报》的品牌内容优势，打造"阅读服务+社区+托育"的服务体系，发挥中少总社亲子生活的品牌优势和影响力；提供分级分龄阅读教育、亲子阅读、阅读测评等产品和服务；联合托育行业头部运营服务商和行业专家、专业机构，以托育、早教、幼儿园、社区、儿童医院等少年儿童聚集地作为场景，共同开展养教一体化精准服务，建设线上社区、线下的阅读中心，提供满足用户需求的阅读场景化解决方案。本文撰写之际，正值笔者参加中宣部出版局主办、北京大学出版研究院承办的首届出版融合优秀人才培训计划，大家互相碰撞思想，为未来的跨界融合人才提供了良好的平台。我们以"少儿+"模式与学习出版社以及中国盲文出版社等同行，围绕各自的资源、渠道、团队等，在少儿主题出版、少儿阅读教育等领域开展融合合作。

最后，我们认为出版社的基本定位是内容创新者和传播者，是为用户提供优质内容并以价值变现为生存方式的机构。出版社通过出版融合战略实现随着内容传播规模的扩大和内容溢价的兑现，促进内容边际成本快速下降与利润快速递增，从而在出版系统自洽基础上，通过跨社、跨业的融合方式实现更大价值的他洽，以适应未来出版产业发展的系统性续洽。让我们一起践行"你就是我，我就是你"的出版融合目标，让我们一起在少儿出版融合道路上坚持"融为一体、合而为一"理念，实现快速发展！

振兴科技出版的思考

王京涛　　国防工业出版社

摘要： 党的二十大报告中明确提出，我们要增强文化自信，围绕举旗帜、聚民心、育新人、兴文化、展形象建设社会主义文化强国。做大做强科技出版作为文化强国建设的重要组成部分，是我们出版人义不容辞的使命。本文围绕振兴科技出版的路径和方法展开，具体举措包括围绕品牌做选题规划、建设高水平人才队伍、提高出版物的整体质量、依托新技术改变出版形态、加大政策支持力度等。

关键词： 科技出版；顶层规划；编辑人才队伍；融合出版

党的十九届五中全会明确提出到 2035 年建成文化强国的远景目标，并强调在"十四五"时期推进社会主义文化强国建设。这是以习近平同志为核心的党中央基于历史和现实、着眼全局和长远做出的战略决策。出版是文化强国建设的重要组成部分，做好新时代出版工作，对于提升国家文化软实力具有至关重要的作用。

科技出版作为出版事业的重要组成部分，加强科技出版建设是推动科技强国、文化自信的重要途径之一，也是科技出版社在新时代义不容辞的责任和使命。当今科技出版领域存在不少内容重复、质量不高的图书。有些读者抱怨：还是一些老的经典图书更有参考价值，不少新书粗制滥造现象太严重。一些出版专家也认为：当下超过三分之一的图书是为评职称等凑数的，几乎无学术创新价值。作为科技出版者，每当听到这类言论都深感不安。如何才能消除此类声音，再塑科技出版的辉煌，是当代很多科技出版人一直在思考的问题。

一、加强选题的顶层规划，突出品牌建设

选题规划是出版机构的最重要工作之一，引领了出版社乃至某一出版领域的产品走向和舆论导向。出版社或希望将既有品牌做大做强，或希望开拓新的板块，这些都需要有选题规划做支撑。下面讨论如何做优选题规划。

1. 以读者需求为引导，通过选题规划实现内容端供给侧改革

市场经济环境下的现代企业，以"按需生产"替代"以产定销"的传统模式，原材料的采购、生产和供应链的组织管理都基于企业对市场需求的研判。而对市场需求变化的分析、判断以及响应能力，则构成企业计划管理的重要内容。同样，一份有效的选题规划，必须明确地反映出相关需求的现状和发展变化趋势。有的放矢，才能事半功倍、百战不殆。国防工业出版社始终深耕于学术出版方向，读者大都集中于国防科工领域的研究院所和高校，他们对知识获取的需求与前沿技术和应用呈现强相关。同时信息科技发展变化迅速，因而专业技术选题对方向性、时效性的要求越来越高，不及时研究技术发展、行业动态和知识需求，选题质量就没有保障。以近几年为例，信息技术领域的热点已经逐渐从云计算、移动互联、无线通信等，转向人工智能、机器学习、万物互联、导航应用等。相应地，出版社在选题规划中就应包含未来几年应重点拓展的选题方向。

2. 充分论证并形成共识，多措并举保障规划的实现

任何计划的制定，都应该包含目标及相应的措施。选题规划也是如此，经过调研和需求分析后，在厘清选题思路的基础上，提出出版社业务新的目标。选题规划的目标最短是1年，也可以设定一个3年或5年的中长期目标。在不同的领域，出版社实际经营的状况和对目标的预期各不一样，但目标的设定也有其共性原则。首先，目标是基于对未来的判断，取决于编辑部门或出版社的战略和决心，所以目标的确定应该自上而下，而非自下而上。其次，目标必须可衡量，否则思路列了一堆，而目标无法量化。例如"我要策划几本好书"，"几"和"好"都不可检验，这样的目标也就是聊胜于无。最后，任何一个目标都必须设定一个时间段，没有时间节点的选题计划多半不可控，甚至不了了之。

我们在选题规划中，在既定的选题方向以及重点的领域上，必须匹配符合选题思路标准的可量化的目标，包括选题规模、选题分布结构、重点选题数量、实现时间节点等等。例如，我们在选题规划中分析得出结论；当下出版行业在精品出版方面存在"有高原、缺高峰"的现象，以及权威性作者资源发掘不充分的问题。那么，问题和症结都有了，如何确定一个符合上述原则的目标呢？一个直接的办法是，参照相应标准的社内外各类别的出版专项申报，包括国家级的各类出版基金项目、国家出版规划，各部委级别的基金项目、规划项目，社内的精品出版项目库、社级重点选题，等等。

3. 量化并考核出版目标，验证选题规划的合理性

在前面内容的基础上，选题规划的定位、市场需求分析、选题思路、规划目标都有了，大的问题就是怎么才能实现目标。编辑部门作为出版社的一个重要业务部门、整体出版流程的一个关键环节，所提的选题规划目标也不可能独自实现。选题规划首先要有前瞻性，而市场和环境总是不断变化的，"计划没有变化快"也是常态，那么规划跑偏是否可接受？诸如此类的问题，属于为实现选题规划采取的措施，以及措施可行性论证的范畴。与上一点类似，鉴于不同领域编辑业务的差异性，这里只探讨共性的规则。围绕

选题规划目标而制定相应措施，应符合以下几点。第一，实现目标的措施必须合理。目标通常会具备程度不一的压力和挑战性，甚至会有编辑质疑目标的合理性，但相较而言，措施是否合理对一件事最终成败的影响更大。第二，对措施要达成共识。围绕选题规划的目标，从部门层面到编辑个人要做哪些事，应尽可能地达成一致。为保证措施的可行性，编辑人员要全面参与措施的论证，因为具体的工作目标和措施的落地最终是要分解到每位编辑的。第三，除了目标和措施，还应把对应政策、预算和激励尽可能地分解和明确。授权、支持和共识往往是并存的，编辑出版工作的性质使得编辑尤其是策划编辑更像是互联网公司中产品经理的角色，一个人通常负责多个选题项目，甚至是不止一条产品线。这样的角色务必要具备很强的产品管理能力，实际上是出版社的"产品全流程管理控制单元"。从这个角度，我们更希望编辑具备管理思维。为实现部门整体选题规划的目标，每一个"单元"都在承诺目标，承诺措施，承诺合作；当目标转换为承诺，实现规划的效率将会更高，出现偏差的概率更低。第四，措施要有一定的柔性。选题规划的制定明确了出版社在下一个阶段的工作方向、重点和目标，其严肃性和刚性必须有所保证。但同时也不可否认，突发事件和不可抗力因素都可能对项目实施带来负面影响，政策调整、行业机构变化、作者毁约等问题都可能影响既定的选题规划布局。对此，计划中应该包含变化，方向和目标是既定不变的，变化可包含预算调整、内部资源共享和支持、后备选题或著译者、其他应急预案等。这些预案措施在变化来临时，往往能为选题规划目标的实现提供更可靠的保障。

二、注重编辑人才的全方位培养

党的二十大报告中提到，"教育、科技、人才是全面建设社会主义现代化国家的基础性、战略性支撑。必须坚持科技是第一生产力、人才是第一资源、创新是第一动力"。编辑人才是出版行业的第一资源。编辑工作也是整个出版流程中的核心环节，是政治性、思想性、科学性、专业性很强的工作，又是艰苦、细致的创造性劳动。编辑人才是出版事业发展的基础力量，新时代、新形势对编辑出版工作提出了新要求。建设高素质编辑人才队伍是推动社会主义文化强国建设的重要保障。

1. 把握编辑人才培养的要求

面对出版领域的新时代、新形势、新任务、新目标，习近平总书记对宣传思想干部提出了新的要求，"要不断掌握新知识、熟悉新领域、开拓新视野，增强本领能力，加强调查研究，不断增强脚力、眼力、脑力、笔力，努力打造一支政治过硬、本领高强、求实创新、能打胜仗的宣传思想工作队伍"。出版行业是我国宣传思想领域的重要阵地，习近平总书记关于"四力"的重要论述，为做好新时代编辑人才培养工作指明了努力方向，提出了重要遵循。编辑作为出版队伍中的主力军，小到对一家出版社的生存发展，大到对整个出版行业的繁荣兴盛，都有非常重要的影响。编辑应坚定不移地贯彻落实党中央关于高质量发展的重要部署，立足新坐标、找准新定位，努力提高政治素质，自觉增强"四力"，不断提升业务本领，以更丰富的高质量出版物提供强有力的出版支撑，全面深入推进出版高质量发展。

2. 强化编辑人才对出版工作的认知

新媒体时代对编辑人才提出了更高的要求，编辑要适应各种新要求，首先就要提升自己的思想认知水平，提高站位，不断提升自己的判断力、亲和力、书稿统辖力和文字驾驭力。出版工作是意识形态工作的前沿阵地，编辑的首要任务就是了解出版行业的使命任务，全面提升自己的政治素质。同时，编辑作为出版单位发展的排头兵，还应对部门职责和自身岗位有清晰的认识。

编辑应牢记出版的社会责任和历史使命，坚持马克思主义新闻出版观，坚持中国特色社会主义文化发展道路，坚持为人民服务、为社会主义服务，加强内容创新，坚持把社会效益放在首位，实现社会效益和经济效益相统一，努力为广大读者提供更加丰富、更加优质的出版产品和服务。编辑应该对经济社会发展规律、政策环境、市场变化、未来的出版方向等有敏锐的感知力和洞察力，要能够抓住时机，选准方向，主动出击，策划出版既符合大政方针，又符合读者口味的良心佳作。

3. 培养编辑人才的多方面能力

"功以才成，业由才广。"编辑的业务能力是出版事业实现可持续发展的根本所在。随着时代的发展，对编辑能力的要求开始覆盖出版、营销的全过程。编辑不仅是项目投资人，还是项目负责人、产品经理人、售后协调人，要承担起图书产品的宣传推广、版权输出、参评奖项等职责。

4. 提升编辑人才的素养

编辑的素养不仅会影响平日的工作表现和未来的职业发展，还会影响一家出版社图书的品质和价值，甚至影响整个出版行业的业务发展。因此，编辑要与时俱进，养成终身学习的习惯，不断提升自己的文化素养、创新思维、担当意识和奋斗精神。中国编辑学会会长郝振省提出，出版人应至少具备"六性"，即文学的感性、史学的智性、哲学的悟性、科学的理性、艺术的灵性和伦理的德性。这"六性"也是对当代编辑应具有的基本素养的具体阐述。

三、严把图书的质量关，提升内容质量和编校质量

党的二十大报告中明确提出，我们要建设高质量强国。图书质量作为出版社的生命线，也是出版管理机构关注的焦点。如何全面提升图书质量，是摆在每一位出版人面前的考题。

国家和出版行政主管部门制定并颁布了《出版管理条例》《图书质量保障体系》《图

书质量管理规定》《图书出版管理规定》等多种法律法规和条例，对出版物的质量进行管理、监督、评判。各出版机构也都构建了符合自身发展规律的质量管理办法。

1. 指导作者写作，提升图书内容质量

科技出版社要立足专业化出版，突出出版优势和出版特色，从科技发展的成果中挖掘适合自身发展的有价值的出版选题。

出版社要立足自身出版方向，将本领域图书产品做深做精做细，方能成为某一领域的龙头权威。在作者的写作过程中，应予以全方位指导，将策划选题的初衷在潜移默化中灌输给作者。编辑作为图书的第一位读者，要担负起把关筛选的职责，不放弃任何一部潜在好书，不放行任何一部粗制滥造的拙作。

2. 落实图书的出版管理流程，严格落实三审三校制度

不打折扣地贯彻执行三审三校制度，是保障图书质量的根本法宝。过去一段时间，个别出版机构过于追求图书出版数量和经济效益，忽略了对图书质量的把控，出现"萝卜快了不洗泥"的情况，审校过程流于形式，导致图书质量抽查中经常出现严重超差。按照《图书出版管理规定》，书稿的初审、复审、终审应分别由具备相应资质的编辑担任，全面考察书稿的思想性、科学性、艺术性、知识性、可读性，确保出版物的品质。落实责任制度，强化责任意识。责任编辑、责任校对要对自己的图书、对自己负责的流程负责，不断强化各环节责任人的质量意识。审稿和校对是两个相辅相成的环节，校对工作是编辑工作的延续和补充，二者缺一不可，共同保障出版物的编校质量。

四、创新出版产品形式，融合出版势在必行

党的二十大报告中明确提出，要加强全媒体传播体系建设，推动形成良好网络生态。融合出版产品作为全媒体传播的一个重要表现形式，深刻影响着科技出版产业的未来发展。科技出版社需要加大对融合出版技术和应用场景的研究和实践，不断创新产品形态，实现科技出版的融合发展。

在未来的数字化融合发展进程中，科技出版社需要进一步加强内容创新和技术创新，以示范性数字化项目建设为依托，提高科技图书的内容资源整合能力，为专业领域的读者提供精准化和个性化的科技知识服务；充分利用人工智能技术、大数据技术、区块链技术、AR/VR 技术，建设更具实用价值的知识服务平台、专业数据库、知识推送及知识图谱服务；研究具有版权保护机制的科技图书开放获取方式，增强读者在知识检索、推理决策等方面的服务体验，实现科技图书出版的数字化转型升级。

1. 融媒书时代的到来

目前，科技出版社通过应用新一代信息技术，已将视频、音频、动画、图片等资源与传统图书紧密关联，使科技图书具有更加丰富的内容呈现效果，以及更快的传播效率。国防工业出版社出版了中共中央宣传部主题出版重点出版物《北斗导航》图书，该书是

卫星导航领域的第一部融媒书，书中融入了大量音视频技术、沙画工艺、VR 形式、H5 长图等。其依托二维码等技术，将数百兆原创音视频资料呈现给读者。

2. 学术知识服务平台深入人心

大数据环境下的学术知识服务平台逐渐获得广大读者的青睐。如何在短时间内从一部数百页的图书中快速获取关心的核心知识点是当下读者面临的痛点，学术知识服务平台很好地解决了这个问题。国防工业出版社以过去 10 年间出版的雷达与探测领域的学术著作为底层知识库，利用标引、分类、知识抽取等技术进行资源的知识化加工，面向国防科技领域读者提供语义检索、知识图谱等专业的知识服务。

五、出版管理机构的政策建议

笔者以为，要全面提升科技出版工作的整体质量，出版管理机构可以考虑加大政策支持力度，重点关注 4 个方面。一是重点支持青年科技工作者。他们思维活跃，精力旺盛，创新能力强，但普遍没有经济实力，有成果但缺乏出版经费。支持他们，就是支持中国科技的未来。二是重点支持原创作品，鼓励广大科技工作者刻苦钻研，提倡不落窠臼、另辟蹊径、大胆创新。特别是针对科技学术著作，这类图书的受众小，出版后很难获利。三是重点支持高端学术著作，尤其要鼓励突破关键尖端技术"卡脖子"困境的研究成果，并支持鼓励基础学科研究。四是重点支持引进填补国内科研空白的前沿尖端科技著作，以及输出反映我国科研成果并能孵化国际合作的科研论著，引导并培育科技出版工作者的精品意识，通过政策引导和鼓励版权贸易，进一步践行文化自信。

六、结语

振兴科技出版是一个系统工程，是我国科技出版工作者长期努力的方向。唯有发扬工匠精神，坚持精品意识，运用现代科技手段提高出版效率，丰富知识的表现形式，我国才能真正成为出版强国，我们出版人才能为实现科技强国做出应有的贡献。

参考文献

[1] 张立科. 对新时代骨干编辑人才培养的认识与思考[J]. 中国编辑，2022（4）.

[2] 杨锐，陈伟，张敏，等. 大数据视角下科技信息知识服务平台研究应用——以能源领域为例[J]. 科技管理研究，2022（9）.

[3] 胡昌支. 科技出版的使命、现状与提振路径[J]. 科技与出版，2021（12）.

[4] 孙庆生. 让出版事业与人工智能共舞[J]. 中国出版，2017（17）.

[5] 臧延新. 推进科技图书高质量出版的路径探析[J]. 传播与版权，2022（9）.

[6] 孔希，李洪武. 多媒体融合环境下的出版物质量管理[J]. 新闻研究导刊，2018（8）.

发挥出版载体作用，助推学科影响力提升
——以"中国科技进展"丛书为例

许佳颖　浙江大学出版社有限责任公司

摘要： 大学出版社在服务国家战略的基础上，肩负着做好母体大学学术出版及传播的使命，发挥着出版与学科发展双向赋能的作用。本文以浙江大学出版社学术出版"走出去"项目"中国科技进展"丛书的国际传播为例，探讨了大学出版社作为学术出版载体对学科建设的作用及对新时代学术出版的思考。

关键词： 学术出版；大学出版社；学科建设；学术传播；出版实践

党的二十大报告擘画了中国式现代化，第一次将科教兴国战略、人才强国战略和创新驱动发展战略三大战略放在一个部分中统筹部署，集中表达。这三大战略都与我国的科技自立自强相关。大学是服务高水平科技自立自强国家战略的重要支撑力量，是原始创新的发源地和主战场，将在高质量发展中聚集一大批知识成果。大学出版社不仅肩负着服务国家重大战略、承担社会责任的使命，还应有做好学术出版、促进学校一流学科建设的担当[1]，要关注高水平的学术成果，用科技创新和原创出版来提升核心竞争力。

浙江大学出版社（以下简称浙大社）以建设世界一流大学出版社为目标，力求以出版高水平、国际化、前瞻性的出版物实现大学价值的延伸。浙大社以国际合作出版为主要方式，搭建全球出版传播平台，助推浙江大学学科国际影响力提升。下面以"中国科技进展"丛书为例，简要介绍出版作为传播载体服务学校学科建设的实践与思考。

一、"中国科技进展"丛书的实践

浙大社的学术出版"国际化"发端于 2005 年与施普林格的合作。当时，随着我国综合国力不断增强和国际地位不断提高，中国在文化、科技等领域的影响力越来越大，西方对全方位了解中国的需求也越来越强。这样的需求直接反映在对中国优秀传统文化的兴趣上；如今回望，其实西方世界对反映当代中国社会发展特别是科技创新发展的作品

的需求在那时已初露端倪[2]。

在我国科技实力飞速发展的大背景下，浙江大学发展势头迅猛，各类优秀成果层出不穷，学校对国际影响力提出了更高要求。施普林格等国际出版商对中国市场日趋重视，当时浙大社的相关领导和编辑深感传播浙江大学科研成果使命之重，在充分调研及与施普林格多次沟通的基础上形成了国际合作方案，获得了学校的认可和支持。2006年年初，浙江大学与施普林格出版集团达成战略性合作，双方共同出资建立国内出版界第一个跨国科技出版基金，以及开展学术期刊和学术著作的出版合作，即《浙江大学学报（英文版）》和"中国科技进展"丛书。在该基金的支持下，设立了由10名两院院士组成的专家委员会，负责评审及把握选题。丛书由两家出版社联合出版，浙大社负责选题策划、评审、编辑、出版等，施普林格负责市场调查及选题评估。浙大社与施普林格分别利用自己的销售网络向国内外发行，为学者提供更好的出版服务平台[3]。

"中国科技进展"丛书已出版100多种，作者包括来自信息、医药卫生、能源环境等领域的国内外一流学者。丛书全部书目被Scopus、Ei Compendex、SCImago等数据库收录，部分书目被SCI、BkCI等数据库收录。多个选题入选"中国政府出版奖""中华优秀出版物奖""三个一百原创出版工程""国家科学技术学术著作出版基金""中国图书对外推广计划""中国文化著作翻译出版工程"等基金奖项，获得了良好的社会效益。

此后，浙大社与爱思唯尔、新加坡世界科技、威利等出版公司也陆续建立合作关系，并不断有佳作推出。

二、浙大社学术图书的国际影响力分析

"中国科技进展"丛书的高定位、高标准及创新出版形式在学术出版领域获得了一定的影响力，吸引了一大批包含两院院士、长江学者和国家杰出青年科学基金获得者等在内的国内各领域顶尖学者的最新原创研究成果。浙大社通过"中国科技进展"丛书项目打通了国际出版链路，融入了国际学术交流共同体，将中国最前沿、最尖端的科技进展和成果推向全球学术舞台。

2016年年底，为进一步评估国际出版学术著作的影响力，浙大社对"中国科技进展"丛书做了阶段性回顾，以其在Web of Science（WoS）核心合集的Book Citation Index（图书引文索引，BkCI*）中的表现为例说明。

2016年11月的BkCI数据显示，浙江大学被收录的章节共571条（科技类约500条），

---

* BkCI数据库收录了超过12.8万种编辑筛选的图书，涵盖科学、艺术与人文等多学科。该数据库对图书和图书章节的被引频次计数，所收录图书出版年份始于2005年，每年新增约1万种图书。BkCI作为WoS的子数据库，具有完整的施引和被引信息，因此补充和加强了期刊、会议录和图书之间的引证关系。然而因为BkCI所收录图书须满足内容、引文等方面的特定条件且须经过一系列遴选与评审过程，所以收录时间可能滞后于出版时间2~3年甚至更久。

涉及约 230 种图书（科技类约 190 种）。其中，通过浙大社与国外出版公司合作出版的科技类收录量（约 124 条）占总数的 1/4 左右，每本书收录章节数（3.5 章/本）是浙大平均数（2.7 章/本）的约 1.3 倍，以"中国科技进展"丛书为主。

截至 2022 年 11 月 4 日，浙江大学被 BkCI 收录量按年度分布如图 1 所示。

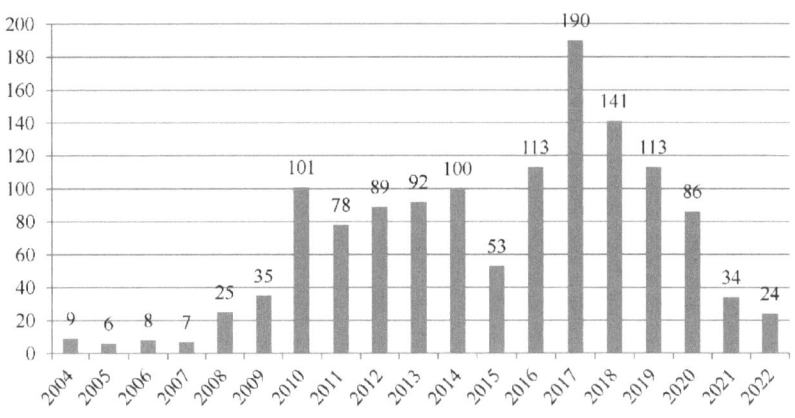

图 1　浙江大学被 BkCI 收录量年度分布（2004—2022 年）

考虑数据收录的迟滞性与出版周期，此处简要说明 2006—2020 年的数据情况。2009 年以前，浙江大学被数据库收录的数据体量小；2010 年开始，"中国科技进展"丛书陆续进入数据库，进入高速发展期。随着"中国科技进展"丛书的不断推进及其他国际化项目的启动，浙江大学教师将国际出版作为传播载体的认可度不断提高，形成了较好的氛围，出版数量显著增加。部分教师将组织学术著作的出版作为国际小同行交流的载体，促进了同行学术交流。

三、浙大社学术出版国际化的总结与思考

浙大社以学术出版为载体，搭建了国际出版平台，较好地推动了国内原创学术成果融入国际学术交流圈，起到了学术传播、学术交流的作用，并助推了浙江大学学科国际影响力的提升，增强了学术自信、文化自信。

1. 充分认识学科建设与学术出版的双向赋能作用

高水平学术出版是高质量学术成果传播的主要渠道，是学术交流的重要平台，是学术话语权的重要组成部分。一流学科建设与一流学术出版相生相连，是发展共同体[4]。学科建设与学术出版具有双向赋能的作用，学科建设中的科研成果只有转化为学术出版，才能反映和体现社会发展中的创新成果。这些学术出版物将有利于推动创新活动的开展，为学科建设提供知识与方法支撑。

浙江大学和浙大社的领导高度重视学术出版对学科建设的支撑保障与推动作用，高度重视学术出版平台的搭建和学术出版的内容建设，并落地到导向明确、政策保障、经

费支持等方面。相关政策为学者进行学术创新和出版创作保驾护航，给予了学术出版以信心、魄力与愿景。同时，浙大社为其提供相应的学术服务和出版支撑，成为学校与学者的坚强出版后盾。

浙江大学对学术成果总结与传播的支持始终如一。自 2006 年与施普林格共同设立跨国科技出版基金以来，浙江大学在校级层面设立多个与学术著作、期刊及教材的出版相关的项目，投入了大量资金支持出版，并将学术出版助推学术成果传播与交流的相关内容写入学校的相关五年计划。学校科研管理部门落实相关精神，优化科研考核评价激励体系，将高水平学术出版作为重要科研业绩之一。丛书的很多作者成长为相关学科国际高影响力学者。这从侧面反映了出版在学术成果总结、学术影响力提升、青年学者成长中具有一定的助推作用。

2. 深刻理解学术出版的中国特色

浙大社基于当时的现实条件，采用了"借船出海"的国际出版合作模式。项目背靠浙江大学母体的学术资源，发扬浙大社科技学术出版领域的特色优势，自主把握选题开发关键核心，发挥国外出版社在国际出版市场与数字化传播渠道中的优势，开发了一大批代表浙江大学、代表国家科技创新成果的具有中国特色的学术图书。如在医学领域具有自主知识产权的全球领先的肝病研究与手术成果的著作，体现中国现代化基础设施建设成就的中国高铁、复杂自然条件下的地基处理等成果的著作。这记录了中国式现代化建设中的中国智慧、中国力量，为国际学术界了解中国科技发展提供了一扇窗，体现了中国科技文化的大国自信。

3. 遵循国际出版流程，融入国际学术共同体

基于新的国际化出版要求，浙大社及时调整了选题管理模式，再造包括选题论证、国际洽谈、编校、印刷等业务流程。出版社根据学校学科发展规划确定发展方向，制定项目计划。社长总编统筹全社资源，分管领导直接担任项目负责人，牵头选题开发；新成立版贸部（后改名国际合作部），作为对外交流和沟通的枢纽；各编辑部负责选题策划组织及产品的全流程管理；版贸部与各编辑部定期沟通，协同推进项目发展。

同时遵循国际出版流程和国内出版规范，理顺流程和差异，抓住关键节点进行流程再造，既保证了项目的高质量出版，又顺利推进项目运行，从而出版了一批精品力作。

4. 把握新时代背景下的高质量发展要求

新时代背景下，浙江大学深入贯彻实施科教兴国战略、人才强国战略、创新驱动发展战略，开辟发展新领域新赛道，不断塑造发展新动能新优势。浙江大学加快推进"双一流"建设，充分利用学科综合优势打造交叉研究创新高地，促进学科会聚造峰和跨领域融合创新，启动实施面向 2030 的学科会聚研究计划。浙大社紧跟学校学科发展，不断思考和挖掘自身潜力，争做服务学校学科"双一流"建设的"排头兵"。

例如，浙大社围绕浙江大学能源学科在清洁利用方面的优势，以浙江大学能源清洁

利用国家重点实验室为基础组织了系列丛书，呈现了实验室原创性、前沿性学术研究成果，为学科建设、实验室建设积淀了丰富的知识储备。随着碳达峰、碳中和（"双碳"）战略的提出和实施，"双碳"研究在浙大也吹响了号角。浙大社响应学校高质量发展要求，密切联系能源工程、环境与资源、公共管理等学院和学科，计划围绕"双碳"这一主题，创办高水平国际期刊，出版系列高水平学术著作，为推动学科交叉融合提供高水平学术传播平台，为国家实现"双碳"目标尽一份绵薄之力。

《出版业"十四五"时期发展规划》中明确提出推出一批科学技术类出版精品。大学出版社在母体大学的支持下，与大学学科建设紧密联系，对推动学术成果出版具有使命感；又因其企业的市场属性，在开拓中国特色的选题和运作模式中具有天然优势，应该也可以发挥更大的作用，为建设出版强国做出应有的担当。

参考文献

[1]　桂方海. 大学出版社的文化担当与使命[J]. 今传媒，2022，30（5）：137-140.

[2]　李菊，陈冠. 继续推进合作出版"走出去"——访浙江大学出版社社长傅强[J]. 出版广角，2009（10）：56-57.

[3]　叶辉. 把中国原创科技成果介绍给西方主流社会，浙江大学出版社"走出去"有声有色[N]. 光明日报，2009-12-04（1）.

[4]　金鑫荣. 新时代大学出版社的职责与使命探析[J]. 出版广角，2022（10）.

出版融合发展推动《马拉喀什条约》高质量实施

杨阳　中国盲文出版社

摘要： 阅读形式的特殊性使得盲人可无障碍阅读的书籍总量相对匮乏。总结国内外经验做法后发现，借助数字出版技术制作盲用数字阅读产品，是大幅度增加盲人读物出版服务供应的有效解决方式，对促进盲人接受教育、提高就业创业能力、追求美好生活具有巨大的推动作用。2022 年 5 月 5 日对中国正式生效的《马拉喀什条约》是世界知识产权组织发展史上首部版权法限制与例外的国际条约，也是世界版权领域唯一一部人权条约，旨在为盲人、视力障碍者和其他印刷品阅读障碍者等弱势群体提供获得和利用作品的机会。因此，在出版强国建设大背景下，出版融合发展大趋势必将推动我国践行"平等、参与、共享"理念并高质量履行《马拉喀什条约》。

关键词： 出版强国建设；出版融合发展；《马拉喀什条约》；无障碍格式版

2022 年 5 月 5 日，《关于为盲人、视力障碍者或其他印刷品阅读障碍者获得已出版作品提供便利的马拉喀什条约》（以下简称《马拉喀什条约》）正式对中国生效[1]。《马拉喀什条约》旨在通过增加作品无障碍格式版的数量为盲人、视力障碍者和其他印刷品阅读障碍者等弱势群体实现社会融合和文化参与提供便利，进而帮助他们平等接受教育、实现职业成长并最终在经济上自给自足[2]。作品无障碍格式版的制作、出版和传播是出版行业特殊却不可或缺的部分，履行《马拉喀什条约》是出版强国建设的具体实践之一，因此有必要深入探讨高质量实施《马拉喀什条约》的具体举措。

一、出版强国建设与出版融合发展

文化兴则国家兴，文化强则民族强。中国特色社会主义是全面发展、全面进步的伟大事业，没有社会主义文化繁荣发展，就没有社会主义现代化[3]。《中共中央关于制定国民经济和社会发展第十四个五年规划和二〇三五年远景目标的建议》明确提出到 2035 年建成文化强国的远景目标，并强调在"十四五"时期推进社会主义文化强国建设[4]。

习近平总书记在党的二十大报告中再次强调，要"全面建设社会主义现代化国家，必须坚持中国特色社会主义文化发展道路，增强文化自信，围绕举旗帜、聚民心、育新人、兴文化、展形象建设社会主义文化强国，发展面向现代化、面向世界、面向未来的，民族的科学的大众的社会主义文化，激发全民族文化创新创造活力，增强实现中华民族伟大复兴的精神力量""繁荣发展文化事业和文化产业……，实施国家文化数字化战略，健全现代公共文化服务体系"[5]。

出版物是传递知识、传播文化、传承文明的重要载体。出版工作是党宣传思想文化工作的重要组成部分，是促进文化繁荣兴盛、建设社会主义文化强国的重要力量[6]。加快推进出版强国建设，是建设社会主义文化强国的重要组成部分，更发挥着关键基础性作用。《出版业"十四五"时期发展规划》对标国民经济和社会发展"十四五"规划，以出版业高质量发展为主题，明确提出到2035年建成出版强国，并实现出版创新创造活力充分激发，优质内容供给能力显著增强，出版服务大局服务人民能力凸显，出版业实力、影响力、国际竞争力明显提高，出版领域治理体系和治理能力基本实现现代化，出版在增强国家文化软实力和中华文化影响力中的作用更加彰显等目标[6]。这是第一次在国家正式文件中将出版强国建设的时间表、路线图确定下来[7]。

数字出版作为出版的新兴业态，在出版强国建设中承担着重要作用[8]。锚定建成出版强国的远景目标，结合出版改革发展的形势和条件，《出版业"十四五"时期发展规划》对数字出版提出"产业数字化水平迈上新台阶""系统推进出版深度融合发展"的具体目标，并为出版业数字化高质量融合发展设置了发展路径[8]。

阅读形式的特殊性使得盲人可无障碍阅读的书籍总量相对匮乏，遭遇"书荒"现状与盲人分层次多样化阅读需求间的矛盾已成为世界性难题。盲文点显技术让盲人不再背负厚重的纸质书籍，语音合成技术打开了盲人通向互联网的大门，也成为盲人操作各类智能终端的"眼睛"。在互联网和移动互联网迅速普及带来的数字阅读与移动阅读风潮中，数字资源呈现出品种丰富、信息含量大、便于携带、易于流通的特点，故借助数字出版技术制作盲用数字阅读产品及融合出版物，是大幅度增加盲人读物出版服务供应的有效方式，是履行《马拉喀什条约》的重要途径，对满足盲人日益增长的文化需求，提升盲人综合文化素质具有巨大的推动作用。

二、融合出版在盲人阅读中的具体实践

世界各国的盲人读物出版与阅读服务是《马拉喀什条约》缔结的基础。《马拉喀什条约》生效后，各缔约方均根据条约精神对本国著作权法及配套法规条例进行了修改，并在已开展的盲人阅读服务基础之上，对《马拉喀什条约》的实施设置了不同措施，以保障其为阅读障碍者提供的服务达到或超越《马拉喀什条约》要求。

（一）国际社会的成功经验

1829 年法国 20 岁盲人路易·布莱尔发明六点制盲文并逐渐在各国推广，为盲人文化教育事业带来划时代影响。西方各先进国家在盲人公共文化服务领域进行了长期实践并取得长足发展，更在盲人数字出版与阅读服务领域形成了以下特点与趋势。

1. 数字出版领域内健全的法规和标准体系成为营造政府和公众助盲意识的有力保障

随着社会发展和人类文明程度提高，欧美各国及国际组织从上个世纪开始纷纷颁布利用数字手段保障盲人阅读服务健康发展的法律法规和标准体系。1998 年修订的《美国残疾人康复法案》第 508 节要求联邦政府机构所采用的电子和信息技术产品不能对残疾人构成障碍，其中包括网络设计的无障碍。由美国主导的世界互联网联盟（W3C）制定了《网络内容易用性规范（WCAG）》。为了保障残疾儿童的受教育权，美国政府还启动实施了"美国教学材料无障碍标准"（National Instructional Materials Accessibility Standard，NIMAS），要求教科书商在提供纸本教科书的同时，也上传 NIMAS 格式教材至国家教材查阅中心（National Instructional Materials Access Center，NIMAC）。俄罗斯的《图书馆事业联邦法》《俄罗斯联邦残疾人社会保障法》《关于残疾人的科学、信息保障》及其他联邦和地区文化领域保障残疾人权利的法规，为俄罗斯联邦各图书馆开展盲人数字阅读服务带来了便利和保障。加拿大《安大略省残障人士便利法案》中明确要求社会组织在进行网站建设时保障用户访问网站的便利性[9]。

2. 电子盲文和相关阅读工具（盲用计算机）成为世界各国（地区）推广与普及盲文的重要工具

盲文是专为盲人设计、依靠触觉感知的文字，是盲人学习科学文化知识和进行书面交流不可替代的工具。经专业训练后，摸读盲文的信息接收效率远高于听读，即"听读十遍不如摸读一遍"。点显技术的出现让盲人不再背负厚重且容易磨损的纸质盲文书籍，因此世界各国（地区）开始借助数字服务平台提供大量电子盲文的下载服务。美国国会图书馆盲人及肢残人服务中心（The National Library Service for the Blind and Print Disabled，NLS）从 2009 年开始正式提供全方位的电子盲文与数字有声读物下载服务，以及专用移动存储器和专用阅读终端的借阅服务。日本盲文图书馆建成的管理服务系统 Sapie 上约有 20 万种盲文电子图书。俄罗斯和印度也开展了电子盲文读物的制作和服务工作。同时，英国皇家盲人协会和美国许多盲文出版机构均投入数百万美元的研究经费用于高性价比电子盲文显示器的研发与推广。

3. 数字化加工技术推动有声读物成为盲人获取知识的重要方式

有声阅读是一种不需要专门学习的阅读方式，更易被广大盲人接受。熟练后的有声阅读速度能达到每分钟 250～450 字，与正常人快速浏览速度相当，因此其适应面更为广泛。欧美 20 多个国家（地区）的盲人服务机构联合制定了数字有声读物制作标准 DAISY

（Digital Accessible Information System），并成立联盟（DAISY 联盟）推广该标准。根据该标准制作的 DAISY 有声书集文字、图表、音频于一体，且具有选择播放、搜索、书签等功能，特别适用于盲人、低视力人士、失读症者、学习障碍者、认知功能障碍者、智能障碍者以及老人、通勤族、语言学习者等[10]。2005 年发布的 DAISY3.0 被美国国际标准组织纳入美国国家标准后，DAISY 有声书在视障领域得到了更为广泛的应用。俄罗斯图书馆采用 DAISY 制作有声读物后，有超过 30 个盲人图书馆建立了独立的"会说话的书"加密数据库。日本国立国会图书馆全面制作 DAISY 有声读物，并将以前所有的录音磁带转换为 DAISY 格式；日本盲文图书馆 Sapie 系统提供超过 4 万条 DAISY 格式的信息服务。据粗略估计，全世界 DAISY 有声书约有 14.3 万种[11]。2011 年，国际数字出版论坛制定的 EPUB3 标准新增了对 DAISY 标准的支持，进一步推动了 DAISY 格式对全球数字出版界的影响。DAISY 联盟所研发的 EPUB 可访问性检查工具 Ace by DAISY 获得 2019 年数字图书世界杰出成就奖，所研发的格式转换工具 Word to ePub 获得全球学术与专业出版者协会颁发的 2020 年度出版创新奖。

4. 服务创新和科技应用成为实现盲人数字阅读和信息无障碍服务的有力抓手

国际社会在成年盲人扫盲教育、职业培训、生活交流、娱乐休闲、计算机通信辅助技术等领域提供了细致周到的服务，尤其注重利用计算机通信和网络技术改善盲人生活、学习、工作和娱乐方式。美国每年分别在洛杉矶和奥兰多组织两次专门针对盲人和其他残疾人的辅助技术论坛和产品博览会，许多非营利组织和企业集成现代科技研制出包括盲用软件、扩视器、盲文电子显示器、盲用计算机、盲用手机、盲用电子导航仪等在内的一系列盲人信息化学习辅具，为缩小数字鸿沟、帮助盲人共享信息文明提供了极多便利。据有关人士介绍，全美至少有 1/3 的盲人使用计算机和网络获取信息、进行工作和交流。另外，俄罗斯每年投入 390 万美元为盲人服务机构购买 2.5 万台盲用设备，投入 200 万美元建设盲协服务网站。日本平均每人每年补贴盲用辅具约 6 万～8 万日元，并可累积使用，有些盲用辅具产品补贴可达 90%。

5. 多方参与的出版与阅读推广服务网络成为履行《马拉喀什条约》的有效机制

世界知识产权组织成立的世界无障碍图书联盟在其制定的《无障碍出版宪章》中鼓励出版商直接出版自始无障碍作品，或者鼓励出版商向被授权实体提供电子版用于无障碍格式出版物的制作。截至 2019 年 9 月，与世界无障碍图书联盟签约的出版商总数为 100 个，爱思唯尔、剑桥大学出版社、培生、威利、麦克劳希尔、麦克米伦、斯普林格等全球知名出版商位列其中[12]。除倡导出版商参与出版自始无障碍外，世界各国（地区）积极构建多方参与、协同服务的出版与阅读推广服务机制。美国、俄罗斯、日本、印度等国家（地区）在政府提供预算保障的情况下，均通过盲人协会、盲文出版社、盲文图书馆、视觉障碍者信息提供机构等组成专业盲人文化出版机构，组织大量专业制作人员及志愿者制作盲文读物、有声读物、大字读物、无障碍影视、数字产品等各种形态的无障碍格式版，再通过图书馆合作服务网络为盲人提供阅读服务[13]。

（二）我国的有益尝试

我国有 1700 多万盲人。中国盲文出版事业在党和政府的大力扶持下，经过一代又一代盲文出版工作者的不懈努力和社会各界的热心帮助，从无到有，由小到大，从单一纸介质盲文书刊逐步发展为盲文读物（实体书+电子书）、有声读物、大字读物、无障碍影视、盲人数字出版与信息无障碍服务等多元化产品形态并存的现代盲人读物出版体系，从单纯出版业务拓展到以盲人数字阅读需求为基础，针对盲人触觉、听觉和残余视觉 3 个替代性文化信息获取通道，持续研发盲用数字出版技术、盲人专用数字阅读产品和服务平台。近年来，随着我国对无障碍事业的大力支持与引导，越来越多的出版社、企业和科研机构开始加入无障碍格式版的生产制作中，以政府为主导、盲人文化服务机构为骨干、社会各界积极支持的良好服务模式已经形成。

1. 供给结构优化推动盲人数字读物数量规模显著提升

中国盲文出版社是我国唯一一家为全国 1700 多万盲人提供各类盲人读物的综合性公益出版机构，已出版电子盲文读物 5000 余种约 5 亿字；累计制作 MP3 等音频资源近万种，DAISY 有声书 2300 种，总计时长 4.5 万小时，共 20 个大类、近 100 个子类，涵盖了绝大多数盲人需要的领域；共出版无障碍影视累计 800 余部；还形成了按摩知识库、康复医学专题资源库、心理学专题资源库和盲人百科专题资源库等盲人急需的内容创新产品。近 20 年来，我国盲人读物出版经历了"严重匮乏""弥补欠账""建设多元化产品体系""满足基本需求"的发展过程，特别在最近两个五年规划期间，党和国家的重要时政文献及时以盲人能感知的方式出版和传播，各级各类盲生教材教辅和 10 万多名盲人按摩师技能提升读物得到有效满足，发展盲人个性、才华和创造力的多形态盲人读物更加丰富。未来，在完成实体读物出版任务的基础上，还将每年完成 400 种电子盲文，375 小时多媒体读物，1200 小时有声读物，100 种无障碍影视作品的上线与发布工作。

除中国盲文出版社外，中国盲人数字图书馆、中国残疾人数字图书馆、中国盲文图书馆数字图书馆和中国盲人协会盲人有声数字图书馆[14]4 家国家级盲人数字图书馆也在为盲人读者提供各类数字阅读资源。其中，中国盲文图书馆数字图书馆坚持根据盲人读者需求采集数字资源并进行无障碍改造，现已积累了超过 20TB 的盲人专用数字资源。山东、浙江、江苏等地的公共图书馆也积极通过服务平台为盲人提供数字资源。

喜马拉雅、懒人听书等多家互联网内容平台通过有声阅读平台、大字版等模式，不断优化交互界面、功能、内容和场景，满足视障人群的数字阅读需求[15]。微信读书、番茄小说、豆瓣等也成为盲人喜爱访问的资源平台。2017 年，中国传媒大学联合北京歌华有线、东方嘉影推出"光明影院"项目，500 多名师生参与到无障碍影视作品的制作与推广中。2020 年 9 月，"光明影院"专题正式在爱奇艺上线，这是"光明影院"项目首次与网络视听平台进行深度合作，也是综合视频娱乐平台首次上线无障碍解说版电影专题。2022 年 9 月 29 日，中国广电"光明影院"公益点播专区在全国上线启动，无障碍电影通过有线网络进入了全国视障人士的家。上海于 2019 年 11 月启动"至爱影院"无障碍观影公益项目，盲人通过佩戴耳机收听电影解说词的方式，实现了观影夙愿。上海市电影发行放映行业协会在上海市电影局指导下，对《山河故人》《急先锋》《囧妈》等 13 部影片实现了自始无障碍，并在上海"至爱影院"中进行放映。

《马拉喀什条约》生效后，人民东方出版传媒有限公司、中国国家图书馆与中国盲文出版社、中国盲文图书馆签署战略合作框架协议，协同探索《马拉喀什条约》落地实施的有效模式，着力丰富我国无障碍格式版本品种，切实满足阅读障碍者分层次多样化的阅读需求。多家出版社与资源方主动与中国盲文出版社开展公益性版权合作，提供出版物电子版用于制作电子盲文、有声读物及盲文·大字对照读物等阅读产品。社会各界的共同努力，极大丰富了盲人获取资源的渠道和数量，可有效满足盲人读者分层次多样化阅读需求。

2. 科技与出版融合推动盲人数字出版与阅读服务向纵深发展

作为出版行业的特殊工艺，利用计算机与信息技术优化出版过程并提高效率是盲文出版技术发展的首要目标。2000 年，盲用阳光软件研发成功，其盲文翻译编辑排版专用工具可以实现汉文与盲文间的相互翻译，提供纯盲文文本与汉盲对照文本两种排版方式，还可实现汉盲对照文本的同步编辑修改等功能，大大提升了盲文读物制作效率，这也是我国盲文出版从传统向数字出版迈进的关键一步。目前该软件已成为主要的盲文出版工具，也是各级各类单位印制盲文资料以及盲人进行明盲文字信息交流的重要工具。随着互联网与人工智能技术的快速发展，盲文出版技术陆续集成当前人工智能、机器学习、人机交互、自然语言处理等领域的最新成果，逐级研发了基于统计机器学习的汉盲自动翻译算法、基于深度学习的汉盲自动翻译算法和融合盲文特性及深度学习的盲汉自动翻译算法。采用深度学习架构及双语语料库训练，解决了汉盲翻译的难点——盲文分词和标调问题，使系统分词准确率可达 95% 以上，远优于传统方法。基于 XML 盲文文件格式形成的在线盲文编辑器，可实现复杂内容如图、表、公式等的计算机辅助翻译、编辑和排版，还具备计算机辅助校对与差错数/差错率自动统计等功能。上述举措为盲文读物出版进行数字化升级转型提供了强有力的技术支撑，同时也发展出版行业数字化升级转型中的特有技术，是利用信息技术提高出版生产力与为残疾人服务能力的典范。

为适应数字阅读的发展态势，盲用数字阅读终端产品的研发和应用推广也实现了多点突破。2007 年中国盲文出版社联合科大讯飞股份有限公司在国内率先将语音合成技术应用于盲人信息化阅读领域，实现了电子书语音合成朗读，并研发推出"阳光听书郎"系列产品，成为产学研成功转化的典范。盲文点显器是承载电子盲文的信息化阅读工具。因进口盲文点显器的售价及维护成本非常高昂，中国盲文出版社、清华大学、之江实验室等机构均开展了盲文点显器的自主研发工作，且将研发目标共同定位为降低盲文点显器生产成本与售价，使其成为大多数盲人可以承受与购买的产品。另有 30 多款基于

Android/iOS 系统的系列应用，实现了无障碍音视频播放、电子书阅读和新闻资讯推送等功能，供全国视力残疾人士免费下载使用。

在中国残疾人联合会主办的中国国际福祉博览会暨中国国际康复博览会上，低视力展区会展示全世界视力康复辅具前沿产品和新技术，如智能眼镜、视觉辅具、视力检测、助视器等，同时还会推出国内外机构研发的盲用阅读终端、无障碍影院、盲文刻印机等为盲人提供公共文化服务的产品与设备。科技与出版的持续融合极大地丰富了盲用产品的种类，推进了我国信息无障碍事业的建设进程，提高了盲人的科学文化水平和就业能力，更为盲人平等融入和参与社会生活提供了实质性的帮助。

3. 标准化和规范化建设推动盲人数字出版与阅读服务高质量发展

围绕盲人数字出版与阅读服务，我国已形成一批标准规范，包括涉及盲文、图书馆服务和信息无障碍的国家标准 10 项，以信息无障碍为主的行业标准 7 项，以无障碍影视和汉盲翻译为主的团体标准 3 项，以及服务于盲人读物融合出版与传播平台建设的工程标准 8 项。其中，《GB/T 37668—2019 信息技术 互联网内容无障碍可访问性技术要求与测试方法》实现了行业标准向国家标准的升级，《GB/T 38640—2020 盲用数字出版格式》成为我国盲用信息技术领域内第一项国家标准，《GB/T 36353—2018 读屏软件技术要求》《GB/T 41180—2021 听书机通用技术规范》《GB/T 41182—2021 盲文点显器通用技术规范》《GB/T 39756—2021 扫描式语音读书机通用技术条件》为保障盲用数字阅读产品质量提出了具体要求，《GB/T 36719—2018 图书馆视障人士服务规范》为开展盲人数字阅读服务提供了行动指南。

上述标准的制定与实施，可帮助社会各界了解盲人数字阅读需求，是营造政府和公众助盲意识的有力保障；可推进盲人数字出版与阅读服务高质量发展，是体现政府人文关怀和社会文明程度的重要标志；可推动消除盲人的数字阅读鸿沟，是使他们"平等、参与、共享"现代文明成果的基础和前提。

4. 盲人数字阅读推广工程推动盲人视听服务进入"互联网+"新模式

数字阅读带来的便携性与可获取的海量资源，已经成为现代阅读的主流方式，也应惠及盲人群体。盲人数字阅读推广工程是 2017 年 9 月由中共中央宣传部、财政部、文化部、国家新闻出版广电总局和中国残疾人联合会共同推进并组织实施的文化惠民工程。工程为全国 404 家公共图书馆配置了 196600 台基于互联网的智能听书机，为 82 家盲人教育机构配置了 758 台盲用计算机和 90 台盲文电子显示设备,借助盲人读物融合出版与传播平台，协同开展持续性阅读推广和知识文化服务。工程所建设的对外服务系统"听海网"已发布了大量满足盲人个性化需求的数字资源和实体产品，400 多家公共图书馆和盲人读者均可登录访问。除网站外，听海网还可同时通过客户端、移动应用、智能终端、呼叫中心、微博微信、多平台视频号等服务矩阵及各类阅读设备向盲人免费提供满足个性化需求的阅读资源与实用资讯。

工程通过提供大量无障碍格式版数字资源，满足盲人日益增长的文化需求；通过配置移动数字阅读工具，为盲人随时随地实现数字阅读提供便利，同时保护权利人合法权益不受侵害；所构建的"精准知识+无障碍平台+基层阵地+持续服务"盲人视听服务"互联网+"新模式，对特殊群体共享新时代文明成果、改善生活品质、提高知识水平和适应社会发展起到了积极的推动作用。因此，工程的实施是我国履行《马拉喀什条约》的提前布局和后续实施保障，工程实施后形成的盲人数字阅读服务新模式也是我国高质量履约的有效举措。

三、出版融合发展推动《马拉喀什条约》高质量实施

从现有无障碍格式版年均出版量与盲人数字化出版水平来看，我国已处于世界盲文出版服务中等偏上的行列，人机语音交互式盲用阅读器等技术已处于世界领先位置；而从各类盲人读物总量和服务人数总量来看，我国还处于基本满足需求的阶段，与全国千百万盲人的期待相比，与社会主义文化大发展大繁荣的平均水平相比，与当今科技带来的可能性相比，与出版行业融合发展进程相比，还存在诸多难题和短板。

"十四五"时期，党和政府对残疾人事业进行了全局谋划和顶层设计，盲人通过学习科学文化知识改变生存现状、改善生活质量的呼声愈发高涨，全社会对盲人公平享受社会文明发展成果的关注度日益提高。在《马拉喀什条约》生效落地带来的机遇与挑战面前，出版行业要积极顺应传统媒体与新兴媒体深度融合发展的新格局、新理念、新态势，采取更有针对性、更具人文关怀的措施，为广大盲人提供更多更好的出版服务，为《马拉喀什条约》提供中国特色的高质量履行方案，进而多角度多层次展示我国人权事业和版权事业的融合发展成就。

1. 坚定不移推进高质量发展，持续完善法律法规、管理规章与标准体系

践行联合国《世界人权宣言》《残疾人权利公约》《联合国2030年可持续发展目标》，对《著作权法实施条例》《信息网络传播权保护条例》等进行修改细化，完善相关法律配套体系和协调保障机制；用《以无障碍方式向阅读障碍者提供作品暂行规定》规范版权秩序，积累经过实践检验的具体制度和有效做法；以细化工作要求、完善流程规范、优化管理体制为目的制定标准与质量管理体系，使无障碍格式版的制作和服务更具操作性。最终让广大盲人和阅读障碍群体主张其阅读权益时有法可依，让管理机构与执行单位在无障碍格式版的制作与提供过程中有章可循，有标可鉴。

2. 牢牢把握内容为王、渠道为先，使精品力作成为盲人及阅读障碍者成长、成才、成功的基石

坚持马克思主义在意识形态领域的指导地位，坚持习近平新时代中国特色社会主义思想，坚持以社会主义核心价值观引领文化建设制度，坚持正确导向的舆论引导工作机制，唱响主旋律、弘扬正能量，努力推出更多盲人及阅读障碍者喜爱的无障碍格式版精

品力作。坚持把社会效益放在首位、社会效益和经济效益相统一的原则，通过贯通互联的线上线下渠道，将文化产品与服务精准推送到盲人及阅读障碍者手中，实现文化权益保障覆盖面和受益人群不断增加的同时，团结带领他们听党话，跟党走。

3. 注重强化创新驱动、科技赋能，以先进技术的运用引领履约工作向纵深发展

以信息技术进入 5G 时代为契机，以数字化、网络化、智能化为技术基点，全面推进无障碍格式版制作服务与科技创新的融合发展，全力开展无障碍互联网+精准文化阅读服务。以提升产品质量、提高出版生产和文化服务效率为目标，改进盲文读物装帧形式，改革盲文读物印制生产工艺，逐步探索并实现盲文读物出版由规模化传统印制向个性化按需印制转型；有机结合自主创新与技术合作，改良革新现有技术的同时，引导全社会为提高盲人读物出版效率、实现盲人读物融合出版和智能化服务提供更多的原创性技术支持与支撑，并为新工艺新技术在盲人文化权益保障领域内的应用提供充沛的人力物力支持。

4. 扎实开展人才培养、人才队伍建设工作，增强专业服务能力

人才是履约事业的第一竞争力，要坚持尊重人才、尊重劳动、尊重创造、重工作业绩、重实际能力的原则，根据履约事业的特殊需要，建立一支包括专业出版与传播、外语、盲人信息无障碍技术、盲人文化研究、公益营销、文化创意和经营管理人才在内的高素质人才队伍，尤其要加强对盲文专业人才及盲人外语人才的培养和使用；要以能力建设为中心，创新人力资源管理理念，完善人才选拔、培训、开发和评价体系，完善编辑出版、生产制造、研究开发、营销服务和行政管理等不同序列的绩效管理体系，不断深化用人和分配机制改革；要加强对各类人才职业生涯规划指导和管理，搭建人尽其才的各类发展平台，提高无障碍格式版制作人员对履约事业的认同感和归属感，激发其积极性和创造潜能。

5. 宣传倡导盲人文化权益保护，吸引动员更多社会力量支持盲人平等共享文化成果

强化宣传意识，加大宣传力度，提升宣传水平，提高《马拉喀什条约》落地实施的社会知晓度、关注度和支持度，持续释放盲人平等阅读需求，扩大服务覆盖面和受益人群；引起社会各界关注的同时，面向国家行政主管部门争取更多的政策倾斜，面向国家财政部门争取更多的经费支持，面向高校、科研院所及高新技术企业争取更多的技术支撑，面向出版发行行业争取更多的版权支援，面向各级各类盲人服务机构争取更多的业务合作，面向全社会争取更多的文化助盲志愿服务。整合中国残疾人联合会机关部厅、直属事业单位和社团组织等系统内部资源，争取相关部委和社会各界资源，为盲人读物出版事业发展提供动力。

四、结语

中共中央宣传部印发的《关于推动出版深度融合发展的实施意见》指出，锚定出版强国建设目标，对标《出版业"十四五"时期发展规划》，到"十四五"时期末，出版深度融合发展取得明显成效，传统出版与新兴出版"融为一体、合而为一"的体制机制更加健全，

以内容建设为根本、先进技术为支撑、创新管理为保障的新型出版传播体系更加完善。

在出版融合发展的大趋势下，无障碍格式版的制作与提供应坚持内容制作与技术研发"双轮驱动"，坚持实体出版服务与数字阅读服务"双管齐下"，保障我国广大阅读障碍者文化权益的同时展现我国尊重人权的国际形象，提升我国国际版权话语权和影响力，最终促进中国文化"走出去"。

参考文献

[1] 马拉喀什条约对我国生效惠及千万阅读障碍者，http：//www.gov.cn/xinwen/2022-05/05/content_5688690.htm.

[2] 关于为盲人、视力障碍者或其他印刷品阅读障碍者获得已出版作品提供便利的马拉喀什条约，https：//www.wipo.int/marrakesh_treaty/zh/.

[3] 习近平. 习近平谈治国理政：第四卷[M]. 北京：外文出版社，2022.

[4] 邬书林. 坚持高质量发展服务创新型国家战略加快推进出版强国建设[J]. 中国出版，2021（1）：5-9.

[5] 习近平. 高举中国特色社会主义伟大旗帜 为全面建设社会主义现代化国家而团结奋斗 —— 在中国共产党第二十次全国代表大会上的报告，http：//www.gov.cn/xinwen/2022-10/25/content_5721685.htm.

[6] 出版业"十四五"时期发展规划，国新出发〔2021〕20 号.

[7] 首定出版强国建设时间表路线图，中国出版传媒商报，2022 新年特刊·新年展望·行业协会.

[8] 王飚，毛文思. 出版强国建设背景下数字出版高质量发展前瞻 —— "十四五"时期数字出版发展重点解析[J]. 中国出版，2022（15）：16-23.

[9] 朱海英. 国外图书馆视障服务及其对我国的启示[J]. 图书馆研究，2014，44（5）：62-65.

[10] 沃淑萍. 简论盲人阅读方式与服务模式发展[J]. 残疾人研究，2015（2）：39-43.

[11] 顾钟. 关于我国盲用有声读物制作方式的探讨[J]. 北京印刷学院学报，2021，29（4）：1-3.

[12] 王清，徐凡. 实施《马拉喀什条约》的域外出版实践与启示[J]. 出版发行研究，2020（3）：51-56.

[13] 杨阳.《马拉喀什条约》在我国落地实施的问题研究报告，2021 年 8 月.

[14] 姜丰伟，苗壮. 国内盲人数字图书馆发展现状及阻碍分析[J]. 图书馆研究，2013，43（6）：9-12.

[15] 杨昆.《马拉喀什条约》背景下我国无障碍出版物的发展[J]. 出版参考，2022（4）：4-9.

以精品主题出版助力出版强国建设的路径探讨

林郁　重庆出版集团有限公司

摘要： 作为中国特色社会主义文化的重要组成部分，主题出版必须紧跟时代步伐，以体现时代特色、弘扬时代精神、回应时代需求、引领时代风尚的精神特质，为全面建设社会主义现代化国家提供重要的思想支撑和理论来源。文章从五个方面探讨以精品主题出版助力出版强国建设的路径。一是把握大势，加强策划。具体包括：胸怀大局，增强政治意识；研究需求，做好精准服务；把握时机，优化资源配置。二是选好作者，服务创作。具体包括：对接作者，创作共识；提前介入，做好交流服务；未雨绸缪，涵养作者队伍。三是精耕细作，创新呈现。具体包括：优化内容，精编精审精校；创新表达，优化阅读体验；技术支撑，探索融合出版。四是整合营销，赢得双效。具体包括：编发互动，提前策划准备；借势借力，做好宣传推介；申报奖项，争取权威加持。五是优化环境，建强队伍。具体包括：领导重视，紧抓主题出版；建强队伍，提升核心能力；不断激励，实现持续发展。

关键词： 精品力作；主题出版；出版强国；文化强国；路径

主题出版是传播党的创新理论、弘扬中华民族精神、讲好当代中国故事、培育时代新人、促进社会全面进步的重要手段之一。主题出版必须紧跟时代步伐，不断推出精品力作，助力出版强国建设，为文化强国建设贡献力量。如何以精品主题出版助力出版强国建设？本文以重庆出版集团的主题出版实践为例，从五个方面——把握大势，加强策划；选好作者，服务创作；精耕细作，创新呈现；整合营销，赢得双效；优化环境，建强队伍——展开论述。

一、把握大势，加强策划

胸怀大局，增强政治意识。做好主题出版，首先要增强政治意识。要胸怀"国之大者"，从党和国家中心工作中寻找线索、策划选题。党的二十大报告提出，"中国共产党为什么能，中国特色社会主义为什么好，归根到底是马克思主义行，是中国化时代化的马克思主义行"[1]。坚守马克思主义出版阵地，是出版单位坚持出版公益性、勇担社会责任的重要使命。

一直以来，重庆出版集团高度重视马克思主义研究出版工作，在做好相关主题出版上延续了优良传统。20 世纪 80 年代，重庆出版集团出版的《国外马克思主义和社会主义研究丛书》，全面介绍了马克思主义在国外的研究成果，对学术界、理论界产生了重要影响。此外，重庆出版集团还出版了《新时代马克思主义伦理学丛书》等。这些主题出版都是响应"继续发展当代中国马克思主义、21 世纪马克思主义"要求的重要举措。

研究需求，提供精准服务。如何用有效的方式把党和国家大政方针、先进的思想理念、时代提出的现实问题传递给读者？答案是要深入研究读者需求，为读者提供精准服务。2012 年，重庆出版集团出版的《马克思画传·恩格斯画传·列宁画传》，首次以画传的方式展现了三位革命导师的生平事迹、理论贡献、精神风范。这套书一面世就获得了一致好评，但由于开本较大、盒装较重、定价偏高、不能分开购买，导致图书推广工作面临较大难题。

近年来，越来越多的青年读者渴望阅读和了解马克思等革命导师的生平事迹和丰功伟绩。对此，作者和出版单位在"通俗"二字上下功夫，对图书进行了"瘦身"和优化：精简内容、精炼语言、更新优化、缩小开本、换用纸张、降低定价。这样做很好地满足了读者尤其是青年读者的阅读需求。总之，主题出版应充分了解不同读者的需求，利用各种技术如数字化技术等，实现内容的多元化、个性化和差异化[2]。

把握时机，优化资源配置。主题出版是围绕中心、服务大局的出版。主题出版物必须围绕时代主题进行创作，把握先机、着眼实务、反映时代、讲求时效[3]。出版单位要全面把握现有资源，尤其是作者资源、内容资源、营销资源等，并对资源进行精准分析，优化配置，集中发力，推进实施。

二、选好作者，服务创作

对接作者，达成创作共识。没有优秀的作者，就没有内容源泉，主题出版物就会成为无本之木、无源之水[4]。选题策划完成后，编辑的首要工作是寻找合适的作者，与作者对接，并与之达成创作内容、进度等方面的共识。要与作者达成共识，编辑必须对选题策划涉及的领域相对熟悉，对作者研究的领域和作者的水平做到心中有数，确保沟通顺利、高效。在此阶段，编辑与作者交流的主要任务是让作者理解和认可出版单位的策划理念，明确书稿的主要内容，了解书稿写作的时间进度要求，让作者创作起来思路清晰、目标明确、进度可控。

提前介入，做好交流服务。与作者达成初步共识后，作者进入创作阶段。在此阶段，编辑不能对作者不闻不问，坐等作者成稿，而应提前介入，加强与作者的沟通，与作者共同商量书稿的体例架构，以减少信息不对称，避免不必要的修改和返工，提高成稿的质量和速度。编辑要增强服务意识，想作者之所想，急作者之所急，尽可能消除作者的后顾之忧。要为作者的创作提供服务，如查询资料、联系采访对象、探讨创作思路、推荐合作伙伴等；要从写作技巧、出版规范方面为作者提供建议与帮助；要切实维护好作者的合法权益，与作者商定作品的授权范围。

未雨绸缪，涵养作者队伍。中国人民大学出版社副社长郭晓明认为，"作者资源非常重要，建立一个队伍强大、结构合理、能为我所用的作者资源库是策划工作的重中之重。因为对相关领域专家学者的研究方向比较熟悉，每次有好的选题，都可以第一时间从作者资源库中寻找能够实施选题的作者"[5]。他的观点阐明了涵养作者的重要性。作者队伍的建设是一个范围广、时效长的系统工程[6]，编辑不仅要重视权威作者，还要重视正在成长的作者，应与相关选题领域的专家和科研机构保持长期联系，建立长效、稳定的合作机制，随时了解相关领域的最新动态。

三、精耕细作，创新呈现

优化内容，精编精审精校。做好主题出版要严格落实"三审三校"制度。如果"三审三校"制度执行不到位，将严重影响内容导向和出版质量[7]。出版过程中，编辑要对内容框架、表达方式等进行精细化设计，既要保证水准和特色，又要为读者的阅读提供便利。与此同时，主题出版物的封面设计也不可忽视，编辑要根据内容精心设计，以便更好地吸引读者。

创新表达，优化阅读体验。在进行主题出版选题策划时，编辑时常会面对多家出版单位围绕同一主题在同一时间段进行出版的情况。对此，编辑要重视策划、创新表达，让读者有更好的阅读体验。

2014年，为纪念邓小平同志诞辰110周年，多家出版单位积极策划相关主题图书。如何从众多同一主题的图书中脱颖而出？重庆出版集团通过检索与邓小平相关的书籍，发现没有专门讲述邓小平手迹的图书——这成了选题策划的突破点。但若只收集手迹，整本书在内容上会略显单薄。把手迹背后的故事一并写出，不失为一种好方式。反复斟酌后，重庆出版集团决定讲述邓小平人生中每个时期具有代表性的手迹背后的故事。品读、鉴赏这些墨宝，深入历史伟人的内心世界，对于读者来说是一种审美享受，同时也为学习研究提供了便捷通道。在阅读中搭建通达高品质生活的桥梁[8]，通过创新表达，优化阅读体验，可以有效助推主题出版高质量发展。

技术支撑，探索融合出版。丰富主题出版物的形式和载体，是主题出版实现内容创新的重要手段[2]。在此过程中，出版单位需合理运用大数据、云计算、人工智能等先进技术，准确把握读者喜好、满足读者需求[9]。融合出版不仅要有常见的电子书、有声书等表现形式，还要有以大数据分析、知识图谱构建等为支撑的知识服务形式，要对优质出版物进行内容细分和标准化的数据处理，为读者提供阅读、检索、分析、研究等知识服务。

四、整合营销，赢得双效

编发互动，提前策划准备。有效的编发互动有利于畅销书策划、营销工作的开展[10]。发行方面，编辑要提前与发行部门沟通，了解发行时间、发行渠道等；营销方面，要与营销部门共同制定营销方案，并对营销活动的流程等做好提前谋划与准备。此外，还要借助发行数据、营销人员的经验等，判断选题的价值和前景。

借势借力，做好宣传推介。每本主题出版物都有目标受众，出版单位应基于目标受众的特点进行宣传推介。此外，主题出版物通常是重要时机或时间节点的产物，编辑可以借势开展宣传推广活动，帮助出版物扩大影响力。如《恩格斯画传：恩格斯诞辰 200 周年纪念版》出版后，成为"纪念恩格斯诞辰 200 周年理论研讨会"的会议用书，实现了很好的宣传推广效果。

申报奖项，争取权威加持。图书出版、文艺创作、社科理论等领域设有诸多奖项，如中共中央宣传部"五个一工程"图书奖、中国出版政府奖、中华优秀出版物奖、茅盾文学奖、鲁迅文学奖等。主题出版物出版后，应积极申报合适的奖项。获得这些奖项，既是对主题出版物的肯定，也是对主题出版物的权威加持，有利于进一步扩大影响力，吸引更多读者。并且，奖项申报前的准备和获奖结果，都可以成为宣传由头，持续不断地推动主题出版物的宣传推广。

五、优化环境，建强队伍

领导重视，紧抓主题出版。出版单位的领导要高度重视主题出版工作，把主题出版作为重要的工作职责，放在心上、抓在手上。要亲自组织策划主题出版，为编辑部门创造条件，排忧解难；要对主题出版进行统筹规划，建立健全选题策划、项目申报、资源配套、营销发行等工作流程与机制；要制定主题出版中长期规划，明确工作重点，提前启动实施；要做好每年度主题出版实施项目安排，按照规划确定时间进度，及时督促落实。

建强队伍，提升核心能力。对于出版编辑来说，政治素质、人文素养、学术素养和技术素养是必需的[11]。出版单位要有意识地加强对编辑的培养。要提高编辑的政治站位，组织编辑深入学习贯彻习近平新时代中国特色社会主义思想，提升他们从全局谋划一域、以一域服务全局的能力；要提升编辑的业务能力，让他们具备过硬的编、审、校能力，较强的沟通交流能力和新媒体整合传播能力；要向编辑提供更多学习机会，支持他们参加相关学术机构、社会组织，参与相关研讨交流活动等，帮助他们开阔视野、涵养作者。此外，出版单位还要重视培养优秀的经营管理人才、新型技术人才、宣传营销人才等，以增强自身核心竞争力。

不断激励，实现持续发展。对员工实行有效激励，是出版单位保持长久生命力、实现可持续发展的关键。要做好主题出版，出版单位必须建立科学、合理的激励机制。出版单位可以根据同行业普遍情况及自身实际情况，坚持适应性、公平性、差异性、效益性原则，建立主题出版的激励机制[12]。在此过程中，既要重视以薪酬、奖金等为主的物质激励体系，又要重视以荣誉、晋升、学习机会等为主的精神激励体系，实现多种激励方法、措施综合运用，充分激发员工的积极性、主动性和创造性。

六、结语

主题出版是体现党和国家意志的出版、彰显时代精神的出版、展示社会进步的出版。文章提出以精品主题出版助力出版强国建设的路径，旨在为业界提供参考和借鉴。关于如何以精品主题出版助力出版强国建设，未来还需结合出版实践进行更为深入的探讨。

参考文献

[1] 习近平. 高举中国特色社会主义伟大旗帜 为全面建设社会主义现代化国家而团结奋斗：在中国共产党二十次全国代表大会上的讲话［M］.北京：人民出版社，2012：16.

[2] 盖新亮. 媒体融合为主题出版数字化添砖加瓦［J］.文化产业，2023（23）：87-89.

[3] 苏仙. 重大题材出版的时度效［J］. 新闻前哨，2016（11）：92-93.

[4] 李建红. 主题出版的作用、功能和使命［J］. 出版发行研究，2019（12）：70-72.

[5] 郭晓明. 做专业权威的解读者［N］. 中国新闻出版报，2014-06-30（8）.

[6] 刘扬，廖小刚. 中国编辑［J］. 出版发行研究，2022（7）：84.

[7] 陈鹏鸣. 人民出版社与"三审三校"制度的建立与完善［J］. 中国编辑，2021（12）：87.

[8] 施晨露. 融合破圈，书展推"作家餐桌计划"［N］. 解放日报，2020-08-11（006）.

[9] 王辉. 大数据时代数字出版产业的发展趋势［J］. 传媒，2019（18）：61.

[10] 王海英. 图书出版编发互动探究［J］. 中国传媒科技，2013（16）：85.

[11] 龙明明. 主题出版高质量发展驱动下出版人才素养提升：方向与路径［J］. 传播与版权，2022（12）：11-12.

[12] 陈子今.M 出版集团激励机制研究［D］. 北京：北京交通大学，2011：34-36.

（原文首发于《新闻研究导刊》2024 年第 01 期）

新时代少儿主题出版高质量发展路径探析

耿宏　吉林出版集团股份有限公司

摘要：少儿主题出版是兼具主题性和儿童性的出版工作，担负着向少年儿童传播主流文化、培育其社会主义核心价值观、帮助其坚定文化自信的使命。本文从建设高素质人才队伍、积极探索少儿主题出版新路径、树立精品意识出版精品力作等几个方面，探讨了新时代少儿主题出版的方向和路径。

关键词：少儿主题出版；高质量发展

为推动"十四五"时期出版业高质量发展，深入推进出版强国建设，国家新闻出版署编制并印发了《出版业"十四五"时期发展规划》，提出"十四五"时期末我国出版业主要目标为：展望2035年，我国将建成出版强国，出版创新创造活力充分激发，优质内容供给能力显著增强，出版服务大局服务人民能力凸显，出版业实力、影响力、国际竞争力明显提高，出版领域治理体系和治理能力基本实现现代化，出版在增强国家文化软实力和中华文化影响力中的作用更加彰显。出版强国建设作为文化强国建设的重要组成部分，事关全面实现社会主义现代化国家的战略目标。党中央高度重视出版强国建设，密集出台了《关于深化改革　培育世界一流科技期刊的意见》《关于推动学术期刊繁荣发展的意见》《关于推动出版深度融合发展的实施意见》等一系列重要政策举措，为出版强国建设指明了方向，创造了极为有利的政策和文化环境。

作为新时代的少儿图书出版人，有义务锚定《出版业"十四五"时期发展规划》的主要目标，结合自身出版条件，坚持目标导向和效果导向相结合，坚持守正和创新相统一，在巩固宣传思想文化阵地、壮大主流思想舆论、积极推进文化自信自强等方面发挥作用，出版更多思想精深、艺术精湛、制作精良的优秀作品。

一、建设高素质人才队伍

出版单位是意识形态的重要阵地，是国家文化建设的重要力量，应真正担负起建设文化强国的重要历史使命，必须全面加强党的领导，始终把国家利益放在首位，坚持国家发展需要就是出版努力的方向。这是出版高质量发展的前提与基础。

首先，坚持党管人才，以良好的机制保障人才队伍稳步发展。宣传思想文化工作，事关旗帜道路，事关国家发展，事关民族复兴。做好宣传思想文化工作，关键在人。习近平总书记对宣传思想文化领域人才工作做出的一系列重要指示，为我们指明了方向、提供了遵循：加快培养造就一支政治坚定、业务精湛、作风优良、党和人民放心的新闻舆论工作队伍。

其次，持续优化环境，全方位培养人才。加快自主培养，制定人才培养的中长期发展规划，提升高端人才的自主培养能力。在新闻出版领域，传统新闻出版正在向融合出版转型，行业内缺少高水平新媒体融合出版人才。可以考虑通过"高校培育"与"行业引领"相结合的方式，以行业需求为导向，通过高校为融合出版培养人才。在校内，依据学生自身的特点和新媒体发展方向进行分型培养，遵循行业实际运行模式，组织学生成立团队，参与到相关单位的实际工作流程中；在行业内，分层分类研究制定培养培训办法，重视青年人才的培养和引领，支持青年人才挑大梁、当主角。

最后，完善人才管理制度，引进人才、留住人才。习近平总书记指出："要积极为人才松绑，完善人才管理制度，做到人才为本、信任人才、尊重人才、善待人才、包容人才。"随着融媒体时代的到来，传统出版业在持续转型升级，产业结构和出版流程、营销方式不断优化，需要大量既精通出版业务又熟悉新技术、新媒体的复合型人才。面对这样的大环境，国家新闻出版署、人力资源和社会保障部于 2020 年 9 月印发《出版专业技术人员继续教育规定》，该规定自 2021 年 1 月 1 日起施行。《出版专业技术人员继续教育规定》的出台对继续教育形式和学时认定采取了更为灵活多样的方式，加强规范管理，深化继续教育机构建设，完善考核监督机制，健全保障措施[1]。综上，引进、培养出版业复合型人才，出版单位尚应做到瞄准"需"处发力、紧扣"需"处供给。

二、积极探索少儿主题出版新路径

近年来，我国主题出版蓬勃发展，生机无限。主题出版是围绕国家政治、经济、社会、文化等方面的工作大局，围绕重大事件、重大活动、重大理论等开展的出版活动，具有积聚正能量、展示时代新成就、体现时代新风貌的功能和作用。对出版单位而言，做好主题出版就是对"四个意识""四个自信""两个维护"实实在在的落实。

以少儿主题出版为例，在以往的认知里，少儿图书与主题出版如同两条平行线，但近年来，主题出版已经成为少儿图书出版的一个新的增长点，很多出版单位跳出对主题出版狭隘的、固定的认知，出版了一批优秀的少儿主题出版图书。少儿主题出版图书越来越市场化、大众化、国际化，而不是固有印象中的"脱离市场""曲高和寡"。

在近年的国家级奖项中，少儿主题出版图书越来越多地涌现出来。仅在精神文明建设"五个一工程"图书奖评选中，就有大量少儿主题出版图书，比如希望出版社的《金珠玛米小扎西》《少年的荣耀》、长江少年儿童出版社的《冷湖上的拥抱》、二十一世纪出版社的《一百个孩子的中国梦》、明天出版社的《雪山上的达娃》、吉林出版集团股份有限公司的《陈土豆的红灯笼》、江苏凤凰少年儿童出版社的《因为爸爸》等。很多优秀的少儿主题出版图书实现了经济效益和社会效益双丰收，《一百个孩子的中国梦》累计销量突破 50 万册，《少年的荣耀》平均销量达 20 万册[2]。

做优做大少儿主题出版，一方面出版单位要做到"打铁必须自身硬"，抓住重要时间节点，在培育和践行社会主义核心价值观、弘扬中华优秀传统文化、讲好中国故事等方面发力，策划少儿主题出版类选题，积极弘扬正能量，讲好中国故事，凝聚中国精神，彰显中国品格，展现中国形象，不断丰富拓宽主题出版的内涵。具体来说，少儿主题出版要寻求"多变"。第一，细分儿童群体，既可以针对 12～15 岁青少年策划弘扬社会主义核心价值观、弘扬革命传统精神、宣讲"四史"等的通俗理论读物，也可以针对 6～12 岁儿童策划弘扬中华优秀传统文化、体现当下时代精神的小说、绘本。第二，丰富阅读形式。近年来有声图书占据了少儿图书的半壁江山，越来越多的儿童习惯于听书。少儿主题出版也可以不断丰富阅读形式，发展扫码听书、点读、立体书、VR 融媒体阅读等形式，将主题出版图书精品化、市场化、大众化，是少儿主题出版图书社会效益、经济效益双丰收的法宝。

三、树立精品意识，讲好中国故事，传承中国精神

近年来，本土原创少儿图书异军突起，绘本类、文学类、科普类等均有优秀的作品出现，特别是传统文化题材的少儿图书层出不穷。作为少儿图书出版人，我们应该思考，中国新时代的少年儿童需要怎样的传统文化题材图书？不论是绘本还是文学作品，在创作过程中都要体现中华文化中的中国精神、中国价值、中国力量，而不能只罗列中国风元素，忽视少儿图书创作艺术规律和儿童心理特点。我们应该通过文字、图画来传承东方美学，用精彩的中国故事展现中国品格，传承中国精神。这就需要少儿图书出版人树立精品意识，致力于用"精品"传承"精神"。

不论是传承物质性的遗产还是非物质文化遗产，最重要的都是文化传承、精神传承，是我们对中国历史、中国优秀传统文化里的中华文化精神，包括中华美学精神的传承。用"最东方""最中国"的形式坚定文化自信。

回到少儿图书本身，我们应该努力找到传统文化与现代生活的连接点，满足新时代少年儿童的精神需求，鼓励广大文字创作者、图画创作者用传统文化精髓滋养文艺创作，创作生产更多高扬中国精神、反映时代气象、体现中华审美风范的优秀作品。近年来，中央广播电视总台推出的《经典咏流传》《典籍里的中国》《中国诗词大会》《国家宝藏》等一系列文化类节目的热播，为讲好中国故事提供了新思路，为增强文化自信提供了新

样本。在以图书形态传承中国文化、中国精神的道路上，我们可以对标这些经典的文化类节目，树立精品意识，将中华文化中的中国精神、中国品格梳理好、传承好。

展望未来，进入新发展阶段，出版工作面临新形势、新任务，这更加要求每一位出版人以守正创新为根本，在巩固壮大主流思想舆论、以出版精品服务人民、不断增强中华文化影响力等方面发挥作用，成为出版强国建设的主力军！

参考文献

[1] 李薇. 融媒体时代复合型出版人才高质量培养发展探析[J]. 出版广角，2021（16）: 31-33.

[2] 孙海悦，刘蓓蓓. 少儿主题图书也能叫好又叫座[N]. 中国新闻出版广电报，2019-02-25.

跨界与融合——论出版设计驱动新时代出版强国建设的价值与策略

陶海鹰　　北京印刷学院

摘要： 2021 年 12 月，国家新闻出版署印发《出版业"十四五"时期发展规划》，明确提出了我国于 2035 年建成出版强国的目标。此外，党的二十大报告中也强调了必须坚持中国特色社会主义文化发展道路，建设社会主义文化强国，不断提升国家文化软实力和中华文化影响力的宏伟目标。事实上，这意味着我国正式将出版强国建设提上明确日程。并且随着技术的迭代革新和时代的流转变迁，出版行业的转型升级以及出版融合的发展趋势，使得"出版"概念的边界不断外延，出版设计之于出版业和出版学的价值与意义逐步凸显。本文通过探索出版设计的概念、价值与意义，从马克思主义出版观回溯新中国成立以来出版设计的思想观念与文化传播，尝试阐释新时代出版设计的方法与路径，以期站在"大出版设计"的格局之上探寻思考新时代文化强国建设和出版强国建设的价值与策略。

关键词： 出版设计；跨界融合；出版强国；价值策略

一、价值意义：出版设计是新时代出版强国建设的内驱力

1. 出版设计的概念厘清

在开始讨论出版设计对我国实现出版强国战略目标的价值与意义之前，我们首先需要厘清的是何为出版设计。在我国出版行业急剧转型的今天，从出版行业的文化建构、市场探索、价值传播到出版学科的体系建设和人才培养，在出版行业不断跨向与新领域的融合、出版概念也不断向外延伸的语境之下，无论是基于应用层面的出版设计，还是学理层面的出版设计学，对于图书出版的内容传播、产品策划、意义建构、市场营销等诸多方面都起到不可估量的重要作用。

学界对于出版设计学系统而全面的研究寥寥无几。多数研究仅基于实操层面的书籍

装帧，尤其是封面设计的具体应用。关于出版设计学的研究跨越了出版学和设计学两个学科，就在 2022 年，国务院学位委员会和教育部印发了《研究生教育学科专业目录（2022年）》的通知，其中，出版学科、设计学科均可被授予出版专业、设计专业博士学位。这一举措无疑将有力推进出版业高端人才的培养，同时也为出版学科的建设和专业、学术的研究带来更多机遇和可能。毋庸置疑，就传统纸质图书而言，书名、前言、正文、后记等文字信息是最本体、最内核的构成，而涉及开本、封面、扉页、版式、印刷、装帧、插图等的出版设计，则归属为内容服务的外在表现形式。而书籍与设计的关系便是内容与形式，"形而上"与"形而下"的联动关系。就今天的纸质图书产品而言，无论是考量其社会效益还是市场销量，设计的驱动意义显而易见。出版设计的应用已经不局限于外在的书籍装帧设计，它参与到图书的总体策划、内容的深度参与、产品的形象塑造，并因为互联网技术的快速发展，以及数字出版的媒介拓展和文创产业的兴起，出版设计的形式更加冲破了原有装帧设计的藩篱。出版业态的多元化促使出版设计从理论到形态都发生了巨大的变化，传统媒介和新兴媒介既有平行又有融合发展的格局已逐渐形成，出版设计的概念界定必然发生转化更新。

事实上，无论是"出版"还是"设计"，其概念本身是在不断被重新定义的。对于出版行业而言，数字阅读突破了传统出版设计的范式，同时在新媒介的冲击下，传统纸本阅读更加需要精心的设计以顺应出版策划理念、运营整体、读者体验等多方面的需求。对于设计而言，理论研究应当对实践具有指导意义，具有超前性、导向性、创造性，并应当勇于拓展概念的边界、更新专业结构体系，树立将出版设计看作社会大潮流的历史观和历史意识。

2. 出版设计助力出版强国建设

从国家文化战略的宏观层面去探究，毫无疑问，出版设计是构建新时代出版强国、塑造国家文化形象、输出国家文化软实力的重要载体和媒介，是国家形象和国家文化宣传职能不可或缺的构成部分，肩负着提升大国文化新思想、新理念、新传播，激发民族文化自信、铸魂中华优秀文明的重要使命。尤其是在出版融合的理念之下，出版设计的助力显得尤为重要。我国从出版大国向出版强国建设的重要举措之一，便是重视传统出版的高质量发展和数字出版的创新性引领，而出版设计是实施这一举措的主要工具与途径。诚然，要证实出版设计对出版强国建设的价值与意义，并不是一个当下在产生的新课题，回溯新中国成立以来的出版业发展，我们从中也可以窥探出版设计对于出版文化的建构、思想观念的传播、中华文化的传承的重要意义。

二、历史回溯：新中国成立以来出版设计的思想观念与文化传播

新中国成立以后，在全新的社会环境和出版政策之下，出版设计毋庸置疑既要肩负继承和发扬传统文化观念的使命，又要承担传播现代民族国家意识形态新面貌的重要任

务，从而起到思想宣传和价值引领的重要作用。因此，出版设计作为重要的视觉信息载体，能够从整体上准确把握作品的精神内核，在某种意义上，它是社会变迁、民族进步和时代发展的历史缩影。

新中国出版设计的历史、文化、传播研究不仅关注 70 多年来的行业发展历程和历史面貌，必然还要启发和思索当下中国出版事业的发展，透过设计的理论与实践助力我国出版强国建设，通过深入了解出版美学以及当下出版的理论、行业、技术、应用、机制，从而在整个产业布局中寻求和创造有益于中国出版未来发展的当代社会环境。

毛泽东同志《在延安文艺座谈会上的讲话》中阐明了文艺与人民的关系，指出社会主义文艺的创作方向是对社会主义现实的真实描写；而对于思想宣传的主要领域和社会主义文化重要阵地的出版业而言，构成出版物设计的封面、内页、字体、版式、装帧、材料等视觉语言都传递出图书、期刊、报纸等文字内容的叙事逻辑和精神内核。回溯新中国成立以来的出版物设计历程，进行红色出版、红色设计的理论研究，对当下新时代出版业在政治、思想、文化、科技、文艺的宣传与推广等层面能起到很好的启示作用。

1. 新之所在：新中国成立初期的出版设计面貌

民国时期，上海是文化出版事业的中心。中华人民共和国成立前夕，全国的出版单位大约有 120 家，其中 80% 集中在上海。因此，为了全面接管和统一国家的出版事业，1949 年 2 月，中共中央成立了出版委员会，由祝志澄、华应申、徐津、朱执诚等人组成，并下设编校科、出版科、印务科（印刷）和美术科（美术设计、画绘图），其中美术科由邹雅任科长，发行由中央出版局集中负责。这标志着新中国出版事业走向集中统一。从 20 世纪 50 年代初开始，我国的出版和印刷重心逐渐由上海转移至北京，虽然此时已经成立了出版总署，但在过渡时期，仍然由新华书店总店负责出版、印刷及发行的实际工作。从新中国成立后，特别是在 1957 年完成"公私合营"社会主义改造之后，国有出版社逐步发展壮大。新中国成立前，几乎所有出版社都没有自己的美术设计部门；随着 20 世纪 50 年代出版业的进一步细分和业务拓展，各出版社开始设立专门的美编室、美术组或美编建制，以完成本社的书籍装帧设计工作。

2. 百花齐放：社会主义的出版设计事业

1954 年，人民美术出版社举办了中央一级出版社书籍装帧设计展览会，与会者在会上交流讨论了装帧艺术的一些专业知识及设计方法。这是有史以来我国第一次书籍装帧设计艺术展览和交流，在一定程度上推动了全国书籍设计艺术的发展，提升了人们对装帧艺术的社会关注度。这一时期，封面设计逐渐形成了一些构图上的共识，特别是在文学书籍中，根据作品内容的差异，常常采用写实风格的人物线条、图案造型、风景速写等，或者几何形态的平面分割、装饰性色彩以及图形设计等手法。从现代书籍设计发展的眼光看，20 世纪 50 至 60 年代的封面设计，无论在字体设计、色彩设置、艺术风格还是印刷工艺等方面，都得到了明显的提升。

1956 年，毛泽东同志在中共中央政治局扩大会议上提出了"百花齐放，百家争鸣"的方针，成为新中国繁荣文化事业的基本方针，书籍装帧设计领域也呈现出蓬勃发展的态势。在延安文艺思想和社会主义现实主义的主导下，书籍装帧设计的对象转向为工农兵服务，为广大劳动人民服务，具有很强的意识形态性，在书籍装帧设计的风格上追求艺术性、现代性和民族性的统一。书籍装帧设计作为阅读文化的一种外在载体，作为新中国设计的重要构成内容，其对思想性和艺术性的要求是非常高的。袁运甫在 1955 年发表的《谈谈书籍的封面设计》一文中说："有些出版社的设计者，还没有真正觉察到美术设计在日益发展的出版工作中的重要性，没有把设计工作看成是一项具有高度思想的创造性的工作。"

3. 传承创新：改革开放以后的出版设计繁荣

1978 年，党的十一届三中全会召开，改革开放初期以经济建设为中心的体制转变，从根本上为出版设计产业的发展带来机遇，中国文化界也在哲学、美学、文学等领域掀起了空前的学术热潮。出版设计事业迎来了复苏，特别在书籍装帧设计领域。1979 年 4 月，国家出版局发布了《关于加强书籍装帧工作的建议》的通知。同时，自当年 3 月开始，恢复举办了第二届全国书籍装帧艺术展览。总体而言，20 世纪 80 至 90 年代的书籍装帧设计呈现出现代化中国风格的探索，有传承、有创新、有中外古今的融合，书籍重新回归艺术审美的本体，注重出版设计风格与内容的有机统一。2000 年以后，出版业进入了多元共融的发展新时期，传统出版与数字出版融合的业态语境极大地拓展了出版设计的观念边界与实践方法。诚然，不论是纸质阅读还是数字阅读，虽然内容的传播载体、途径、形式发生了创新性的变革，但均对出版设计的转型与融合发展提出了更高的诉求。

三、方法论：出版设计的策略与路径

1. "大出版设计"的概念

如上文所述，今天的出版设计是一个"大出版设计"的概念，出版企业需要站在文化强国的战略性高度，从宏观审视和把握出版设计的大格局与大格调；需要从国家文化强国、出版强国的长远目标和重大项目出版设计的定位中寻找方向和谋求发展，统筹文化普及出版设计与国家视觉文化塑造和输出的结构性调整，站在人类文明的制高点，系统性、战略性、针对性地促进出版的中华文化作品的国内国际传播，服务当下国家大局发展，助力当下国家文化结构体系建设。因此，在出版强国的建设方案中，出版设计不应是服务和从属的地位，而应成为融合出版理念和发展中的助推器和润滑剂。新媒体时代数字出版和数字阅读的出现并不会消解纸质图书的存在价值，反而更加凸显出传统图书的触摸感和物质感，并引发人们对传统媒介与现代技术的思辨。在多元的出版新业态语境下，"大出版设计"的概念呼之欲出。同时，基于此，出版业还应从教育层面重视高层次人才的培养，从"大出版"的新视野出发，创造性培养立足"大文化"、适应当下社会语境的人才队伍。

2. 新时代的出版设计与品牌塑造

出版设计从视觉艺术、创意构思、审美旨趣的层面可以起到塑造品牌形象和产品形态的作用，不仅能够助力出版行业的转型升级，带来一定的经济效益，同时也是传播思想观念、民族文化、人文生活的重要阵地。新时代的出版设计不仅包含书籍装帧设计、封面设计、内文版式设计、字体图形设计等，事实上还应延伸至图书品牌、实体书店、数字阅读平台、在线阅读 App 等的系统出版设计概念，从出版设计为单一的图书或者丛书服务，转向为"图书"与"读者"的多维交互关系服务，使得新时代的出版设计可以真正助力我国出版业的转型升级。

在数字媒介和智能社会的时代语境之下，优秀的出版设计不仅仅是追求一种形式与内容的统一，更重要的是发挥出版设计对出版强国建设的驱动和创新作用。传统出版与数字出版不仅不是此消彼长的关系，而恰恰可能互为反哺。传统图书能在选题策划、经典阅读、编辑出版、读者需求等经验层面为数字媒介的阅读提供资源支持，而数字阅读载体的多元化、多样性为传统出版设计提供了更多创新的思路，助力其探索更多的新创意与新风格。因此，建构新时代的出版设计新策略，需要注意如下几点。

第一，优秀的出版设计首先是一种思想观念和文化价值的建构。回溯新中国成立以来的出版设计发展历程，不难发现，出版设计是政治、思想、文化传播的视觉载体。不论是传统出版还是数字出版，都要求出版设计建立在内容与形式的深度融合之上。设计师需要对图书主题、系统策划、内容核心、产品内涵、文化空间、数字界面、企业文化等做到真正理解，从而避免设计流于肤浅。因此新时代的出版设计需要从业者具备良好的人文素养，拓展原有设计专业的知识结构与体系。

第二，"大出版"视野下的"大出版设计"是出版媒介融合的产物，要兼具创新性、艺术性、功能性和体验性。在智能时代，出版物的策划向整体、系统、融媒体的方向发展。除了传统的纸质图书，数字出版物不仅可以是基于纸质图书的复刻，也可以是全新的数字内容输出和多样化的出版形态，这要求"大出版"视野下的"大出版设计"在美学、理念、技术、文化方面都要进一步创新与探索。

四、结语

概而言之，在新中国 70 多年来的出版设计历史潮流中，尽管社会文化、经济形态、价值观念、人民生活都发生了全方位的转变，特别是在改革开放以来，出版业的蓬勃繁荣取得了跨越式的发展和历史性的成就。就新时代出版设计理念的本质而言，不管是传统的图书设计，还是新业态下多元媒介融合的"大出版设计"，从镌刻时代印记的经典之作到智能时代的综合媒介，其中所承载的文化性、思想性、民族性、艺术性、时代性与创新性都是永恒的课题，是中华民族乃至全人类的宝贵精神财富。因此，跨界与融合语境下的新时代出版设计，要在传统出版与现代数字出版之间寻找文化传承与媒介形式的异同点，发挥学科交叉和专业融合的优势，展现出版设计的新价值、新格局、新路径，助力我国从出版大国向出版强国转型。

参考文献

[1] 中国出版科学研究所. 中华人民共和国出版史料[M]. 北京：中国书籍出版社，1995.

[2] 袁运甫. 谈谈书籍的封面设计[J]. 美术，1955（02）：2.

[3] 邱陵. 书籍装帧艺术史[M]. 重庆：重庆出版社，1990.

[4] 张小鼎. 鲁迅著作出版史上的三座丰碑——二十世纪《鲁迅全集》三大版本纪实[J]. 出版史料，2005（02）：12.

[5] 邹雅. 对目前书籍封面设计的意见——看了"书籍装帧设计展览会"以后[J]. 美术，1954（11）.

[6] 《人民日报》社论：《为最广大的人民群众服务——纪念毛泽东同志〈在延安文艺座谈会上的讲话〉发表二十周年》，1962 年 5 月 23 日

[7] 中国出版科学研究所、中央档案馆·《出版委员会第一次会议记录（节录）》，《中华人民共和国出版史料 1949》，北京：中国书籍出版社

[8] 郑士德. 中国图书发行史[M]. 北京：中国时代经济出版社，2000.

[9] 吴昉. 多元出版业态下现代出版设计理念的转变与发展[J]. 中国出版，2021（003）：51-55.

[10] 陈矩弘. 新中国出版史研究（1949—1965）[M]. 上海：上海交通大学出版社，2012.

新时代文学出版融合发展的模式建构

徐福伟　百花文艺出版社（天津）有限公司

摘要： 文学出版融合发展的根基在于"内容为王"，除了指涉出版外部的融合发展之外，还具有出版内部的融合发展之义。文学出版的内部融合发展模式主要包括"主题出版+精品出版"和"期刊出版+图书出版"等；文学出版的外部融合发展模式则是实现"文学出版+"有效方式与途径，是指向未来无限可能的融合发展模式，主要有文学出版+新媒体、文学出版+影视改编、文学出版+评奖平台、文学出版+高校文学教育等。

关键词： 文学出版；融合发展；内容为王；模式建构

出版融合发展是当下出版界的热点，同时也是一个难点。就概念而言，出版融合发展的主角肯定是出版，是指"出版+"的未来发展趋势。这种概念指向最容易让人想到的就是出版和新媒体的融合发展。实际上出版融合发展是一个丰富且宽泛的指涉概念，需要不断在融合实践中发展与完善。出版融合发展除了指涉出版外部的融合发展之外，还应指涉出版内部的融合发展。下面笔者就从文学出版融合发展的角度来谈一点浅显的感悟，并就文学出版融合发展的内部模式和外部模式的建构予以分析说明。

一、文学出版融合发展的根基在于"内容为王"

新时代文学出版无疑遭遇了新媒体的极大挑战，其之所以仍能够以"文学出版+"模式进行对外延伸与推广，与文学出版内容生产的特殊知识性有很大关系。文学出版是一项浩大的知识产权事业，占据着知识生产与传播链条上的初始加工环节，加上版权法的巨大保护作用，文学出版机构能够将作品内容的版权牢牢抓在手中。这就牵住了当下出版融合发展的"牛鼻子"，使文学出版机构成为整个产业链条上的"王者"。无论后续哪个环节的传播与推广，都离不开对版权的需求及相关内容的开发利用。

文学出版内容与惯常的报纸内容有很大的差异性，文学出版内容更多地呈现为知识的综合性、深厚性和丰富性，而报纸内容则偏向于知识的零碎性、即时性和大众性。

这种内容知识的特性决定了文学出版行业相较于报纸行业具有先天优势。当新媒体兴起时，整个文化产业界一片哀歌，"渠道为王"的呼声甚嚣尘上，文学出版行业虽曾低迷彷徨过，但最终挺了过来。曾经令人眼羡的报纸行业却最先受到了强烈冲击，其因内容零碎性、即时性和大众性而率先被淘洗。一直处于所谓"夕阳产业"地位的出版行业却傲看风霜雨雪，借助于新媒体实现了传播的有效破圈，获得了拥抱未来的无限可能。

"文学出版版权+文学知识内容"构成了文学出版融合发展的先决条件，因为拥有了无可替代的知识性版权从而成为内容占有的"王者"，这是文学出版融合发展的根基所在。所以当下许多出版机构对知识性版权的保护与开发越来越重视，许多新媒体平台也纷纷向传统文学出版产业伸出了橄榄枝，希望在知识性内容输出方面占得先机。这无疑也是传统出版产业得以实现传播革命的有效渠道。

二、文学出版内部融合发展的模式建构

文学出版的内部融合发展是指传统文学出版机构将自身内容、资源予以最大化合理地重组、整合，从而实现效能的最大化，主要包括主题出版+精品出版的融合发展模式和期刊出版+图书出版的融合发展模式这两种最为基本的类型。此外还有纸质出版+数字出版的融合发展模式、纸质出版+文创产品开发的融合发展模式等。在此，笔者重点论述前两种最为基本的融合发展模式。

1. 主题出版+精品出版的融合发展模式

目前许多文学出版机构都致力于主题出版与精品出版这两大图书板块的建设。据笔者观察，在许多出版机构看来，这两大板块是疏离的状态，并不隶属于同一板块，因而没有将这两大板块予以有效的统筹。主题出版应该融合到精品出版之中，主题出版就是精品出版这个大板块中一个最为重要的部分。具体到一家文艺出版机构而言，精品出版无疑是其安身立命之所在，其依靠此板块的长期运营与积累建构出品牌。读书圈经常提到的"看散文找百花""看当代小说找人文""看外译名著找译林"，这些都是精品出版为出版机构品牌所累积的有效增值。但实际上，好的主题出版也是精品出版的应有之义。过去大家普遍对主题出版持有特别的看法，而随着当下主题出版的精品化意识越来越强，从某种意义上而言，主题出版图书即是精品图书的代名词。如百花文艺出版社出版的《我的读写四十年》，邀约数十位文化名人写改革开放四十年来的读书写作生活，即是从读写的微观角度切入改革开放四十年宏大主题之作，它同时也是精品图书板块中的散文随笔类经典作品。人民文学出版社出版的范稳长篇小说《太阳转身》，关注新时代乡村脱贫振兴主题，同时也是长篇小说精品。主题出版和精品出版这两者"你中有我，我中有你"的出版格局的形成，对于出版产业长期良性的运转有重大价值与意义。

2. 期刊出版+图书出版的融合发展模式

传统的文学艺术出版，一般细分为期刊出版和图书出版这两大板块。按照出版管理体系，这也是两条平行线，它们互不干扰，各成体系。有些出版机构虽然既有期刊出版又有图书出版，但为了便于管理，也是细分为期刊编辑室和图书编辑室，两者往往是各干各的，互不干涉。但新时代背景下，出版融合发展恰恰需要将这两者的壁垒打通，使其成为相依相靠的高效能团队，这就是出版界喊了好多年的"书刊联动"口号。在这方面，期刊可以发挥先锋作用，因为文学期刊能够最先发现好的文学作品。中国作家习惯于在图书单行本出版前将文学作品优先交给期刊出版，这可能与过去读图书的群体和读刊物的群体重合度较低有很大关系。这往往会造成某出版机构所属的文学期刊刊发了某部重磅长篇小说，引起文坛轰动，但图书单行本的出版权却被其他出版社给"抢"走了的情况，对于文学期刊所属的出版机构来说，这将是重大的出版损失。随着新媒体时代到来，这两大读书群体的重合度越来越高，因而有必要实现书刊联动，将期刊出版与图书出版联合起来。在这方面，人民文学出版社及旗下的《当代》配合得非常好。《当代》首发的长篇小说一般会在人民文学出版社再印成图书单行本；花城出版社及旗下的《花城》也融合得较好，许多长篇小说首发于《花城》，紧接着在花城出版社出成图书单行本。近几年来，百花文艺出版社及旗下《小说月报》联合打造的"百花中篇小说丛书"即是最为典型的期刊出版+图书出版的融合发展成功案例。百花文艺出版社借助于《小说月报》对于中篇小说这一文体选得快、选得准、选得好的优势，将刊物上选载的优秀中篇快速转化成图书单行本出版，待出到一定规模时集结成丛书再次整体推出，从而实现了选题的三次有效传播与品牌价值的不断赋能。

三、文学出版外部融合发展的模式建构

文学出版外部融合发展模式则是实现"文学出版+"的有效方式与途径，是指向未来无限可能的融合发展模式。目前常见的几种模式建构有文学出版+新媒体、文学出版+影视改编、文学出版+评奖平台、文学出版+高校文学教育等。

1. 文学出版+新媒体的融合发展模式

当下，大家一提到文学出版融合发展就会很自然地想到文学出版+新媒体的融合发展模式，这也是出版机构的着力点所在，同时也是出版机构应对新媒体挑战的不得已而为之的举措。曾几何时，新媒体"狼来了"的呼声在出版界已成蔚然之态。但综观新时代以来，新媒体依然走的是"渠道为王"的路线，着力于传播渠道的拓展与深化，虽然有向文学出版内容版权领域"染指"的趋势，但这些文学出版内容版权还是被出版机构牢牢掌控在手中。在这种情形下，文学出版+新媒体的融合发展模式就自然而然地建构成了。

文学出版机构中的期刊是最先拥抱新媒体的，文学期刊最先感应到新时代的发展趋势，以主动的姿态、积极进取的精神迎接新媒体时代的到来，从而变被动为主动。在传统文学期刊中，《小说月报》不断强化着文学出版+新媒体的理念，并积极付诸实践，强化传播载体的增加和传播价值的提升，倾力打造新媒体矩阵，在有效的传播渠道上谋求破圈。为此，《小说月报》先后开通了微博、微信公众号、头条号、视频号、哔哩哔哩等媒体平台账号。"小说月报 App"项目也即将启动，包含《小说月报》《小说月报·原创版》《小说月报·大字版》《微型小说月报》等期刊的展示和销售，并设有专区，如重点作品、获奖精品、新刊推荐、类型文学、热门活动等。《收获》率先在全国文学期刊中启动了"收获 App"项目，将内容版权上的杂志、作家、作品借助于新媒体平台进行立体打造，为喜欢文学阅读、拥抱新媒体的读者提供了纸质刊物所不具有的更加便捷的购买、阅读及获取最新文学资讯的渠道。此外，《十月》《当代》《花城》《北京文学》等品牌文学期刊也着力于传播渠道的破圈，借助新媒体传播优势助力刊物宣传营销。在这里，笔者想重点提一下关于新媒体融合的问题。新媒体的融合也应是出版融合的应有之义，将微信公众号、微博、视频号、哔哩哔哩、抖音、头条号等新媒体账号进行融合升级，针对不同平台的不同受众实现精准投放，从而构建起超级融媒体平台，已成蔚然之势。

2. 文学出版+影视改编的融合发展模式

文学与影视的联姻是具有一定历史传统的，因为所有影视作品都需要一个文学的魂，而文学也需要借助影视的强大传播力走入千家万户。从"四大名著"以及现代经典名著改编影视，直至当代文学成为影视改编的大 IP，都是很好的证明。其实文学出版也可以和影视改编联姻，这可能是许多文学出版机构都极易忽略的一种融合发展模式。文学出版机构应该借多年来积累的影响力与小说版权、作者资源，主动出击，布局内容产业和版权服务业务，成立专门版权部门，建立整合优秀原创小说版权的资料库，汇集、筛选有影视改编潜力的优秀小说，在取得作者授权后将相关作品、作者信息分类整理，建立资料库，并通过影视版权推介会等多种形式为作者与影视机构搭建平台，推动影视产业发展；还可以将优质的小说作品改编为舞台剧，在小剧场演出，进一步扩展严肃文学的影响力，使出版单位及期刊品牌的价值不断增长。如前几年产生重大影响的《我是余欢水》，就是由百花文艺出版社版权部门在《小说月报·原创版》最先发现并及时签下影视改编权的代理，配套出版图书及小剧场话剧演出的，它实现了文学出版与影视改编的双向赋能，赢得了一致好评。

3. 文学出版+评奖平台的融合发展模式

文学出版与评奖平台的融合发展也是一种有效的建构模式。曾经，文学出版机构中的文学期刊大都拥有自己的评奖平台，但因资金、政策等方面的原因，一度中断甚至取消了。新时代以来，这些中断或取消的奖项开始借助于政府资金的扶持陆续恢复，并有了新的开创之举，实现了与文学出版的深度融合。一方面，文学出版为评奖平台提供相应的作品资源支撑及学术支持；另一方面，评奖平台能够实现获奖作品的增值赋能，助力获奖作品的宣传，甚至实现影视改编。在这种双向互动与赋能中，出版机构的图书品牌、期刊品牌以及评奖平台实现了宣传推广上的双赢。在这方面做得比较好的文学期刊是《收获》，其评奖平台年度"收获文学排行榜"已经成为当年文学作品的潮流风向标。此外，《北京文学》的"中国当代文学最新作品排行榜"是中国当代最早的文学榜单，历时数年，积累了大量的人气。出版社中，江苏凤凰文艺出版社的"凤凰文学奖"也颇有新意和影响力。理想国品牌设置的"宝珀理想国文学奖"，奖掖扶持文学新人，实现了社会效益与经济效益的双赢。"百花文学奖"也是文学出版+评奖平台融合发展模式建构的典范，最初为《小说月报》"百花奖"，从第十六届开始升级为"百花文学奖"，涵盖小说、散文、科幻文学类的文学大奖，并与所在城市的文旅相结合，实现了文学出版+评奖平台+文旅三方融合发展的赋能。

4. 文学出版+高校文学教育的融合发展模式

文学出版与高校文学教育融合发展也是文学出版融合发展建构的一种新模式。文学出版机构拥有丰富的当下文学资源，而高校文学教育除了讲述经典作家作品与既定文学史之外，切入当下文学现场是有一定难度的。如果将拥有丰富的当下文学现场作家作品资源的文学出版机构与急于切入当下文学现场的高校文学教育相关联，将是美美与共的事。在这方面做得较好的期刊是《青春》，其直接以为大学生发稿作为定位，吸引了众多在校学生，获得本科、硕士、博士等多个层次的关注与支持，为广大青年学子构建了文学创作与交流发表的最阔宽平台。《青春》团队还定期进高校，组织业界专家及高校师生开展有针对性的改稿会，从而在文学出版与高校文学教育之间搭建了有效沟通交流的平台。作为文学出版机构的《青春》杂志社，也通过这种方式在未来社会建设中担当中坚力量的青年学子心中播撒下了文学的种子。在传统出版社方面，百花文艺出版社做出了新的尝试与开拓，旗下《小说月报》最早与北京语言大学联合开设"中国作家公开课"，整合双方的资源优势，汇聚了作家、学者和各国翻译传播精英，为作家与中外学生交流提供了互动平台。参与其线下课程的学生涵盖本硕博不同年级和专业，覆盖约几万人次，产生了积极的影响，吸引了中国文坛的广泛关注。此外，它还深入参与当代中国文学的海外传播。"中国作家公开课"中的"国际阅读沙龙"同步面向"一带一路"沿线国家（地区）直播，参与线上直播课程的包括伊朗德黑兰大学、伊朗阿拉麦·塔巴塔巴伊大学、伊朗沙希德·贝赫什提大学、埃及英国大学、埃及明亚大学等国外多所高校中文系。"新汉学计划"高级中文翻译人才培养项目——中国文化笔译工作坊也参与了该课程，这些学员来自30个不同国家（地区），覆盖德语、意大利语、蒙古语、泰语、波兰语、越南语、乌克兰语、乌尔都语等多个语种。

四、结语

新时代文学出版融合发展的模式建构是多样的，但总体呈现出鲜明的"内圣外王"特征。所有成功的融合发展模式无不是先实现了内部的最佳资源配置与融合，在此基础上，再进一步实现"文学出版+"的外部融合发展模式。就目前出版业而言，出版内部的融合发展已经一定程度上达到了优化配置，但"文学出版+"的外部融合发展模式的建构虽指涉向未来无限的可能性，并已有多种模式建构成功，但其在发展的速度、力度、深度和宽度等方面还有待进一步提升。笔者也坚信在"文学出版+"的外部融合发展模式下，适应新时代新媒体融合发展的路径与模式将会越走越广、越来越多，出版业的明天也将会更加辉煌。

参考文献

[1] 李军. 出版深度融合发展的根本遵循[J]. 编辑之友，2022（6）：6.

[2] 徐丽芳，陈铭. 基于创新链的出版融合发展模式研究[J]. 编辑之友，2022（2）：13-19.

[3] 戚德祥. 融合发展时代出版企业管理生态重构研究[J]. 科技与出版，2022（12）：10-14.

[4] 徐福伟. 及时荟萃小说精品，铸造中国小说阅读最阔宽平台[J]. 芒种，2022年第7期.

以出版业高质量发展推进出版强国建设

袁立辉　求是杂志社

摘要：党的二十大擘画了全面建成社会主义现代化强国的宏伟蓝图和实践路径。出版工作是党的宣传思想文化工作的重要组成部分。推进出版强国建设是全面建设社会主义现代化国家的题中应有之义。新时代新征程，出版工作者应牢牢把握出版强国建设的正确方向，对标2035年建成出版强国的远景目标，高举思想旗帜，传播马克思主义和党的创新理论；服从服务大局，展现党和国家发展历程；坚持以人民为中心的工作导向，丰富人民群众精神文化生活；坚持高质量发展，深化改革创新；对外讲好中国故事，增强中华文明传播力、影响力，推动出版业实现质量更好、效益更高、竞争力更强、影响力更大的发展。

关键词：出版业；高质量发展；出版强国建设

习近平总书记在党的二十大报告中指出："从现在起，中国共产党的中心任务就是团结带领全国各族人民全面建成社会主义现代化强国、实现第二个百年奋斗目标，以中国式现代化全面推进中华民族伟大复兴。"一个民族的复兴需要强大的物质力量，也需要强大的精神力量。出版工作是党的宣传思想文化工作的重要组成部分，承担着传播真理、传承文明、引领风尚、教育人民、服务社会的重要责任。新时代新征程，出版工作者应牢牢把握出版强国建设的正确方向，对标2035年建成出版强国的远景目标，以推动出版业高质量发展为主题，以深化出版领域供给侧结构性改革为主线，以推动出版业改革创新为根本动力，以多出优秀作品为中心环节，以满足人民日益增长的学习阅读需求为根本目的，为人民群众提供更加充实、更为丰富、更高质量的出版产品和服务，推动出版业实现质量更好、效益更高、竞争力更强、影响力更大的发展[1]。

高举思想旗帜，传播马克思主义和党的创新理论。习近平总书记在党的二十大报告中指出："实践告诉我们，中国共产党为什么能，中国特色社会主义为什么好，归根到底是马克思主义行，是中国化时代化的马克思主义行。"在致人民出版社成立100周年的贺信中，习近平总书记明确提出"始终紧跟中国特色社会主义发展步伐，着力传播马克思主义和党的创新理论"的要求。习近平新时代中国特色社会主义思想是当代中国马克思主义、二十一世纪马克思主义，是中华文化和中国精神的时代精华，实现了马克思主义中国化时代化新的飞跃，为做好出版工作提供了根本指针，也是出版工作开展理论武装的核心内容。党的十八大以来，出版工作者把学习宣传贯彻习近平新时代中国特色社会主义思想作为重大政治任务，认真做好习近平总书记重要著作、讲话单行本、论述摘编等的出版发行工作，并精心组织少数民族文字版、外文版、繁体中文版、盲文版等的出版发行，做好阐释解读读物、大众化普及化读物等的出版发行，对于用习近平新时代中国特色社会主义思想统一思想、凝聚力量，推动党的创新理论更加深入人心、落地生根起到了重要作用。学习宣传贯彻党的二十大精神是当前和今后一个时期全党全国全军的首要政治任务，出版工作者应以学习宣传贯彻党的二十大精神为契机，进一步发挥出版在理论研究宣传中系统深入的优势，聚焦学习宣传贯彻习近平新时代中国特色社会主义思想，做好习近平总书记重要著作、讲话单行本、论述摘编、思想研究、实践成果、用语解读以及描写习近平总书记工作、生活足迹等作品的出版工作，加强学理化、学术化阐释，推出一批有学理深度和学术厚度的理论专著；增强针对性，扩大覆盖面，面向党员干部、知识分子、工农群众、大中小学生等不同群体，推出一批在深入研究基础上进行浅出表达的大众化读物；整合对外出版资源力量，推动习近平总书记著作及相关图书译介出版，扩大海外发行规模。

服从服务大局，展现党和国家发展历程。习近平总书记在党的二十大报告中鲜明宣示以中国式现代化全面推进中华民族伟大复兴的使命任务。在为《复兴文库》所作序言中指出，"在我们党带领人民迈上全面建设社会主义现代化国家新征程之际，这部典籍的出版，对于我们坚定历史自信、把握时代大势、走好中国道路，以中国式现代化推进中华民族伟大复兴具有十分重要的意义。"紧紧围绕党和国家中心工作，宣传方针政策、记录时代进步、书写辉煌成就，是出版工作的重要职能。新时代十年的伟大变革，为出版业的发展创造了历史机遇、奠定了坚实基础、提供了源头活水。出版工作者应紧紧围绕党的二十大报告提出的一系列重要思想、重要观点、重大战略、重大举措，深刻把握民族复兴的时代主题，聚焦中华民族伟大复兴、中国式现代化道路、人类文明新形态等，围绕把握新发展阶段、贯彻新发展理念、构建新发展格局、推动高质量发展和推动共同富裕等重大主题，实施一批重大出版工程，推出一批重点出版物，反映新时代的历史巨变，描绘新时代的精神图谱，为凝聚奋进新征程、建功新时代的智慧和力量作出应有贡献。

坚持以人民为中心的工作导向，丰富人民群众精神文化生活。习近平总书记在党的二十大报告中，将丰富人民精神世界作为中国式现代化的本质要求之一。在致首届全民阅读大会举办的贺信中提出，希望全社会都参与到阅读中来，形成爱读书、读好书、善读书的浓厚氛围。自 2014 年起，"全民阅读" 9 次被写入政府工作报告；2021 年，"深入推进全民阅读，建设'书香中国'"写入《中华人民共和国国民经济和社会发展第十四个五年规划和 2035 年远景目标纲要》，这为出版工作明确了发展方向、价值取向、服务对象。新时代新征程，人民对美好生活的需要更加广泛，对精神文化生活提出更高要求。出版工作者应坚持以人民为中心的工作导向，顺应人民群众对精神文化生活的新期待，把服务群众和教育引导群众结合起来，促进满足人民文化需求和增强人民精神力量相统一，推出更多反映人民生活、表达人民心声、满足人民需求的精品读物，努力为人民提供更加丰富、更加优质的出版产品和服务，更好地为时代培根铸魂。

坚持高质量发展，深化改革创新。习近平总书记指出："衡量文化产业发展质量和水平，最重要的不是看经济效益，而是看能不能提供更多既能满足人民文化需求、又能增强人民精神力量的文化产品。"出版工作有着鲜明的意识形态属性、文化属性和经济属性，推动出版工作高质量发展要通盘考虑其属性，保证出版业健康发展。出版工作者应聚焦出版主业，着力构建把社会效益放在首位、社会效益和经济效益相统一的体制机制，牢记主业永远是出版，把坚守主业、做强主业作为核心任务，确保出版企业将实施精品战略、多出优秀作品作为中心环节，始终谋出版、做精品。加快推进出版业的深度融合发展，把融合发展作为战略支撑，提高融合发展本领，打造新型主流出版阵地，推动主题、大众、专业、教育、少儿等出版领域优质出版内容资源数据化知识化生产，商业化智慧化聚合，精准化移动化传播，积极运用二维码、VR 和 AR 书报刊、有声读物等丰富内容呈现形式，努力探索 5G、大数据、云计算、人工智能等技术，培育新产品新模式新业态[2]。加强出版公共服务体系建设，深入开展全民阅读活动，加大优质内容供给，聚焦不同阅读群体需求，不断丰富出版产品的内容、载体和传播渠道，大力推进全民阅读进企业、进农村、进机关、进校园、进社区、进军营、进网络，在全社会营造爱读书、读好书、善读书的浓厚氛围。

对外讲好中国故事，增强中华文明传播力影响力。习近平总书记在二十大报告中指出，"坚守中华文化立场，提炼展示中华文明的精神标识和文化精髓，加快构建中国话语和中国叙事体系，讲好中国故事、传播好中国声音，展现可信、可爱、可敬的中国形象。"改革开放以来特别是党的十八大以来，中国综合国力的大幅提升、国际影响力的持续增强，吸引了更多国际目光，外界更加渴望了解中国的发展变化、探求中国的成功密码，这为中国文化、中国出版走出去创造了前所未有的机遇。出版工作者应更好推动中华文化走出去，以文载道、以文传声、以文化人，向世界阐释推介更多具有中国特色、体现中国精神、蕴藏中国智慧的优秀文化。统筹引进来和走出去，深化出版国际交流合作，扎实推进出版走出去重点工程项目，创新出版走出去方式，扩大出版物出口和版权输出，增强我国出版产业的国际竞争力。加强出版走出去内容建设，着眼加快构建中国话语和中国叙事体系，策划出版一批面向国际市场的优秀图书，着力讲好中国共产党治国理政的故事、中国人民奋斗圆梦的故事、中国共产党和中国人民血肉联系的故事、中国坚持和平发展合作共赢的故事，让世界更好了解真实、立体、全面的中国。坚持贴近不同区域、不同国家、不同群体受众，更好适应海外读者的阅读和文化习惯，创新出版物内容表达和呈现形式，增强国际出版传播的亲和力和实效性。加大对中国图书海外译介的扶持力度，提升翻译质量，增强传播效果，等等。

参考文献

[1] 国家新闻出版署·出版业"十四五"时期发展规划[EB/OL].（2021-12）https://www.nppa. gov.cn/nppa/contents/279/102953.shtml.

[2] 中共中央宣传部干部局．新时代宣传思想工作[EB/OL].

创新科技期刊发展 助力出版强国建设

黄英娟 中国科学院化学研究所

摘要： 在国家政策和经费方面大力支持下，科技期刊发展已取得显著成效，但是目前其发展仍面临着严峻的挑战。本文从办刊理念、期刊内容、出版技术、传播技术、人才队伍等5个方面探讨了我国科技期刊的创新发展举措，以助力我国期刊出版强国建设。

关键词： 办刊理念；期刊内容；出版技术；传播技术；人才队伍；创新

科技期刊是传播科技成果、开展科技交流、推动科技创新的重要载体，也是国家科技竞争力与文化软实力的重要体现。科技期刊的创新发展，对于提升国家科技竞争力和文化软实力，促进出版强国建设具有重要作用。近些年我国在政策和经费方面给予科技期刊大力支持，科技期刊发展已取得显著成效。2018年11月14日，中央全面深化改革委员会第五次会议审议通过了《关于深化改革 培育世界一流科技期刊的意见》，这是对我国科技期刊发展具有里程碑意义的事件。2013年中国科协、财政部、教育部等六部门共同实施了"中国科技期刊国际影响力提升计划"，时间为2013—2015年，共入选125种期刊，累计资助金额2.91亿元。2016年六部门继续实施了"中国科技期刊国际影响力提升计划"项目，时间2016—2018年，入选了105种英文科技期刊，累计资助金额为3.15亿元。2016—2018年，中国科协等多部委还实施了"中国科技期刊登峰行动计划"，遴选出16种期刊，累计资助金额0.6亿元。2019年中国科协、财政部、教育部、科技部等七部门联合启动实施了"中国科技期刊卓越行动计划"。该项目周期为5年，总计金额超11亿元。这些项目改善了我国部分期刊的办刊条件，同时也通过考评、交流活动等形式引导我国科技期刊高质量发展，促进了我国科技期刊学术影响力和办刊能力的提升[1]，使科技期刊整体呈现出良好的发展态势。

虽然我国的世界一流科技期刊建设成效显著，但存在的问题和挑战依然不容忽视。统计显示[2]，我国SCI收录期刊的数量从2013年的162种增加到2021年的273种，其中Q1区期刊的数量从11种增加到123种；但我国SCI期刊的年均载文量下降也十分明显，从 2013 年的 159 篇下降到 2019 年的 125 篇，与 JCR（Journal Citation Reports）收录全部期刊年均载文量总体上升的趋势正好相反。这说明我国科技期刊虽然在一定程度上提升了稿源质量和扩大了期刊影响力，但尚难以做到扩大出版规模，反映出我国科技期刊对高水平优质稿源的竞争力仍然不足，缺乏对国际学术资源的整合能力。现阶段如何创新科技期刊发展，提升其前沿学术问题的把握能力和优质学术资源的整合能力，仍是我们面临的严峻挑战。结合我国世界一流科技期刊建设现状及国际科技期刊出版与传播进展，笔者认为我国期刊界需要从办刊理念、期刊内容、出版技术、传播技术、人才队伍等方面着手创新科技期刊发展。

一、办刊理念创新：基于集群化发展扩大品牌影响

纵观国际学术出版机构的发展历程，如施普林格·自然（Springer Nature）、爱思唯尔（Elsevier）、威利（Wiley）和泰勒-弗朗西斯（Taylor & Francis Group）等，历史悠久，并且随着科技的发展不断改进，形成了期刊集群化发展的模式。它们拥有明确的、先进的国际化出版理念，扩大了期刊品牌影响力。施普林格·自然致力于为全球科研界提供最佳服务，帮助作者与人分享自己的新发现，帮助科研人员寻找、获得和了解他人的科研工作，并向图书馆和机构提供技术和数据上的创新服务。爱思唯尔的目标是为人类的利益拓展知识边界，帮助机构和专业人士推进医疗保健、开放科学并提高绩效，造福人类。威利致力于帮助客户取得成功，无论客户处于学习和职业生涯的哪个阶段，威利都以新颖、创新的方式提供内容解决方案，丰富客户学习体验等，鼓励让学习成为一种持续的、终生的体验。泰勒-弗朗西斯的目标是促进发现，让客户无论身在何处，都能方便快捷地获取相关研究和信息[3]。

先进的办刊理念有利于口碑的形成，可以让期刊社走得更远。国际出版机构的办刊理念对国际科技期刊的发展具有引领作用。目前我国科技期刊小、散、弱，大多数以编辑部模式运营，还未形成集群化规模，办刊人难以拥有国际化先进的办刊理念。如何改变这种现状，制定符合中国国情、适合期刊发展的办刊方针，创新办刊理念，实现以新理念引领期刊发展，是我们面临的困境之一。

二、期刊内容创新：基于丰富的学术内容和高质量的服务提升优质稿源竞争力

期刊内容质量是期刊的生命。学术质量是评判期刊出版的重要标准之一。吸引国内外优秀的、原创的科研成果发表在我国本土期刊上，增强期刊汇聚国内外优秀资源的基础能力和整合能力，是实现期刊内容创新发展的路径之一。首先注重国内原创性研究成果，办刊人要与国内一线科研人员紧密联系，追踪其科研成果，吸引他们在本土期刊发表。其次，与国外优秀的具有引领作用的科学家保持联系，通过他们的带动作用，吸引

国外的优秀成果发表在我国期刊上。同时可规划和设计期刊栏目，创建特色栏目，吸引各种类型优质稿源。

科学数据对传统的科技期刊出版而言是一种全新的出版内容。科学数据出版，是指将科学数据作为一种重要的科研成果，按照科技论文的出版流程，经过对数据进行同行审议和公开公布，并且创建标准和永久的数据引用信息，供其他研究性文章引证[4]。目前我国有少量的数据期刊，也有期刊开通了数据论文的栏目以增加期刊刊登的内容范围。数据出版和论文出版相互促进，满足不同读者的需求，有助于提升期刊的学术影响力。

科技期刊汇聚了丰富的学术内容，以服务科研或者生产。在内容的基础上，科技期刊应充分利用先进的出版技术与大数据的功能，实现优质学术资源的整合，为用户提供解决方案或新的思路，增加用户的黏性，进而提升科技期刊优质稿源的竞争力。

三、出版技术创新：充分利用现代技术以加快提升出版质量和效率

科技期刊出版从作者投稿到期刊印刷是一个完整的出版产业链，包括期刊的投审稿、编校、排版、制版与印刷等，其中每一环节的出版技术对整个出版的质量与速度都至关重要。众所周知，四大国际出版机构拥有集内容生产、传播、数据检索为一体的全流程期刊产业链。它们利用数字化的内容资源帮助期刊完善和优化同行评审、检索来稿内容并识别数据真伪，从出版技术上保证了出版内容的质量。同时，它们不断更新创造更好的出版模式，如开放存取、在线优先出版、数字出版等，从出版技术上引领国际期刊出版的发展方向。这些新型出版模式具有许多明显的优势，如发表速度快、容易获取、便于扩大学术影响等[5]。

为了借用国际先进的出版技术，我国绝大多数英文科技期刊，尤其是入选"中国科技期刊卓越行动计划"的领军和重点期刊大多数与国际著名出版商合作，仅有 1 种期刊未与国际出版商合作[6]。这种"借船出海"的方式加快了科技期刊在出版技术方面的国际化，但是造成了我国期刊数据资源的流失。从投审稿系统来看，多数英文科技期刊采用国际投审稿系统，如 ScholarOne、EM 等，方便选择国外审稿专家。而中文科技期刊大多采用国内的投审稿系统，如玛格泰克、三才、勤云、腾云等。各个期刊编辑部在投审稿系统方面仍处于单打独斗的现状，同一主办单位下同一学科领域的期刊采用的投审稿系统也有所不同。在排版技术方面，传统纸质出版时代使用较多的是方正排版系统（方正书版和方正飞腾）、科印排版系统、LATEX 排版系统和 Microsoft Word 排版软件等。随着数字出版的发展，我国出现了新的排版系统，如北京仁和 XML 一体化的排版系统、方正学术云出版服务平台。这些公司虽然起步相对比较晚，但实现了期刊内容的 XML 结构化加工和多元发布的需求。我国科学出版社成功搭建了从投审稿系统到出版发行的全流程平台 SciEngine，但由于刚刚起步推广，在期刊市场占有的份额比较少。只有大大提高我国科技期刊的出版

技术水平，才能提升其出版质量和效率，推动其向纵深方向快速发展。

四、传播技术创新：加快知识出版向知识服务转型的进程

科技期刊传播的主要目的是实现知识内容的开放共享，这不仅仅是知识的扩散和转移，更是鼓励人人皆可访问、获取和利用新知识。四大学术出版机构掌握大量的学术资源，包括研究领域信息、作者信息、读者信息等，利用先进的传播技术，使知识在学者、社会之间高效地传播[7]。当今四大学术出版机构拓宽了传播渠道，优化了传播效率，使用户搜寻成本不断降低、内容匹配精准性不断增强。在传播渠道方面，它们不断完善各自的大型数字化内容资源平台的传播功能，如积极与社交平台（如 Facebook、Twitter 等）合作，提升资源访问量。它们从数据检索和内容推荐方面来优化传播效率，如从学术文本中提取主题和概念，根据用户阅读内容进行相关推荐，使其更容易发现新研究。可见，新技术的发展为科技期刊传播带来了全新的方式和手段。

我国科技期刊在传播方面局限于对期刊内容的发布，较少考虑用户的需求。数字出版时代，我国科技期刊的传播方式和渠道也实现了多样化。录用的稿件可立即在期刊官网公布，完成编校的单篇文章能在网站上优先出版，印刷后的整期稿件可在网站上公布。对于被各个数据库收录的期刊，其内容也会在各个数据库展示。同时，期刊刊登的内容会通过社交媒体如微信公众号、Facebook、Twitter 等推送，移动端阅读方便了读者利用零碎的时间获取信息。摘要的可视化、文章内容的视频介绍等也是新型的传播方式。虽然期刊编辑部努力拓宽传播渠道，但是期刊体量小，作者和读者的信息资源相对少，造成了传播效率较低，难以引起读者的广泛关注。

现阶段期刊出版处于由知识出版向知识服务转型的发展阶段，传播技术的创新显得尤为重要。增加数据内容资源，使读者或者用户在错综复杂的信息中快速搜寻到相关的有价值的信息，并且依靠技术手段对每一位读者或用户进行画像，利用大数据，由机器主动及时精准地推送其需要的信息，即逐渐实现从用户搜寻内容到机器主动推荐内容的转变，这是今后我国科技期刊在传播技术方面需突破的方向之一。

五、人才队伍创新：树立人才为本的理念不断增强办刊能力

习近平总书记在《在中国共产党第二十次全国代表大会上的报告》中提出深入实施人才强国战略[8]：培养造就大批德才兼备的高素质人才，是国家和民族长远发展大计。人才是文化强国之基，也是出版发展之源。2021 年，国家新闻出版署通过建设新时代出版人才矩阵，依托领军人才、骨干人才、后备人才，改善队伍结构；创新出版人才培养机制，通过多层次的体系化人才培养，加强出版人才队伍建设[9]。

当今新型出版技术不断涌现，社会对出版人才的要求越来越高，尤其是科技期刊出

版人才，不仅需要具备扎实的专业基础知识，还需具有掌握和应用新技术的能力。科技期刊编辑应具备慧眼识别能力，用自己储备的专业知识，从刊发的论文中选择优秀的论文进行再次加工，将其转换成适用于新媒体形式的内容，如制作成视频、动画等，以满足读者的个性化需求[10]。读者往往会因为一篇论文而链接到一本期刊，这将有助于扩大期刊的传播力。具有高素质的出版人才队伍才能不断增强办刊能力，促进期刊创新发展。

综上，站在新的历史节点上，以办刊理念创新为引领，期刊内容创新为根本，出版技术创新为保障，传播技术创新为途径，人才队伍创新为抓手，推动科技期刊的创新发展，助力我国期刊出版强国建设。

参考文献

[1] 任胜利，马峥，严谨，等. 机遇前所未有，挑战更加严峻：中国科技期刊"十三五"发展简述[J]. 科技与出版，2020（9）：26-33.

[2] [EB/OL]. [2022-10-18] https: //incites.clarivate.com/#/analysis/0/journal?jrncountry=CHINA%20MAINLAND

[3] 李伟，苗蔚. 泰勒-弗朗西斯出版集团多元化发展的十大创新 [J]. 出版发行研究，2020（2）：80-88.

[4] 邓英，饶莉，李桂东. 科学数据出版：我国科技期刊出版之内容创新 [J]. 编辑之友，2017（4）：39-43.

[5] 向飒. 国外学术出版集团数字化和智能化发展现状及我国对策建议 [J]. 中国科技期刊研究，2019，30（7）：740-744.

[6] 黄英娟，孙一依. 我国英文科技期刊中作者国际化程度分析 [J]. 中国科技期刊研究，2020，31（7）：836-844.

[7] 贺钰滢. 知识生产与传播：跨国学术出版集团角色定位与功能分析[D]. 武汉：武汉大学，2018.

[8] 习近平. 高举中国特色社会主义伟大旗帜 为全面建设社会主义现代化国家而团结奋斗：在中国共产党第二十次全国代表大会上的报告（2022 年 10 月 16 日）[M]. 北京：人民出版社，2022.

[9] 谢清风. "六力"促进出版高质量发展和出版强国进程 [J]. 科技与出版，2022（3）：6-12.

[10] 黄英娟. 融合出版背景下科技期刊编辑应具备的基本素养及提升策略 [J]. 传播与版权，2020（4）：70-72.

做好主题出版　勇担出版强国使命——以2021年主题出版重点出版物《中国饭碗》为例

梁爽　黑龙江教育出版社有限公司

摘要： 主题出版是紧扣时代脉搏、反映时代发展的重要出版类别，做好主题出版是出版单位发挥宣传职能，展示出版工作价值和意义的必要途径。本文以2021年中宣部主题出版重点出版物《中国饭碗》为例，介绍了地方出版社立足并充分发挥自身出版特色和地域优势，推出优质主题出版图书的过程和经验。

关键词： 主题出版；图书策划；《中国饭碗》

在胜利召开的中国共产党第二十次全国代表大会上，习近平总书记所做的党的二十大报告高瞻远瞩、大气磅礴、鼓舞人心、催人奋进。报告宣示了我们党始终高举中国特色社会主义伟大旗帜，坚定中国特色社会主义道路自信、理论自信、制度自信、文化自信，坚定不移推进中华民族伟大复兴历史进程。习近平总书记指出，全面建设社会主义现代化国家，必须坚持中国特色社会主义文化发展道路，增强文化自信，围绕举旗帜、聚民心、育新人、兴文化、展形象建设社会主义文化强国，发展面向现代化、面向世界、面向未来的，民族的科学的大众的社会主义文化，激发全民族文化创新创造活力，增强实现中华民族伟大复兴的精神力量。

党的二十大报告让出版工作者备受鼓舞，同时也更加明确了时代赋予我们的使命和任务。我们要把出版强国建设放到中华民族伟大复兴的历史进程，放到开启全面建设社会主义现代化国家新征程，放到世界正面临百年未有之大变局，放到世界综合国力竞争日益激烈的背景下去思考，明确目标任务，坚持高质量发展，加快推进出版强国建设。以社会主义核心价值观为引领，发展社会主义先进文化，弘扬革命文化，传承中华优秀传统文化，满足人民日益增长的精神文化需求，不断提升国家文化软实力和中华文化影响力。每个出版工作者都是承担出版强国使命的一分子，要立足本职工作岗位，在日常工作中把出版强国的使命具体化、细致化，在工作中找到具体的抓手，把责任和担当落到实处。

主题出版工程自 2003 年实施以来坚持正确导向，服务党和国家工作大局，大力宣传党中央的理论方针政策，鼓励、引导出版单位更好地宣传中国特色社会主义伟大事业取得的辉煌成就，解读党中央的战略决策和战略部署，充分发挥了传播主流思想的功能，成为最直接、最有效的弘扬主流价值的方式之一。黑龙江教育出版社作为一家地方专业类出版单位，肩负出版人的职责使命，勇于担当，积极策划推出了《中国饭碗》一书，讲好中国粮食产业发展的故事，反映新时代中国取得的辉煌成就，切实发挥主题出版的思想引领和文化支撑作用。

一、围绕主题出版方向，发挥出版策划优势

黑龙江是一个农业大省，东北平原的黑土地生产出的粮食品质在全国名列前茅。经过半个多世纪的开垦，这里已成为我国重要的粮食基地，新中国的建设者们把"北大荒"建设成了"北大仓"，这里担当起了为国家产粮的使命，为新中国的粮食生产事业做出了突出贡献。

2016 年，习近平总书记在考察黑龙江时强调："粮食安全是国家安全的重要基础，要创新粮食生产经营模式，优化生产技术措施，落实各项扶持政策，保护农民种粮积极性，着力提高粮食生产效益。"2018 年，在黑龙江考察北大荒精准农业农机中心时，习近平总书记又特别强调："中国人要把饭碗端在自己手里，而且要装自己的粮食。"总书记对粮食安全的一再强调，成为黑龙江教育出版社策划《中国饭碗》这一选题的兴奋点与契机，让我们进一步增强了信心，备受鼓舞。《中国饭碗》的书名就取自习近平总书记考察黑龙江时对农业生产的重要嘱托——"中国粮食，中国饭碗"。

作为一家黑土地上的出版社，黑龙江教育出版社对粮食这一话题有着独特的感情和特别的关注。黑龙江教育出版社一直致力于通过精品出版、主题出版，弘扬时代精神，反映时代的发展变迁和时代主旋律，在建社近四十年的时间里，出版了和边疆历史、地域特色、世居民族文化相关的各种主题出版物，多次获得中国出版政府奖、"五个一工程"图书奖、中华优秀出版物奖等国家级重要出版奖项。"中国饭碗"这个选题也是立足于黑龙江农业生产大省的自身优势而提出的。

二、邀请资深作者创作，反映新中国粮食生产辉煌成就

《中国饭碗》一书的作者为中国作家协会全国委员会委员、中国作家协会报告文学委员会委员、中国报告文学学会副会长、浙江理工大学兼职教授，一级作家陈启文先生。作者擅长把握宏大题目，擅长报告文学写作，文笔生动、自然，著有《共和国粮食报告》《袁隆平的世界》《南方冰雪报告》《命脉——中国水利调查》《大河上下》等报告文学作品，字里行间蕴含着对人民的热爱、对劳动的赞美，作品体现出强劲的生命力。为创作

本书，作者专门奔赴全国主要商品粮基地，进行了数月的田野调查。这些都为《中国饭碗》内容的高品质提供了保障。

《中国饭碗》依据习近平总书记关于国家粮食安全的"饭碗论""底线论""红线论"等一系列具有重要意义的粮食安全理论创新与实践创新，以长篇报告文学的形式，用一个序章、五个篇章，讲述了小岗村率先实施"大包干"，十万官兵将"北大荒"建设成为"北大仓"；再写"藏粮于技""藏粮于地"，农业科技人员在田野里掀起了一次次农业科技革命，为我国农业腾飞插上了科技的翅膀；种田大户们通过科学种田，推广机械化种植，实现了连年丰产丰收；科学储粮，为中国的粮食筑起了安全岛链。全书以充满激情又富有理性的笔调，以生动、自然的口吻呈现了"大国粮人"与"大国粮仓"的历史、现状和未来，真实地反映了我国粮食生产发展的鲜明时代主题，展现了中国共产党解决十四亿中国人粮食安全问题的责任和担当，表现了中国人民的伟大创造力和激扬奋进的时代精神，体现了党和国家对人民的承诺和初心，对鼓舞人们在新时期继续昂扬奋进、拼搏进取具有重要的现实意义。

三、出版产生良好反响，带来积极社会效应

《中国饭碗》一书自出版以来，在出版界、文学界、评论界，以及广大读者群体中获得了广泛的好评。中国编辑学会、中国新闻出版传媒集团、中国报告文学学会、国际农业教育科学院等行业协会、出版单位、农业研究部门的多位领导、出版家、评论家、农业专家被书中内容感动，欣然为《中国饭碗》提笔作评。《人民日报》《光明日报》《中国新闻出版广电报》《中国作家》《文学报》《文艺报》《北京文学》，"学习强国"学习平台、黑龙江省委宣传部"龙江好书"公众号、百道网、腾讯网、澎湃新闻等多家权威媒体、专业刊物及网络媒体平台大力宣传报道，刊发转载。《中国饭碗》一书入选了 2021 年中宣部主题出版重点出版物、2022 年国家出版基金项目、2022 年中宣部出版局"奋进新征程·建功新时代"好书荐读活动书单。2022 年 5 月，《中国饭碗》新书发布会暨出版研讨会在哈尔滨以线上线下相结合的方式成功举办，形成了积极的社会反响和宣传效应。

四、积累主题出版经验，扎实推进出版强国

1. 聚焦社会关切，彰显时代精神

《中国饭碗》反映了中国粮食发展的特色之路，特别是改革开放以后，我国的粮食事业飞速发展，取得了伟大成就。这不仅是本书的亮点，也是与中国在新时代取得的各项伟大成就一起所闪耀出的时代亮点。中国共产党团结带领全国人民解决了十四亿人的吃饭问题，取得了伟大成就。新冠疫情、国际局势等因素叠加在一起，全世界面临着一场半个世纪以来最严重的粮食危机，但我国粮食非但没有减产，而且迎来了一个个硕果累

累的丰年，中国粮食产量又创新高，到 2021 年实现了十八连丰，2022 年夏粮、秋粮相继喜获丰收。中国的成功经验可以给其他国家带来有益的启发和借鉴。

《中国饭碗》的出版不仅让读者认识到粮食问题的重要性，唤醒紧迫感和危机意识，而且让读者了解我国粮食生产取得的辉煌成果来之不易，从而激发人们的创业激情和奋进力量。总结中国特色的粮食生产发展之路，就是自力更生、艰苦奋斗，不忘初心、砥砺前行。

2. 小切口大话题，内容贴地气

在《中国饭碗》一书的创作过程中，作者付出了大量的时间与精力，抓住了重要的时间节点、历史重大事件以及重要人物，通过以点带面的方式铺开内容，夹叙夹议，通过以古论今、中外对比等多种写作手法让作品具有很强的可读性。作者的写作既客观中立，又充满激情。2020 年，作者在疫情形势"总体可控、稳中趋缓"的情况下，奔赴洞庭湖平原、江汉平原、鄱阳湖平原、江淮平原、黄淮海平原、东北平原等我国粮食主产区，进行了大量的田野调查，从不同角度采访了种粮农民、科技工作者、粮食销售商、粮库护粮员等，真正深入粮食生产的方方面面。这本书的内容以小切口反映大话题，作者时而用接受采访的第一人称讲故事，时而以自己的角度献出个人体悟，给读者带来深层次的共鸣。

3. 主题出版系列化，实现出版融合

2021 年，《中国饭碗》一书入选中宣部主题出版重点出版物，这肯定了本书出版策划的方向性。在本书出版过程中，黑龙江省委宣传部、黑龙江省新闻出版局、北大荒农垦集团等部门和单位给予了大力支持，在全民阅读等活动中给予了大力推荐，同时积极推动本书"走出去"，实现版权输出。《中国饭碗》有声读物入选 2022 年全国有声读物精品出版工程项目，在融合出版方面也取得了可喜的成果。

接下来，黑龙江教育出版社还将继续聚焦中国农业的发展之路，接续策划《中国种子》《中国黑土》等反映中国农业特色、农业成就、大国担当的选题，系列化推出，把主题出版类图书做精做细，充分发挥主题出版产生的社会效益，讲好中国故事，奏响时代强音。

参考文献

[1] 朱寒冬. 出版之乐在于攀登高峰——主题出版精品策划的实践与思考[J]. 中国出版，2022（19）：35-38.

[2] 黄先蓉，陈馨怡. 高质量发展背景下主题出版融合发展路径探究[J]. 出版科学，2022，30（4）：14-24.

[3] 黄蕙心. 地方综合性出版社主题出版的探索与实践[J]. 中国编辑，2022（10）：59-63.

[4] 杨岗喻. 地方出版社主题出版现状与对策建议[J]. 中国传媒科技，2022（10）：128-131.

[5] 王媛. 主题出版传播力构成要素分析[J]. 中国出版，2022（12）：48-52.